CYNISME ET CHRISTIANISME DANS L'ANTIQUITÉ

DERNIERS TITRES PARUS
DANS LA MÊME COLLECTION

10. Gilbert DAHAN et Richard GOULET (éd.), *Allégorie des poètes, allégorie des philosophes. Études sur la poétique et l'herméneutique de l'allégorie de l'Antiquité à la Réforme*, 2005, 346 pages
11. Ilsetraut HADOT, *Arts libéraux et philosophie dans la pensée antique. Contribution à l'histoire de l'éducation et de la culture dans l'antiquité*, 2005, 578 pages
12. Mohammad Ali AMIR-MOEZZI, *La religion discrète. Croyances et pratiques spirituelles dans l'islam shi'ite*, 2006, 416 pages
13. Maroun AOUAD, *Le* Livre de la Rhétorique *du philosophe et médecin Ibn Ṭumlūs*, 2006, CXXIX-177 pages en partie doubles
14. Frédérique WOERTHER, *L'èthos aristotélicien. Genèse d'une notion rhétorique*, 2007, 368 pages
15. Emmanuel BERMON, *La signification et l'enseignement*, 2007, 610 pages
16. Henri HUGONNARD-ROCHE, *L'enseignement supérieur dans les mondes antiques et médiévaux. Aspects institutionnels, juridiques et pédagogiques*, 2008, 368 pages
17. Gwenaëlle AUBRY et Frédérique ILDEFONSE (éd.), *Le moi et l'intériorité*, 2008, 384 pages
18. Charles GUÉRIN, *Persona. L'élaboration d'une notion rhétorique au Ier siècle av. J.-C.* : volume I. – *Antécédents grecs et première rhétorique latine*, 2009, 431 pages
19. IBN BĀǦǦA (Avempace), *La conduite de l'isolé et deux autres épîtres*, introduction, édition critique du texte arabe, traduction et commentaire par Charles GENEQUAND, 2010, X-420 pages
20. Luc BRISSON, Pierre CHIRON (éd.), *Rhetorica philosophans. Mélanges offerts à Michel Patillon*, 2010, 404 pages
21. Charles GUÉRIN, *Persona. L'élaboration d'une notion rhétorique au Ier siècle av. J.-C.* : volume II. – *Théorisation cicéronienne de la* persona *oratoire*, 2010, 474 pages
22. Marie-Odile GOULET-CAZÉ (éd.), *Études sur la théorie stoïcienne de l'action*, 2011, XII-544 pages
23. Jean LALLOT, *Études sur la grammaire alexandrine*, 2012, 392 pages
24. Charlotte MURGIER, *Éthiques en dialogue. Aristote lecteur de Platon*, 2013, 352 pages
25. Camille RAMBOURG, *Topos. Les premières méthodes d'argumentation dans la rhétorique grecque des* V^e^-IVe *siècles*, 2014, 400 pages
26. Marie-Odile GOULET-CAZÉ, *Cynisme et christianisme dans l'Antiquité*, 2014, 256 pages

TEXTES ET TRADITIONS

Collection dirigée par

Marie-Odile GOULET-CAZÉ Richard GOULET Philippe HOFFMANN

26

Marie-Odile GOULET-CAZÉ

CYNISME ET CHRISTIANISME DANS L'ANTIQUITÉ

LIBRAIRIE PHILOSOPHIQUE J. VRIN
6, Place de la Sorbonne
PARIS V[e]

TEXTES ET TRADITIONS

Couverture : Vase du peintre Douris
© *Bildarchiv Preußischer Kulturbesitz* (Staatliche Museen zu Berlin, Antikensammlung.
Kat./Inv.-Nr. : F2285)
Photographie : Johannes Laurentius

ISSN 1630-5736
ISBN 978-2-7116-2606-9

www.vrin.fr

A Clélia, Constance et Alexandre

INTRODUCTION

Il n'est pas difficile de trouver des raisons susceptibles de légitimer une mise en relation de la philosophie cynique et de la religion chrétienne primitive. Cynisme et christianisme prônent des comportements similaires dictés par des principes moraux à première vue identiques comme le souci de l'authenticité, l'accord des actes et des paroles ou encore l'indifférence aux valeurs sociales, et tous deux préconisent la pratique d'une forme d'ascèse sur fond de pauvreté. Chacun à sa façon propose d'accomplir une révolution d'ordre moral et non d'ordre politique. Enfin les deux messages se prétendent universels et s'adressent à tous sans distinction de race, de genre ou de classe sociale. Au second siècle de notre ère, Pérégrinus Proteus s'est présenté pendant une période de sa vie comme chrétien et comme cynique, et le chrétien Maxime Héron d'Alexandrie au IVe siècle revendiquait son appartenance au cynisme. Comme tous deux ont occupé à des époques différentes une position importante dans la hiérarchie chrétienne, on peut en conclure que l'Église des premiers siècles n'était pas hostile à ce que des chrétiens pratiquent une certaine forme de cynisme. Plusieurs Pères de l'Église d'ailleurs, comme Clément d'Alexandrie, Origène, Basile de Césarée ou Jérôme manifestaient une admiration réelle à l'égard de Diogène. Il ne faut donc point s'étonner si depuis longtemps on a envisagé des rapprochements entre cynisme et christianisme, fondés pour l'essentiel sur les témoignages des Pères de l'Église. Mais dans les années 1980 cette volonté de rapprocher les deux mouvements a franchi une étape, lorsque le Jesus Seminar – fondé par Robert W. Funk et John D. Crossan en 1985 en Californie – a énoncé ce qu'on a coutume d'appeler désormais la « Cynic hypothesis », qui fait de Jésus lui-même, pour parler de façon un peu schématique, un cynique. Le rapprochement a acquis pour certains une telle force d'évidence qu'en 2010 Bernhard Lang a publié à Munich un livre intitulé *Jesus der Hund. Leben und Lehre eines jüdischen Kynikers (Jésus le Chien. Vie et enseignement d'un Cynique juif)*.

L'hypothèse d'un Jésus cynique, ou du moins « aux allures cyniques » (« Cynic-like »), mérite, comme toute hypothèse interprétative, un examen attentif et impartial. Mais pour pouvoir apprécier si la caractérisation de Jésus comme cynique est ou non légitime, il convient d'abord de rappeler comment se présentait et se définissait, à travers le témoignage de ses adeptes, la philosophie cynique. La tâche n'est pas simple, car pendant près de dix siècles des philosophes se sont présentés comme cyniques, ce qui implique de tenir compte des changements socio-historiques intervenus durant ce laps de temps, notamment lors du passage de l'époque hellénistique à l'Empire, mais aussi de réussir à cerner ce qu'avaient en commun tous ces cyniques issus de milieux très divers, plus ou moins instruits, qui tous se considéraient comme disciples du «Chien». Pourquoi un cynique n'aurait-il jamais accepté de se dire stoïcien par exemple et réciproquement ? Mais en même temps pourquoi sous l'Empire était-il possible de confondre des stoïciens et des cyniques, des chrétiens et des cyniques ? Avant de rapprocher du cynisme Jésus et son mouvement, puis les Pères de l'Église, il importe d'avoir une perception juste de cette philosophie somme toute assez complexe qu'est le cynisme, malgré des fondements théoriques assez rudimentaires. L'étendue de sa postérité étonne et invite à penser que le cynisme recèle une composante universelle qui parle à chacun. Diogène était une des références favorites de Montaigne ; les philosophes des Lumières, de Pierre Bayle à D'Alembert, de Wieland à Rousseau, de Voltaire à Diderot, étaient fascinés par ce « Socrate devenu fou » dont parlait Platon. A son tour Nietzsche devait être fortement influencé par Diogène, « le bouffon sans vergogne », le « satyre scientifique » à qui il emprunta son *Umwertung aller Werthe*, sa « transvaluation de toutes les valeurs ». A l'intérieur du christianisme le cynisme laissa aussi des traces bien après le monachisme chrétien des premiers siècles. Son esprit resurgit notamment dans les ordres mendiants comme les Franciscains, les Capucins ou les Dominicains. A notre époque, Emil Cioran, Michel Foucault, Heinrich Niehues-Pröbsting et Peter Sloterdijk se sont sentis eux aussi interpellés par le message du cynisme. Mais cette universalité peut favoriser les confusions. D'où cette nécessité de définir et de caractériser au préalable avec le maximum de précision le cynisme diogénien et le cynisme d'époque impériale.

Ensuite, nous avons pris le parti de répertorier tous les témoignages transmis par la tradition littéraire antique, qui prouvent que des contacts historiques précis eurent lieu entre cynisme et judaïsme. Une telle étude s'impose non seulement parce que le cynisme exerça une influence réelle sur un écrivain comme Philon d'Alexandrie mais aussi parce qu'on peut deviner sa présence discrète dans le judaïsme de la Septante jusqu'au Talmud. Elle est indispensable également pour établir s'il est envisageable qu'un jeune Juif de Galilée comme Jésus ait pu entrer d'une façon ou d'une autre en contact avec le cynisme[1].

1. Nous avons déjà posé les jalons de cette réflexion dans l'article « Kynismus » du *Reallexikon für Antike und Christentum*, XXII, Stuttgart, 2008, col. 631-687, notamment col. 641-649.

Le moment central de la réflexion que nous proposons est un examen des relations éventuelles entre le cynisme et le mouvement de Jésus puis des relations bien attestées entre le cynisme et le christianisme. Pourquoi des chercheurs contemporains, malgré l'absence de tout témoignage historique prouvant que Jésus a pu un jour ou l'autre rencontrer des cyniques, veulent-ils faire de lui un cynique ou l'assimiler à un cynique ? Comment apprécier les arguments développés par les tenants de cette « Cynic hypothesis » ? Enfin comment rendre compte d'une diversité d'attitudes étonnante chez les chrétiens, allant de la critique la plus acerbe des comportements cyniques à l'admiration la plus sincère et même à la double appartenance, tandis que les moines n'hésitaient pas à revêtir le manteau grossier (τρίβων) des cyniques et à pratiquer eux aussi une ascèse radicale ?

I. LE CYNISME À L'ÉPOQUE HELLÉNISTIQUE ET SOUS L'EMPIRE

Quand on veut appréhender le cynisme, la question des sources se pose avec acuité. Rien ou presque rien ne subsiste de la littérature cynique ancienne, et la nature même de la philosophie cynique, fondée sur la pratique plus que sur la théorie, explique partiellement que les textes à contenu doctrinal aient été rares[1]. Les représentants du mouvement nous sont connus surtout grâce à des chries et à des anecdotes transmises par la littérature grecque ou latine, dont la valeur historique est impossible à vérifier[2]. Un grand nombre de ces chries est conservé dans le livre VI de Diogène Laërce consacré au cynisme[3]. Parmi les documents inspirés par le cynisme qui nous sont parvenus, il faut signaler les fragments du poète Cercidas de Mégalopolis (*ca* 290-après 217) ainsi que les extraits des *Diatribes* de Télès, un professeur cynique du milieu du troisième siècle avant J.-C., qui a transmis notamment un certain nombre de fragments du philosophe, un temps cynique, Bion de Borysthène. Sous l'Empire, au IIe siècle, les *Charlatans démasqués* d'Oinomaos de Gadara, dont de longs extraits ont été conservés par Eusèbe de Césarée[4], occupent une place à part en raison de leur longueur. D'autres textes qui ont trait au cynisme sont dus à des opposants tels l'épicurien Philodème, Lucien de Samosate, même si dans son cas le rapport au cynisme est compliqué, ou encore ceux des Pères de l'Église qui étaient hostiles à cette philosophie. Mais ils peuvent aussi avoir été écrits par des auteurs qui concevaient

1. Les fragments des philosophes cyniques ont été rassemblés par G. GIANNANTONI, *Socratis et Socraticorum Reliquiae*, coll. « Elenchos », 18, 1-4, Napoli, 1990. De nombreux textes cyniques sont traduits dans L. PAQUET, *Les cyniques grecs. Fragments et témoignages*, coll. « Philosophica », 35, Ottawa, 1988[2] (version allégée dans Le livre de poche, Paris, 1992) et dans G. LUCK, *Die Weisheit der Hunde. Texte der antiken Kyniker in deutscher Übersetzung*, Stuttgart, 1997.

2. Il existe aussi toute une tradition des dits de Diogène dans les *gnomologia* en langue arabe. Cf. O. OVERWIEN, *Die Sprüche des Kynikers Diogenes in der griechischen und arabischen Überlieferung*, coll. « Hermes Einzelschriften », 92, Stuttgart, 2005.

3. Voir la récente édition critique de T. DORANDI : *Diogenes Laertius, Lives of Eminent Philosophers*, edited with Introduction by T. D., Cambridge, 2013. Nous avons donné une traduction de ce livre VI dans Diogène Laërce, *Vies et doctrines des philosophes illustres*, traduction française sous la direction de M.-O. GOULET-CAZÉ (édit.), Paris, 1999.

4. Eusèbe, *P. É.* V 18, 6 - 36, 5 et VI 7, 1-42.

un cynisme idéalisé à la lumière de leurs convictions personnelles. Dans cette dernière catégorie on rencontre Épictète et son Περὶ Κυνισμοῦ, Dion Chrysostome qui fut un temps cynique et dont cinq des *Discours* mettent en scène un Diogène métamorphosé en modèle moral acceptable pour ses auditeurs[1], mais aussi Maxime de Tyr qui, dans sa *Dissertation* 36, se demande s'il convient de préférer le mode de vie cynique, ou encore l'empereur Julien qui exposa sa vision personnelle du cynisme dans deux de ses *Discours*. Enfin est parvenu également jusqu'à nous un ensemble à part, le corpus de lettres pseudépigraphes d'inspiration cynique, attribuées à Diogène et à Cratès, mais aussi à Socrate et aux Socratiques. L'utilisation de ces sources exige la prudence, même quand elles ne sont pas animées par un point de vue hostile ou idéalisant. Il faut savoir par exemple que les vestiges doctrinaux conservés dans les doxographies du livre VI de Diogène Laërce ont subi parfois la contamination d'un point de vue stoïcien qui a gauchi certains aspects théoriques du cynisme des origines[2].

Il est légitime de se demander par ailleurs si, à travers tant de siècles, le cynisme a réussi à maintenir son unité, ou si, plutôt que de parler *du cynisme*, il ne serait pas plus approprié de parler *des cynismes* incarnés par les divers philosophes qui ont revendiqué cette appellation. Une philosophie fondée sur des sources doctrinales restreintes, se réduisant pour l'essentiel à des dits et des anecdotes, s'exprimant à travers des slogans comme celui de la « falsification de la monnaie » ou celui du « court chemin » vers la vertu, pouvait s'incarner de multiples façons dans des personnalités fortes. Toutefois, quand bien même le cynisme n'offre pas une pensée systématique, force est de reconnaître qu'on perçoit tout au long des siècles, par-delà les anecdotes, les bons mots ou les slogans, une inspiration morale homogène fondée sur une pratique ascétique et se traduisant à travers une manière de vivre, le βίος κυνικός.

1. Il s'agit des *Discours* IV, VI, VIII, IX et X. Cf. F. JOUAN, « Le Diogène de Dion Chrysostome », dans M.-O. GOULET-CAZÉ et R. GOULET (édit.), *Le cynisme ancien et ses prolongements*, Paris, 1993, p. 381-397.

2. Cf. M.-O. GOULET-CAZÉ, « Un syllogisme stoïcien sur la loi dans la doxographie de Diogène le Cynique. A propos de Diogène Laërce VI 72 », *Rheinisches Museum*, 125, 1982, p. 214-240 ; EAD., *L'ascèse cynique*, coll. « Histoire des doctrines de l'antiquité classique », 10, Paris, 1986 ; 2e éd. 2001, p. 210-220.

A. L'HISTORIQUE DU MOUVEMENT

1. Le contexte de sa naissance

C'est dans la Grèce du IVe s. av. J.-C. que naquit le cynisme autour de Diogène de Sinope, surnommé « Le Chien », et de ses disciples. Le mouvement perdura jusqu'au Ve s. de notre ère, le dernier philosophe cynique connu, Saloustios, étant en relation avec le cercle du néoplatonicien Proclus à Athènes. A défaut de brosser un tableau du contexte historique où le cynisme vit le jour, rappelons deux dates significatives : la mort de Socrate en 399 et celle de Diogène en 323, le même jour qu'Alexandre selon la légende, et quelques points de repère chronologiques pour comprendre le changement historique radical qui s'opère. En 405 la victoire spartiate d'Aigos Potamos avait mis fin à l'hégémonie d'Athènes ; en 360 Philippe II monta sur le trône de Macédoine et en 338 à Chéronée, il infligea à Thèbes et à Athènes une cuisante défaite qui sanctionna définitivement le déclin de la *polis* grecque. S'ensuivit, de 334 à 323, sous la conduite d'Alexandre, l'extraordinaire épopée qui conduisit les Macédoniens au bord de l'Hyphase, un sous-affluent de l'Indus. Le périple entrepris par Alexandre bouleversait la perception traditionnelle que l'homme grec avait de sa situation en tant que citoyen d'une cité donnée. Quand le point de repère que constituait la cité comme communauté politique se trouva fragilisé ou même disparut, la nécessité de s'affirmer soi-même dans un individualisme exacerbé se fit de plus en plus grande, tandis que, sur le plan collectif, l'idée que la distinction traditionnelle entre Grecs et Barbares n'avait plus de sens invitait à repenser le système traditionnel de valeurs. Certes il ne faudrait pas avoir la naïveté de penser que la remise en cause de la *polis* grecque suffit à expliquer l'apparition du mouvement contestataire cynique, mais il est indéniable que le contexte socio-politique joua un rôle non négligeable dans cette apparition.

A l'époque de Diogène, la société grecque étalait tous les raffinements du luxe, comme on le voit dans les dits et les anecdotes qui mettent en scène Diogène fustigeant le luxe de la table de ses contemporains, leurs excès alimentaires et leur gourmandise[1]. Diogène lui-même était le fils d'un banquier de Sinope, une cité du Pont-Euxin, très active sur le plan commercial et très ouverte sur l'extérieur. On peut penser qu'il fit là des études sérieuses, ce qui expliquerait sa production littéraire abondante illustrée par le grand nombre de titres que transmet Diogène Laërce. Il ne dut donc pas se sentir particulièrement dépaysé en arrivant à Athènes. Mais la société grecque du IVe siècle, on s'en rend compte en lisant les

1. Cf. par exemple D. L. VI 44.51.53 ; Stobée, *Anth.* III 6, 37 ; t. III, p. 294, 10-12 Hense, et III 6, 40 ; t. III, p. 295, 4-5 Hense ; Ps.-Diogène, *Lettre* 28, 5-6.

dits et les anecdotes fournis par le livre VI de Diogène Laërce, était aussi une société de contrastes où l'écart se creusait de plus en plus entre une civilisation brillante et raffinée qui profitait à un petit nombre et un monde de déshérités qui ne cessait d'augmenter, où se côtoyaient des citoyens pauvres, des esclaves, parmi lesquels les victimes de la piraterie étaient nombreuses, et des exilés. La morale à portée universelle du cynisme ancien, son cosmopolitisme, l'opposition qu'elle instaure entre la loi et la nature tout comme sa conception de l'égalité entre les hommes s'expliquent en partie par ce contexte social et politique. Diogène centre sa démarche sur l'individu plutôt que sur le citoyen et il s'adresse à tous ceux qu'il côtoie, riches et pauvres, citoyens et esclaves, hommes et femmes.

2. Les premières générations cyniques

Des figures hautes en couleur illustrent ce cynisme des origines[1]. Mais dès le départ surgit une difficulté : qui fut le fondateur du mouvement ? Est-ce Antisthène (*ca* 445 - après 366) qui, après avoir été l'élève du rhéteur Gorgias, devint un des disciples les plus connus de Socrate et à qui l'on donnait le surnom de « Vrai Chien » (Ἁπλοκύων)[2] ? Ou Diogène de Sinope (412/403 – 324/321), l'homme au tonneau[3], qui cherchait avec une lanterne un homme en plein jour[4], et dont la légende rapporte qu'un jour où il était en train de prendre le soleil au gymnase du Cranéion à Corinthe, il demanda au jeune Alexandre sidéré de s'écarter de son soleil ? La tradition antique, qui se fonde sur des auteurs tardifs, comme Épictète, Dion Chrysostome, Élien, Diogène Laërce, Stobée ou la *Souda*, penche en faveur d'Antisthène dont Diogène aurait été le disciple. Mais d'autres envisagèrent l'hypothèse que des stoïciens, en quête d'une filiation socratique[5], auraient affirmé

1. Cf. le « Répertoire des philosophes cyniques connus » dans M.-O. GOULET-CAZÉ, *L'ascèse cynique*, p. 231-249. Répertoire repris dans R. B. BRANHAM et M.-O. GOULET-CAZÉ, *The Cynics. The Cynic Movement in Antiquity and its Legacy*, Berkeley, 1996, p. 389-413. Par ailleurs, tous les philosophes cyniques dont les noms commencent par les lettres A à R bénéficient d'une notice dans R. GOULET (édit.), *Dictionnaire des philosophes antiques* (= *DPhA*), Paris, t. I-V et Supplément (1989-2012). Le tome VI (lettres S à Z) est en cours d'achèvement. On trouve aussi une présentation des différents philosophes cyniques dans K. DÖRING, *Sokrates, die Sokratiker und die von ihnen begründeten Traditionen*, dans *Grundriß der Geschichte der Philosophie*, begründet von Fr. Überweg, völlig neubearbeitete Ausgabe, *Die Philosophie der Antike*, Bd. 2/1 : *Sophistik. Sokrates. Sokratik. Mathematik. Medizin*, herausgegeben von H. FLASHAR, Basel, 1998, p. 267-321 ; ID., *Die Kyniker*, coll. « Faszination Philosophie », Bamberg, 2006.

2. Le sens exact de ce surnom, cité en D. L. VI 13, est difficile à préciser. Il pourrait signifier « chien franc » par allusion à la franchise cynique, ou bien « chien naturel », dont les mœurs se fondent sur les exigences de la nature et non sur les conventions sociales, ou éventuellement « chien au manteau simple », à cause du fameux τρίβων.

3. Cf. D. L. VI 23.

4. Cf. D. L. VI 41.

5. Cf. Philodème, *Sur les stoïciens*, ch. 3, col. XIII 1-9, p. 101 Dorandi.

que Zénon avait été le disciple de Cratès, Cratès celui de Diogène et Diogène celui d'Antisthène afin de forger de toutes pièces une lignée qui allait de Socrate à Zénon, *via* Antisthène, Diogène et Cratès, accentuant ainsi le rôle joué par Antisthène dans la naissance du mouvement cynique. Les auteurs de *Successions des philosophes*, avides de filiations[1], et les biographes, que les rapports maîtres-disciples intéressaient au plus haut point[2], se seraient empressés de reprendre cette lignée, tant elle leur facilitait la tâche pour leur reconstitution de l'histoire des écoles socratiques. Les Modernes cependant, depuis D. R. Dudley[3], ont avancé nombre d'arguments, notamment d'ordre chronologique et numismatique, pour contester que Diogène, à la suite de son exil à Sinope, ait pu, chronologiquement, fréquenter Antisthène à Athènes, et ils ont émis l'idée que le fondateur du cynisme serait non point Antisthène, mais Diogène lui-même. Cette remise en question est elle-même reconsidérée depuis quelques années et la tendance est à un retour à Antisthène, fondateur du cynisme[4]. En l'absence d'une absolue certitude, tout le monde peut s'accorder au moins sur le fait qu'Antisthène joua un rôle décisif dans l'apparition du cynisme, ne serait-ce que par l'influence qu'exercèrent ses écrits sur les premiers cyniques, mais que celui qui lança le mouvement cynique, qui en détermina les orientations et en devint le symbole, grâce à sa besace et à son τρίβων, fut plutôt Diogène, surnommé le « Chien ». Mais nous aurons l'occasion

1. C'est ainsi que le péripatéticien Sotion (IIe s. av. J.-C.) semble placer les cyniques au livre VII de ses *Diadochai* (cf. D. L. VI 80 ; fr. 19 Wehrli) et les stoïciens au livre VIII (cf. D. L. VII 183 ; fr. 22 Wehrli), ce qui pourrait s'harmoniser assez bien avec l'hypothèse d'une filiation entre les deux mouvements.

2. On pense à Dioclès de Magnésie (Ier s. av. J.-C.), qui écrivit un ouvrage *Sur les Vies de philosophes* ainsi qu'un *Répertoire cursif des philosophes*, et qui était favorable à une filiation Antisthène > Diogène > Cratès (cf. D. L. VI 13, où Dioclès affirme qu'Antisthène est le premier à avoir doublé son manteau et qu'il avait un bâton et une besace, et VI 87, où il présente Diogène comme celui à qui Cratès est recevable de sa conversion à la philosophie). C'est certainement à lui que Diogène Laërce emprunta la filiation en question. Nous avons suggéré dans notre étude « Le livre VI de Diogène Laërce : analyse de sa structure et réflexions méthodologiques », dans *ANRW* II 36, 6, Berlin-New-York, 1992, p. 3881-4048, notamment p. 3936-3951, que Dioclès s'appuyait sur la section consacrée à l'éthique de l'ouvrage du stoïcien Apollodore de Séleucie intitulé *Introductions aux dogmes*.

3. D.R. DUDLEY, *A History of Cynicism. From Diogenes to the 6th Century A. D.*, London, 1937, p. 1-16 ; G. GIANNANTONI, *Socratis et Socraticorum Reliquiae*, t. IV, p. 223-233 ; 423-433.

4. Une étude récente, due à P. P. FUENTES GONZÁLEZ, « En defensa del encuentro entre dos *Perros*, Antístenes y Diógenes : historia de una tensa amistad », *Cuadernos di filología clásica : Estudios griegos e indoeuropeos*, 23, 2013, p. 225-267, fournit des arguments solides en faveur de la thèse traditionnelle, qui fait d'Antisthène le maître de Diogène et le fondateur du cynisme. Nous avons également apporté un argument qui s'harmoniserait bien avec la thèse selon laquelle Diogène aurait fréquenté un Antisthène qui aurait été déjà cynique, dans R.B. BRANHAM et M.-O. GOULET-CAZÉ, *The Cynics*, Appendix B, « Who was the first Dog ? », p. 414-415 : contrairement à ce qu'on croyait jusqu'ici, ce serait Antisthène et non Diogène qui serait désigné comme « le Chien » par Aristote en *Rhétorique* III 10, 1411a 24-25.

de voir qu'en fait la question du fondateur du cynisme est plus complexe que le laisse supposer l'alternative Antisthène/Diogène et que l'Antiquité a pensé encore à d'autres personnages pouvant prétendre à ce titre.

Les vies de quelques grands représentants du cynisme vont être brièvement évoquées non point par intérêt anecdotique, mais parce qu'elles sont en soi des témoignages du βίος κυνικός, du genre de vie cynique, et que parler du cynisme de façon abstraite, en dehors du comportement et des actes de ceux qui ont vécu selon ses préceptes, n'a pas de sens compte tenu de la nature de cette philosophie. Le cynisme est certainement le mouvement philosophique qui a incarné de la façon la plus authentique un mode de vie où les actes sont en accord avec les paroles.

Diogène de Sinope

La plupart des détails concernant la biographie de Diogène sont fournis par le livre VI (20-23 et 74-79) de Diogène Laërce.

Diogène s'exila de Sinope à Athènes, probablement parce que, comme il le dit lui-même dans son *Pordalos,* il avait personnellement falsifié la monnaie[1]. Une fois à Athènes, il serait, à en croire la tradition, devenu l'auditeur d'Antisthène, aurait porté l'accoutrement qui allait devenir la caractéristique du philosophe cynique et se serait mis à pratiquer une vie de frugalité. Il quitta ensuite Athènes, peut-être à cause de la mort d'Antisthène, et alors qu'il naviguait en direction d'Égine, il fut pris par des pirates, emmené en Crète et vendu en esclavage. Un riche Corinthien, Xéniade, l'acheta et en fit le précepteur de ses enfants. On ne sait si, à partir de ce moment, il vécut seulement à Corinthe ou s'il partagea son temps entre Athènes et Corinthe. En tout cas il voyagea beaucoup, puisqu'on le rencontre au fil des anecdotes dans plusieurs villes de Grèce et d'Asie mineure : Mégare, Olympie, Myndes, Samothrace, Lacédémone, Égine, Rhodes, Milet, Cyzique, Salamine ou Éleusis, ce qui, associé aux deux vers qu'il aimait à répéter : « Sans cité, sans maison, privé de patrie, / Mendiant, vagabond, vivant au jour le jour », fonde l'image du philosophe cynique voyageant de cité en cité. Diverses versions circulent sur les circonstances et le lieu de sa mort qui survint alors qu'il était déjà très âgé (à Corinthe, à Athènes ou encore à Olympie au moment des jeux ?). Il aurait, dans sa volonté de retour à la nature, mangé un poulpe cru qui lui aurait transmis le choléra ; mais à en croire les *Méliambes* du poète cynique

1. Cf. D. L. VI 20-21. Cet épisode, qui joua un rôle décisif dans la naissance du mouvement cynique et dans la conception de la démarche philosophique de Diogène, devait connaître de multiples variantes. Selon Dioclès, Diogène se serait enfui parce que son père, qui tenait la banque publique, aurait falsifié la monnaie, mais selon Eubulide, il aurait lui-même accompli cette falsification et se serait enfui avec son père ; selon une autre source, anonyme cette fois, les ouvriers qui fabriquaient la monnaie à Sinope l'auraient persuadé – car il serait devenu *épimélète,* c'est-à-dire administrateur de la monnaie – d'accomplir cette falsification. Avant de prendre sa décision, Diogène serait allé à Delphes pour consulter l'oracle d'Apollon qui lui « concéda la monnaie publique ». Fort de cette réponse de l'oracle, dont il ne comprit pas le sens symbolique, il aurait altéré la monnaie et aurait été pris. Une autre source enfin prétend que ce serait son père qui lui aurait remis la monnaie et que ce serait Diogène qui l'aurait falsifiée. Son père serait mort en prison et Diogène serait allé interroger l'oracle afin de demander ce qu'il devait faire pour devenir une célébrité, et l'oracle lui aurait alors répondu de « falsifier la monnaie ».

Cercidas de Mégalopolis, il aurait pratiqué l'asphyxie volontaire en retenant sa respiration, à moins que ce ne soient des chiens à qui il disputait un poulpe qui l'aient mordu mortellement, ou encore qu'il ait été pris de fièvre alors qu'il se rendait aux jeux olympiques. De même les interrogations qui surgissent à propos de sa sépulture sont multiples et dérangeantes : fut-il enterré à Corinthe près de la porte qui conduit à l'Isthme ? Ou un de ses souhaits fut-il réalisé : être laissé sans sépulture, pour que les bêtes sauvages puissent le manger ? être recouvert seulement d'un peu de poussière ou jeté dans l'Ilissos près d'Athènes, afin de servir de nourriture aux poissons ?

La tradition prête à Diogène un certain nombre d'ouvrages dont l'authenticité fut parfois contestée, notamment des dialogues, dont la fameuse *République* qui fit scandale, sept tragédies et des *Lettres*[1].

Diogène eut des disciples[2], dont les plus célèbres furent sans doute Cratès de Thèbes, Monime de Syracuse et Stilpon – qui est connu surtout pour avoir dirigé ensuite l'école de Mégare –, mais jamais le cynisme ne fonctionna comme une « école » qui aurait été rattachée à un lieu précis et qui aurait développé un enseignement dans un cadre institutionnel. Le mouvement se situe volontairement en dehors du contexte traditionnel de la vie scolaire : pas de lieu d'enseignement fixe, pas de succession de scolarques, pas de cours ni de conférences, mais des « aboiements » perturbateurs lancés à ciel ouvert, dans les lieux publics les plus fréquentés, par des personnalités fortes qui savaient donner du poids à leur message grâce au témoignage de leurs actes et de leur façon de vivre.

Cratès de Thèbes

Des disciples de Diogène le plus connu fut sans conteste Cratès de Thèbes (*ca* 368/365 - 288/285), une personnalité tout aussi exceptionnelle que son maître mais d'un style bien différent[3]. Diogène était intransigeant aussi bien vis-à-vis de lui-même que des autres ; il menait une vie par bien des côtés héroïque, sur fond de pauvreté et d'ascétisme ; son caractère pas très facile, son langage caustique et ses comportements délibérément agressifs lui attiraient de nombreux ennemis. A l'inverse Cratès, qui avait tout autant de convictions morales, qui s'entraînait tout autant à la rude ascèse, était plus humain dans la manière, plus proche de ceux qu'il côtoyait. Tandis qu'on admirait Diogène, le « chien céleste », mais qu'on le craignait, on admirait Cratès « le cher bossu », mais on l'aimait.

Ce serait pour avoir vu, dans une tragédie, Télèphe, le fils d'Héraclès, qui traînait un air de misère, que Cratès se serait élancé vers la philosophie cynique[4]. Issu d'une famille aisée de Thèbes, il sut se défaire de tous ses biens pour se consacrer au cynisme, soit en donnant la somme d'argent correspondante à ses concitoyens, soit en abandonnant ses terres à la pâture des moutons et en jetant son argent à la mer. Il aurait alors prononcé cette phrase devenue célèbre :

1. Cf. D. L. VI 80 où sont indiquées deux listes d'ouvrages, l'une anonyme, l'autre due à Sotion, qui présentent seulement quatre titres en commun.
2. Cf. D. L. VI 75-76 et VI 82-85.
3. Sur la vie de Cratès, voir D. L. VI 85-93 et 98.
4. Le cynisme se perçoit dans la continuité d'Héraclès et de ses douze travaux, et il considère Télèphe, le fils d'Héraclès, comme incarnant le mode de vie cynique.

« Cratès affranchit Cratès de Thèbes ». Son infirmité – il était bossu – suscitait des moqueries lorsqu'il s'exerçait au gymnase, mais indifférent à la δόξα, il n'en avait cure. Il épousa Hipparchia de Maronée en Thrace, laquelle alla même jusqu'à menacer ses parents de se tuer si on ne la donnait pas en mariage au philosophe. Celui-ci mena avec elle une vraie vie de « chien » qui alla jusqu'à un « mariage de chien » (ἡ κυνογαμία) consommé en public[1]. Ils eurent un fils que Cratès emmena dans une maison close, en lui disant que c'était là le mariage qu'il lui proposait, et une fille qu'il donna en mariage à l'essai pour trente jours. Cratès mourut âgé et fut enterré en Béotie. On lui avait donné un surnom évocateur : « l'ouvreur de portes »[2], car il s'invitait chez les gens pour porter le message cynique et leur adresser des remontrances, mais il savait manifester beaucoup d'humanité et on le révérait comme un *lar familiaris,* arbitre des querelles familiales[3].

Comme Diogène, Cratès fit œuvre littéraire. Ses écrits sont présentés par Diogène Laërce et Julien comme des poésies légères (παίγνια)[4] ; il avait à son actif notamment des tragédies, des élégies, des parodies d'Homère, un poème intitulé *Besace*, un *Hymne à la frugalité*, une *Éphéméride*, des *Lettres* et un *Éloge de la lentille*. Ces écrits, dont les quelques fragments qui subsistent mettent en évidence le talent de leur auteur, devaient présenter un style suffisamment caractéristique de l'écriture cynique pour que le Pseudo-Démétrius de Phalère considérât la manière d'écrire de Cratès comme une illustration du κυνικὸς τρόπος en matière littéraire[5].

Cratès lui aussi eut des disciples : son propre frère Pasiclès, connu surtout ensuite comme philosophe mégarique ; Monime de Syracuse, qui avait été d'abord l'esclave d'un banquier de Corinthe avant de s'attacher à Diogène ; Métroclès de Maronée, le frère d'Hipparchia, qui avait fréquenté Théophraste préalablement à Cratès ; Hipparchia elle-même, mais aussi deux (futurs) stoïciens : Zénon de Kition et le successeur de celui-ci, Cléanthe[6]. A ces noms il convient probablement d'ajouter Théombrote et Cléomène ainsi que le célèbre Ménippe de Gadara, esclave également, dont l'influence littéraire devait être décisive sur des écrivains comme Varron, Sénèque, Pétrone, Apulée et bien d'autres[7]. Le cas d'Hipparchia (*flor.* 336/333), seule femme philosophe cynique connue – hormis la courtisane Nicion, surnommée « Mouche à chien » dans le *Banquet des Cyniques* de Parméniscus que cite Athénée – mérite qu'on s'y arrête.

1. *Souda*, *s.v.* Κράτης, K 2341 ; t. III, p. 182, 14-15 Adler ; Clément d'Alexandrie, *Stromates* IV 19, 122, 1 ; Théodoret, *Thérapeutique des maladies helléniques* XII 49.

2. D. L. VI 86 ; Plutarque, *Quaestiones convivales* II 1, 6, 632E.

3. Apulée, *Florides* 22, 1-4.

4. D. L. VI 85 ; Julien, *Discours* IX 17, 199 C (« Contre les chiens ignorants »).

5. Ps.-Démétrius de Phalère, *De elocutione* 170.259.

6. Voir M.-O. GOULET-CAZÉ, notice « Cratès de Thèbes », C 205, *DPhA*, t. II, 1994, notamment p. 498.

7. Cf. M.-O. GOULET-CAZÉ, « Une liste de disciples de Cratès le Cynique en Diogène Laërce 6, 95 », *Hermes*, 114, 1986, p. 247-252.

Hipparchia de Maronée

Hipparchia fit la connaissance de Cratès par l'intermédiaire de son frère Métroclès et elle devint sa femme[1]. Dès lors elle se mit à suivre Cratès partout. Les deux philosophes cyniques consommèrent leur union en public, plongeant dans le plus grand embarras Zénon qui, tout gêné, les cacha derrière son manteau[2]. Renonçant aux activités traditionnelles de la femme grecque confinée au gynécée et réduite au silence, elle n'hésitait pas à accompagner son mari dans les banquets. C'est lors d'un banquet chez Lysimaque, un général d'Alexandre, qu'elle rencontra Théodore l'Athée et parvint à confondre celui-ci au moyen d'un sophisme. Pris apparemment de court, Théodore ne trouva rien à répondre mais il enleva à Hipparchia son manteau. Celle-ci ne se laissa nullement troubler par ce geste déplacé. Face à Théodore qui s'adresse à elle avec ce vers des *Bacchantes* d'Euripide (v. 1236) : « Est-ce bien celle *qui sur le métier a laissé sa navette* ? », Hipparchia répond : « C'est bien moi, Théodore. Mais ai-je pris à tes yeux une mauvaise décision me concernant, si le temps que j'aurais dû perdre sur le métier, je l'ai consacré à mon éducation ? »[3].

Non seulement Hipparchia pratiqua la philosophie, mais elle écrivit aussi des traités, dont la *Souda* fournit les titres suivants : des *Hypothèses philosophiques*, des *Épichérèmes* et des *Questions* adressées à Théodore l'Athée[4]. Huit *Lettres* pseudépigraphes, sept de Cratès et une de Diogène (*Lettre* 3), lui sont adressées. Plusieurs d'entre elles insistent sur l'égalité entre hommes et femmes et exhortent les femmes à s'adonner à la philosophie.

Ménippe de Gadara

Ménippe (fin du IVe s. - milieu du IIIe s.), né à Gadara[5], ville au sud du Lac de Tibériade, d'origine phénicienne selon D. L. VI 99, occupe lui aussi une place à part dans le mouvement cynique, ne serait-ce que par l'extraordinaire influence qu'il exerça sur le plan littéraire[6].

Ménippe fut l'esclave d'un certain Baton dans la région du Pont. Il acquit ensuite sa liberté et, « mendiant de façon pernicieuse par amour de l'argent », il eut les moyens de devenir citoyen de Thèbes, où l'on peut supposer qu'il rencontra Cratès. Il aurait pratiqué l'usure, ce qui lui aurait permis, à en croire le péripatéticien Hermippe, d'amasser une fortune colossale et lui aurait valu le surnom de « prêteur à la journée ». Mais victime d'un complot, il aurait perdu tous ses biens et de désespoir se serait pendu. Ces détails biographiques, rapportés par Diogène Laërce VI 99-100, sont douteux et ne correspondent pas à l'image que Varron donne du personnage : *<Menippus>, ille, nobilis quondam canis*[7], ni au personnage que Lucien, dans ses *Fugitifs* 11, situe aux côtés des grands du cynisme : Antisthène, Diogène et Cratès.

Auteur prolifique, Ménippe produisit de véritables « best-sellers » comme son *Évocation des morts* (Νέκυια), ses *Lettres pleines d'esprit prêtées aux personnages divins* ou sa *Vente de*

1. Cf. D. L. VI 96.
2. Apulée, *Florides* 14.
3. D. L. VI 97.
4. *Souda, s.v.* Ἱππαρχία, I 517 ; t. II, p. 657, 15-17 Adler.
5. Cf. Strabon, *Géographie* XVI 2, 29.
6. Voir M.-O. GOULET-CAZÉ, notice « Ménippe de Gadara », M 129, *DPhA*, t. IV, 2005, p. 467-475.
7. Varron, *Le tombeau de Ménippe*, *ap.* Nonius Marcellus, *De compendiosa doctrina* IV, p. 333, 33 Mercier (= t. I, p. 525 Lindsay; = fr. 516 Bücheler).

Diogène. Qualifié par Strabon de σπουδογέλοιος[1], « pratiquant le rire sérieux », Ménippe utilisa à des fins comiques à la fois le genre du dialogue et celui de la lettre. On a coutume de considérer qu'il écrivit des satires qui auraient inspiré les *Satires ménippées* de Varron. En fait, la satire comme genre littéraire est probablement apparue seulement avec Varron[2] ; en revanche, le prosimètre, mélange de prose et de vers qui est une des grandes caractéristiques du genre, était déjà présent chez Ménippe[3]. Celui que Marc-Aurèle rangeait parmi « ceux qui se moquent avec arrogance de la vie humaine mortelle et éphémère »[4], dénonçait le côté farcesque de la comédie humaine et ridiculisait, avec son esprit à la fois satirique et plaisant, les valeurs traditionnelles.

Bion, Cercidas, Télès

Au troisième siècle deux personnages atypiques, manifestement de fortes personnalités, évoluèrent aussi dans la mouvance cynique : l'un, Bion de Borysthène (*ca* 335 av. J.-C. - 245 av. J.-C.), fils d'un affranchi marchand de salaisons et d'une courtisane, eut une formation philosophique parfaitement éclectique qui le fit passer successivement de l'Académie chez les cyniques puis les cyrénaïques et enfin chez les péripatéticiens[5] ; l'autre, Cercidas de Mégalopolis (*ca* 290 av. J. -C. - après 217 av. J.-C.), ami d'Aratos de Sicyone, fut à la fois un homme d'État, un général, un législateur et un poète[6]. Grâce à Stobée nous connaissons aussi un modeste professeur de philosophie, Télès, qui vécut au IIIe siècle à Athènes et à Mégare, et qui s'adressait à un cercle de jeunes gens. Il nous a transmis dans ses *Diatribai,* qui sont les vestiges les plus anciens que nous possédions de ce qui allait devenir pour la philologie moderne la fameuse « diatribe cynico-stoïcienne », des dits de plusieurs philosophes cyniques des premières générations, tels Diogène, Cratès, Métroclès et surtout Bion, son modèle préféré[7].

1. Strabon, *Géographie* XVI 2, 29.

2. Le seul témoignage ancien sur des *satires* de Ménippe est dû au grammairien du Ier siècle M. Valerius Probus commentant Virgile, *Bucoliques* VI 31, et évoquant Varron (H. Hagen, *Appendix Serviana*, Leipzig, 1902, p. 336, li. 24). Il est possible que la caractérisation de l'œuvre de Ménippe comme « Satires » ait été suggérée à Probus par le titre de l'ouvrage de Varron *Saturae Menippae*.

3. Cf. Lucien, *La double accusation* 33.

4. Marc-Aurèle, *Pensées* VI 47.

5. Cf. J. F. KINDSTRAND, *Bion of Borysthenes. A collection of the Fragments with Introduction and Commentary*, coll. « Acta Universitatis Upsaliensis. Studia Graeca Upsaliensia », 11, Uppsala, 1976.

6. Cf. E. LIVREA, *Studi Cercidei* (*P. Oxy. 1082*), coll. « Papyrologische Texte und Abhandlungen », 37, Bonn, 1986 ; L. LOMIENTO, *Cercidas,* coll. « Lyricorum Graecorum quae exstant », 10, Roma, 1993 ; J. L. LÓPEZ CRUCES, *Les Méliambes de Cercidas de Mégalopolis. Politique et tradition littéraire,* Amsterdam, 1995.

7. Cf. P. P. FUENTES GONZÁLEZ, *Les diatribes de Télès*, coll. « Histoire des doctrines de l'Antiquité classique », 23, Paris, 1998.

3. Une éclipse ?

La tradition cynique semble avoir connu au cours des deux derniers siècles avant notre ère une sorte d'éclipse. Certains, comme E. Zeller et J. Bernays, considérèrent que cette éclipse était totale, tandis que d'autres comme D. R. Dudley, expliquèrent que le cynisme survécut, obscur, durant toute cette période[1]. Manque de personnalités fortes, capables de vivre l'ascèse diogénienne ? Incompatibilité entre Rome, qui devient peu à peu maîtresse du monde, et l'esprit cynique, mélange détonnant de sérieux et de raillerie, qui remettait en cause radicalement toutes les valeurs établies ? En fait, on devine une survivance du mouvement avec le poète Méléagre de Gadara (*flor.* 96 av. J.-C.), auteur de la célèbre *Couronne* d'épigrammes qui fait de lui un des poètes les plus représentatifs de l'*Anthologie palatine*.

Grâce à trois poèmes autobiographiques de la *Couronne*[2], on sait que Méléagre est né à Gadara, qu'il vécut à Tyr et mourut âgé à Cos. Au cours de sa jeunesse, celui qui est qualifié de cynique par Athénée[3], subit l'influence littéraire de Ménippe, originaire lui aussi de Gadara. Aussi pense-t-on que son ouvrage : les *Grâces* (Χάριτες), cité par Athénée[4], était d'inspiration ménippéenne. Il écrivit aussi un *Banquet*[5] et un ouvrage de tonalité typiquement cynique : « Comparaison des lentilles en purée et des lentilles entières » (Λεκίθου καὶ Φακῆς Σύγκρισις)[6]. Il affiche par ailleurs un cosmopolitisme conforme au cynisme[7], mais il semble que, sous l'influence de son amant Myiscos, il renonça à cette philosophie[8].

Survivance du cynisme également dans les *Lettres* pseudépigraphes des cyniques, dont une partie pourrait dater de la même époque[9]. En outre, au milieu du premier siècle av. J.-Ch., un homme politique en vue, au caractère violent et prompt, le sénateur Marcus Favonius, qui s'était entiché de Caton d'Utique (ἐραστὴς γεγονὼς Κάτωνος), tenait des propos dont Plutarque souligne la

1. Sur ces divergences, voir M. BILLERBECK, *Der Kyniker Demetrius. Ein Beitrag zur Geschichte der frühkaiserzeitlichen Popularphilosophie*, coll. « Philosophia antiqua », 36, Leiden, 1979, p. 3-5.
2. *Anth. Pal.* VII 417-419.
3. Athénée, *Deipnosophistes* XI, 502 C.
4. Athénée, *Deipnosophistes* IV, 157 B.
5. *Ibid.*, XI, 502 C.
6. *Ibid.*, IV, 157 B.
7. *Anth. Pal.* VII 417, 5.
8. *Ibid.*, XII 23.101.117.
9. Pour une édition récente avec traduction, voir E. MÜSELER (édit.), *Die Kynikerbriefe. Kritische Ausgabe mit deutscher Übersetzung,* coll. « Studien zur Geschichte und Kultur des Altertums, 1. Reihe : Monographien », t. 7, Paderborn, 1994. Sur la datation des différents corpus de ces lettres (Anacharsis, Cratès, Diogène, Héraclite, Socrate, Socratiques), voir A. J. MALHERBE, *The Cynic Epistles,* coll. « Society of Biblical Literature. Sources for Biblical Study », 12, Missoula (Montana), 1977, p. 1-34.

franchise cynique[1]. Brutus, qu'il importune, n'hésite pas à le traiter d'ἁπλοκύων «vrai chien», un surnom que portait déjà Antisthène, et de ψευδοκύων, «faux cynique»[2]. Les sympathisants de Caton n'appréciaient guère qu'un sénateur romain affichât le comportement d'un cynique ! Preuve encore de la présence au moins théorique du cynisme au Ier siècle avant notre ère, présence théorique puisqu'il s'agit en quelque sorte du point de vue d'un historien de la philosophie : quand Varron, dans son *De philosophia*[3], distingue deux cent-quatre-vingt-huit écoles philosophiques possibles, il utilise le genre de vie cynique comme un des composants de la combinatoire qui lui permet d'arriver à ce chiffre. Il oppose à ce propos le genre de vie des cyniques et celui des autres philosophes, ce qui prouve à tout le moins que le genre de vie cynique était encore pleinement signifiant pour ses lecteurs ! Et Cicéron lui-même, dans son traité *Sur les devoirs,* ne se prive pas de fustiger vigoureusement l'amoralisme cynique qui ne tient aucun compte de la pudeur[4]. Si cet amoralisme n'avait présenté aucun danger à cette époque, Cicéron n'aurait probablement pas mis autant d'ardeur à le combattre.

4. Sous l'Empire

Dès lors que l'éclipse n'a point été totale et que le cynisme a poursuivi discrètement son chemin, on comprend mieux pourquoi sous l'Empire romain, dans une conjoncture assez proche de celle de la Grèce hellénistique à l'époque d'Alexandre, le cynisme connut à Rome une vigueur nouvelle et un extraordinaire renouveau. On rencontre des cyniques dans toutes les grandes villes de l'Empire, aussi bien à Athènes, à Corinthe, à Rome, qu'en Asie mineure, à Gadara en Décapole, à Alexandrie, à Chypre ou à Constantinople, capitale de l'empereur Julien. Une telle extension n'est pas surprenante, puisque sous l'Empire également on assiste à un éclatement des limites du connu ; les richesses et le luxe s'étalent de façon éhontée, tandis que les écarts sociaux se creusent. Si un Démonax ou un Saloustios sont issus des couches aisées de la société, le cynisme impérial, et c'est une de ses caractéristiques, recrute ses adeptes surtout dans les classes les plus défavorisées qui, du moins à en croire Lucien, voyaient dans le cynisme un moyen d'échapper à un travail pénible et à leur dure condition[5]. Attirés par la franchise cynique et la révérence dont bénéficient les philosophes, des citoyens pauvres, exerçant dans les grandes métropoles de l'Empire des petits métiers, mais aussi des esclaves, se mettent à quitter leur lieu de travail pour devenir les adeptes d'une

1. Plutarque, *Brutus* 34, 4-5. Cf. *Id.*, *César* 41, 3. La franchise de Favonius aurait même dépassé la παρρησία cynique pour tomber dans l'αὐθάδεια (la suffisance) et l'ὕβρις (l'orgueil) [*Pompée* 60, 7].

2. Plutarque, *Brutus* 34, 7.

3. Varron, *Sur la philosophie,* dans Augustin, *Cité de Dieu* XIX 1, 2-3.

4. Cicéron, *Sur les devoirs* I 35, 128 et I 41, 148.

5. Lucien, *Fugitifs* 13.17 ; *Vies à l'encan* 11.

philosophie qui leur permet de fuir leur condition sociale sans avenir et la faim qui les guette. Il n'est donc point exagéré d'affirmer que la philosophie de Diogène devient alors dans l'Empire la philosophie populaire par excellence. C'est ainsi qu'on rencontre des bandes de cyniques déambulant dans les rues de Rome ou d'Alexandrie, mendiant aux carrefours ou aux portes des temples, se postant là où se presse la foule, c'est-à-dire sur les places grouillantes de monde, aux abords des stades ou dans les ports. Le cynisme, pour accomplir sa mission pédagogique, se devait d'être une philosophie urbaine. Si l'on veut retrouver quelques noms de ces cyniques issus des couches populaires sous l'Empire, il faut se pencher sur la poésie épigrammatique, même si rien ne garantit que les noms évoqués aient été ceux de personnages réels[1] : Ménestratos et Hermodote chez Lucilius[2], Gorgias dans une épigramme anonyme[3], Socharès, chez Léonidès d'Alexandrie (plutôt que chez Léonidas de Tarente[4]). D'autres sont évoqués mais de façon anonyme, tel ce vieux cynique auquel Martial fait allusion, aux cheveux et à la barbe sales, revêtu d'une robe crasseuse, portant besace et bâton, qui se tient souvent dans le sanctuaire de Minerve et sur le seuil du temple d'Auguste[5], ou encore ce malheureux qu'Antipater de Thesalonique invective de belle façon en le comparant, lui « le chien couché dans la cendre », à Diogène « le chien céleste »[6]. Mais à côté de ces barbus crasseux, impudents, souvent parasites, qui manient l'invective et l'injure, qui mènent une vie difficile et que les auteurs d'épigrammes épinglent avec un malin plaisir, la littérature antique a gardé le souvenir de personnalités d'exception, issues des couches les plus aisées de la société impériale et évoluant souvent dans les sphères proches du pouvoir.

Démétrius

Le premier personnage qui se détache est Démétrius, l'ami de Sénèque et de Thraséa Paetus.

Démétrius, qui s'installa à Rome probablement sous le règne de Tibère, fut banni de Rome successivement par Néron et Vespasien, auxquels il ne ménageait pas ses critiques[7]. Il

1. Cf. S. FOLLET, « Les cyniques dans la poésie épigrammatique à l'époque impériale », dans M.-O. GOULET-CAZÉ et R. GOULET (édit.), *Le cynisme ancien et ses prolongements*, p. 359-380.

2. Pour Ménestratos, voir Lucilius, *Anth. Pal.* XI 153 et pour Hermodote, *ibid.*, XI 154 : « Pour quiconque est un mendiant analphabète, inutile de moudre le grain comme avant et de porter de lourds fardeaux en échange d'un maigre salaire ! On se laisse pousser la barbe, au carrefour on lève son bâton et on dit qu'on est le premier chien de la vertu. Telle est l'opinion hautement sage d'Hermodote. Si l'on est sans le sou, il suffit d'enlever sa petite tunique et finie la faim ! »

3. *Anth. Pal.* VII 134.

4. Cf. S. FOLLET, « Les cyniques dans la poésie épigrammatique », p. 372-374.

5. Martial, *Épigrammes* IV 53.

6. Antipater de Thessalonique, *Anth. Pal.* XI 158.

7. Cf. Épictète, *Entretiens* I 25, 22 ; Suétone, *Vespasien* 13, 4.

fréquentait le cercle aristocratique du stoïcien Thraséa Paetus. Même si Sénèque voulait manifestement en faire le modèle idéalisé du sage et s'il convient par conséquent d'observer quelque prudence dans l'interprétation, il est certain que Démétrius était un homme « d'une sagesse consommée, bien que lui-même n'en convînt pas, et d'une fermeté constante dans les principes de conduite qu'il s'était fixés »[1]. Son comportement était fidèle à la rude ascèse diogénienne, puisqu'il vivait *seminudus* ou même *nudus*[2], couchant sur ce qu'on n'oserait même pas appeler une paillasse[3]. Empruntant «le raccourci» du cynisme, Démétrius méprisait les richesses, mais il poussait ce refus à son paroxysme, car, à l'inverse des autres cyniques qui s'interdisaient de posséder, lui s'interdisait même de mendier et se retrouvait donc plus pauvre que les autres cyniques[4]. Ce philosophe était en même temps un homme de culture, qui pratiquait une éloquence sans recherche, dépouillée de tous les ornements traditionnels[5], et qui estimait qu'il suffit d'avoir à sa portée et à son usage (*in promptu et in usu*) un petit nombre de préceptes – dont on reconnaîtra la cohérence avec la philosophie cynique, par exemple : laisser de côté ce qu'il est inutile de savoir ; n'avoir peur ni des dieux ni des hommes ; ne pas voir la mort comme un mal ou encore se conduire en toutes circonstances comme si on était en public[6]. Selon lui, une méditation quotidienne de ces préceptes permet de vivre *in solido ac sereno,* « sur la terre ferme et sous un ciel serein »[7]. On doit à Sénèque une formule qui condense l'extraordinaire stature morale du personnage : *Non praeceptor veri, sed testis est,* « Il ne professe pas la vérité, mais il en témoigne »[8].

Au second siècle surgissent deux figures originales du mouvement qui, toutes deux, firent l'objet d'un traité de la part de Lucien : Démonax de Chrypre (*ca* 70-170) et Pérégrinus Proteus (*ca* 100 - 165), sur le mode de l'éloge dans le cas du premier (Lucien fut son élève), sur le mode de la critique acerbe et malveillante dans le cas du second. Si Lucien admire l'un, il ne supporte pas l'autre. En conséquence, de l'un il fait un homme d'exception, de l'autre un charlatan.

Démonax

Né dans une famille aisée et influente, le Chypriote Démonax, après avoir étudié la poésie et l'éloquence, se convertit à la philosophie et passa sa vie à Athènes. Il fut l'élève d'un cynique réputé, qui semble avoir été une sorte de star que tout le monde voulait rencontrer : Agathobule,

1. Sénèque, *Sur les bienfaits* VII 8, 2.
2. *Id., Lettres à Lucilius* 62, 3 et 20, 9.
3. *Id., Lettre* 20, 9.
4. *Id., Sur la vie heureuse* 18, 3.
5. *Id., Sur les bienfaits* VII 8, 2.
6. *Ibid.* VII 1, 3-7.
7. *Ibid.*, VII 1, 7.
8. *Id., Lettre* 20, 9. Seul bémol dans cette vie de Démétrius : son attitude lors du procès du stoïcien Egnatius Celer accusé par Helvidius Priscus pour le rôle qu'il avait joué dans la condamnation à mort de son beau-père Barea Soranus. Démétrius en effet, de façon très étonnante, prit la défense du stoïcien Celer, alors que Musonius attaquait ce dernier. Tacite, *Histoires* IV 40, 6-8, porte en la circonstance un jugement très sévère sur Démétrius, qui aurait défendu le crime de Celer *ambitiosius quam honestius.* Cf. J. L. MOLES, « *Honestius quam ambitiosius* ? An Exploration of the Cynic's Attitude to Moral corruption in his fellow men », *Journal of Hellenic Studies,* 103, 1983, p. 103-123, qui essaie de justifier le comportement selon lui honorable et profondément cynique de Démétrius.

lequel enseignait l'ascèse à Alexandrie et faisait partie des *philosophi insignes* de l'année 119 selon la *Chronique* de Jérôme[1], mais il fréquenta aussi Démétrius, Épictète et Timocrate d'Héraclée [*Vie de Démonax* 3]. Démonax ne laissa aucune œuvre écrite, mais il impressionna ses contemporains qui, lorsqu'il s'arrêtait dans une maison pour manger et dormir, voyaient en lui une « épiphanie divine » et « un bon démon » [63][2]. Sa seule apparition à l'Assemblée ne faisait-elle pas cesser les dissensions [64] et ne savait-il pas réconcilier frères et époux en désaccord [11] ? Ses conversations étaient pleines de grâce attique [6]. Son cynisme « doux, civilisé et joyeux » [9] s'harmonisait, semble-t-il, avec un certain éclectisme [5] qui l'amenait à vénérer Socrate, admirer Diogène et aimer Aristippe [62]. En réalité, le portrait qu'en brosse Lucien le présente davantage comme un disciple de Socrate que comme un cynique auquel il ressemblerait surtout par l'entraînement corporel à l'endurance [4] et par l'allure extérieure : « Il semblait s'apparenter plutôt à Socrate, même si par son allure extérieure et sa façon de vivre facile il paraissait imiter l'homme de Sinope » [5]. Mais Lucien, écartelé entre son admiration sans bornes pour ce maître, qui est à ses yeux le meilleur des philosophes, et la nécessité où il est d'admettre qu'il s'agit bien d'un disciple de Diogène le Chien, ne peut se laisser aller à la satire ni altérer les traits cyniques de Démonax à qui il est contraint d'accorder la fermeté d'âme, l'autarcie [4], le rejet de tout orgueil [5], le mépris des *ponoi* – ces souffrances que sont pauvreté, exil, vieillesse, maladie [8] –, la critique des croyances religieuses [32] et des pratiques comme la divination [37], enfin l'aspiration à un bonheur fondé sur la suppression de l'espoir et de la crainte [20]. Quand il vit qu'il ne pouvait plus subvenir à ses besoins, Démonax, âgé de presque cent ans, quitta volontairement la vie après s'être laissé mourir de faim et avoir souhaité, comme Diogène, servir de nourriture aux oiseaux et aux chiens [65-66]. Mais Athènes, reconnaissante, lui fit des funérailles grandioses [67] ! Un trait est à relever, qui fait penser à l'amour du prochain pratiqué dans le christianisme : il considérait l'amitié comme le plus grand des biens chez les hommes ; pour cette raison il était l'ami de tous et il n'y avait aucun être humain qui ne lui fût cher, même s'il aimait être davantage avec certains qu'avec d'autres.

Pérégrinus Proteus

Tout autre est le ton employé par Lucien dans sa *Mort de Pérégrinus*. Comme c'était le cas pour Démonax, Lucien eut l'occasion de rencontrer personnellement Pérégrinus, mais de façon plus ponctuelle, lors d'un voyage en bateau au retour de Troade [43]. Il était présent également le jour où le philosophe monta sur le bûcher à Olympie [35-42].

Ce personnage multiforme, surnommé Proteus puis Phénix, qui revendiqua les étiquettes de chrétien, de cynique et d'adepte des brahmanes, aurait, selon son biographe excédé, accompli en bon tragédien tous les actes de sa vie, y compris lorsqu'il se jeta spectaculairement dans les flammes du bûcher à Olympie, « par amour de la gloire » (δόξης ἕνεκα). L'accablant d'anecdotes croustillantes, à l'authenticité douteuse [9-10], laissant entendre que son christianisme lui valut de solides revenus [13], le présentant comme un champion de « l'indifférence » cynique (ἀδιαφορία) [17] afin de mieux le ridiculiser, Lucien donne à ses lecteurs un portrait de Pérégrinus qui ne coïncide pas avec le témoignage d'Aulu-Gelle, lequel eut l'occasion de rencontrer plusieurs fois le philosophe à Athènes[3]. En effet Pérégrinus apparaît chez cet auteur

1. Jérôme, *Chronique d'Eusèbe*, p. 198, 1-3 Helm.

2. Voir P. P. Fuentes González, « Le *Démonax* de Lucien entre réalité et fiction », *Prometheus* 35, 2009, p. 139-158.

3. Aulu-Gelle, *Nuits attiques* XII 11.

comme un homme *gravis atque constans,* digne et ferme, qui vivait dans une hutte en dehors de la ville et s'entretenait avec ceux qui venaient lui rendre visite. La haute tenue morale des propos qu'il tient révèle un philosophe sérieux, bien éloigné du charlatan que Lucien veut nous présenter. Lucien explique comment Pérégrinus appartint de façon active et militante, pour un temps du moins, à la communauté chrétienne de Palestine, au sein de laquelle il faisait œuvre d'exégète et d'écrivain [11]. On peut en conclure que Pérégrinus joua sans doute un rôle dans les relations que le cynisme entretint au deuxième siècle avec le christianisme. La vie de Pérégrinus – dont le nom était prédestiné –, est, comme c'est le cas pour un certain nombre de cyniques sous l'Empire, celle d'un grand voyageur. Né à Parium en Mysie, au nord ouest de l'Asie mineure [14], il se rendit en Palestine où il fut emprisonné en tant que chrétien [12], puis il revint à Parium avec l'accoutrement cynique [15] avant de repartir pour se rendre en Égypte auprès d'Agathobule, le maître ès ascèse cynique [17], et faire voile ensuite vers l'Italie d'où il fut banni par le préfet de Rome à cause de sa trop grande liberté de parole, notamment envers l'empereur [18]. Il partit alors en Grèce, séjournant surtout à Athènes ; on le retrouve aussi à Élis [19] et à quatre reprises à Olympie où les jeux étaient une tribune recommandée pour les cyniques en raison de leurs liens avec Héraclès, l'ancêtre de leur philosophie. Son suicide par le feu aux Jeux de 165, en imitation des brahmanes, visait à enseigner aux hommes à mépriser la mort et à endurer ce qui est terrible [23]. Après sa mort les Éléens et les Grecs lui dressèrent des statues et un culte fut instauré en son honneur [28.41][1].

Oinomaos de Gadara

Au deuxième siècle, si l'on se fonde sur la *Chronique* de Jérôme pour l'année 119, ou au début du troisième, si l'on privilégie le témoignage de la notice de la *Souda* le concernant, vécut un personnage aux opinions très audacieuses, qui devait susciter plus tard de violentes critiques de la part de l'empereur Julien : Oinomaos de Gadara, auteur d'un ouvrage qui apparemment fit grand bruit et que nous connaissons sous deux titres : *Contre les oracles*[2] et *Les charlatans démasqués*[3], dans lequel il profère des attaques d'une rare violence contre les dieux déclarés injustes, contre les devins traités d'ignorants et de charlatans, et surtout contre les oracles dont il se plaît à souligner le caractère frauduleux[4]. Il est possible que cet Oinomaos soit à identifier avec Abnimos de Gadara, qui était l'ami du juif Rabbi Meir – lequel vivait à Tibériade sous le règne d'Hadrien – et qui était aussi en relation avec Rabbi Gamaliel II. Aussi le retrouverons-nous dans le chapitre sur cynisme et judaïsme.

De sa vie nous ne savons rien sinon qu'il était, comme Ménippe et Méléagre, originaire de Gadara en Décapole et qu'il est allé consulter lui-même à trois reprises l'oracle de Claros dont les réponses ambiguës et obscures le laissèrent fort insatisfait[5]. Loin de correspondre à l'image du prédicateur populaire inculte, Oinomaos connaissait les *Phéniciennes* d'Euripide, avait lu Hérodote, était au fait de la théorie du Destin et de la théorie de la connaissance des stoïciens. Plusieurs ouvrages lui sont attribués par la *Souda* Οι 123 : *Sur le cynisme,* une *République,* un

1. Sur le personnage de Pérégrinus et les problèmes que pose la présentation de Lucien, voir M.-O. GOULET-CAZÉ, notice « Pérégrinus surnommé Proteus », P 79, *DPhA*, t. Va, 2012, p. 199-230. Sur la vision que Lucien avait du cynisme, voir H.-G. NESSELRATH, « Lucien et le cynisme », *L'Antiquité classique*, 67, 1998, p. 121-135.

2. Julien, *Discours* VII 5, 209 A-B (« Contre Héracleios le cynique »).

3. Eusèbe, *P. É.* V 18, 6 - 36, 5 et VI 7, 1-42.

4. Voir J. HAMMERSTAEDT, *Die Orakelkritik des Kynikers Œnomaus,* coll. « Beiträge zur klassischen Philologie », 188, Frankfurt am Main, 1988 ; M.-O. GOULET-CAZÉ, notice « Oinomaos de Gadara », O 9, *DPhA,* t. IV, 2005, p. 751-761.

5. Cf. Eusèbe, *P. É.*, V 22, 1-6.

ouvrage intitulé *Sur la philosophie selon Homère* et un autre *Sur Cratès et Diogène*[1], ainsi que par Julien qui cite d'autres titres: *La vraie voix du Chien* à identifier peut-être avec *Sur le cynisme*, à moins qu'il ne s'agisse du sous-titre de cet ouvrage, *Contre les oracles* à identifier probablement avec *Les charlatans démasqués*[2], ainsi que des tragédies[3]. A Oinomaos Julien, soucieux de restaurer l'hellénisme, et en particulier la religion, oppose son Diogène idéalisé plein de respect pour la divinité. Oinomaos pourrait bien avoir été le tenant d'une conception renouvelée du cynisme. En effet, à une époque où l'on se posait la question du fondateur du mouvement, il n'hésitait pas à affirmer que « le cynisme n'est ni un antisthénisme ni un diogénisme »[4], prenant ainsi ses distances face aux grands du cynisme. A l'évidence, il ne voulait pas réduire cette philosophie à la pensée et au mode de vie d'une seule personnalité, fût-elle Antisthène ou Diogène. On peut supposer que dans son ouvrage *Sur le cynisme,* il proposait une réflexion de fond sur ce mouvement et que sa *République* se voulait un contrepoint à celle de Diogène. Julien, après avoir cité la phrase d'Oinomaos sur le cynisme, rappelle que « les plus distingués des cyniques soutiennent que le grand Héraclès, qui s'employa à nous dispenser tous les autres biens, légua également aux hommes le plus haut exemple de ce genre de vie ». Faut-il penser que Julien tient Oinomaos pour un des plus distingués parmi les cyniques et par conséquent qu'Oinomaos voyait en Héraclès le fondateur du mouvement ? Ce serait étonnant vu les critiques que Julien émet par ailleurs contre le philosophe ; aussi est-il plus prudent de reconnaître que nous ne savons pas à qui Oinomaos lui-même pensait comme précurseur et modèle d'un cynisme authentique. Quoi qu'il en soit, l'insistance que met Julien à critiquer ses thèses prouve bien qu'il incarnait à ses yeux le représentant d'un cynisme renouvelé dont il trouvait les thèses dangereuses pour son propre projet de restauration de l'hellénisme.

Parmi les quelques grandes figures du cynisme impérial, il en est encore au moins une à qui il faut rendre justice. Il s'agit de Maxime Héron d'Alexandrie (*flor.* 380), qui affichait apparemment sans problème la double étiquette de chrétien et de cynique.

Maxime Héron d'Alexandrie

Maxime nous est connu surtout par les écrits de Grégoire de Nazianze, son ami devenu son pire ennemi à la suite d'une rivalité pour le siège épiscopal de Constantinople. Grégoire, notamment à travers son *Discours* XXVI, a transmis à la postérité une image de Maxime injuste et partiale qu'il convient de nuancer autant que faire se peut.

Maxime était né à Alexandrie dans une famille de martyrs chrétiens[5]. A l'époque de la querelle arienne, il prit parti pour Athanase contre les Ariens ; après la mort d'Athanase en 373, il combattit très vivement l'Arien Lucius et fut banni en 374 au désert où il resta quatre années. Il fut donc mêlé de près aux querelles qui faisaient s'affronter les orthodoxes et les Ariens, mais à

1. Ce titre est suivi des mots : καὶ τῶν λοιπῶν, que nous interprétons non point comme la fin de ce titre (*Sur Cratès, Diogène et les autres*), mais comme recouvrant d'autres titres non mentionnés : « et sur d'autres sujets », ainsi que le fait, sur la base d'un parallèle probant, A. BRANCACCI, « Libertà e fato in Enomao di Gadara », dans A. BRANCACCI (édit.), *La filosofia in età imperiale. Le scuole e le tradizioni filosofiche*, coll. « Elenchos » 31, Napoli, 2000, p. 37-67, notamment p. 42, n. 4.

2. *La vraie voix du Chien* et le *Contre les oracles* sont cités par Julien, *Discours* VII 5, 209 B (« Contre Héracleios le cynique »).

3. *Ibid.*, VII 6, 210 D.

4. Julien, *Discours* IX 8, 187 C (« Contre les chiens ignorants »).

5. Cf. Grégoire de Nazianze, *Discours* XXV, 3, li. 16-17 (p. 162 Mossay).

son retour du désert, il fut mêlé en outre aux rivalités qui opposaient entre eux, à propos du siège épiscopal de Constantinople, les orthodoxes des églises d'Alexandrie et de Constantinople. En 379 Grégoire de Nazianze, de retour à Constantinople, se lia d'amitié avec lui. Mais alors que Grégoire voulait devenir évêque, Maxime aurait, à l'en croire, intrigué avec l'appui de l'évêque Pierre d'Alexandrie, frère d'Athanase, afin de le devenir lui-même et se serait fait ordonner en secret une nuit à la sauvette[1]. Ce fut le début de « l'affaire Maxime », qui en dernière instance se solda par un échec pour Maxime[2]. Son ordination fut déclarée non canonique en mai 381 par le Concile œcuménique de Constantinople présidé par Mélèce d'Antioche, lequel fit élire Grégoire comme évêque de la ville. Maxime réussit toutefois à se faire reconnaître comme évêque légitime de Constantinople en septembre de la même année au concile occidental d'Aquilée et Ambroise, l'évêque de Milan, n'hésita pas à intervenir en sa faveur auprès de l'empereur Théodose. Mais en 382, au concile de Rome, réuni autour du pape Damase et auquel assistait Ambroise, on n'évoqua même pas la question du siège de Constantinople et à partir de cette date on n'entend plus parler de Maxime.

Pendant le temps que dura leur amitié, Grégoire, tout en confirmant, dans son *Discours* XXV, que le philosophe est bien un cynique, en rappelant par exemple son cosmopolitisme (par. 3, 19-20), prend soin toutefois de priver Maxime de toutes les outrances de la philosophie de Diogène : impudence, gloutonnerie, aboiements (par. 2, 14-18), et de le situer très nettement du côté des chrétiens. Il explique que Maxime répudie l'athéisme de la philosophie cynique, mais qu'il en adopte la frugalité, et qu'il réfute l'arrogance des autres cyniques en portant le même costume qu'eux (par. 6, 5-10). Et Grégoire de conclure que tout ce que fait Maxime est meilleur que « l'insolence d'Antisthène, l'absorption de nourriture crue par Diogène et le mariage public de Cratès » (par. 7, 18-20). Mais après l'affaire Maxime, on assiste à un revirement complet d'attitude chez Grégoire. Alors qu'il avait encensé son ami, il se mit, dans le *Discours* XXVI, le *Contra Maxime* et l'écrit *Sur sa vie*, à déverser contre lui toute sa bile dans des invectives démesurées et simultanément à revaloriser les cyniques d'autrefois au détriment de Maxime (*Sur sa vie*, vv. 1030-1033).

Cette attitude outrancière de la part de l'homme d'Église qui se sentit abusé et trahi invite au scepticisme, d'autant plus que des gens comme Athanase, Pierre d'Alexandrie, Basile, Jérôme ou Ambroise avaient accordé, eux, leur confiance au philosophe. Quoi qu'en dise Grégoire, il faut admettre aussi que Maxime avait une véritable dimension intellectuelle. Jérôme cite avec éloge le livre contre les Ariens que Maxime remit à Milan à l'empereur d'Occident Gratien[3], tandis que Basile invite Maxime à venir s'entretenir avec lui du problème de la consubstantialité[4], tous détails qui ne coïncident pas avec le portrait de l'individu odieux et grotesque que Grégoire cherche à imposer à son lecteur. Pris dans des enjeux de politique ecclésiastique qui le dépassaient, Maxime fut probablement une victime. L'évêque Pierre d'Alexandrie a pu se servir de lui comme d'un pion dans la rivalité qui opposait les églises d'Alexandrie et de Constantinople. Nous reviendrons sur cet exemple assez extraordinaire de double appartenance au cynisme et au christianisme pour essayer de mieux comprendre comment un chrétien engagé dans le milieu ecclésiastique pouvait porter l'accoutrement des cyniques et mener leur mode de vie.

Pour rendre compte de l'extrême diversité du cynisme de cette époque, il nous faudrait citer encore bien d'autres noms tel celui d'Horus, cet Égyptien, pugiliste

1. Cf. *Id.*, *Sur sa vie*, vv. 887-950 ; *Discours* XXVI 3, li. 15-17 (p. 230 Mossay).

2. Sur les détails de cet épisode compliqué, voir M.-O. GOULET-CAZÉ, notice « Maxime Héron d'Alexandrie », M 70, *DPhA*, t. IV, 2005, p. 348-363, notamment p. 352-360.

3. Jérôme, *Sur les hommes illustres* 127, p. 54 Richardson.

4. Basile, *Lettre* 9, 3.

de métier, qui fut vainqueur aux jeux olympiques d'Antioche en 364 et qu'on ne s'attend pas de prime abord à rencontrer comme philosophe cynique[1]. Le dernier cynique connu dans l'Antiquité est Saloustios, originaire de Syrie, au Ve siècle.

Saloustios

Dans sa *Vie d'Isidore*, Damascius raconte qu'après des études de droit, Saloustios reçut une solide formation rhétorique chez le sophiste Eunoios à Émèse, puis qu'il partit à Athènes et de là à Alexandrie où il fréquenta les écoles de rhétorique ainsi que les milieux néoplatoniciens, mais où il se consacra surtout au cynisme, en pratiquant une ascèse rigoureuse et austère. Son comportement se situe dans la plus pure ligne du cynisme diogénien : il injurie la foule, réfute et ridiculise tout un chacun, a une façon d'être plaisante et moqueuse ; il pratique l'endurance et aime à plaisanter en vue de faire rire, dans les deux cas au-delà de la mesure[2]. Proclamant que philosopher pour les hommes non seulement n'est pas facile mais est impossible, il réussit à détourner de la philosophie un certain Athénodore, membre du cercle de Proclus à Athènes, ceci avant de se quereller avec Proclus lui-même[3].

Ces biographies de personnalités exceptionnelles témoignent de l'extrême diversité des profils que pouvait recouvrir l'étiquette « cynique » et des contextes dans lesquels le cynisme s'est développé. Il importe par conséquent de cerner le plus précisément possible, par-delà cette diversité sociale et intellectuelle, ce qui fondait l'appartenance au mouvement. A cet effet, il faut partir des idées-forces de Diogène, qui constituent le socle théorique et pratique de la philosophie cynique.

B. LE CYNISME DIOGÉNIEN

1. L'héritage antisthénien

Que Diogène ait fréquenté ou non, historiquement, Antisthène et que Diogène Laërce ait ou non raison de présenter Antisthène comme « celui qui ouvrit le premier la voie au cynisme » (VI 2), il ne fait aucun doute que la morale cynique plonge ses racines dans la philosophie antisthénienne et par conséquent dans le socratisme qui privilégiait l'étude de l'âme humaine par rapport à l'étude du cosmos. Antisthène dispensait son enseignement au gymnase de Cynosarges

1. Cf. Libanios, *Lettres* 1278 et 1279; t. XI, p. 352-353 Foerster; Macrobe, *Saturnales* I 7, 3.14 ; I 15, 3 ; VII 7, 8 ; VII 13, 10 ; VII 17, 14.

2. Damascius, *Vie d'Isidore,* fr. 138, p. 115, 10 -119, 9 Zintzen (= *Souda*, *s.v.* Σαλούστιος, Σ 62, t. IV, p. 315, 12 - 316, 3 Adler ; *Souda, s.v.* Σαλούστιος, Σ 63, t. IV, p. 316, 22 Adler) ; voir aussi Photius, *Bibliothèque*, codex 242, par. 89, p. 342a 27-35 Bekker (= fr. 89, p. 130, 1-3 Zintzen).

3. Damascius, *Vie d'Isidore,* fr. 144, p. 125, 13-17 ; fr. 145, p. 125, 18 - 127, 4 et fr. 147, p. 127, 11-14 Zintzen (= *Souda*, *s.v.* ἀπῆγεν, A 3142, t. I, p. 282, 9-13 Adler ; *s.v.* Ἀθηνόδωρος, A 735, t. I, p. 70, 26-31 Adler ; *s.v.* Σαλούστιος, Σ 63, t. IV, p. 316, 4-5 Adler).

(D. L. VI 13), où se dressait au début du Vᵉ siècle un temple consacré à Héraclès, qui allait devenir le héros cynique par excellence et l'incarnation, à cause de ses douze travaux, de la lutte contre les souffrances (πόνοι)[1]. Ce gymnase était réservé aux νόθοι, aux bâtards, c'est-à-dire principalement, pour l'époque qui nous concerne, à ceux qui étaient de père athénien et de mère étrangère[2]. Le père d'Antisthène était de fait athénien et sa mère était thrace. Cette situation, qui l'excluait de la citoyenneté athénienne, peut expliquer au moins en partie son souci d'identifier les gens bien nés non point en fonction des critères sociaux, mais par leur vertu[3].

Diogène Laërce cite un catalogue dans lequel les ouvrages d'Antisthène sont répartis en dix τόμοι contenant plus de soixante titres qui relèvent de la rhétorique, de l'éthique, de la politique, de la dialectique et de la poétique[4]. A la lecture des deux doxographies transmises par le livre VI de Diogène Laërce, l'une anonyme, l'autre attribuée à Dioclès de Magnésie, on est frappé de voir comment l'essentiel de la philosophie cynique, avec sa lucidité, sa morale des actes et sa contestation radicale des valeurs sociales couramment admises, est déjà en germe dans la pensée d'Antisthène. Il proclamait qu'à l'homme et à la femme appartient la même vertu (12), que cette vertu relève des actes, qu'elle n'a besoin ni de longs discours ni de connaissances (11). Il est le premier à faire intervenir dans l'acte vertueux une force (ἰσχύς) semblable à celle qu'avait manifestée Héraclès[5] et que devait par la suite incarner Socrate (*ibid.*), une force qui constitue certainement la première amorce du concept de volonté dans la philosophie morale. En identifiant le τέλος de la vie avec l'ἀτυφία[6] – qu'on peut définir à la fois comme absence d'orgueil et refus de toute illusion sur soi-même et les autres[7] –, Antisthène

1. Antisthène consacra plusieurs ouvrages à Héraclès (D. L. VI 16.18) et Diogène écrivit une tragédie portant le nom du héros (D. L. VI 80 ; cf. J. L. Lopez Cruces : « Une tragédie perdue : l'*Héraclès* de Diogène le cynique », *Les études classiques*, 78, 2010, p. 3-24). Cf. aussi Dion Chrysostome, *Discours* IV, 27-32 (« Sur la royauté »).

2. Cf. D. L. II 31 ; VI 1. 4. Plus anciennement les νόθοι désignaient ceux qui étaient nés d'une union libre entre Athéniens, d'un adultère ou d'une union illégitime avec un esclave ou une prostituée.

3. Cf. D. L. VI 10.

4. D. L. VI 15. Pour une étude détaillée de ce catalogue, de sa structure et de ses titres, voir A. PATZER, *Antisthenes der Sokratiker. Das literarische Werk und die Philosophie, dargestellt am Katalog der Schriften* [Teildruck], Diss. Heidelberg, 1970. Voir aussi A. BRANCACCI, *Antisthène. Le discours propre*, coll. « Tradition de la pensée classique », Paris, 2005, notamment p. 17-39.

5. Un des titres d'Antisthène consacrés à Héraclès et transmis par D. L. VI 16 est *Héraclès majeur* ou *Sur la force*.

6. Clément d'Alexandrie, *Stromates* II 21, 130, 7.

7. Cf. par exemple Ménandre qui, dans une de ses pièces : *L'Écuyer*, prête au cynique Monime de Syracuse la pensée suivante : « Tout ce que l'homme a conçu est fumée de l'orgueil (τῦφος) » (D. L. VI 83).

annonce l'importance qu'allait revêtir le concept de τῦφος dans le cynisme. C'est à lui encore que les cyniques empruntèrent une des notions fondamentales de leur philosophie – à côté de celles d'ἄσκησις et d'ἀτυφία –, à savoir celle de πόνος, qui recouvre aussi bien le mal, la souffrance subie que l'effort et le labeur pour venir à bout de ces souffrances, Antisthène ayant établi, grâce à son *Héraclès majeur* et à *son Cyrus,* que « le πόνος est un bien » (2)[1]. A ses yeux, au même titre que la souffrance, la mauvaise réputation (ἀδοξία) est également un bien (11). Or cette thèse de l'indifférence à l'opinion justifie en grande partie les comportements du philosophe cynique face aux conventions sociales dont il décide de faire table rase. Elle s'harmonise avec l'idée que « la connaissance la plus nécessaire est celle qui consiste à désapprendre le mal »[2], c'est-à-dire à se débarrasser des fausses opinions sur le bien et le mal que la société inculque à ses citoyens avec son lot de coutumes et de conventions. Antisthène par ailleurs recommande de construire des remparts dans ses propres raisonnements afin de les rendre inexpugnables (VI 13) – une façon de construire en soi-même un espace de liberté qui soit fondé sur la suprématie du λόγος et qu'aucun autre homme ni aucune circonstance ne puisse parvenir à ébranler. Le sage selon Antisthène possède les qualités qui deviendront emblématiques du sage cynique, à savoir la fermeté d'âme (καρτερία), la maîtrise de soi (ἐγκράτεια) et l'impassibilité (ἀπάθεια)[3], toutes qualités qui permettent de remporter la victoire sur les πόνοι de la vie quotidienne.

Diogène allait radicaliser cette morale des actes fondée sur l'effort et la volonté, en développant l'idée d'une lutte à mener en faveur de la nature contre la civilisation par la biais de la « falsification de la monnaie » (παραχαράττειν τὸ νόμισμα) et en préconisant un entraînement (ἄσκησις) du corps à finalité morale. Il allait faire de sa vie une démonstration éclatante des principes moraux établis par Antisthène.

2. L'appellation « chien »

Comme le cynique est fréquemment désigné par l'appellation « chien », il peut être utile de rappeler d'abord pourquoi les cyniques se sont réclamés du chien. Dans l'Antiquité déjà on suggérait deux explications à ce surnom que Diogène, il faut bien le préciser, n'a pas volontairement choisi, mais qu'il finit par revendi-

1. Sur cette notion, voir M.-O. GOULET-CAZÉ, *L'ascèse cynique*, p. 45-48. Deux mots latins : *labor*, « effort », et *dolor*, « souffrance », traduisent les deux aspects du πόνος grec (cf. Cicéron, *Tusculanes* II 15, 35).

2. Stobée, *Anth.* II 31, 34 ; t. II, p. 207, 22-23 Wachsmuth.

3. Cf. D. L. VI 2 (« Socrate, dont il [= Antisthène] emprunta la fermeté d'âme et imita l'impassibilité, ouvrant ainsi, le premier, la voie au cynisme ») et VI 15 (« Antisthène ouvrit la voie à l'impassibilité de Diogène, à la maîtrise de soi de Cratès et à la fermeté d'âme de Zénon »).

quer. Le « chien » renvoie-t-il à l'étymologie, elle-même incertaine pour nous aujourd'hui, du gymnase de « Cynosarges » où enseignait Antisthène ? Le mot peut vouloir dire « les viandes du chien » (κυνὸς - σάρκες), ou encore « chien blanc » ou « chien brillant » ou « chien rapide » (κυνὸς - ἀργοῦ), en référence à un mythe selon lequel un chien se serait emparé, lors d'un sacrifice, de la viande offerte et l'aurait amenée à l'endroit où devait être fondé le gymnase[1]. Ceux qui proposaient cette interprétation voyaient dans Antisthène le fondateur du cynisme. La seconde explication résulte d'une moquerie assimilant les cyniques à des chiens en raison de la simplicité de leur comportement, en raison aussi de l'impudeur de leur mode de vie qui les amenait à poser en public tous les actes qu'ils considéraient comme naturels, tels que manger, dormir ou faire l'amour[2]. Dans ces conditions, plutôt que de réfuter un surnom qui se voulait désobligeant, Diogène préféra l'adopter et l'assumer[3]. Quand il accepte d'être désigné comme « le Chien », Diogène veut signifier qu'il n'a nul souci du qu'en-dira-t-on, qu'il n'est pas prisonnier de fausses valeurs comme la pudeur ou la renommée, à l'instar du chien qui fait ses besoins là où il se trouve et ne s'embarrasse pas de fausses contraintes. Il veut montrer aussi qu'il a une juste perception des êtres, comme le chien qui sait mordre ou remuer la queue à bon escient[4].

La référence au « chien » va sans doute plus loin qu'une simple question de surnom. Parce que l'animal incarne une vie conforme à la nature, parce qu'il ne possède rien, tandis que l'homme, en renonçant à cette vie naturelle, a forgé à tort toutes sortes de conventions qui l'éloignent de la nature, le poussent à acquérir toujours plus et l'empêchent d'être heureux, le cynique renvoie souvent à l'animal comme à un modèle. Nous suggérons que le philosophe cynique avait une échelle des êtres paradoxale, car fondée sur le critère de l'absence de besoins : l'homme occupe le bas de cette échelle, la divinité le haut et entre les deux se situe l'animal, le meilleur modèle de conduite autarcique et naturelle qui puisse se rencontrer chez les vivants. Quant aux dieux il ne faut pas, à notre avis, se méprendre. Ils servent aux cyniques de modèle théorique non point au nom d'une quelconque foi religieuse, mais parce que ce sont des êtres par définition sans besoins[5], qui incarnent l'autarcie idéale considérée par les cyniques comme la condition *sine qua non* d'un bonheur total[6]. Des dieux sans besoins on descend à l'animal qui

1. Cf. *Souda*, *s.v.* Κυνόσαργες, K 2721 ; t. III, p. 215, 6-13 Adler.

2. Cf. D. L. VI 58.69.

3. Cf. D. L. VI 55.60. Sur l'appellation « Chien », voir par exemple G. GIANNANTONI, *Socratis et Socraticorum Reliquiae*, t. IV, p. 491-497.

4. Cf. par exemple Élias, *In Arist. Categ., Proœmium,* p. 111, 1-32 Busse, qui donne quatre interprétations de l'origine du mot « cynique », correspondant chacune à des qualités du chien que l'on retrouve chez les cyniques.

5. Cf. D. L. VI 105 ; Ps.-Lucien, *Le cynique* 13.

6. Voir M.-O. GOULET-CAZÉ, « Les premiers cyniques et la religion », dans M.-O. GOULET-CAZÉ et R. GOULET (édit.), *Le cynisme ancien et ses prolongements*, p. 117-158.

sait se contenter de satisfaire ses seuls besoins naturels puis à l'homme civilisé qui a réussi à se créer, à côté des besoins qu'il a par nature, comme manger, boire, uriner ou dormir, toutes sortes de besoins inutiles dont il devient le prisonnier. L'entreprise du cynique est plus complexe qu'il y paraît à première vue : prenant modèle sur l'animal, il veut limiter ses besoins au maximum afin d'être fidèle à ce que lui a octroyé la nature ; mais à la différence du chien — et la différence est énorme —, l'homme est à la fois animalité et λόγος ; or sa raison est pervertie par les conventions sociales. Il doit donc parvenir à la débarrasser de toutes les fausses opinions, de toutes les mauvaises habitudes, de toutes les conventions imposées par la société afin qu'elle lui permette de vivre bien, c'est-à-dire selon la nature.

3. Aux origines de la démarche cynique

Le cynisme, comme toutes les philosophies hellénistiques, vise le bonheur de l'individu. Or le cynique a conscience que ce bonheur est compromis parce que l'homme a réussi à se rendre esclave de toutes sortes de chaînes qui l'empêchent de connaître une totale sérénité. Aussi importe-t-il de le conduire sur le chemin de l'autarcie qui est aussi celui de la liberté et de l'apathie. Il fallait du courage pour arracher, en commençant par soi-même, l'individu à l'esclavage et lui indiquer une voie autre, contraire à toutes les recommandations que la société lui adresse depuis son enfance. Les concitoyens de Diogène ne s'y sont pas trompés, eux qui inscrivirent les vers suivants sur la statue de bronze dont ils l'honorèrent :

> Même le bronze subit le vieillissement du temps,
> mais ta renommée, Diogène, l'éternité ne la détruira point.
> Car toi seul as montré aux mortels la gloire d'une vie
> autarcique et le sentier de l'existence le plus facile à parcourir[1].

Diogène a une conscience aiguë de l'esclavage dans lequel l'humanité s'est précipitée. Cet esclavage se mesure à l'ampleur des besoins qui assaillent les hommes. Certes ils ont des besoins naturels, manger par exemple, mais non point manger à l'excès, ou encore boire, mais de l'eau et non des vins de Chios ou de Lesbos. Aussi Diogène appelait-il « triples esclaves » les gens qui, manquant de maîtrise de soi, se laissent vaincre par le ventre, le sexe et le sommeil[2]. Parce qu'il sait s'observer soi-même et observer les autres d'un œil impitoyable, le philosophe est d'une extrême lucidité sur la faiblesse humaine, qui l'amène à dénoncer avec vigueur tous les asservissements dont l'homme est victime, ceux qui viennent de la mauvaise gestion de ses besoins naturels, mais aussi ceux qui viennent de la société. Celle-ci impose des devoirs sociaux qui poussent les gens à participer aux activités politiques, à se marier, à avoir des enfants ou encore à exercer

1. D. L. VI 78 (= *Anth. Pal.* XVI 334).
2. *Gnomologium Vaticanum* 743, n° 195, p. 79 Sternbach.

un métier[1] ; c'est elle encore qui, arbitrairement, forge de toutes pièces les fausses valeurs de la vie civilisée : richesses, renommée, pouvoir, acquisition des connaissances, respect des lois et des devoirs sociaux[2]. Or, c'est précisément parce qu'il est esclave de la bonne réputation, de la richesse qui fait de lui un véritable « hydropique »[3] ou encore des devoirs sociaux, que l'homme passe sa vie à déployer une activité fébrile orientée vers les buts les plus vains et qu'il perd son temps à affronter des πόνοι tout à fait inutiles. Aussi Diogène montre-t-il du doigt ces athlètes qui s'entraînent comme des forcenés pour se jeter de la poussière et se donner des coups de pied afin de remporter la victoire[4], ces orateurs qui courent après la réputation et qu'il appelle « hommes trois fois hommes », autrement dit « trois fois malheureux »[5], ou encore ces hommes politiques prêts à tous les sacrifices et à toutes les concessions pour exercer le pouvoir[6], ceci sans parler de ces riches, soucieux d'avoir une bonne table, qui dépensent beaucoup d'énergie pour procurer à leur palais délicat les plaisirs les plus raffinés[7].

4. La « falsification de la monnaie » ou la critique de la civilisation

Face à une telle situation, il faut se démarquer de la folie ambiante d'une part en critiquant la civilisation (φύσις *vs* νόμος), d'autre part en vivant différemment, grâce à une ascèse dont Diogène inaugure les modalités par le mode de vie qu'il met en pratique. La critique de la civilisation menée par les cyniques opère un renversement complet des valeurs sociales traditionnelles. Comme il le dit lui-même dans son *Pordalos*, Diogène avait adopté pour devise « falsifier la monnaie », une expression à mettre en relation avec l'expérience de faux-monnayeur que la tradition attribue à son père et (ou) à lui-même[8]. Le mot νόμισμα signifie tout autant la monnaie que la coutume (νόμος). Cette métaphore de la contrefaçon, de la « transvaluation », comme le dira Nietzsche dans *Götzen-Dämmerung* et

1. Cf. D. L. VI 29 ; Ps.-Diogène, *Lettre* 47 (« A Zénon »), p. 74-76 Müseler ; Maxime de Tyr, *Dissertation* XXXII 9 ; p. 263, 160-167 Trapp ; XXXVI 5 ; p. 292, 136-148 Trapp.

2. Voir M.-O. GOULET-CAZÉ, *L'ascèse cynique*, p. 53-57.

3. Cf. Stobée, *Anth.*, III 10, 45 ; t. III, p. 419, 8-12 Hense.

4. Cf. D. L. VI 27 ; voir aussi ; Maxime, *Loci communes*, *Sermo* 27 ; *PG* 91, col. 876 C-D ; Stobée, *Anth.*, III 5, 39 ; t. III, p. 267, 16 - 268, 4 Hense ; *ibid.* III 4, 111 ; t. III, p. 246, 12 -247, 2 Hense.

5. D. L. VI 47.

6. Cf. Ps.-Diogène, *Lettre* 33, 3 (« A Phanomaque »).

7. Cf. Dion Chrysostome, *Discours* VI 12-13 (« Diogène ou Sur la tyrannie »).

8. Cf. p. 14, n. 1. Peut-être serait-il plus juste de traduire par « nouvelle frappe de la monnaie », mais nous gardons la traduction traditionnelle par « falsification » en raison de l'expérience de faux monnayeur rattachée à l'histoire de Diogène.

dans *Ecce Homo* avec sa fameuse « Umwertung aller Werthe »[1], implique un renversement, dans tous les domaines de l'agir humain, des valeurs couramment respectées afin de leur en substituer de nouvelles qui correspondent à la conception que le cynique se fait de l'homme et de la vie qu'il veut « ensauvager »[2]. Alors que le faux-monnayeur en général altère le poids d'une monnaie en le diminuant tout en conservant à cette monnaie la même valeur nominale, Diogène veut produire une nouvelle frappe en imprimant sur le νόμος de son époque une nouvelle empreinte[3], celle de φύσις. Cette nouvelle frappe qu'il propose à ses contemporains subvertit toutes les coutumes et la façon de vivre de son époque. Il s'agit de déconstruire en quelque sorte la civilisation pour mieux imposer les normes de la loi naturelle. Le combat cynique prétend retrouver, grâce à une nouvelle méthode, l'ascèse, un paradis que l'homme aurait perdu depuis que Prométhée lui a fait le cadeau du feu[4]. Nous savons que cette entreprise comporte une part d'illusion et qu'il est impossible d'échapper complètement à νόμος tout autant que de redécouvrir une loi naturelle que la civilisation aurait masquée[5]. Mais si l'objectif visé était en partie illusoire, le combat mené était bel et bien réel.

Partant du principe que l'homme a des opinions fausses sur le bien et le mal en raison de l'influence qu'exerce sur lui la société[6], le cynique s'emploie à substituer au beau par convention, recommandé par la δόξα sociale, le beau par nature qui est d'un autre ordre et qui est apparu tellement scandaleux à ses contemporains. En conséquence il applique la « falsification de la monnaie » à

1. Cf. M.-O. GOULET-CAZÉ, « La contestation de la loi dans le cynisme ancien », dans M. AOUAD (édit.), Actes du Colloque international « Les doctrines de la loi dans la philosophie de langue arabe et leurs contextes grecs et musulmans », Villejuif, 2007, *Mélanges de l'Université Saint-Joseph*, 61, 2008, p. 405-433, notamment p. 429-430.

2. Cf. Plutarque, *De esu carnium* I 6, 995D (ἵνα τὸν βίον ἀποθηριώσῃ). Pour des réflexions récentes sur la « falsification de la monnaie », voir par exemple A. PIZZONE, « Solone, Diogene e la *paracharaxis*. Contributo alla storia di un'immagine e della sua fortuna », *Acme*, 55, 2002, p. 91-116 ; W. D. DESMOND, *Cynics*, Berkeley (California), 2008, p. 77-131 (ch. 2 : « Renunciation of custom ») ; M. FOUCAULT, *Le courage de la vérité. Le gouvernement de soi et des autres*, t. II : *Cours au Collège de France. 1984*, Paris, 2009, p. 208-209.

3. Le mot grec χαρακτήρ, qui désigne cette empreinte sur la monnaie, est employé par Diogène dans un contexte de réflexion morale pour désigner le genre de vie qu'il mène (D. L. VI 71).

4. Cf. Dion Chrysostome, *Discours* VI 25 (« Diogène ou Sur la tyrannie ») ; Plutarque, *Aquane an ignis utilior* 2, 956 B.

5. Voir l'analyse très intéressante de Suzanne HUSSON, *La* République *de Diogène. Une cité en quête de la nature*, coll. « Histoire des doctrines de l'Antiquité classique », 40, Paris, 2011, p. 181-183.

6. Cf. D. L. VI 24 : « Diogène disait que, quand il voyait dans la vie des pilotes, des médecins et des philosophes, il trouvait que l'homme est le plus intelligent des êtres vivants, mais qu'en revanche, quand il voyait des interprètes des songes, des devins et ceux qui les écoutent, ou encore les gens gonflés d'orgueil au sujet de leurs richesses, il ne trouvait rien de plus vain qu'un homme. Il ne cessait de répéter que, si l'on veut être équipé pour vivre, il faut de la raison ou une corde ».

toutes les formes de comportement, notamment aux comportements sociaux qu'il va délibérément priver de la pudeur (αἰδώς) qui généralement les accompagne. D'où les conduites choquantes adoptées par Diogène et le parfum de scandale qui allait entourer le personnage[1] ! Le philosophe, qui prend ses modèles chez les peuples primitifs[2], les animaux[3] et les enfants[4], ne brise-t-il pas tous les tabous et ne va-t-il pas jusqu'à admettre, dans sa fameuse *République* (Πολιτεία), l'inceste et l'anthropophagie, et à prôner une liberté sexuelle totale ainsi que la communauté des femmes et des enfants[5] ? N'expliquait-il pas que chez les animaux on pratique l'inceste, sans faire, comme Œdipe et Jocaste, toutes sortes d'histoires[6] ? Lui-même se comporte de façon scandaleuse, accomplissant avec impudeur (ἀναίδεια) sur la place publique, sans gêne aucune, tout ce qu'il a envie de faire, les œuvres de Déméter tout autant que celles d'Aphrodite, et il lui arrivait même fréquemment de se masturber en public[7]. A ses yeux en effet, la pudeur est un sentiment que peut éprouver seulement l'homme civilisé, perverti par des règles sociales irrationnelles, et que ne connaissent ni les animaux ni les peuples barbares ni les enfants. A l'inverse l'absence de pudeur est en quelque sorte un signe d'authenticité et de vérité. Le cynique, tout en étant indifférent au jugement d'autrui, peut discerner dans le regard réprobateur de l'autre la preuve que sa falsification de la monnaie a bien atteint son but.

La déconstruction se veut radicale. En effet, si Diogène tient à être cohérent avec son principe de vie κατὰ φύσιν, il lui faut être prêt à admettre *tous* les actes naturels et même les cas limites évoqués dans sa *République*, comme l'inceste, la

1. Voir D. KRUEGER, « The Bawdy and Society. The Shamelessness of Diogenes in Roman Imperial Culture », dans R. Bracht BRANHAM et M.-O. GOULET-CAZÉ (édit.), *The Cynics*, p. 222-239.

2. Cf. D. L. VI 73.

3. Les témoignages font référence au chien, mais aussi à la souris (D. L. VI 22. 40), aux chevaux et aux lions (Ps.-Lucien, *Le Cynique* 15 ; D. L. VI 75), aux animaux qui paissent dans les pâturages et aux poissons (Dion Chrysostome, *Discours* VI 13. 18 [« Diogène ou Sur la tyrannie »]) ou encore aux oiseaux (*Id.*, *Discours* X 16 [« Diogène ou des domestiques »].

4. Cf. D. L. VI 37.

5. La source la plus importante sur la *République* de Diogène est le traité *Sur les stoïciens* de Philodème transmis par deux payrus d'Herculanum et édité par T. DORANDI, « Filodemo. Gli Stoici (PHerc. 155 e 339) », *Cronache Ercolanesi* 12, 1982, p. 91-133. Sur le contenu de cet ouvrage, voir par exemple T. DORANDI, « La *Politeia* de Diogène de Sinope et quelques remarques sur sa pensée politique », dans M.-O. GOULET-CAZÉ et R. GOULET, (édit.), *Le cynisme ancien et ses prolongements*, p. 57-68 ; M.-O. GOULET-CAZÉ, *Les* Kynika *du stoïcisme*, coll. « Hermes Einzelschriften », 89, Stuttgart, 2003, p. 11-38 ; S. HUSSON, *La* République *de Diogène*, *passim* ; R. BEES, *Zenons Politeia*, coll. « Studies on the Interaction of Art, Thought and Power », 4, Leiden, 2011, p. 261-294.

6. Dion Chrysostome, *Discours* X 29-30 (« Sur les domestiques »).

7. Cf. D. L. VI 58.69.

nécrophagie ou l'anthropophagie[1], des actes que la société, soucieuse de sa survie, contraint ses membres à juger répréhensibles au nom de ses propres catégories du bien et du mal. Diogène mange aux yeux de tous de la viande crue, dénonçant ainsi le cuit et par conséquent la civilisation[2], et il demande qu'après sa mort on laisse son cadavre sans sépulture pour nourrir bêtes sauvages ou poissons[3]. Mais la société grecque, sous peine de s'auto-détruire, était incapable d'admettre cette façon de répondre aux exigences de la nature, de toute la nature, qu'on prit l'habitude de désigner par le concept d'« indifférence » (ἀδιαφορία)[4]. Elle cria donc au scandale, brandissant l'étendard de la pudeur afin de mieux réduire l'ouvrage de Diogène à de la pure provocation ; mais le scandale était voulu, il n'était rien de plus que le scandale de la nature. Il s'agisssait pour Diogène d'« habiller autrement la vie » (μεταμφιέννυσθαι βίον) – l'expression est de Philodème[5] – en changeant radicalement son système de valeurs.

Les cyniques appliquèrent à tous les domaines de l'agir humain « la falsification » et la contestation des valeurs préconisées par la société.

Sur le plan socio-politique

Diogène se proclame ἄπολις, sans cité, ἄοικος, sans maison[6], et κοσμοπολίτης, citoyen de l'univers[7]. Même sur les routes de l'exil, il se sent chez lui partout, car où qu'il aille, il reste en accord avec les lois de la nature. Mais Diogène, citoyen du monde, apparaît comme un citoyen de nulle part[8], préconisant d'ailleurs l'abstention à l'égard de tout engagement politique, car la notion même d'engagement constitue à ses yeux une entrave à la liberté individuelle. Il rejette la loi de la cité et lui oppose celle de la nature. Dans sa *République*, les osselets doivent avoir cours légal à la place de la monnaie[9] et les armes n'ont plus de

1. Diogène n'incite pas à de tels actes, mais, parce qu'ils sont naturels et que de ce fait ils échappent aux catégories sociales du bien et du mal, il se refuse à les condamner.

2. Cf. Plutarque, *De esu carnium* I 6, 995 C-D ; D. L. VI 34.76.77.

3. Cf. D. L. VI 79.

4. Cf. M.-O. GOULET-CAZÉ, *Les* Kynika *du stoïcisme*, p. 129-132.

5. Philodème, *Sur les stoïciens*, ch. 7, col. XVIII 6-7, p. 102 Dorandi.

6. D. L. VI 38.

7. D. L. VI 63. De même Cratès déclare : « Ma patrie n'est pas faite d'une seule muraille ni d'un seul toit ; mais j'ai la terre entière comme cité et comme maison, mises à notre disposition pour que nous y séjournions » (D. L. VI 98).

8. A nos yeux le cosmopolitisme diogénien est marqué négativement. Pour une conception différente, voir J. L. MOLES, « Le cosmopolitisme cynique », dans M.-O. GOULET-CAZÉ et R. GOULET (édit.), *Le cynisme ancien et ses prolongements*, p. 259-280 (version anglaise dans R. B. BRANHAM et M.-O. GOULET-CAZÉ [édit.], *The Cynics*, p. 105-120).

9. Athénée, *Deipnosophistes* IV, 159 C, et Chrysippe dans Philodème, *Sur les stoïciens*, ch. 6, col. XVI 7-9, p. 102 Dorandi. Simple dérision de la part de Diogène ou nouvelle conception de

raison d'être[1]. En remettant en cause le mariage comme institution sociale au profit de l'union libre fondée sur le consentement des deux partenaires[2] et en préconisant la communauté des femmes et des enfants, Diogène déconstruit le concept traditionnel de cité. Sa communauté de sages apparaît plutôt comme un agrégat d'individualités soucieuses de leur bonheur respectif, même si un certain nombre de traits annoncent déjà le cosmopolitisme stoïcien. Les barrières de la race et de la patrie ont disparu, et les guerres n'ont plus de raison d'être ; les oppositions homme/femme, maître/esclave, riche/pauvre sont abolies et la conception d'une élite fondée sur la richesse ou l'intelligence a perdu toute validité[3].

Sur le plan religieux

La falsification n'épargne pas le domaine religieux, où le cynique, affichant une attitude agnostique, rompt délibérément avec les croyances traditionnelles. Les dieux lui servent uniquement de modèle théorique et, quand il s'adresse à ses contemporains, de référence obligée dans la mesure où ils symbolisent l'absence de besoins[4]. La contestation passe par le refus de tout anthropomorphisme, par la critique des institutions religieuses, des formes traditionnelles du culte, notamment des Mystères[5], par la remise en cause de la prière, de l'interprétation des songes, des purifications rituelles, des oracles ou de la superstition : le cynique ne supporte pas que l'on fasse dépendre le bonheur humain de pratiques qui n'ont rien à voir avec les dispositions morales de l'individu. On ne trouve chez lui aucune image rationnelle du monde, aucune conception providentialiste de la Nature ; aussi refuse-t-il d'éprouver de la crainte face aux dieux, sous la forme notamment de la crainte de la mort et des châtiments infernaux, car la crainte serait un obstacle à son apathie. A l'époque hellénistique, où on assiste à une forte poussée de religiosité avec les cultes de nombreux dieux importés d'Orient, comme Cybèle venue d'Anatolie ou Sérapis, le dieu égyptien, et surtout avec les mystères que l'on célébrait un peu partout : mystères orphiques, mystères d'Éleusis, de Dionysos, des Cabires en Grèce, d'Isis et d'Osiris en Égypte, d'Attis en Phrygie et d'Adonis en Syrie, les cyniques font entendre une voix discordante

l'échange économique dans une société de sages où chacun accepterait de reconnaître que les osselets, quoique n'étant garantis par rien, ont une valeur déterminée ?

1. Chrysippe dans *ibid.*, ch. 6, col. XVI 1-4, p. 102 Dorandi. Cf. Cratès en D. L. VI 85.

2. Cf. D. L. VI 72.

3. Cf. M.-O. GOULET-CAZÉ, « La contestation de la loi dans le cynisme ancien », p. 421-425.

4. Cf. D. L. VI 105.

5. Cf. D. L. VI 38 : « A des Athéniens qui lui demandaient de se faire initier aux Mystères, sous prétexte que, dans l'Hadès, les initiés ont droit à la première place, Diogène répliqua : « Laissez-moi rire ! Agésilas et Épaminondas croupiraient dans le bourbier, tandis que n'importe quel pauvre type, à condition d'être initié, séjournerait dans les Îles des Bienheureux ! ».

et dérangeante, qui empêche leurs contemporains de pratiquer tranquillement leur religion sans se poser de questions. Le réalisme du cynique, son refus de toutes les illusions l'invitent à se soumettre aux lois de la nature et à ne pas se prononcer sur des questions qui le dépassent. C'est pourquoi la meilleure définition de l'attitude religieuse dans le cynisme ancien nous paraît être l'agnosticisme[1].

Sur le plan littéraire

Contestation encore dans le domaine littéraire. A première vue il est étrange que ces philosophes qui rejetaient toute forme de savoir aient produit globalement une œuvre littéraire aussi abondante. En réalité ils parvinrent à pratiquer la subversion au sein même de l'écriture. Quand ils empruntèrent le cadre des genres traditionnels (dialogues, lettres, tragédies), ils marquèrent ceux-ci de leur empreinte, car ils pratiquèrent un nouveau style, si caractéristique qu'on parla d'un « tour cynique » (κυνικὸς τρόπος), lequel « ressemble à un chien qui à la fois remue la queue et mord »[2], et qu'on forgea un nouveau mot, σπουδογέλοιος, susceptible de rendre compte du mélange de rire et de sérieux mis en honneur dans les poésies légères de Monime de Syracuse ou les ouvrages de Ménippe de Gadara[3]. Mais ils inventèrent aussi de nouveaux genres littéraires qui devaient connaître par la suite une grande fortune comme la « diatribe » (Bion de Borysthène)[4], la satire ou du moins le prosimètre (Ménippe de Gadara)[5], mélange de prose et de vers qu'on allait retrouver dans les *Satires Ménippées* de Varron, et la chrie, ce dit de philosophe en général assez court qui connut une fortune sans précédent à l'époque hellénistique et sous l'Empire.

Il vaut la peine de s'arrêter un peu plus longuement sur la chrie, car ce genre littéraire a sans nul doute joué un rôle décisif dans les relations entre le cynisme et

1. Nous n'avons pas traité ici du monothéisme d'Antisthène, car il n'est pas caractéristique du cynisme ancien, mais nous l'évoquerons plus loin, p. 81. Sur l'attitude religieuse des cyniques, voir M.-O. GOULET-CAZÉ, « Les cyniques et la religion », dans M.-O. GOULET-CAZÉ et R. GOULET (édit.), *Le cynisme ancien et ses prolongements*, p. 116-158 (version anglaise dans R. Bracht BRANHAM et M.-O. GOULET-CAZÉ [édit.], *The Cynics*, p. 46-80).

2. Ps.-Démétrius de Phalère, *De elocutione* 259-261, qui cite, pour illustrer ce tour mêlant sérieux et drôlerie, un vers de Cratès et deux anecdotes rapportant chacune un dit de Diogène.

3. A propos de Monime on lit en D. L. VI 83 : « Monime écrivit des poésies légères auxquelles se mêlait subrepticement le sérieux (παίγνια σπουδῇ λεληθυίᾳ μεμιγμένα) » et dans Strabon XVI 2, 29, l'adjectif σπουδογέλοιος qualifie Ménippe de Gadara. Cf. K. DÖRING, « „Spielereien mit verdecktem Ernst vermischt". Unterhaltsame Formen literarischer Wissensvermittlung bei Diogenes von Sinope und den frühen Kynikern », dans W. KULLMANN et J. ALTHOFF (édit.), *Vermittlung und Tradierung von Wissen in der griechischen Kultur*, Tübingen, 1993, p. 337-352.

4. D. L. VI 77. Sur la question de la diatribe en général, voir P. P. FUENTES GONZÁLEZ, *Les diatribes de Télès*, coll. « Histoire des doctrines de l'Antiquité classique », 23, Paris, 1998, notamment p. 44-78.

5. Cf. p. 18, n. 1 et 2.

le judaïsme tout autant que dans celles entre le cynisme et le christianisme. La chrie est un genre littéraire très important dans la littérature cynique, lié à l'idéal du sage, et qui a pris naissance peut-être en milieu cynique. Ce genre englobe de simples dits, souvent sous la forme d'une réponse à une question, mettant en relief un trait d'esprit (telle est la définition stricte de la chrie), mais aussi des apophtegmes (ce terme désigne soit de courtes maximes morales, souvent associées aux sept Sages, soit plus fréquemment des dits attribués à un individu spécifique, incluant une indication de la situation, du contexte, ainsi que la pointe caractéristique de la chrie), enfin des anecdotes comportant une véritable narration, bâties autour de dits de personnages connus. La chrie combine souvent un trait d'esprit, un aspect polémique et une recommandation éthique[1]. Différentes étapes aboutissent à l'élaboration et à la diffusion de la chrie : au départ le stade oral, c'est-à-dire la transmission de bouche à oreille, notamment par leurs disciples, des dits et des anecdotes des philosophes cyniques ; puis le stade écrit à un premier niveau : celui des auteurs cyniques et stoïciens, comme Métroclès, Zénon ou Persaios, qui ont pu mettre par écrit ces dits, en rassembler des collections ou écrire des ouvrages centrés sur un philosophe, d'où furent tirés par la suite des apophtegmes (on peut penser par exemple à *La Vente de Diogène* par Ménippe) ; enfin le stade écrit à des niveaux ultérieurs : celui des biographes, comme Diogène Laërce ou Lucien dans son *Démonax,* qui accordaient une place aux chries dans les biographies qu'ils rédigeaient ; celui d'auteurs d'autres ouvrages littéraires, par exemple Plutarque dans son *Banquet des sept sages,* ou encore celui des compilateurs qui faisaient des collections de chries à propos de tel ou tel philosophe, ou de tel groupe – c'est encore le cas de Plutarque dans ses *Apophtegmes des Lacédémoniens* ou dans ses *Apophtegmes des Rois et des généraux*.

Au point de départ de tout le processus, un homme connu fabrique lui-même directement des chries qui vont circuler ensuite sous son nom. C'est ainsi qu'on rencontre dans la liste des œuvres d'Aristippe, « une chrie adressée à Denys, une autre chrie sur la statue, une autre chrie sur la fille de Denys »[2]. De même la liste

1. Voir J. F. KINDSTRAND, « Diogenes Laertius and the Chreia tradition », *Elenchos*, 7, 1986, p. 217-243 ; R. F. HOCK et E. N. O'NEIL, *The Chreia in Ancient Rhetoric* I *: The Progymnasmata,* coll. « Texts and Translations », 27, « Graeco-Roman Religion », Series 9, Atlanta, 1986 ; M.-O. GOULET-CAZÉ, « Le livre VI de Diogène Laërce : analyse de sa structure et réflexions méthodologiques », dans *ANRW* II 36, 6, Berlin-New-York, 1992, p. 3880-4048, notamment p. 3978-4039 ; O. OVERWIEN, « Das Gnomologium, das Gnomologium Vaticanum und die Tradition », *Göttinger Forum für Altertumswissenschaft* 4, 2001, p. 99-131 ; *ID., Die Sprüche des Kynikers Diogenes in der griechischen und arabischen Überlieferung,* coll. « Hermes Einzelschriften », 92, Stuttgart, 2005 ; T. MORGAN, *Popular Morality in the Early Roman Empire,* Cambridge, 2007, p. 122-129.

2. D. L. II 84. La façon dont ces trois chries apparaissent bien individualisées dans la liste des œuvres d'Aristippe invite à penser qu'il s'agit de chries fabriquées par Aristippe lui-même et non d'un recueil de chries rassemblé par Aristippe. Il reste cependant curieux qu'une chrie puisse apparaître comme un ouvrage à elle seule dans une liste d'ouvrages.

des œuvres de Diogène transmise par Sotion comporte des *Chries*, lesquelles, selon toute probabilité, ont été prononcées oralement par Diogène et rassemblées ensuite par quelqu'un d'autre dans une collection[1]. On sait en effet, grâce à l'anecdote qui suit, que Diogène avait coutume de produire oralement des chries, dont les pointes apparemment faisaient peur à Aristote :

> Diogène lui donnant une figue, Aristote pensa que, s'il ne la prenait pas, Diogène déclamerait une chrie ; alors l'ayant prise, il dit que Diogène, en même temps que la chrie, avait perdu aussi la figue. Diogène lui en donnant une à nouveau, il la prit et l'ayant levée en l'air, comme les enfants, il dit : "il est grand, Diogène !" et la lui rendit.[2]

Ces chries devaient circuler, on les amplifiait, on en créait même de toutes pièces et les disciples ou les amis du philosophe décidaient un jour de les rassembler en collections. D'une façon ou d'une autre, ce sont à des collections de ce type que les *Vies* de Diogène Laërce ont emprunté leurs sections qui regroupent les bons mots des philosophes.

L'attestation la plus ancienne d'un ouvrage de ce type, intitulé *Chries* – en un livre –, pourrait se trouver dans la liste des œuvres du péripatéticien Démétrius de Phalère transmise par Diogène Laërce[3] ; il faut cependant se demander si les chries attribuées à Démétrius de Phalère et rapportées notamment par Diogène Laërce et par le *Gnomologium Vaticanum*[4] sont à identifier à ces *Chries* en un livre. Autrement dit les chries en un livre étaient-elles fabriquées par Démétrius lui-même et exprimaient-elles sa propre pensée, comme c'était le cas pour celles d'Aristippe ou de Diogène mentionnées plus haut, ou s'agissait-il d'une collection de chries dans laquelle il aurait regroupé les dits d'autres philosophes ? Les chries attribuées à Démétrius par Diogène Laërce et le *Gnomologium Vaticanum* pourraient avoir été tirées des discours ou d'autres publications de Démétrius, et avoir été rassemblées en même temps que des pensées de différents auteurs par quelqu'un d'autre, tandis que les *Chries* en un livre seraient des dits d'autres personnages

1. D. L. VI 80. Sur les chries de Diogène, voir G. GIANNANTONI, *Socratis et Socraticorum Reliquiae*, t. IV, p. 466-474, qui rappelle notamment que plusieurs papyrus, dont il donne les références, contiennent des chries du philosophe.

2. D. L. V 18. Des chries sont attribuées à Aristote par Stobée, mais toutes rapportent des dits d'autres personnages, par exemple Démosthène, Zénon le stoïcien (ce qui chronologiquement est impossible !), le poète comique Alexis, le rhéteur Gorgias (*Anth.* III 5, 42 ; 7, 29 ; 29, 70 ; 29, 90 ; IV 1, 144 ; 15b, 31 ; 31c, 91 ; 50b 83 ; 51, 28).

3. D. L. V 81 = fr. 113 Wehrli = fr. 1, li. 109 Fortenbaugh.

4. Les références à 34 chries de Démétrius de Phalère sont regroupées p. 132-135 avec renvoi aux fragments, dans W. W. FORTENBAUGH et E. SCHÜTRUMPF (édit), *Demetrius of Phalerum. Text, Translation and Discussion*, coll. « Rutgers University Studies in Classical Humanities », 9, 2000. Voir aussi les fr. 113, 115-122 et 198 dans F. WEHRLI, *Demetrius of Phaleron*, coll. « Die Schule des Aristoteles. Texte und Kommentar », 4, Basel-Stuttgart, 1968², p. 26-27, p. 42 et commentaire p. 68 -70.

que lui-même aurait rassemblés[1]. A peu près à la même époque, Métroclès de Maronée, le disciple de Cratès de Thèbes, est présenté lui aussi comme l'auteur d'un ouvrage de *Chries*, mais cette fois Diogène Laërce en cite un échantillon et la chrie qu'il cite se rapporte à Diogène le cynique[2]. Le plus ancien recueil connu de chries grecques attribuées à des philosophes pourrait donc bien être celui de Métroclès – éventuellement avec les *Chries* en un livre de Démétrius de Phalère. Il dut avoir une influence considérable, puisque c'est le premier ouvrage à avoir véhiculé les nombreux dits de Diogène.

Les stoïciens pratiquèrent aussi le genre. Zénon avait à son actif des *Chries* où il était question entre autres de Cratès[3] ; la liste des œuvres de Persaios compte des *Chries* en quatre livres[4] et celle d'Ariston de Chios des *Chries* en onze livres[5]. On doit également au stoïcien Hécaton de Rhodes, un élève de Panétius, un recueil de *Chries* qui comportait au moins deux livres et dont on sait qu'il traitait des philosophes cyniques et stoïciens[6]. Sous l'Empire des chries de Dion Chrysostome allaient continuer à diffuser les dits de Diogène[7]. Ces témoignages expliquent qu'on situe généralement l'origine des chries dans le milieu cynique et qu'on considère que les stoïciens ont poursuivi la tradition. On peut supposer aussi que les *Mémorables de Cratès* dus à Zénon (D. L. VII 4), les *Mémorables* de Persaios (VII 36), ceux d'Ariston de Chios en trois livres (VII 163) et plus tard ceux de Favorinus d'Arles, où il est question aussi, au livre II, de Cratès le cynique[8], contenaient des chries et qu'ils contribuèrent largement à leur diffusion.

Ces chries avaient l'avantage de traiter de questions éthiques et pratiques sur un mode qui n'avait rien de rébarbatif grâce à la pointe d'esprit qu'elles comportaient. Souvent une même chrie connaissait plusieurs versions rédactionnelles, une chrie pouvant être amplifiée en anecdote ou une anecdote abrégée en un simple dit. Les collections de chries étaient très répandues à l'époque hellénistique et sous l'Empire. Elles servaient surtout à caractériser des figures bien connues, par exemple Socrate, Aristippe, Antisthène, Diogène ou Cratès. Il est significatif qu'au Ier siècle ou dans la première moitié du IIe siècle[9], Aelius Théon, dans ses

1. F. WEHRLI, *op. cit.*, p. 54 et p. 68, renvoie à un dit de Cratès prononcé en réponse à un envoi de pain et de vin que lui fait Démétrius, et que l'on pourrait considérer comme une chrie de Cratès (D. L. VI 90 et Athénée, *Deipnosophistes* X, 422 C = fr. 58 a et b Wehrli).

2. Cf. D. L. VI 33.

3. Cf. D. L. VI 91.

4. Cf. D. L. VII 36.

5. D. L. VII 163. En revanche on ne sait pas si le titre Περὶ χρειῶν attribué à Cléanthe en VII 175 signifie *Sur des chries* ou *Sur des besoins*.

6. Cf. D. L. VI 4.32.95 ; VII 26.172.

7. Cf. Stobée, *Anth.* III 13, 42 ; III 34, 16.

8. Cf. D. L. VI 89 (fr. 12 Mensching = fr. 42 Barigazzi = fr. 50 Amato).

9. Telles sont les dates que propose Michel Patillon (édit), *Aelius Théon. Progymnasmata, CUF*, Paris, 1997, p. XVI, pour la datation du traité.

Progymnasmata, s'appuie, pour illustrer les différents types de chries, sur plusieurs chries de Diogène, mais aussi d'Antisthène et de Bion[1], ce qui montre à quel point c'est du côté des collections de chries cyniques que l'on se tournait sous l'Empire quand on voulait théoriser, à l'usage des professeurs de rhétorique et des étudiants, sur le genre littéraire de la chrie[2]. Celle-ci faisait partie de l'enseignement des exercices préparatoires à l'étude de la rhétorique. Comme son nom l'indique, la chrie se voulait utile, montrant comment telle position philosophique s'appliquait dans telle situation particulière. Sur le plan de l'écriture la chrie cynique participe donc elle aussi à la « falsification de la monnaie » par sa taille : elle est le plus souvent courte ; par sa pointe d'esprit, qui est la meilleure illustration de l'humour cynique ; enfin par sa portée morale et son efficacité : elle interpelle le lecteur et contribue au discours moral d'une façon inédite.

Des chries cyniques se dégage un portrait du philosophe assez précis, une sorte de portrait-robot, qui illustre le mode de vie de celui qui, usant du franc-parler, met à découvert les fausses évidences et fait tomber un à un tous les masques derrière lesquels l'homme aime à se retrancher. Le rôle décisif joué par la chrie dans le cynisme s'explique par la nature de cette philosophie : philosophie des actes, philosophie de l'exemple concret et vécu, philosophie parénétique, enfin philosophie populaire. Grâce à la chrie, des épisodes de la vie de Diogène, par exemple Diogène pris par les pirates et vendu comme esclave, ont pris une valeur symbolique très forte. Ainsi la *Vente de Diogène* de Ménippe, qui fut la source d'un bon nombre de chries ayant alimenté la légende de Diogène, avait pour objectif d'illustrer, à propos de la thématique du maître et de l'esclave, le renversement des valeurs opéré par le philosophe : Diogène, bien que réduit en esclavage, sait commander des hommes et son maître doit lui obéir[3].

Il faut admettre que les cyniques furent des écrivains particulièrement inventifs, qui surent faire un usage original des mots, pratiquant l'humour et la saillie percutante ou encore le jeu de mots aux multiples résonnances. Ce n'est pas un des moindres paradoxes de ces philosophes que d'avoir bénéficié eux-mêmes d'une solide culture qu'ils n'hésitaient pas à mettre à profit dans leurs écrits, tout en fustigeant les connaissances livresques.

1. Selon D. L. IV 47, Bion « a laissé (...) des apophtegmes ayant une portée utile (ἀποφθέγματα χρειώδη πραγματείαν ἔχοντα) ».

2. Aelius Théon, *Progymnasmata*, ch. 3, p. 18-30 de l'édition M. Patillon, consacre tout un chapitre à la définition de la chrie et aux différentes formes de chries ; de même Ps-Hermogène, *Progymnasmata*, ch. 3, p. 185-187 Patillon, et Aphthonios, *Progymnasmata*, ch. 3, p. 114-117 Patillon.

3. Cf. M.-O. GOULET-CAZÉ, « Le livre VI de Diogène Laërce », p. 4006-4025.

Sur le plan philosophique

Mais c'est sans doute à l'égard de la philosophie elle-même que les cyniques se révélèrent les plus contestataires. Des philosophies existantes ils dénoncent l'intellectualisme, le dogmatisme et l'inefficacité[1], mais en même temps ils ne font pas que dénoncer, ils proposent à leur tour une philosophie d'une nouvelle sorte, un « raccourci », seul capable à leurs yeux d'assurer le bonheur de l'homme et accessible à tout un chacun, même à celui qui est sans instruction[2]. Ce ne sont plus le milieu social ni les aptitudes intellectuelles qui servent à définir l'élite (la notion d'élite intellectuelle n'a d'ailleurs plus de sens chez les cyniques), mais la tension de la volonté, l'ἰσχύς, cette force dont parlait Antisthène. Leur contrefaçon de la philosophie passe par le refus de revendiquer un savoir et la méfiance à l'égard de l'étude, de la culture traditionnelle (παιδεία), du raisonnement et du discours[3]. Se contentant pour tout bagage doctrinal de quelques convictions inébranlables, les cyniques rompent délibérément avec la composante intellectuelle de la philosophie et privilégient sa composante existentielle. L'existentialisme cynique s'accompagne d'une revalorisation du corporel : le corps et le geste prennent valeur d'arguments et Diogène en marchant donne la meilleure réponse possible à qui prétend que le mouvement n'existe pas[4] ; par sa seule présence et par ses actes il témoigne de sa philosophie, sans perdre de temps dans de longs raisonnements ni de grandes discussions[5]. Parallèlement le réel se trouve réhabilité et sa présence incontestable soulignée. Diogène ne voit pas l'Idée de table ou de tasse, mais bien la table et la tasse réelles[6]. Cette conception nouvelle d'une philosophie échappant à la παιδεία traditionnelle devait profondément choquer les autres philosophes. A l'époque impériale, Philosophie, un des personnages des

1. Ainsi cette remarque de Diogène à l'égard de Platon : « De quelle utilité est pour nous un homme [*i.e.* Platon] qui, bien que pratiquant la philosophie depuis longtemps déjà, se trouve n'avoir dérangé personne ? » (Thémistius, *Sur l'âme*, dans Stobée, *Anth.* III 13, 68 ; t. III, p. 468, 6-8 Hense).

2. Pour Antisthène la vertu n'a pas besoin de connaissances (D. L. VI 11) et Diogène considère que la musique, la géométrie, l'astronomie et les autres sciences du même ordre sont inutiles et non nécessaires (D. L. VI 73 ; voir aussi VI 103-104, où il est question du rejet de la logique, de la physique, des disciplines du cursus général, de la géométrie et de la musique). Il porte des jugements sévères sur les grammairiens, les musiciens, les mathématiciens et les orateurs (VI 27-28).

3. La παιδεία traditionnelle détourne en fait de ce qui devrait être notre première préoccupation, à savoir nous-mêmes, et ne constitue pas une aide pour diriger notre vie. Diogène lui oppose l'éducation par les πόνοι. Sur les deux sortes d'éducation, voir Dion Chrysostome, *Discours* IV 29-35 (« Sur la royauté »).

4. Cf. D. L. VI 39.

5. Cf. D. L. VI 48 : « A Hégésias qui le priait de lui prêter un de ses ouvrages, Diogène répondit : "Pauvre sot que tu es, Hégésias ! Les figues sèches, tu n'en prends pas des peintes, mais des vraies, alors que pour l'ascèse, tu négliges la vraie et tu te précipites sur celle qu'on trouve dans les livres" ».

6. Cf. D. L. VI 53.

Fugitifs de Lucien, allait se plaindre de ce que la philosophie cynique contemporaine, faite d'audace, de stupidité, d'impudence et de grossièreté, se révèle une contrefaçon de la philosophie véritable.

Quand on fait une nouvelle frappe de la monnaie, quand on en change le « caractère » et qu'on démontre que les opinions les plus courantes demandent à être revues, car elles sont le plus souvent fausses, on ne peut que scandaliser et c'est ce qui se produisit. Le cynisme fit bel et bien scandale. « Diogène disait qu'il imitait les maîtres de chœur. Ceux-ci en effet entonnent un ton plus haut afin que les autres trouvent le ton juste »[1]. C'est ce ton plus haut, ce dépassement de la limite socialement correcte, qui explique que le scandale soit viscéralement attaché à la philosophie cynique et que Diogène se perçoive comme le seul sage parmi les fous. Les cyniques ont légitimé, au nom de leur caractère naturel, des comportements intolérables à leurs contemporains, faisant reculer, et même abolissant, tous les interdits que la société de leur époque s'était patiemment appliquée à élaborer pour pouvoir maintenir sa cohésion. Ils ont invité leurs contemporains à réfléchir au scandale de la nature et à admettre que ce qui est honteux, ce n'est pas ce qui est naturel mais bien ces effets de la déraison que sont l'injustice, la cupidité ou l'amour de la vaine gloire.

5. L'ascèse cynique, un « raccourci vers la vertu »

La critique de la morale sociale ne suffit pas ; encore faut-il proposer une alternative. Pour le cynique ce n'est ni dans l'inaccessible de l'Idée ni dans la complexité du discours que se réalise le bien, mais dans les actes concrets, singuliers, que pose l'individu s'il sait vivre bien et mettre en accord ses actes avec ses paroles. Seul importe en effet l'individu dans toute sa singularité et c'est à lui de devenir par chacun des actes qu'il pose l'artisan de son propre bonheur. Diogène revendique délibérément la différence. « Il entrait au théâtre à contre-courant des gens qui sortaient. Comme on lui en avait demandé la raison, il dit : "C'est ce que je m'efforce de faire tout au long de ma vie" »[2]. Quand des gens rient de lui parce qu'il marche à reculons sous le portique, Diogène leur décoche cette réponse cinglante : « N'avez-vous pas honte, vous qui parcourez à reculons le chemin de l'existence et qui me condamnez, parce que je parcours à reculons le chemin de la promenade ?[3] ». Mais cette vie autre exige des efforts volontaires difficiles, car il faut parvenir à se dépouiller de sa carapace sociale afin de se débarrasser des désirs et des angoisses de tous ordres que la société suscite en

1. D. L. VI 35. Le Cynique n'hésite pas à recourir à des attitudes outrées et scandaleuses afin de libérer les autres hommes de leurs travers (cf. en VI 94 l'épisode qui conduisit à la conversion de Métroclès).

2. D. L. VI 64.

3. Stobée, *Anth.* III 4, 83 ; t. III, p. 238, 7-11 Hense.

nous et de retrouver grâce au λόγος ce qu'est une vie selon la nature. Pour ce faire une conversion s'impose, rendue possible par une méthode spécifique dont les cyniques ont emprunté le concept au vocabulaire du stade : l'ascèse, telle que conçue par Diogène[1]. « Rien, absolument rien, disait Diogène, ne réussit dans la vie sans ascèse ; celle-ci est capable, en revanche, de triompher de tout »[2]. Dans le paysage conceptuel cynique, l'ascèse est au centre de plusieurs couples d'opposés qui reviennent constamment dans les chries et les anecdotes cyniques : nature / société ; raison / folie ; vérité-franchise / mensonge ; liberté / esclavage. Cette ascèse cynique est spécifique ; même si elle est corporelle, elle n'a pas du tout la même finalité que l'ascèse de l'athlète ; elle n'a rien à voir non plus avec ce que seront les exercices spirituels des stoïciens. C'est une ascèse physique à finalité morale, seule méthode efficace aux yeux des cyniques pour qui veut vivre selon la nature.

La définition du cynisme comme « raccourci vers la vertu » renvoie directement à l'ascèse. Cette formule lapidaire est due au stoïcien du IIe s. av. J.-C. Apollodore de Séleucie dans la partie éthique de ses *Introductions aux dogmes* : « Le sage fera le chien, car le cynisme est un chemin raccourci vers la vertu »[3]. A défaut de savoir si la formule remonte aux cyniques eux-mêmes, à tout le moins peut-on dire que l'idée qu'elle exprime était leur. Cette voie d'accès simple, économique, qu'ils identifient à une forme bien précise d'ascèse, s'oppose d'abord à la voie longue empruntée traditionnellement par les écoles philosophiques et passant par l'étude, l'acquisition des connaissances et la spéculation théorique. Toutes les autres disciplines, logique, musique, géométrie, physique ou métaphysique, sont considérées comme « inutiles et non nécessaires » dans la mesure où elles nous détournent de ce qui devrait être notre principale préoccupation, à savoir nous-mêmes, et où elles ne nous aident pas à diriger notre vie[4]. Héritiers en ce sens de Socrate, les cyniques identifient la philosophie à la morale. Mais leur raccourci s'oppose aussi à la voie longue de la civilisation qui invite l'homme à des efforts longs et inutiles, à des πόνοι vains, pour acquérir telle habileté manuelle, technique ou intellectuelle, ou simplement pour s'enrichir, plutôt que de viser à devenir sages. Diogène a compris que si la civilisation séduit l'homme en lui promettant confort, bonne réputation, pouvoir, richesses, c'est pour mieux l'assujettir et lui dérober sa liberté. A celui qui veut suivre le raccourci, il suffit d'être pauvre, car « la pauvreté est une aide instinctive pour la philosophie. En effet, ce dont cette dernière cherche à persuader par ses discours,

1. Cf. M.-O. GOULET-CAZÉ, *L'ascèse cynique*, notamment p. 53-71.

2. D. L. VI 71.

3. D. L. VII 121. Sur cette formule et sur le rôle décisif joué par Apollodore dans la transmission des doxographies cynique et stoïcienne, voir M.-O. GOULET-CAZÉ, *Les* Kynika *du stoïcisme*, p. 137-181.

4. Cf. D. L. VI 73.

la pauvreté y contraint par des actes »[1]. Là où les philosophes d'ordinaire se contentent de préparer leur âme à l'hypothèse de la perte de leurs biens, Diogène franchit le pas de la pauvreté réelle. Tel est le prix que doit payer l'homme qui veut sauver sa liberté ; telle est la richesse authentique et paradoxale que propose Diogène à ses contemporains. Il est riche sans avoir une obole[2], car la vraie richesse n'est pas dans l'avoir mais dans la capacité à se suffire à soi-même (αὐτάρκεια)[3]. A qui demandait à Cratès quel profit il retirait de la philosophie, celui-ci répondait : « Une chénice de lupins et l'absence de soucis »[4]. De fait, il n'est pas possible d'enlever quoi que ce soit à qui ne possède rien. Ainsi l'ascèse est bien un raccourci que seul peut emprunter celui qui accepte de vivre dans la pauvreté.

Dans ce combat de l'ascèse les adversaires à vaincre sont d'abord les passions de l'âme, si elles ne sont pas maîtrisées. Ainsi l'orgueil qui « tel un berger, mène la plupart des gens là où il veut »[5], la crainte qui est le propre de l'esclave[6] ou encore le chagrin qui parvient à gâcher la vie d'un Xerxès, d'un Crésus ou d'un Alexandre[7]. Ce sont aussi les fausses valeurs de la civilisation que la société présente à l'homme comme les critères du bonheur, telle la richesse ou la renommée, ainsi que tous les devoirs sociaux qu'elle lui demande d'accomplir. Mais ce n'est pas tout. L'homme doit encore affronter les lubies de la Fortune qui lui envoie ses coups sans crier gare, ou encore la maladie et la mort inéluctable que lui réserve la Nature quand elle prend la forme du Destin. Le cynique est bien conscient que ces adversaires empêchent l'homme d'être heureux. Il va donc proposer une méthode de nature préventive, qui, en entraînant le corps au quotidien, donne à l'âme assez de force pour vaincre le sentiment selon lequel elle perçoit comme pénibles les épreuves que lui envoient la Fortune et le Destin.

L'important est de ne pas se tromper dans le choix de la lutte à mener. Il est des πόνοι inutiles. Ce sont les efforts que déploient au quotidien l'athlète soucieux de remporter la victoire au stade, le musicien qui veut acquérir la virtuosité artistique pour gagner une compétition musicale, l'ambitieux qui recherche la gloire ou simplement celui qui veut se conformer aux usages sociaux. Mais il est aussi des πόνοι utiles, les πόνοι κατὰ φύσιν, c'est-à-dire les efforts qu'implique la vie selon la nature et qui permettent de répondre à nos besoins naturels et strictement nécessaires : boire de l'eau, manger le plus frugalement possible,

1. Stobée, *Anth.* IV 32, 11 ; t. V, p. 782, 17-20 Hense ; cf. aussi *ibid.*, IV 32, 19 ; t. V, p. 784, 19-20 Hense.

2. *Gnomologium Vaticanum* 743, n° 182 , p. 74 Sternbach.

3. *Ibid.* n° 180, p. 74 Sternbach.

4. D. L. VI 86.

5. Cf. *Gnomologium Parisinum*, n° 207 , p. 22 Sternbach.

6. Cf. D. L. VI 75.

7. Cf. Maxime de Tyr, *Dissertation* XXXII 9.

coucher sur la dure, supporter le froid et le chaud des saisons, se vêtir de façon très simple, tout cela afin de dompter le corps par une vie d'extrême frugalité en sorte qu'il ne constitue jamais une entrave aux décisions de la personne.

Qui pratique cette ascèse préventive acquiert, outre une bonne santé, la force d'âme qui permet de devenir apathique face aux aléas de l'existence que peut lui envoyer la Fortune. Tel est le sens qu'il faut donner à la formule « Souffrir pour ne pas souffrir »[1]. De fait, si un jour, par un caprice dont la Fortune a le secret, la pauvreté, l'exil ou la mauvaise réputation se mettent à l'accabler, le cynique saura supporter ces dures conditions de vie grâce au viatique de l'ascèse et il aura en outre acquis assez de force d'âme pour juger que ces épreuves envoyées par la Fortune ne sont pas des maux comme voudrait le lui faire croire la vie civilisée. C'est en s'entraînant chaque jour à la vie κατὰ φύσιν que l'homme finit par acquérir son indépendance, la fameuse αὐτάρκεια, face au monde extérieur. Antisthène disait qu'« il faut emporter en voyage des provisions qui puissent surnager en cas de naufrage »[2] et Diogène répondait à qui lui demandait quel profit il retirait de la philosophie : « à défaut d'autre chose, au moins celui d'être prêt à toute éventualité »[3]. Dans la perspective cynique, dompter son corps par les πόνοι utiles permet de maîtriser rationnellement sa vie et de se montrer plus fort que les aléas de l'existence. Tel est le défi d'ordre moral que proposent les cyniques, un défi qu'il convient de constamment relever et qui est aussi difficile que celui assumé par leur héros Héraclès. Quand il a accompli ses douze travaux, celui-ci a su rester libre, même quand son cousin Eurysthée le tenait sous sa domination[4].

Symbole de l'ascèse cynique et de l'anticonformisme social qu'elle véhicule : l'accoutrement que les cyniques choisirent de porter. La besace contenait tous les biens du philosophe et lui permettait de vivre au jour le jour ; le petit manteau tout mince, plié en deux (τρίβων), en général crasseux, servait de vêtement hiver comme été et il s'en enveloppait également pour dormir ; le bâton était un bâton de route, indispensable au mendiant et au missionnaire cosmopolite qui arpentait pieds nus les rues des cités et les routes du voyage. Une barbe longue et des cheveux souvent longs et sales venaient compléter l'accoutrement du cynique, un accoutrement qui voulait refléter une authentique ascèse[5].

Cependant si l'homme, grâce à l'entraînement aux πόνοι utiles, réussit à vivre selon la nature, ce serait tronquer le cynisme d'une autre composante que de

1. Stobée *Anth.* IV 36, 10 ; t. V, p. 868, 16-19 Hense. Cf. aussi Ps.-Cratès, *Lettre* 33, 1 (« A Hipparchia ») ; *id.*, *Lettre* 4 (« A Hermaïscus »).

2. D. L. VI 6.

3. D. L. VI 63.

4. Cf. par exemple Dion Chrysostome, *Discours* VIII 29-30 (« Diogène ou de la vertu ») ou encore *Le cynique* du Ps.-Lucien, 13.

5. De nombreux témoignages sur l'accoutrement sont répertoriés dans M.-O. GOULET-CAZÉ, *L'ascèse cynique*, n. 140, p. 60-61.

réduire l'ascèse à la vie selon la nature. En effet, une fois parvenu à se défaire des liens de la civilisation, l'homme n'est pas encore parfaitement heureux, car comme tout vivant, il reste soumis à la Nature qui régit le cosmos et qui prend les traits du Destin quand elle condamne tout un chacun à connaître inévitablement la maladie et la mort, cela sans parler de la faim, de la soif, du chaud, du froid, des phénomènes qui, s'ils sont excessifs et dépassent le seuil de résistance de l'homme, le menacent dans sa vie même[1]. A la différence de la nature bienfaisante qui offre à tous les vivants, quel que soit le lot que la Fortune leur réserve, l'eau de ses sources et les fruits de sa terre, cette Nature-là est une force hostile dont chacun sait pertinemment qu'elle aura le dernier mot. Dans ce contexte, le cynique a une attitude très différente de celle du stoïcien. Là où ce dernier accepte pleinement le Destin et adhère volontairement à ses ordres, le cynique se résigne parce qu'il n'a pas le choix, mais ce n'est pas de gaîté de cœur. Là où le stoïcien vit dans un monde ordonné, rassurant, où toutes choses, même les caprices de la Fortune, finissent par être intégrées dans le plan qu'a prévu le Destin-Providence[2], le cynique, lui, est confronté à l'absurde. Il se rend bien compte que, face à la maladie et à la mort, le premier niveau d'ascèse, qui consiste à affronter les πόνοι κατὰ φύσιν et qui rend capable de supporter les attaques de la Fortune, ne suffit plus. Aussi Diogène va-t-il recourir à un second niveau d'ascèse, de type plus rigoriste. Cette hypothèse de deux niveaux dans l'ascèse diogénienne est la seule façon de rendre compte de certains exemples d'ascèse rigoriste que la tradition mentionne à propos de Diogène, par exemple quand le philosophe s'entraîne à étreindre des statues couvertes de neige et à se rouler sur le sable brûlant[3]. Rien, dans une vie selon la nature, impliquant seulement qu'on renonce aux artifices de la civilisation et qu'on tire parti de ce qu'offre la nature, n'oblige à affronter volontairement des épreuves comme le sable brûlant ou la neige. Si Diogène va au-delà des efforts exigés par la vie κατὰ φύσιν, c'est pour maîtriser les limites que la Nature a fixées à la nature humaine et se révéler capable de supporter dans l'apathie les coups du Destin. L'ascèse cynique comporte donc deux axes d'inspiration différente. L'un permet à l'homme, grâce aux efforts de la vie selon la nature, de se défaire des chaînes de la civilisation et de résister dans l'apathie aux assauts de la Fortune ; l'autre lui permet, grâce à un entraînement beaucoup

1. Cf. Maxime, *Loci communes*, *Sermo* 67, *PG* 91, col. 1008 D, qui cite ces vers de Diogène, tirés probablement d'une de ses tragédies : « Ô race humaine, mortelle et misérable, / Nous ne sommes rien que des reflets d'ombre, / Qui errent, poids inutile sur la terre », et Dion, *Discours* IV 82 (« Sur la royauté »), qui met dans la bouche de Diogène s'adressant à Alexandre les trois premiers vers que prononce Électre au début de l'*Oreste* d'Euripide : « Il n'est point de coup terrible, disons-le, / il n'est point de souffrance, ni de malheur voulu par les dieux, / dont la nature humaine n'ait à supporter le fardeau ».

2. *L'hymne à Zeus* de Cléanthe (Stobée, *Anth.* I 1, 12 ; t. I, p. 25, 4 - 27, 4 Wachsmuth = *SVF* I 537) illustre l'harmonie de ce monde dirigé par Zeus, cause première de la Nature, qui régit toutes choses selon sa loi.

3. Cf. D. L. VI 23.

plus rigoriste, d'envisager, dans l'apathie également, sa situation de vivant mortel au sein du cosmos.

6. Le bonheur cynique

« Le but et la fin que se propose la philosophie cynique, comme d'ailleurs toute philosophie, est le bonheur. Or ce bonheur consiste à vivre conformément à la nature, et non selon les opinions de la foule » affirme l'empereur Julien[1]. La vie que mène Diogène réunit de fait les trois conditions requises par le cynisme pour qu'un individu soit heureux : l'autarcie, la liberté et l'apathie. La vertu cynique ne déborde pas cet état d'indépendance totale. Le sage cynique n'a besoin ni de la civilisation ni des richesses ni des faveurs de la Fortune. Comme il ne tient à rien de ce qui lui est extérieur, on ne peut rien lui ôter qui compromette son bonheur[2]. Ce bonheur est fait de sérénité, de tranquillité d'âme, de paix intérieure. Mais peut-on parler encore de bonheur alors qu'il s'agit en fait d'éliminer un à un tous les plaisirs ? Force est d'admettre que la « falsification » opère également à l'égard des plaisirs et du bonheur. De la pratique de la rude ascèse cynique surgissent en fait les plaisirs véritables, qui n'ont plus rien à voir avec ce qu'on entend d'ordinaire par plaisirs : « Ce sont les plaisirs qui font suite aux souffrances qu'il faut rechercher et non ceux qui précèdent les souffrances[3] », disait Antisthène. A en croire cependant Diogène, ces plaisirs s'accompagnent de joie et de gaieté. « Diogène affirmait que le plaisir véritable, c'est d'avoir son âme dans la tranquillité et la gaieté »[4]. Le philosophe apparaît en toutes circonstances libre, serein et profondément heureux[5], tandis que son disciple Cratès, « avec sa besace et son petit manteau, passe sa vie à plaisanter et à rire comme s'il était à une fête »[6]. Le cynique réussit par conséquent ce tour de force qui consiste à transformer en source de plaisir ce qui ne l'est pas pour l'homme ordinaire. Quand celui-ci éprouve du plaisir à boire un vin de Lesbos, Diogène en éprouve à boire de l'eau. D'où cette remarque de Maxime de Tyr :

> Les plaisirs que connaît Diogène, toi, tu les appelles des peines ; car tu mesures la vie de Diogène en prenant pour critère ta propre nature ; or c'est une mauvaise mesure. Quand tu agiras ainsi, en effet, toi, tu éprouveras de la souffrance, alors que Diogène, lui, ressentait de la joie[7].

1. Julien, *Discours* IX 13, 193 D (« Contre les Chiens ignorants »).
2. Cf. D. L. VI 46 : le choix de la masturbation illustre par exemple l'aspiration de Diogène à l'autarcie dans le domaine sexuel. De même il refuse les liens du mariage (cf. D. L. VI 29).
3. Stobée, *Anth.* III 29, 65 ; t. III, p. 640, 5-7 Hense.
4. *Gnomologium Vaticanum* 743, n° 181, p. 74 Sternbach.
5. Cf. Dion Chrysostome, *Discours* VI 60-62 (« Diogène ou la tyrannie ») ; Stobée, *Anth.* IV 39, 20 ; t. V, p. 906, 10-13 Hense ; *ibid.*, IV 39, 21 ; t. V, p. 906, 14-17 Hense.
6. Plutarque, *Sur la tranquillité de l'âme* 4, 466 E.
7. Maxime de Tyr, *Dissertation* XXXII 9 ; p. 263, 156 - 159 Trapp.

Il faut imaginer Diogène heureux, en toutes circonstances, même quand il pratique un entraînement rigoriste. Ainsi qu'il le disait lui-même, « Un homme de bien ne voit-il pas dans chaque jour une fête ?[1] » Paradoxalement, le cynisme se veut un hédonisme et un eudémonisme.

7. La relation à autrui

Dans le monde antique où la figure de l'esclave et celle du mendiant sont évaluées comme les situations humiliantes par excellence, entachées de mauvaise réputation (ἀδοξία), Diogène ose braver l'opinion, se dresser seul face à la déraison sociale, affronter l'humiliation de l'esclavage quand il est pris par les pirates et celle de la mendicité[2], tout en affirmant qu'il est le seul vrai roi[3], le seul médecin des âmes capable de montrer à l'humanité entière qu'elle se trompe dans ses définitions du bien et du mal[4]. Non seulement il contraint ses contemporains à réfléchir sur le scandale de la nature, mais il leur impose aussi le scandale de la vérité, car il témoigne de la vérité par sa façon de vivre, son accoutrement, ses gestes qu'il prend le risque d'exposer aux yeux de tous, son refus de la pose, et en même temps il dit la vérité aux autres, aux puissants de ce monde aussi bien qu'aux intellectuels ou à l'homme de la rue.

Pour ce faire il dégaine plusieurs armes. D'abord la fameuse παρρησία cynique[5], cette liberté de parole sans limites, cette franchise sans retenue qui l'amène à réprimander et à mordre verbalement. Diogène ne se présente-t-il pas comme un « prophète de vérité et de franchise »[6], qui, par souci des autres et par philanthropie, vient expliquer à ses contemporains que ce qui paraît aller de soi en réalité ne va pas de soi ? Il parcourt les rues avec sa lanterne allumée en plein jour, criant « Je cherche un homme »[7], ou encore lançant un appel : « Holà des hommes », et quand des badauds ont l'imprudence de s'attrouper, il les frappe de son bâton avec

1. Plutarque, *Sur la tranquillité de l'âme* 20, 477C.

2. Cf. D. L. VI 67. Diogène justifie la pratique de la mendicité par un syllogisme, selon lequel tout appartient aux dieux, les sages sont amis des dieux, donc tout appartient aux sages (D. L. VI 72). D'où la distinction qu'il instaure entre αἰτεῖν (mendier) et ἀπαιτεῖν (réclamer, sous-entendu ce qui nous appartient) [D. L. VI 46].

3. Cf. Julien, *Discours* IX 14, 194D-195B (« Contre les Chiens ignorants »). Sur la royauté de Diogène, outre les discours de Dion consacrés à ce thème, voir un très beau passage de Maxime de Tyr, *Dissertation* XXXVI 5 ; p. 292, 148 - 293, 175 Trapp.

4. Cf. Dion Chrysostome, *Discours* IX 1-2 (« Diogène ou le Discours isthmique »).

5. Cf. D. L. VI 69 : « Comme on lui demandait ce qu'il y a de plus beau au monde, Diogène répondit : "la franchise" ».

6. Lucien, *Vies à l'encan* 8. Cette franchise se manifeste entre autres à l'égard des puissants comme Alexandre (D. L. VI 38.60.68) ou encore comme le père de celui-ci, Philippe de Macédoine (D. L. VI 43). Pour Cratès et Alexandre, voir D. L. VI 93.

7. D. L. VI 41.

ce commentaire : « C'est des hommes que j'ai appelés, pas des ordures »[1]. Seconde arme : le rire, ou plutôt la plaisanterie sarcastique qui, prenant la forme de la dérision, du persiflage ou de la bouffonnerie, déconcerte et laisse l'autre tout penaud. On a qualifié de « rire sérieux » (σπουδογέλοιον) ce rire qui fustige avec vigueur et qui, sarcastique à l'extrême, dissimule un fond de désespoir, car si Diogène joue au fou, c'est parce qu'il est conscient de l'urgence qu'il y a à soigner la folie humaine[2]. Enfin Diogène manie la provocation qui contraint l'autre à sortir de sa léthargie bien-pensante, à se poser des questions sur les pratiques établies[3], sur les opinions jamais remises en cause[4] et finalement à se débarrasser de toute honte mal placée[5]. Le cynique ne dispose que de la force des mots et du témoignage, mais celle-ci lui permet à tout le moins d'être la mauvaise conscience de son époque. Malgré les apparences, les armes qu'il manie ne sont pas celles d'un misanthrope ; ce sont bien plutôt des outils pédagogiques destinés à rappeler à l'ordre, à passer un message et si possible à guérir.

Le cynisme diogénien, on le voit, n'est pas un « système » philosophique, ne serait-ce que parce qu'il se réduit à une morale ; mais il a une réelle cohérence, et les cyniques des premières générations, forts du bagage doctrinal simple mais radical laissé par Diogène, forts aussi de l'exemple du mode de vie pratiqué par le philosophe, avaient le sentiment d'une appartenance claire au cynisme. Dans le cynisme impérial qui va être abordé maintenant, la situation est plus complexe et plus floue, même si l'héritage a bel et bien été transmis, et ce essentiellement pour deux raisons. La première tient au fait qu'à côté du cynisme s'est développé le stoïcisme. Or les relations entre les deux mouvements affichent une étonnante complexité due à la coexistence de points communs et de divergences, si bien qu'il est des stoïciens, par exemple Musonius, qui font l'éloge du cynisme, alors qu'il en est d'autres, par exemple Épictète, qui jettent l'opprobre sur le cynisme de leur époque tout en idéalisant le cynisme de Diogène ; de plus, il faut bien dire que, vus de l'extérieur, cyniques et stoïciens pouvaient facilement être confondus, les uns et les autres portant le τρίβων et la barbe du philosophe. La seconde raison est liée au surgissement d'une religion nouvelle, en un sens aussi révolutionnaire que le cynisme : le christianisme, qui s'accompagnait d'une morale pouvant sur plusieurs points rejoindre la morale cynique, si bien que là aussi des liens se tissèrent entre les deux mouvements. C'est ainsi que l'on vit apparaître des gens qui se disaient chrétiens et cyniques, ce qui toutefois n'empêchait pas qu'en même temps des chrétiens et des cyniques puissent entretenir des relations tendues, voire

1. D. L. VI 32.
2. Cf. D. L. VI 42 à propos de quelqu'un qui fait des aspersions rituelles.
3. Par exemple en D. L. VI 59 sur les ex-voto de Samothrace.
4. Par exemple en D. L. VI 49 à propos de l'exil.
5. Cf. D. L. VI 35.

hostiles. Comme dans le cas du stoïcisme, cyniques et chrétiens, vus de l'extérieur par des païens, pouvaient parfois être confondus. Au profil clairement tracé du cynique des premières générations se substitue donc un profil plus flou. La situation se complique encore du fait d'une distinction qui se fait jour, en soi assez étonnante, entre un bon cynisme, respectable et en partie idéalisé, et un cynisme populaire qui a faim, mendie, aboie et dérange. C'est cette complexité que nous voudrions mettre en évidence, car il faut, sous peine de graves contresens, comprendre de la façon la plus exacte possible ce qu'était vraiment le cynisme impérial avant d'essayer d'appréhender les rapports qui purent s'instaurer entre le cynisme d'un côté, éventuellement Jésus et les premières communautés chrétiennes de l'autre, puis les Pères de l'Église et le monachisme.

C. LE CYNISME À L'ÉPOQUE IMPÉRIALE

Un certain nombre de questions surgissent quand on quitte le cynisme des premières générations et qu'on aborde le cynisme à l'époque impériale. Comment s'est faite la transmission du cynisme diogénien à l'Empire ? Les temps ayant changé, dans quelle mesure le cynisme est-il resté, sous l'Empire, fidèle au cynisme des origines, dans quelle mesure s'en est-il démarqué ? Comment expliquer cette fascination extraordinaire qu'il exerça aussi bien sur ses détracteurs que sur ses défenseurs ? Dans un paysage philosophique complexe, où médio- puis néoplatoniciens, péripatéticiens, stoïciens et sextiens défendent avec force arguments et traités leur vision du monde, où se situe le cynisme sur l'échiquier philosophique ? Qui pouvait se dire cynique ? Que sait-on des liens historiques qui unirent concrètement cynisme et stoïcisme et de l'attitude souvent hautement ambiguë des stoïciens dans leur relation avec le cynisme? Autant de questions auxquelles nous allons tenter de répondre[1].

1. Transmission et accueil

Compte tenu de la rareté des témoignages sur le cynisme aux deux premiers siècles avant notre ère, il pourrait être tentant de considérer que le cynisme avait quasiment disparu avant le commencement de l'ère chrétienne. Mais, comme nous

1. Études de synthèse : M. BILLERBECK, « Greek Cynicism in Imperial Rome », *L'Antiquité classique*, 51, 1982, p. 151-173, repris dans M. BILLERBECK (édit.), *Die Kyniker in der modernen Forschung. Aufsätze mit Einführung und Bibliographie*, coll. « Bochumer Studien zur Philosophie », 15, Amsterdam, 1991, p. 147-166 ; M.-O. GOULET-CAZÉ, « Le cynisme à l'époque impériale », dans *ANRW* II 36, 4, Berlin-New York, 1990, p. 2720-2833 ; M. T. GRIFFIN, « Le mouvement cynique et les Romains : attraction et répulsion », dans M.-O. GOULET-CAZÉ et R. GOULET (édit.), *Le cynisme ancien et ses prolongements*, p. 241-258.

l'avons expliqué plus haut[1], un certain nombre d'éléments contredisent l'hypothèse d'une telle disparition au Ier siècle av. J.-C. : le poète Méléagre de Gadara est qualifié sans ambiguïté par Athénée de « cynique » ; Plutarque fait appel, pour qualifier le comportement du sénateur Marcus Favonius, à la franchise des cyniques[2] ; Cicéron attaque vigoureusement l'amoralisme cynique dans sa discussion sur le *decorum*[3] ; enfin c'est également l'époque où apparaissent les premières *Lettres* pseudépigraphes des cyniques. Si le cynisme n'avait été qu'un vague souvenir, une réalité abstraite, comment expliquer encore qu'en ce même premier siècle le mimographe Decimus Laberius ait pu faire une allusion grossière à la *Cynica haeresis* dans un de ses mimes[4] ? Et, comme nous l'avons déjà évoqué, même si la classification des écoles philosophiques que propose Varron dans son *De philosophia*[5], répond davantage à une préoccupation théorique, quand il dénombre deux-cent-quatre-vingt-huit écoles philosophique possibles et qu'il adopte le mode de vie cynique comme critère de classement lui permettant de passer de quarante-huit écoles à quatre-vingt-seize, une telle classification aurait-elle eu du sens si le mode de vie cynique n'avait plus été une réalité concrète pour les lecteurs de Varron au Ier siècle av. J.-C. ?

Concomitante à une tradition vécue qui devait avoir encore des adeptes, une tradition littéraire s'était chargée de transmettre le souvenir des grands ancêtres du cynisme et les principes de leur philosophie. En voici quelques preuves. Le fait que Denys d'Halicarnasse, Épictète, Longin, puis Julien et plus tard Photius connaissaient les œuvres d'Antisthène est le signe que celles-ci continuèrent à être lues tout au long de l'Empire. Quant à la *Politeia* de Diogène, elle est longuement citée par l'épicurien Philodème au Ier siècle av. J.-C. et les écrits du philosophe sont connus de Théophile d'Antioche et de Clément d'Alexandrie au second siècle de notre ère, tandis que ses tragédies firent l'objet de la colère de Julien, qui dit également posséder de nombreux textes de Cratès[6]. L'œuvre de Ménippe eut un retentissement considérable puisqu'elle influença non seulement Varron mais aussi Pétrone, Lucien, Apulée et plus tard Martianus Capella et Boèce. Parallèlement à la transmission directe des œuvres comme telles s'était développée toute une littérature de *Vies* de philosophes, mais aussi d'ouvrages à caractère biographique comme la *Vente de Diogène* par Ménippe[7], l'ouvrage homonyme

1. Cf. p. 19-20.
2. Plutarque, *Brutus* 34, 5.
3. Cicéron, *Sur les devoirs* I 35, 128 et I 41, 148.
4. Laberius, *Compitalia*, fr. 3 Ribbeck; fr. 22 Panayotakis : *sequere <me> in latrinum, ut aliquid gustes ex Cynica haeresi*, « Suis-moi dans les latrines afin de goûter quelque chose émanant de l'école cynique ».
5. Varron, *Sur la philosophie*, dans Augustin, *Cité de Dieu* XIX 1, 2-3.
6. Julien, *Discours* IX 17, 200B (« Contre les Chiens ignorants »).
7. D. L. VI 29.

d'Eubule[1] ou encore le *Pédagogue* de Cléomène[2], qui jouèrent un rôle décisif dans la diffusion du cynisme, dans la mesure où ils contribuèrent à faire connaître l'existence exemplaire de Diogène. Une *Vie de Cratès* par Plutarque, que Julien nous dit posséder[3], circulait également ainsi que des *Vies* dues à Satyros[4] et à Dioclès de Magnésie[5], où il était question des cyniques. A quoi il faudrait ajouter la littérature des *Mémorables* ainsi que les collections de chries déjà évoquées qui, depuis l'époque des premiers cyniques, faisaient connaître les dits des grandes figures du mouvement. Ainsi, aux premiers siècles de l'Empire, le message diogénien était toujours présent dans l'esprit des gens cultivés et l'ascèse du philosophe devait être sans doute encore mise en pratique.

Il faut attendre le premier siècle de notre ère pour que l'existence d'un philosophe cynique soit attestée à Rome ; il s'agit de Démétrius, l'ami de Sénèque. La tradition cynique ensuite ne devait plus s'interrompre au moins jusqu'à Saloustios au Ve siècle. On se doute que le philosophe cynique, avec son côté rebelle, sa remise en cause des valeurs établies, son refus de la παιδεία, son agnosticisme en matière religieuse, son mode de vie ascétique et provocateur ne pouvait que choquer la *gravitas* du peuple romain[6]. Comiques et satiristes eurent beau jeu de se déchaîner contre les cyniques, leur accoutrement, leur ascèse, et de leur réserver une place de choix dans la galerie des personnages dont on se moque. Horace déjà faisait la distinction entre le genre de vie sordide (*sordidus victus*) et excessif d'un Avidienus qui porte le *cognomen* bien mérité de *Canis* et le genre de vie frugal (*tenuis victus*) qui assure la santé[7] ; dans une de ses *Épîtres*, il faisait dialoguer Aristippe, capable de s'adapter à toutes les circonstances, faisant le courtisan, et Diogène qui, tout en prétendant n'avoir besoin de personne, mendie des choses sans valeur et est inférieur à celui qui lui donne[8]. Tandis que Perse évoque une courtisane effrontée tirant la barbe d'un cynique[9], Martial dans une de ses *Épigrammes* introduit une comparaison avec un philosophe cynique qui n'a pas dû faire plaisir à la courtisane Vetustilla à qui il reproche de rêver mariage alors qu'il la juge toute décrépite : « Tu as le croupion d'une cane maigre, et un vieux philosophe cynique ne pourrait rivaliser avec les os de tes parties intimes »[10]. Ce qui

1. D. L. VI 30-32.
2. D. L. VI 75.
3. Julien, *Discours* IX 17, 200 B (« Contre les Chiens ignorants ») et Catalogue de Lamprias 37.
4. Satyros est un péripatéticien de la fin du IIIe siècle avant notre ère (cf. D. L. VI 80).
5. Dioclès est un auteur du Ier siècle av. J.-C. sur lequel s'appuie beaucoup Diogène Laërce dans son livre VI (en 12.13.20.36.87.88.91.99.103).
6. Cf. M.T. GRIFFIN, « Le mouvement cynique et les Romains : attraction et répulsion », p. 243.249.253.
7. Horace, *Satires* II 2, vv. 53-69.
8. *Id.*, *Épîtres* I 17, 15-32.
9. Perse, *Satires* I, v. 133.
10. Martial, *Épigrammes* III 93, vv. 12-13 (trad. Izaac).

frappe, c'est le nombre de ces cyniques qui envahissent les rues d'Athènes, de Rome ou d'Alexandrie, signe que le cynisme était devenu la philosophie populaire par excellence.

Le témoignage de Dion Chrysostome, dans son *Discours* XXXII *aux Alexandrins*, postérieur à l'époque où il vécut en cynique, fournit une typologie précise et très intéressante du paysage philosophique à son époque, d'où il ressort que les cyniques occupaient, ne serait-ce que par leur nombre, une place importante à Alexandrie[1]. Il distingue six catégories de philosophes, dans lesquelles les cyniques interviennent une fois et peut-être même deux[2]. (1) Ceux qui ne vont pas en public (εἰς πλῆθος), car ils ne veulent pas prendre de risques, probablement, selon Dion, parce qu'ils désespèrent de rendre meilleures les foules. Plus loin, en XXXII, 20, il se montre sévère à l'égard de cette catégorie et conclut à son inutilité. (2) Ceux qui parlent dans des auditoriums devant des auditeurs auxquels les lie un contrat. Il s'agit certainement des philosophes professionnels qui enseignent en public. (3) Les cyniques des rues qu'il décrit de la façon suivante avec force détails :

> Il y a dans la cité une foule non négligeable (πλῆθος οὐκ ὀλίγον) de ceux qu'on appelle cyniques, et comme pour n'importe quelle autre affaire, il y en a une moisson; ce sont des gens dont certes les doctrines ne comportent rien de corrompu ni de bas, comme on dit, mais qui ont besoin de nourriture. Aux carrefours, dans les ruelles et aux portes des temples, ils mendient, trompent les jeunes garçons, les marins et les gens de cette sorte, prononçant d'une seule haleine plaisanteries, babillages sans fin et ces propos que l'on tient sur la place du marché. Ainsi donc, ils ne font rien de bien ; au contraire ils font le plus grand mal possible, habituant les insensés à se moquer des philosophes, comme si on habituait les enfants à se moquer de leurs maîtres. Alors qu'ils devraient mettre fin à l'arrogance de leurs auditeurs, ils la font croître de plus belle[3].

Manifestement Dion réprouve ces philosophes qui mendient parce qu'il leur faut manger et qui, par leurs propos sans tenue, exercent une influence néfaste, déconsidérant ainsi le métier de philosophe. (4) Des gens cultivés, dont les uns déclament des discours épidictiques stupides et dont les autres chantent des poèmes de leur composition. S'ils se présentent comme orateurs ou poètes, Dion n'y trouve rien à redire, mais s'ils agissent ainsi en tant que philosophes, soucieux d'acquérir argent et gloire plutôt que d'être utiles à ceux qui les écoutent, Dion trouve leur attitude choquante. (5) Des gens, peu nombreux, qui parlent avec franchise (παρρησίαν ἀγηόχασι), mais qui sont trop économes de leurs mots, ne prononçant qu'une ou deux phrases. Ils injurient (λοιδορήσαντες) plutôt qu'ils n'enseignent, mais dès qu'ils ont parlé, ils s'en vont de peur qu'on ne les chasse. En raison de leur παρρησία et des injures qu'ils profèrent, on pourrait penser qu'il

1. Dion Chrysostome, *Discours* XXXII 8-12 (« Aux Alexandrins »).

2. A. J. MALHERBE, *Paul and the Popular Philosophers*, Minneapolis, 1986, p. 37-47, semble considérer que ces catégories se rapportent toutes à des catégories différentes de cyniques, tandis que nous croyons qu'elle recouvrent l'ensemble des philosophes (cf. en XXXII 8 : παρὰ τοὺς καλουμένους φιλοσόφους et au début de XXXII 9 : τῶν δὲ Κυνικῶν λεγομένων).

3. Dion Chrysostome, *Discours* XXXII 9.

s'agit aussi d'une catégorie de cyniques maniant la rude liberté de parole de Diogène, mais « le fait qu'ils s'en vont de peur qu'on les chasse » invite à penser que ce sont des charlatans. (6) Le philosophe « qui parle avec franchise, clairement et sans ruse », sans viser la gloire ni l'argent, mais par bienveillance et sollicitude envers autrui, prêt à supporter, s'il le fallait, les moqueries, le désordre et les cris de la foule. Dion reconnaît que ce philosophe (idéal) n'est pas facile à trouver, mais poussé par une volonté divine, il pense avoir, lui, choisi ce rôle.

Cette typologie est d'autant plus intéressante que Dion est passé au cours de son exil par le cynisme, qu'il a déjà fait un éloge appuyé de Diogène dans plusieurs de ses discours et qu'ici il adopte un point de vue totalement extérieur, sans complaisance aucune pour ces cyniques occupant littéralement les villes, qui l'indisposent et qu'il considère comme une menace pour la profession de philosophe. Y aurait-il deux cynismes ? Pour l'instant, il suffit de remarquer que dans le paysage philosophique d'Alexandrie au début du second siècle, les cyniques pèsent de tout leur poids, soit qu'on les rencontre en train de mendier au coin des rues, soit qu'on ait à supporter leurs discours, qui ne semblent pas être du goût de Dion.

D'autres auteurs confirment cette omniprésence des cyniques, entre autres Lucien. Dans les *Fugitifs*, il évoque la « tribu des sophistes »[1] et se plaint de ce que les cités sont remplies de « ceux qui se réclament de Diogène, d'Antisthène et de Cratès, et qui sont enrôlés sous la bannière du Chien »[2]. Même écho dans La *Double accusation ou les tribunaux*, où Zeus, comparant l'époque de Socrate où peu de gens pratiquaient la philosophie et l'époque où il s'exprime, demande à Justice :

> Ne vois-tu pas tous ces manteaux courts, ces bâtons et ces besaces ? Partout barbe longue, petit livre dans la main gauche, et tous philosophent pour te défendre ; les promenades sont remplies de gens qui vont au devant les uns des autres en escadrons et en phalanges, et tout le monde veut passer pour être un nourrisson de la vertu. En fait, beaucoup ont laissé tomber les métiers qu'ils exerçaient jusque là, se sont précipités sur la besace et le petit manteau, sont allés bronzer leur corps à la façon des Éthiopiens, se sont improvisés philosophes, de cordonniers ou de charpentiers qu'ils étaient, et les voici qui rôdent autour de toi, faisant l'éloge de ta vertu[3].

A l'évidence la « profession de cynique » attire. Comme on rencontrait les cyniques partout, à l'entrée des temples, aux carrefours, sur le forum, comme on était contraint d'affronter à tout moment leurs invectives et leur mendicité, les autres philosophes, mais aussi les gens des cités finissaient par être excédés.

La grande nouveauté du cynisme de l'époque impériale par rapport à celui des premières générations, relativement homogène, tient à son extrême diversité. Celle-ci repose en fait sur des conceptions différentes du cynisme. Pour appré-

1. Lucien, *Fugitifs* 10.
2. *Ibid.*, 16.
3. Lucien, *La double accusation* 6.

hender cette diversité du cynisme impérial et éviter de donner l'impression, qui serait fausse, d'une certaine homogénéité, nous avons choisi de procéder par couples d'opposés. Le premier de ces couples est une construction des chercheurs, qu'ils projettent sur le cynisme tout au long de son histoire, mais dont la validité demande à être vérifiée. Le second est attesté par Diogène Laërce, mais l'opposition en cause vient probablement du philosophe stoïcien du second siècle avant notre ère, Apollodore de Séleucie, et ses conséquences se font sentir jusque chez Augustin. Le troisième émane de la distorsion que les auteurs anciens eux-mêmes soulignent sous l'Empire entre un cynisme respectable, lettré, et un cynisme populaire, volontiers critiqué et moqué.

2. Un cynisme austère/rigoriste/spartiate et un cynisme doux/hédoniste/ aristippéen ?

Au cours de la première moitié du XXe siècle s'est développée l'idée qu'à l'intérieur même du cynisme on pouvait distinguer deux tendances : d'un côté un cynisme austère, caractérisé par une ascèse rigoriste, un comportement sévère à l'égard d'autrui, une attitude orgueilleuse face aux attaques de la Fortune, et de l'autre un cynisme doux, plus relâché quant à l'ascèse, porté à la philanthropie et s'adaptant aux circonstances[1]. Cette idée a été reprise plus récemment par Ronald F. Hock[2], puis Abraham J. Malherbe[3], et on la retrouve constamment dans les études sur le cynisme. La question mériterait une étude approfondie dont nous ne faisons ici que poser les jalons. Il convient tout d'abord de ne pas confondre la présence d'une dualité chez Diogène, lequel présenterait selon certains, par-delà les différentes couches littéraires de la tradition, une incohérence, apparaissant tantôt comme un ascète strict, tantôt comme un hédoniste[4], et la présence, qui se manifesterait tout au long de l'histoire du mouvement, de deux tendances opposées. Sur ce dernier point, le seul qui nous intéresse ici, nous ne suivons pas A. J. Malherbe, qui voit ces deux tendances à l'œuvre dans le cynisme.

1. Voir G. A. GERHARD, « Zur Legende vom Kyniker Diogenes », *Archiv für Religionswissenschaft*, 15, 1912, p. 388-408 ; K. VON FRITZ, *Quellen-Untersuchungen zu Leben und Philosophie des Diogenes von Sinope*, coll.« Philologus : Supplementband», 18, 2, Leipzig, 1926, p. 42-46 ; K. PRAECHTER, *Die Philosophie des Altertums,* Berlin^{12}, 1926 = F. ÜBERWEG, *Grundriß der Geschichte der Philosophie*, 1. Teil, p. 452 ; R. HÖISTAD, *Cynic Hero and Cynic King. Studies in the Cynic conception of man,* Uppsala, 1948, p. 118-123 ; 131-138.

2. R. F. HOCK, « Simon the Shoemaker as an Ideal Cynic », *Greek, Roman and Byzantine Studies*, 17, 1976, p. 41-53, repris dans M. BILLERBECK, *Die Kyniker in der modernen Forschung*, p. 259-271.

3. A. J. MALHERBE, *Paul and the Popular Philosophers,* p. 12-24 (chapitre « Self-Definition among the Cynics »).

4. Voir par exemple K. PRAECHTER, *Die Philosophie des Altertums,* p. 434. Pour une interprétation de cette incohérence par le recours à deux niveaux dans l'ascèse diogénienne, voir M.-O. GOULET-CAZÉ, *L'ascèse cynique,* p. 77-84, et *supra*, p. 47-48.

Au départ, Diogène et Cratès : deux tempéraments différents

La distinction entre ces deux tendances a été tirée du cynisme le plus ancien, plus précisément de l'opposition entre la personnalité de Cratès et celle de Diogène. Ce dernier, intransigeant et héroïque, fanatique de l'ascèse tendue vers la vertu, affronte au quotidien les πόνοι et réduit ses besoins au maximum afin d'emprunter le « raccourci vers la vertu », allant même jusqu'à renoncer à son gobelet après avoir vu un enfant boire dans le creux de ses mains[1] ; il se refuse à plaire à la foule quand il lui signifie la voie de l'effort et de la souffrance, manifestant même volontiers de la dureté dans sa pédagogie. Ne l'avons-nous pas vu traiter d'« ordures » ceux auxquels il s'adresse[2] ? A l'inverse, Cratès, son disciple, surnommé « ouvreur de portes » et *lar familiaris*, passe dans les maisons pour arbitrer les querelles familiales[3], et reçoit l'estime de tous pour son humanité et sa philanthropie. Même quand il blâme son interlocuteur, il le fait avec bienveillance[4]. Tout le monde s'accorde sur cette forte opposition de caractère entre les deux philosophes.

Mais faut-il pour autant aller jusqu'à conclure que l'un incarnerait un cynisme « doux » et l'autre un cynisme « austère », et que cette dichotomie entre deux tendances du cynisme aurait perduré tout au long de l'histoire du mouvement ? Il est probablement excessif de tirer du caractère et de la personnalité de ces philosophes une appréciation sur la nature de l'ascèse qu'ils mettent en œuvre. Tout indique en effet que Cratès, malgré la douceur de son caractère, pratiquait une ascèse stricte, dans la plus pure tradition diogénienne. Le témoignage du comique Philémon, son contemporain, est à cet égard éloquent : « L'été il portait un manteau épais, afin d'acquérir la maîtrise de soi, et l'hiver des haillons »[5] ; on sait également que, tout en étant bossu, il s'exerçait au gymnase et s'entraînait à courir quotidiennement sans crainte du regard d'autrui[6], et qu'il n'hésita pas à se débarasser de tous les biens qu'il possèdait[7]. Cratès voulait « dresser un trophée contre la pauvreté »[8] et il écrivit un *Hymne à Frugalité*[9]. Quand son disciple Métroclès quitta Théophraste pour le suivre, le nouveau mode de vie que Métroclès adopta et dont Télès dresse un tableau très évocateur était on ne peut plus

1. Cf. D. L. VI 37.
2. Cf. D. L. VI 32 (cité p. 49-50).
3. D. L. VI 86 ; Apulée, *Florides* 22, 1-4.
4. Cf. Plutarque, *Propos de table* II 1, 7, 632 E (ποιεῖ δ' εὔχαρι σκῶμμα καὶ μέμψις ἐμφαίνουσα χάριν).
5. D. L. VI 87.
6. Cf. Thémistius, *Sur la vertu*, fol. 36a de la version syriaque, p. 59 Mach ; D. L. VI 91.
7. D. L. VI 87.
8. Télès, *Diatribe* II, p. 15, 1-2 Hense ; p. 140 Fuentes González.
9. Cf. *Anth. Pal.* X 104 ; Julien, *Discours* IX 16, 199A (« Contre les Chiens ignorants »).

conforme à l'ascèse diogénienne[1]. On notera encore que l'image de Cratès transmise par le corpus de ses *Lettres* pseudépigraphes, qui pour beaucoup datent des débuts de l'Empire, est conforme à ce portrait fait d'ascèse et de rigueur[2]. Ce ne sont pas deux cynismes qui sont en présence, mais deux hommes aux tempéraments différents, adaptant une même ascèse à leurs personnalités respectives. Il en est de même pour leur comportement envers autrui. Même si la façon de faire est diffférente dans le ton, tous deux se veulent médecins des âmes et tous deux réprimandent leurs interlocuteurs.

Bion de Borysthène et l'adaptation aux circonstances

Les partisans d'un cynisme doux allèguent en général, outre l'exemple de Cratès, celui de Bion de Borysthène au IIIe s. av. J.-C., et sous l'Empire ceux de Démonax et de Dion, et ils mettent en avant l'adapatation de ces philosophes aux circonstances. Mais il n'est pas sûr que l'argument ait valeur de preuve. Bion, entré d'abord à l'Académie, où il fut l'auditeur de Cratès l'Académicien, fréquenta ensuite l'école cynique et il dut être pendant un temps au moins un cynique itinérant[3]. Il quitta ensuite le cynisme pour rejoindre Théodore l'Athée et l'école cyrénaïque, avant de suivre le péripatéticien Théophraste. Diogène Laërce le range parmi les philosophes de l'Académie tandis que Favorinus[4] et le *Gnomologium Vaticanum*[5] le désignent comme « péripatéticien ». Grâce à Télès, qui avait accès à ses « diatribes », on a une idée de la morale de Bion. Le passage le plus significatif pour notre propos se trouve dans la diatribe « Sur l'autarcie »[6], quand Bion développe la comparaison entre le bon acteur qui doit jouer comme il convient tout rôle que lui attribue le poète et l'homme de valeur qui doit jouer comme il convient tout rôle que lui attribue la Fortune. Bion préconise de savoir s'adapter au rôle que la Fortune nous a confié, qu'il s'agisse du rôle d'un roi ou du rôle d'un vagabond. Il développe un peu plus loin une comparaison originale afin d'illustrer l'idée que ce ne sont pas les choses en soi qui provoquent notre affliction, mais la façon dont nous les appréhendons, laquelle fait intervenir notre caractère et nos opinions.

> De même que la morsure des bêtes sauvages dépend de la façon dont on attrape ces bêtes, et que si tu saisis le serpent par le milieu, tu seras mordu, alors que si c'est par le cou, tu ne souffriras d'aucun mal, de même, dit-il, la douleur suscitée par les choses dépend de la façon

1. Cf. Télès, *Diatribe* IV A, p. 40, 4 - 41, 13 Hense ; p. 368 Fuentes González.
2. Cf. Ps.-Cratès, *Lettres* 11.14.15.18.
3. Cf. D. L. IV 51 (T 19 Kindstrand) : « Il choisit le mode de vie cynique et prit le manteau et la besace » et IV 53 (T 3 Kindstrand) : « il allait d'une cité à l'autre ».
4. Favorinus, fr. 115 Barigazzi = fr. 39A Kindstrand = fr. 125 Amato.
5. *Gnomologium Vaticanum* 743, n° 161, p. 67 Sternbach (= fr. 39 C Kindstrand).
6. Télès, *Diatribe* II, p. 5-20 Hense ; p. 134-143 Fuentes González, commentée p. 144-272. Le passage qui nous intéresse est au début de la diatribe, p. 5-6 Hense, et il faut le compléter par la citation de Bion, p. 9.

dont on les appréhende ; et si tu les appréhendes comme Socrate, tu n'éprouveras pas de douleur, mais si tu les appréhendes autrement, tu seras affligé non à cause des situations en soi, mais à cause de ton propre caractère et de ta fausse opinion. C'est pourquoi il faut essayer non pas de changer les choses, mais de se préparer à leur faire face telles qu'elles se présentent, comme le font les marins (trad. Fuentes González)[1].

Cette adaptation aux circonstances a été interprétée comme un adoucissement de l'attitude de Diogène face à la Fortune. Mais deux arguments invitent à revoir le bien-fondé de cette interprétation. En premier lieu, rien ne garantit que Bion exprime sur cette question un point de vue cynique. Comme nous l'avons dit, il a fréquenté Théodore l'Athée, donc l'école cyrénaïque qui prenait pour modèle Aristippe et son mode de vie[2]. Or l'adaptation aux circonstances était une des caractéristiques d'Aristippe, ainsi que nous l'apprend Diogène Laërce :

Il [*i.e.* Aristippe] était capable de s'adapter au lieu, au moment et à la personne, et de jouer son rôle convenablement en toute circonstance ; aussi était-il auprès de Denys plus apprécié que les autres, car il envisageait toujours du bon côté les situations qui se présentaient : il jouissait du plaisir que lui procuraient les biens présents et il ne se donnait pas la peine de poursuivre la jouissance de ceux qu'il n'avait pas ; c'est pourquoi Diogène le traitait de « chien royal »[3].

On pourrait penser par conséquent que la position de Bion vis-à-vis des circonstances porte la marque de l'école cyrénaïque. Cependant, et c'est notre second argument, non seulement l'admiration exprimée ici par Diogène indique que l'attitude d'Aristippe n'était pas opposée à la sienne, mais il se trouve que la tradition attribue au philosophe cynique la même adaptation aux circonstances : « Comme on lui demandait quel profit il avait retiré de la philosophie, Diogène répondit ; "A défaut d'autre chose, au moins celui d'être prêt à toute éventualité" »[4]. De même, quand on demande à Cratès, « A quoi me servira-t-il de me mettre à philosopher ? », celui-ci répond :

Toi, quand ta sacoche sera pleine, c'est comme cela que tu la verras, et si tu la vois vide, tu ne te plaindras pas ; décidé à t'en servir, c'est facilement que tu le pourras, et si tu n'as pas de quoi, tu n'auras pas de regrets ; mais tu vivras en te contentant de ce dont tu disposes présentement, sans désirer ce que tu n'as pas et sans être mécontent de ce qui t'arrive (trad. Fuentes González)[5].

Savoir s'adapter à la situation dans laquelle on se trouve et se contenter de ce que l'on a, telle semble être l'attitude à la fois des cyniques et des cyrénaïques. En soi, l'adaptation aux circonstances ne saurait donc être un élément de différenciation entre un cynisme « doux » et un cynisme « austère ». Tout au plus pourrait-on trouver une ligne de démarcation dans l'esprit selon lequel cyniques et cyrénaï-

1. Télès, *Diatribe* II, p. 9, 2 - 10, 2 Hense ; p. 136 Fuentes González. Il n'est pas facile de dire où finit exactement la citation de Bion. Il est possible qu'à partir de la référence à Socrate, ce soit Télès qui parle.
2. Cf. D. L. IV 52 (T 19 Kindstrand).
3. Cf. D. L. II 66 ; Horace, *Épitres* I 17, 15-32.
4. D. L. VI 63.
5. Télès, *Diatribe* IV A, p. 38, 8 - 39, 1 Hense ; p. 366-368 Fuentes González.

ques conçoivent cette adaptation. Bion envisage que l'on puisse être roi ou vagabond, autrement dit il envisage dans la sérénité tous les rôles que la Fortune peut attribuer à l'homme et il préconise de faire face en se contentant de ce que l'on a, quel que soit le rôle qui nous échoit. Diogène, lui, aborde les coups de la Fortune avec un esprit différent. Quand celle-ci le frappe, il réagit avec vigueur: «Diogène affirmait opposer à la Fortune la hardiesse, à la loi la nature, à la passion la raison»[1], et il la traite avec un mépris souverain: «Quand il tombait de nouveau dans les malheurs, Diogène disait: "Vraiment, tu fais bien, Fortune, de te dresser devant moi virilement". Dans de telles circonstances, il s'éloignait même en fredonnant»[2]. La réaction orgueilleuse de Diogène constitue un véritable défi qu'il lance à la Fortune: «Diogène disait qu'il croyait voir la Fortune s'élancer sur lui et lui dire: "Ce chien enragé, je ne puis l'atteindre de mes traits" (*Il.* Θ 299)»[3]. Et Julien admire Diogène qui, fait prisonnier par les pirates, continue de plaisanter, ainsi que Cratès qui, devant la difformité de son propre corps, se moque de sa jambe boîteuse et de ses épaules courbées[4]. De plus, tandis que Bion se soumet et accepte de jouer n'importe quel rôle imposé par la Fortune, Diogène ne se laisse pas imposer de rôle, mais décide lui-même, en falsifiant la monnaie, du rôle qu'il veut jouer. A cause des caprices de la Fortune il est fait prisonnier par les pirates et mis en vente? Il demande au crieur de faire cette annonce: «Quelqu'un veut-il acheter un maître?[5]» Tandis que Bion essaie de trouver la bonne façon d'appréhender les coups de la Fortune, Diogène attaque, provoque, défie avec audace cette Fortune qui ne réussit pas à l'abattre, car il parvient à transformer à son avantage ce qui plongerait tout autre dans le désespoir. Enfin, tous deux se préparent à affronter ses coups, mais la méthode n'est pas identique dans les deux cas. Pour Bion/Télès, la technique à adopter est celle des marins qui savent s'adapter au vent; si le vent souffle dans le sens du bateau, on hisse les voiles, mais si le vent souffle en sens inverse, on cargue les voiles; de même le faible ne doit pas rechercher ce qui est propre à l'homme fort ni le vieillard ce qui est propre à l'homme jeune. Au moment où la Fortune frappe, on s'adapte. Pour Diogène, il faut pratiquer une ascèse préventive de lutte contre les πόνοι, afin d'avoir toute la force nécessaire pour affronter les coups de la Fortune le jour où ils se présenteront. Bion se soumet intelligemment à la Fortune afin de sauvegarder son indépendance; Diogène, contraint à s'y soumettre, la défie avec rage et détermination. Dans un cas la Fortune est une sorte de concept abstrait condensant toute l'insécurité de la condition humaine, dans l'autre elle est devenue un véritable adversaire qu'il faut vaincre avec une énergie tonique[6]. Alors que l'atti-

1. D. L. VI 38.
2. Stobée, *Anth.* IV 44, 71; t. V, p. 976, 3-6 Hense.
3. Stobée, *Anth.* II 8, 21; t. II, p. 157, 7-9 Wachsmuth.
4. Julien, *Discours* IX 18, 201B, «Contre les Chiens ignorants».
5. D. L. VI 29.
6. Cf. J. F. KINDSTRAND, *Bion of Borysthenes*, p. 207.

tude face aux circonstances aboutit dans les deux cas au même résultat : les philosophes ne se laissent pas perturber par les aléas de la vie et savent se contenter de ce qu'ils ont, le caractère des uns et des autres fait la différence. Diogène jamais ne cède, jamais ne se soumet ; aux caprices de la Fortune il oppose une pugnacité sans faille et une rage de vaincre ; il va quasiment au-devant des coups. Cratès et Bion ne manifestent pas cette rage. Compte tenu de la complexité des appartenances philosophiques de Bion, de la parenté des écoles cyrénaïque et cynique dans l'attitude à adopter face aux circonstances et de la diversité de tempérament de nos philosophes, l'adaptation aux circonstances ne saurait être un élément décisif pour appuyer l'idée de deux tendances divergentes à l'intérieur du cynisme des IVe et IIIe siècles.

La douceur de Démonax et de Dion Chrysostome

Sous l'Empire, une situation assez similaire se présente avec Démonax, « le meilleur des philosophes connus de moi » selon l'expression de Lucien, et fréquemment évoqué comme illustration du cynisme doux. Même si Lucien n'y insiste pas, car il ne voyait pas d'un bon œil l'ascèse des cyniques, il témoigne que Démonax pratiquait bien l'ascèse diogénienne : « Il avait exercé son corps et l'avait entraîné à l'endurance [πρὸς καρτερίαν διεπεπόνητο] » (*Vie de Démonax* 4). Par ailleurs le rapprochement avec Cratès est incontestable. Dans ses entretiens, l'homme savait faire des reproches sans sévérité (6), il ne criait pas, ne s'agitait pas, ne s'emportait pas, voulant prendre exemple sur les médecins qui n'éprouvent pas de colère contre les malades qu'ils soignent (7). Il est capable – comme l'avait été Cratès – de réconcilier les frères en désaccord, les épouses avec leurs maris (8) et Lucien définit ainsi le style de sa philosophie : « doux (πρᾶος), policé (ἥμερος), joyeux (φαιδρός) »[9], tout en soulignant les circonstances où il sut parler aux Athéniens avec franchise et indépendance, notamment quand ceux-ci l'accusèrent de ne pas offrir de sacrifices et de ne pas s'être fait initier aux Mystères d'Éleusis (11). Démonax rendait service à ses amis et n'avait pas d'ennemis. Déjà très âgé, il entrait dans les maisons sans y avoir été invité, il y dînait et y couchait, et on le regardait comme « une épiphanie divine » et « un bon démon » (63). Tout au long du traité de Lucien surgit le rire, car manifestement Démonax aimait à rire de bon cœur (8.13.15.21.44). A cette personnalité qui ressemble tellement à celle de Cratès se joint une sorte d'éclectisme qui rappelle les multiples appartenances de Bion. « Il ne se limita pas à une forme de philosophie, mais il fit un mélange de plusieurs, sans manifester à laquelle d'entre elles il donnait sa préférence. Il semblait s'apparenter plutôt à Socrate, même si par son allure extérieure et sa façon de vivre facile il paraissait imiter l'homme de Sinope » (5). Un jour qu'on lui avait demandé lequel des philosophes il appréciait, Démonax répondit : « Tous sont admirables. Personnellement c'est Socrate que je vénère, mais j'admire Diogène et j'aime Aristippe » (62). Depuis l'Antiquité l'habitude est de classer par écoles les philosophes ; mais dans un cas comme celui-ci, nous percevons combien un classement trop strict serait simplificateur. Par l'ascèse, l'accoutrement, la franchise, l'indépendance, Démonax est fidèle à Diogène; par la douceur de son caractère, il se situe plutôt dans la ligne de Socrate, d'Aristippe et, pouvons-nous ajouter, de Cratès.

Dion est parfois lui aussi sollicité à l'appui de la catégorie du cynisme «doux». La présentation qu'il donne de Diogène dans les discours qu'il lui a consacrés (IV, VI, VIII, IX, X) rend justice à l'ascétisme du philosophe[1]. Par ailleurs lui-même, issu d'une riche famille de Pruse, était un sophiste très connu, mais nul doute qu'il a, du temps de son exil, pratiqué réellement, même si c'était de façon temporaire, un cynisme ascétique. Comme les gens qu'il rencontrait sur les routes de l'exil le prenaient pour un philosophe, il décida de le devenir et se mit à méditer sur les questions qu'on lui posait[2]. C'est ainsi qu'il décida, sans y être contraint, de mener une vie d'errance de cité en cité, et cela pendant quatorze ans. Mais sa façon d'être se rapproche davantage de Cratès que de Diogène: quand il adresse des réprimandes aux cités qui se laissent aller à des excès, il ne manie pas l'injure et il ne se montre pas désagréable[3]. Pour définir l'*ethos* de sa philosophie, Philostrate précise que malgré une sévérité affichée, les attaques de Dion étaient modérées par un assaisonnement, sa douceur (τῇ πραότητι)[4]. Comme Cratès, comme Démonax, Dion a expérimenté dans sa vie quotidienne la dureté de l'ascèse mais a su transmettre le message cynique d'une façon appropriée à la douceur de son caractère.

Des témoignages d'une ascèse austère sous l'Empire

Quant à l'austérité de l'ascèse, diverses figures peuvent être évoquées sous l'Empire. Démétrius, qui vivait *nudus* ou *seminudus*, illustre cette ascèse radicale, fidèle à la tradition diogénienne. Plus pauvre que les autres cyniques, il s'était interdit non seulement de posséder, mais même de demander, dit Sénèque[5]. Sa liberté de parole, de même que celle de Diogène, faisait fi des dangers encourus, comme en témoigne ce propos qu'il tint à Néron lui-même: «Tu me condamnes à mort, mais toi, c'est la nature qui te condamne»[6]. Pérégrinus s'illustra lui aussi sur le chapitre de l'ascèse. Il se rendit à Alexandrie auprès d'un grand maître en cynisme: Agathobule, qui fut d'ailleurs aussi le maître de Démonax (*Vie de Démonax* 3), et ce afin de s'entraîner à «la remarquable ascèse» (*Mort de*

1. Voir par exemple Dion Chrysostome, *Discours* VI 8-10; 14-15; 21-22 («Diogène ou la tyrannie»); VIII 21-26 («Diogène ou de la vertu»); IX 12 («Diogène ou le discours isthmique»).
2. Cf. Dion Chrysostome, *Discours* XIII 11-12 («A Athènes, Sur l'exil»).
3. Philostrate, *Vies des sophistes* I 7, p. 487 Ol. (= p. 7, 5-8 Kayser).
4. *Ibid.*, I 7, p. 487 Ol. (= p. 7, 11-14 Kayser).
5. Sénèque, *Sur la vie heureuse* 18, 3.
6. Épictète, *Entretiens* I 25, 22.

Pérégrinus 17). La tête à demi rasée, s'enduisant le visage de boue, il démontrait ce qu'on appelle l'acte indifférent (τὸ ἀδιάφορον δὴ τοῦτο καλούμενον ἐπιδεικνύμενος), en se masturbant en public, en donnant et en recevant des coups de férule sur les fesses [*ibid.*]. Lucien, en insistant avec exagération sur cette ascèse, veut signifier qu'il la réprouve, mais on peut penser que Pérégrinus, en devenant pour un temps l'élève d'Agathobule, a voulu, comme Démonax, s'initier à la grande tradition de l'ascèse diogénienne. Parfois on allègue aussi Oinomaos. Certes on sait très peu de choses de sa vie et rien ne permet d'affirmer qu'il menait le mode de vie cynique, mais Eusèbe, qui nous a transmis des extraits de ses *Charlatans démasqués*, signale chez lui beaucoup de franchise (παρρησία) ainsi que l'amère apreté des cyniques (κυνικὴ πικρία) [*Prép. év.* V 21, 6], ce qui invite, compte tenu aussi du ton très virulent des passages transmis par Eusèbe, à ne pas déceler en lui la douceur d'un Cratès ou d'un Démonax. Mais sous l'Empire le cas le plus caractéristique est sans doute Saloustios qui se pose un charbon ardent sur la cuisse et souffle dessus pour voir jusqu'à quel point il pourrait le supporter[1].

Tous les philosophes examinés, sans exception, ont pratiqué sans aucun doute l'ascèse cynique, austère, rude et exigeante, et selon nous, ce sont leurs caractères respectifs, dur chez les uns, doux chez les autres, éventuellement aussi d'autres influences philosophiques, qui ont pu donner l'impression aux lecteurs modernes qu'il était légitime d'opposer deux cynismes.

Les **Lettres** *pseudépigraphes*

Avant de conclure sur cette question, il reste à prendre en considération des documents déjà évoqués, les *Lettres* pseudépigraphes, rédigées pour un grand nombre d'entre elles au premier siècle de notre ère. Leurs auteurs visent sans doute un double but : ce sont d'une part des exercices littéraires – à vrai dire assez médiocres –, mais ce sont aussi des instruments de propagande en faveur du cynisme. Elles furent attribuées à Diogène, Cratès, Héraclite, Socrate et aux Socratiques. A. J. Malherbe par exemple en fait grand usage pour justifier son opposition entre deux cynismes. Les lettres de Diogène et de Cratès témoigneraient d'un cynisme austère et les autres d'un cynisme adouci. On pourrait reconnaître le cynisme austère dans la *Lettre* 29, 1-2 de Diogène, lorsque le philosophe annonce à Denys qu'il va lui envoyer un pédagogue, muni d'un fouet qui fait mal ; ce pédagogue ne ressemble ni à Aristippe ni à Platon mais en inspirant à Denys du courage, il le détournera de la mollesse (μαλακία) et des repas de gourmets. Diogène oppose, au par. 5, sous forme imagée, la façon de soigner par des amputations, des cautérisations et des médicaments, qui est selon lui de loin préférable, à celle des grands-parents ou des nourrices qui parlent gentiment à un enfant pour lui faire avaler un médicament.

1. Simplicius, *Sur le* Manuel *d'Épictète* XIV 299-302, p. 89 I. Hadot (2001).

On perçoit une rigueur de même nature dans les *Lettres* de Cratès, quand celui-ci demande de fuir les plaisirs, sources d'injustice et d'intempérance, et de poursuivre les πόνοι, sources de tempérance et de fermeté d'âme[1]. De même dans la *Lettre* 19, quand il refuse de voir en Ulysse « le père du cynisme », parce que l'homme était plus efféminé que tous ses compagnons, qu'il mettait le plaisir au-dessus de tout et qu'il faisait l'éloge de la vie agréable. C'est à Diogène, plus fort que le plaisir et la souffrance, faisant montre d'un grand courage pour s'entraîner à la vertu que Cratès réserve ce titre. On pourrait citer encore la *Lettre* 29 adressée à Hipparchia, où Cratès, refusant d'expliquer par la pratique de l'indifférence l'appellation de philosophie « cynique », fait appel à la solide endurance avec laquelle les cyniques supportent ce que les autres, en raison de leur mollesse ou de leurs opinions sont incapables de supporter. Ces lettres, même s'il peut y avoir à l'occasion exagération et presque caricature, comme dans la *Lettre* 29 de Diogène, sont conformes à la vision commune de l'ascèse cynique.

Qu'en est-il lorsqu'on passe aux *Lettres des Socratiques*, écrites probablement après le début du second siècle de notre ère ? Selon Malherbe, « The author of the Socratic letters (...) has a striking conciliatory tendency (...). The letters thus provide valuable evidence for an attempt to bring rigoristic and hedonistic Cynicism into harmony, and are thus a major source for the history of Cynicism » (p. 29). Les lettres qui nous intéressent se situent dans un débat sur l'opportunité qu'il y a pour le philosophe à s'associer aux tyrans et elles font intervenir soit comme auteur soit comme destinataire Aristippe qui se trouve à la cour de Denys à Syracuse. La question est de savoir, et nous ne suivons pas Malherbe sur ce point, si Aristippe représente « an hedonistic cynicism », sous prétexte que l'auteur de ces lettres aurait des sympathies pour le cynisme. En fait quand c'est Aristippe qui parle, il soutient des positions conformes à ce que nous savons par ailleurs des vues de ce philosophe : il ne veut pas souffrir de la faim ou de la soif, ni avoir une mauvaise réputation ni porter une longue barbe (*Lettre* 9, 3). En revanche quand c'est Antisthène qui parle, il reproche à Aristippe de vouloir que le sage gagne beaucoup d'argent et qu'il ait pour amis les puissants (*Lettre* 8). Le cordonnier Simon, qui n'apprécie pas beaucoup que ce même Aristippe se moque de son genre de vie, le même qu'Antisthène, lui demande de se souvenir de la faim et de la soif, au motif qu'elles peuvent beaucoup pour ceux qui recherchent la tempérance (*Lettre* 12). Il est vrai qu'Aristippe lui fait une réponse plutôt conciliante, témoignant de son admiration et allant jusqu'à l'éloge. Après avoir mentionné ceux qui ont l'habitude de venir s'asseoir aux côtés de Simon : Socrate et les jeunes gens qui l'entourent, mais aussi des gens qui s'occupent des affaires publiques, ou encore Périclès, quand il n'est pas appelé par ses devoirs de général, Aristippe note qu'Antisthène aussi rend visite à Simon. Il en profite alors pour opposer d'un côté Antisthène qui va pieds nus et conseille aux Athéniens de faire

1. Cf. Ps.-Cratès, *Lettre* 15 (« A ses compagnons »).

de même, ce qui signifie absence de travail et de salaire pour Simon, et lui-même, Aristippe, qui porte des chaussures et invite Simon à venir pratiquer la philosophie à Syracuse (*i.e.* à la cour de Denys), où il aurait aussi du travail comme cordonnier. En conséquence, Simon devrait admirer Aristippe, qui revendique loisir et plaisir, et à l'inverse se moquer de la vantardise de ceux qui ont de longues barbes et des bâtons, qui sont sales, pouilleux avec des ongles longs comme ceux des bêtes sauvages, comprenons les cyniques (*Lettre* 13). Faut-il penser qu'Aristippe incarne un cynisme adouci, qui aurait la sympathie de l'auteur des lettres, par opposition à un cynisme plus rigoureux, celui d'Antisthène et de Simon ? Le débat des *Lettres* doit-il être interprété dans les termes d'un débat qui serait interne au cynisme entre des cyniques stricts et d'autres qui le seraient moins, comme le pensait Hock et à sa suite Malherbe ? Nous croyons plutôt que ces *Lettres des Socratiques* sont d'abord des exercices littéraires où chaque Socratique doit apparaître conforme à son portrait traditionnel. Dans cette optique Antisthène marche pieds nus, Aristippe porte des chaussures et Simon philosophe tout en taillant le cuir. Les *Lettres des Socratiques* font revivre la diversité de points de vue des disciples de Socrate selon les caractéristiques que la tradition a retenues pour chacun. Nous ne discernons pas un véritable souci d'harmonisation de la part de leur auteur entre deux tendances dans le cynisme. Nous en concluons que la distinction entre un cynisme doux et un cynisme austère ne se justifie pas.

Jusqu'ici nous n'avons pas fait état de l'opposition entre un cynisme hédoniste et un cynisme rigoriste pour la simple raison que Diogène et Cratès eux-mêmes affirmaient, comme nous l'avons dit plus haut, que le court chemin qu'ils empruntaient les menait au plaisir et au bonheur, un bonheur fait de tranquillité, de sérénité et de gaieté[1]. Le cynisme se voulant un hédonisme et un eudémonisme, il serait inapproprié de considérer qu'il existe un cynisme hédoniste et un cynisme rigoriste.

Certains parlent également d'un cynisme aristippéen qu'ils opposent volontiers à un cynisme spartiate[2], sous prétexte que les cyniques manifestaient de l'admiration à l'égard des mœurs spartiates[3]. Mais cette opposition, qui n'est pas attestée dans la littérature ancienne, recouvre les mêmes présupposés que celle entre un cynisme doux et un cynisme austère, sans se justifier davantage.

3. Un cynisme école de pensée et un cynisme mode de vie

Le second couple d'opposés est bien différent. Il témoigne d'un débat entre deux conceptions du cynisme rappelé en toutes lettres chez Diogène Laërce, mais

1. Cf. Stobée, *Anth.* IV 39, 21 ; t. V, p. 906, 14-17 Hense ; *Gnomologium Vaticanum* 743, n° 181, p. 74 Sternbach.

2. Cf. par exemple B. LANG, *Jesus der Hund. Leben und Lehre eines jüdischen Kynikers*, München, 2010, p. 160-161.

3. Voir Stobée, *Anth.* III 13, 43 ; t. III, p. 462, 11 -15 Hense ; D. L. VI 27.59.

qui lui était bien antérieur. Le fait que cet auteur le reprenne à son compte prouve cependant que les deux conceptions continuaient à s'opposer aux premiers siècles de notre ère. Elles se rattachent à une réflexion théorique sur ce que devait être une αἵρεσις. Le cynisme est-il une αἵρεσις, c'est-à-dire une école de pensée pourvue d'un fondement théorique, qui prend appui sur des δόγματα[1] ? Ou au contraire, le cynisme serait-il seulement une ἔνστασις βίου, une façon de vivre ? Diogène Laërce VI 103 choisit la première hypothèse et l'exprime personnellement avec une certaine vigueur[2] : « Nous estimons que la philosophie cynique est elle aussi une école de pensée et pas seulement, comme le prétendent certains, une façon de vivre »[3]. C'est pourquoi le livre VI des *Vies* fournit deux doxographies d'Antisthène (10-13), une doxographie de Diogène (70-73) et une doxographie générale du cynisme (103-105). Dans celle de Diogène par exemple, sont énoncés certains des grands dogmes de l'école, notamment la conception de l'ascèse et des πόνοι, la falsification de la monnaie, la nécessité d'un accord entre les actes et les paroles, la référence à Héraclès, la communauté des biens entre amis ou encore la communauté des femmes et des enfants.

La divergence entre ces deux conceptions du cynisme n'était pas anodine, puisque l'enjeu n'était rien de moins que l'attribution au cynisme du statut d'école philosophique à part entière[4]. Elle détermine aussi directement le choix du fondateur du cynisme et elle rejaillit également sur l'analyse que l'on fait des liens entre cynisme et stoïcisme. En effet, ceux qui voient dans le cynisme une αἵρεσις pourvue de dogmes et qui considèrent qu'il existe entre cynisme et stoïcisme une parenté, font remonter le cynisme à Antisthène et dériver le stoïcisme du cynisme, ce qui permet de faire des stoïciens les héritiers de Socrate selon une filiation : socratisme (par le biais d'Antisthène) > cynisme (Diogène et ses disciples) > stoïcisme (par le biais de Cratès, disciple de Diogène et maître de Zénon). C'est ce que fait Diogène Laërce[5] quand il attribue aux cyniques et aux stoïciens le même τέλος[6] :

1. D. L. I 20 explique pourquoi on peut considérer que l'école sceptique n'est pas une αἵρεσις : « Si nous concevions qu'une école de pensée implique une adhésion à des dogmes ayant une cohérence, l'école pyrrhonienne ne saurait plus être appelée école de pensée, car elle n'a point de dogmes ». Cf. aussi Sextus Empiricus, *Hypotyposes pyrrhoniennes* I 16-17.

2. Diogène Laërce intervient rarement dans son ouvrage. Cette prise de position personnelle est donc significative.

3. Cf. D. L. VI 103.

4. Cf. M.-O. GOULET-CAZÉ, « Le cynisme est-il une philosophie ? », dans Monique DIXSAUT (édit.), *Contre Platon*, t. I : *Le platonisme dévoilé*, Paris, 1993, p. 273-313.

5. Cf. D. L. VI 2 et 14-15.

6. La problématique du τέλος est certainement postérieure à Antisthène et Diogène. C'est en effet après Aristote et son *Éthique à Nicomaque* que chaque école a été amenée à préciser son τέλος et que l'on s'est employé à définir les écoles philosophiques selon leur τέλος et à les situer les unes par rapport aux autres en fonction de ce critère. Épicure, Cléanthe et Chrysippe écrivirent chacun un Περὶ τέλους.

Les cyniques soutiennent que la fin est de vivre selon la vertu, comme le dit Antisthène dans son *Héraclès* ; c'est aussi l'avis des stoïciens. Une certaine parenté unit en effet ces deux écoles de pensée. Aussi ont-ils dit que le cynisme est un raccourci vers la vertu. C'est à la façon des cyniques que vécut aussi Zénon de Kition »[1].

Les définitions du τέλος cynique, postérieures au cynisme le plus ancien, ont varié. La définition de nature doxographique donnée par Diogène Laërce : « vivre selon la vertu », est manifestement influencée par le stoïcisme[2]. Selon Clément d'Alexandrie[3], c'est l'ἀτυφία qu'Antisthène aurait préconisée comme fin, c'est-à-dire le refus de toutes les illusions auxquelles l'homme peut être tenté de succomber ; cette définition est assez conforme aux vues cyniques. Julien à son tour dira que les cyniques ont pour fin l'ἀπάθεια, « ce qui équivaut à devenir Dieu »[4] et un peu plus loin dans le même discours que « le but et la fin que se propose la philosophie cynique, comme d'ailleurs toute philosophie, est le bonheur »[5].

Nous avons montré ailleurs que Diogène Laërce a pu emprunter sa position sur la parenté entre cynisme et stoïcisme au *Répertoire cursif des philosophes* (Ἐπιδρομὴ τῶν φιλοσόφων) de Dioclès de Magnésie et que celui-ci s'inspirait des *Introductions aux dogmes* (Αἱ εἰς τὰ δόγματα εἰσαγωγαί) du stoïcien Apollodore de Séleucie (IIe s. av. J.-C.), pour qui le cynisme était « un raccourci vers la vertu »[6].

En revanche l'autre thèse, celle à laquelle s'oppose Diogène Laërce, refuse au cynisme le statut d'αἵρεσις. Elle devait être soutenue par Hippobote, auteur d'un ouvrage *Sur les écoles* (Περὶ αἱρέσεων) et d'un *Répertoire des philosophes* (Τῶν φιλοσόφων ἀναγραφή)[7], puisque, selon Diogène Laërce, cet Hippobote, dans sa liste des écoles éthiques, ne retenait ni la cynique ni l'éliaque ni la dialectique[8]. En conséquence, Hippobote n'attribue pas à Antisthène un rôle dans la fondation de l'école stoïcienne ; pour lui le véritable fondateur est Zénon. L'épicurien Philodème fait état de cette divergence entre les stoïciens « socratiques » et Hippobote :

1. D. L. VI 104. Par ailleurs la définition du cynisme comme raccourci vers la vertu est attribuée nommément au stoïcien Apollodore (de Séleucie) en VII 121.

2. Elle se retrouve en D. L. VII 87.

3. Clément d'Alexandrie, *Stromates* II 21, 130, 7.

4. Julien, *Discours* IX 12, 192 A (« Contre les Chiens ignorants »).

5. *Id.*, *Discours* IX 13, 193 D.

6. D. L. VII 121. Apollodore de Séleucie était un disciple de Diogène de Babylonie, chez qui il était le condisciple de Panétius de Rhodes et de Boèce de Sidon. Cf. M.-O. GOULET-CAZÉ, « Le Livre VI de Diogène Laërce », p. 3880-4048, notamment p. 3937-3951.

7. Plusieurs datations ont été attribuées à Hippobote (H. von Arnim : fin du troisième siècle-début du deuxième ; J. Glucker : fin du premier siècle ; M. Gigante : *floruit* dans la première moitié du deuxième siècle) ; voir M.-O. GOULET-CAZÉ, « Le livre VI de Diogène Laërce », p. 3923, n. 106.

8. Cf. D. L. I 19.

[Ils (*i.e.* les stoïciens partisans d'une filiation Socrate > Diogène > Cratès) disent que c'est à partir de Socrate,] Antisthène et Diogène qu'au début l'école (*s.e.* stoïcienne) se constitua, parce qu'ils veulent aussi être appelés socratiques. Mais la plus grande partie de la Stoa a reçu un accroissement considérable grâce à Zénon, et tous les stoïciens, pour ainsi dire, lui attribuent la première place dans l'école, et avec eux Hippobote et le chronographe Apollodore[1].

Conséquent avec sa position, Hippobote fait de Cratès de Thèbes le disciple de Bryson d'Achaïe et non de Diogène[2], privant ainsi de crédibilité ceux qui essayaient de rattacher le stoïcisme à Socrate par le biais de Zénon, Cratès, Diogène et Antisthène. Par ailleurs, sans doute pour nier, ou du moins minimiser, une influence cynique de Cratès sur le stoïcisme, il présente Zénon comme un dialecticien de l'école de Mégare, disciple de Diodore Cronos[3].

Manifestement ce débat sur le statut du cynisme se poursuivit sous l'Empire, si l'on prête attention à la façon dont s'exprime Julien : « Puisque le cynisme se trouve être une forme de philosophie – non la plus vile et la plus discréditée, mais la rivale des plus estimables –, il nous faut dire quelques mots de la philosophie elle-même »[4], et si l'on prend en compte cette incise d'Eunape : « Parmi les cyniques, Carnéade (Ier / IIe s. de notre ère) n'était point obscur, s'il faut tenir compte du cynisme »[5]. Pourquoi ces deux conceptions du cynisme, école de pensée — conception valorisante — ou simple mode de vie — conception qui tend à discréditer le cynisme comme philosophie —, sont-elles si importantes ? Si le cynisme n'était pas une école de pensée, s'il n'avait point de dogmes et si on pouvait le réduire à un mode de vie, il n'aurait plus sa place parmi les autres écoles philosophiques et il deviendrait une notion floue susceptible d'être revendiquée par quiconque se met à adopter le mode de vie des cyniques. L'hypothèse semble avoir été très sérieusement envisagée au Ier siècle avant notre ère par Varron dans un passage de son *De philosophia* transmis par Augustin auquel nous avons déjà fait allusion[6]. Le genre de vie des cyniques, notamment leur tenue, est un des composants de sa combinatoire. En procédant ainsi, Varron prouve que pour lui le cynisme n'est pas une école pourvue d'un τέλος, et indirectement que c'est seulement un mode de vie pouvant être adopté par des philosophes d'orientations doctrinales différentes :

Dans la différence tirée de la tenue et du genre de vie des cyniques, on ne se demande pas quelle est la fin du bien, mais s'il faut vivre dans cette tenue et de cette manière quand on

1. Philodème, *Sur les stoïciens*, ch. 3, col. XIII 1-12, p. 101 Dorandi.
2. D. L. VI 85.
3. D. L. VII 25.
4. Julien, *Discours* IX 2, 182 C (« Contre les Chiens ignorants ») ; trad. J. Rochefort. Julien pourrait avoir reçu dans son cursus philosophique un enseignement sur le cynisme, peut-être auprès de Maxime d'Éphèse (voir J. BOUFFARTIGUE, « Le cynisme dans le cursus philosophique au IVe siècle », dans M.-O. GOULET-CAZÉ et R. GOULET [édit.], *Le cynisme ancien et ses prolongements*, p. 339-358).
5. Eunape, *Vies de philosophes et de sophistes*, II 5, p. 3, 9-11 Goulet.
6. Voir les pages 20 et 52.

poursuit le vrai bien, quel que soit d'ailleurs le bien qu'on se propose et quelle que soit l'idée qu'on se fasse de sa vérité. Aussi bien s'est-il trouvé des gens pour rechercher des biens suprêmes opposés, les uns la vertu, d'autres la volupté, qui néanmoins avaient adopté la tenue et le genre de vie d'où les cyniques tirent leur nom[1].

Augustin lui-même reprend à son compte l'idée de Varron, en l'appliquant cette fois aux philosophes qui veulent se faire chrétiens. Mais si chez Varron le choix était théorique, chez Augustin il implique que les chrétiens adoptent concrètement le mode de vie cynique.

La Cité de Dieu n'impose pas aux philosophes eux-mêmes, quand ils se font chrétiens, de changer leur tenue et leurs manières de vivre, si elles n'ont rien de contraire à la religion, mais bien de renoncer à leurs fausses doctrines. Aussi ne s'inquiète-t-elle pas du tout de ce qui singularise, d'après Varron, la vie des cyniques, pourvu qu'il ne s'y trouve rien de honteux et d'indécent[2].

Ainsi un philosophe cynique qui devenait chrétien pouvait continuer à vivre en cynique, moyennant toutefois, si l'on suit Augustin, l'abandon de l'impudeur qui caractérise les adeptes du cynisme. Il faut donc admettre que, sous l'Empire, il y avait à l'arrière-plan de la pratique philosophique cynique toute une réflexion théorique qui envisageait au moins trois cas de figure différents selon lesquels des gens pouvaient se réclamer du cynisme. Pour les uns, le cynisme était une philosophie à part entière et ils avaient le sentiment d'appartenir à une école philosophique (αἵρεσις) cynique, même si celle-ci n'avait pas de cadre institutionnel; ils revendiquaient un certain nombre de dogmes et visaient un τελός propre. On peut supposer que quelqu'un comme Démétrius illustrait ce premier cas de figure. D'autres ne s'embarrassaient pas de dogmes, mais revendiquaient sans ambiguïté l'appartenance au cynisme uniquement en ce qu'ils portaient l'accoutrement et menaient le même genre de vie (ἔνστασις βίου) que Diogène. Les nombreux philosophes qu'on rencontrait dans les rues, qui voyageaient d'une cité à l'autre et qui n'avaient pas beaucoup d'instruction, devaient faire partie de cette catégorie. D'autres enfin pouvaient revendiquer une appartenance à d'autres écoles philosophiques ou encore au christianisme, par conséquent avoir un autre τελός que celui du cynisme, mais mener le genre de vie cynique et porter le τρίβων. Nous verrons que ce fut le cas de Pérégrinus durant sa phase chrétienne et surtout de Maxime Héron. On peut penser aussi à un Pythagoricien comme Secundus (début du IIe siècle) qui, à la fin de ses études, se mit à afficher l'ascèse du « Chien »[3], ou à un néoplatonicien comme Maxime d'Éphèse que Julien croit reconnaître près de Besançon dans un cynique, arrivant au loin, équipé du τρίβων et du bâton[4].

1. Varron, *Sur la philosophie*, dans Augustin, *Cité de Dieu* XIX 1, 2-3 (trad. Combès modifiée).
2. *Ibid.*, XIX 19, 387 (trad. Combès).
3. Voir B. E. PERRY (édit.), *Secundus, the Silent Philosopher. The Greek Life of Secundus*, coll. « American Philological Association, Philological Monographs », 22, New York, 1964, p. 68, 6-8.
4. Julien, *Lettre* 26, 414 D *à Maxime le philosophe*.

Le débat sur la nature du cynisme se double d'un débat sur le fondateur du mouvement, qui continue sous l'Empire d'agiter les esprits. Julien constate qu'« il n'est pas facile de trouver le chef de file du cynisme, celui auquel il faut rapporter en premier cette philosophie, même si d'aucuns supposent qu'il convient de la rapporter à Antisthène et à Diogène »[1]. Il cite Oinomaos qui déclarait que « le cynisme n'est ni un antisthénisme ni un diogénisme »[2], et il laisse entendre qu'un de ses interlocuteurs cyniques va même jusqu'à reprocher à Diogène, le Chien par excellence, d'être épris de vaine gloire parce qu'il a mangé un poulpe cru[3], ce qui prouve que sous l'Empire des cyniques n'hésitaient pas à remettre en cause la figure de Diogène devenue peu à peu légendaire. Julien fait allusion encore à une autre hypothèse, avancée par les cyniques eux-mêmes : « Les plus distingués des chiens disent en effet que le grand Héraclès, tout comme il est pour nous la cause des autres biens, nous a laissé à nous les hommes le meilleur exemple de ce genre de vie »[4]. Mais Julien n'en reste pas là ; il propose à son tour une autre explication. Parce qu'il voit dans le cynisme une philosophie universelle, il considère que le fondateur du cynisme, et donc de la philosophie en général, est le dieu de Delphes, Apollon pythien, lui qui a communiqué à Diogène deux grands conseils : « Connais-toi toi-même » et « réévalue ta monnaie »[5]. Antisthène, Diogène et Cratès sont selon lui les coryphées de cette philosophie[6]. La stratégie de l'empereur est claire : soucieux d'enlever toute importance et toute crédibilité aux cyniques de son époque, tel Héracleios ou le cynique anonyme auquel il s'adresse dans son *Discours* « Contre les Chiens ignorants », Julien transforme le cynisme diogénien en une philosophie universelle et naturelle revue par ses soins, respectueuse des dieux, notamment d'Apollon son fondateur, et ne cédant point à l'impudence. Enfin, par souci d'exhaustivité, signalons qu'à côté d'Antisthène, de Diogène, d'Héraclès et d'Apollon, certains semblent avoir envisagé une cinquième possibilité : Ulysse. Nous le déduisons du fait que l'auteur d'une lettre pseudépigraphe de Cratès refuse de voir en Ulysse le fondateur du mouvement. Il explique que l'habit ne fait pas le cynique, et qu'il préfère voir en Diogène, plus fort que la souffrance et le plaisir, le véritable instigateur de cette philosophie, plutôt qu'en Ulysse car, même si à l'occasion celui-ci a revêtu l'accoutrement du cynique, il se laissait aller à la mollesse et vénérait le plaisir[7].

1. *Id., Discours* IX 8, 187 B (« Contre les Chiens ignorants »)
2. *Ibid.*, IX 8, 187 C.
3. Il s'agit du cynique anonyme auquel s'adresse Julien dans son *Discours* IX 1, 181 A.
4. *Ibid.*, IX 8, 187 C.
5. *Ibid.*, IX 8, 188 AB.
6. *Ibid.*, IX 8, 188 B.
7. Ps.-Cratès, *Lettre* 19 (« A Patroclès ») [ou Métroclès si l'on adopte la correction de Wilamowitz].

Ajoutant à la complexité des trois définitions théoriques du cynisme que nous avons répertoriées (école de pensée, mode de vie se réclamant du cynisme, mode de vie compatible avec une autre école philosophique ou avec le christianisme) et qui correspondaient à des situations bien réelles sous l'Empire, un facteur sociologique et culturel venait s'immiscer à l'intérieur du cynisme, créant ainsi un nouveau couple d'opposés fondé sur un critère qui n'existait pas dans les autres philosophies, à savoir un cynisme lettré et un cynisme populaire.

4. Un cynisme lettré et un cynisme populaire

L'historien du cynisme est surpris de rencontrer dans les témoignages tantôt un cynisme lettré, issu des classes aisées, illustré par des hommes d'envergure et souvent jugé positivement, tantôt un cynisme populaire présenté comme inculte et grossier, celui des prédicateurs de rues, souvent jugé négativement, au point qu'on peut légitimement se demander si l'on parle toujours du même mouvement philosophique. Le cynisme d'un Démétrius ou d'un Démonax est-il le même que celui fustigé par Philosophie dans les *Fugitifs* de Lucien ou que celui des cyniques ignorants pris pour cibles par Julien ?

Le cynisme lettré

Par la force des choses ce sont les tenants du cynisme lettré qui nous sont le mieux connus, soit parce qu'ils ont laissé des ouvrages comme Oinomaos, soit parce que c'étaient des personnalités liées à un milieu social en vue, dont les amis écrivains faisaient l'éloge, que l'on songe à Sénèque avec Démétrius ou à Lucien avec Démonax. Dans ces milieux sociaux privilégiés, les jeunes gens bénéficiaient de toutes les ressources de la παιδεία. L'exemple de Démonax est éloquent. Malgré son rang et ses biens, il aspira à la philosophie, dit Lucien. Mais il ne se lança pas dans cette étude « avec des pieds non lavés, comme on dit » ; en fait il avait beaucoup étudié les poètes qu'il savait presque tous par cœur et il s'était entraîné à l'éloquence ; il fréquenta plusieurs maîtres : les cyniques Démétrius et Agathobule, le stoïcien Épictète et le philosophe Timocrate d'Héraclée[1]. Quant à Pérégrinus, il était issu apparemment d'une famille aisée de Mysie puisque son père lui avait laissé un héritage important (*Mort de Pérégrinus* 14), et sans nul doute il était cultivé puisqu'il composa deux discours olympiques (19-20), qu'il commenta et expliqua certains des livres des chrétiens (11) et qu'avant sa mort il envoya des lettres ouvertes à toutes les villes de renom (41). Démétrius, lui, était lié au cercle aristocratique de Thraséa Paetus. Face aux *conchyliati,* les gens « vêtus de pourpre » qui évoluaient dans ce milieu, il choisit délibérément de vivre, *nudus* ou *seminudus* et de coucher sur ce qu'on n'oserait même pas appeler une

1. Lucien, *Démonax* 3-4.

paillasse, car il avait abandonné aux autres hommes la possession des biens[1]. Le dernier cynique connu, Saloustios, étudia, au témoignage de Damascius, le droit ainsi que la rhétorique chez le sophiste Eunoios à Émèse avant de se rendre à Alexandrie où il fréquenta les écoles de rhétorique[2]. Même si ces conditions favorables n'enlèvent rien, bien au contraire, à la grandeur de l'ascèse de ces « nantis » du cynisme, il faut comprendre que la perspective n'est pas la même pour celui qui choisit la pauvreté volontairement et pour celui qui la choisit par nécessité. L'importance des différences entre le cynisme lettré et le cynisme inculte ne doit pas être sous-estimée.

Le cynisme des classes défavorisées

Face à ces cyniques issus de familles aisées, le mouvement rassemble des gens des classes les plus défavorisées de la société, aux métiers sordides, ainsi que des esclaves. Mais pour l'historien de la philosophie, il est difficile d'avoir une perception juste de ce cynisme populaire, car les documents dont il dispose sont dus à peu près uniquement à ses détracteurs. D'où la nécessité de faire la part des choses. N'a-t-on pas voulu transformer en caricature et en imposture ce qui était en fait un cynisme véritable, pratiqué dans les classes défavorisées, comme si le vrai cynisme ne pouvait être que cultivé, mesuré, socialement respectable ? Autrement dit, n'a-t-on pas essayé soit de montrer la composante scandaleuse du cynisme mais en la privant de sa justification théorique dans le cadre de l'ascèse cynique, comme le fit Lucien dans *Les Fugitifs* par exemple, soit d'enlever au cynisme sa composante scandaleuse et de l'idéaliser pour mieux le récupérer, ce à quoi s'employèrent des gens comme Épictète et Julien ?

Si on laisse de côté les personnalités évoquées précédemment, le cynisme d'époque impériale se présente comme un cynisme des classes populaires. A en croire Lucien, et il n'y a pas de raison de douter de ce qu'il dit sur ce point, ces gens qui se disent cyniques sont des esclaves ou encore des thètes, c'est-à-dire des citoyens pauvres exerçant de petits métiers comme cordonnier, charpentier, foulon ou cardeur de laine. Selon lui, ils voient dans le cynisme une aubaine pour échapper à leurs conditions de vie sordides et, plutôt que de se fatiguer à la tâche du matin au soir pour gagner leur nourriture, ils préfèrent prendre l'accoutrement cynique, se mettre à mendier[3] et recevoir sans effort[4]. Impitoyable, Lucien prétend, et là probablement exagère-t-il, que lorsqu'ils ont suffisamment ramassé, ils déposent le τρίβων et se comportent alors comme des riches : « ils achètent parfois des terres, des vêtements parmi les plus doux, des serviteurs à la longue chevelure,

1. Sénèque, *Lettres à Lucilius* 62, 3.
2. Voir références à la note 2, p. 27.
3. Les témoignages sur des cyniques qui mendient sous l'Empire sont nombreux, entre autres Martial, *Epigrammes* IV 53 ; *Anth. Pal.* XI 153.410 ; Lucien, *Fugitifs* 14.
4. Lucien, *Fugitifs* 17.

des maisons entières, après avoir dit bien le bonjour à la besace de Cratès, au τρίβων d'Antisthène et au tonneau de Diogène »[1]. Aussi n'hésite-t-il pas à transformer à propos de ces gens le « raccourci vers la vertu » des cyniques en « raccourci vers la renommée », tout en ajoutant ce commentaire : « Même si tu n'as reçu aucune éducation, que tu sois corroyeur, marchand de salaisons, charpentier ou banquier, rien ne t'empêchera de susciter l'admiration, à condition seulement que tu sois impudent et effronté et que tu saches parfaitement injurier les gens de la belle façon »[2]. Dion Chrysostome, dans son *Discours aux Alexandrins,* déjà mentionné plus haut pour sa typologie des philosophes, est un peu plus charitable que Lucien à propos des cyniques. Il reconnaît que c'est parce qu'ils ont faim qu'ils passent leur temps à mendier dans les rues ; mais en même temps il n'hésite pas à dire qu'ils exercent une mauvaise influence sur les gens qu'ils croisent[3].

Le comportement social de ces cyniques dépenaillés et hirsutes choque les contemporains. Ammien, dans une de ses épigrammes, insiste sur le fait que la barbe ne donne pas de l'intelligence mais des poux[4]. Lucien évoque ces gens qui « crient » ou plutôt « braient, aboient et injurient tout le monde »[5], et Julien met Héracleios au nombre de ces cyniques qui « prennent un bâton ou laissent pousser leurs cheveux, hantent les cités et les camps, injurient les meilleurs et sont aux petits soins pour les pires »[6]. Leur pratique de la mendicité lassait leurs contemporains. Épictète leur applique une expression empruntée à l'*Iliade*[7] : « parasites en faction devant les portes », tandis que Lucien, savoureusement, dit qu'ils vont de maison en maison « tondre les moutons »[8]. D'une sévérité sans égale à leur endroit, ce même Lucien leur reproche leur penchant à la gourmandise, qui les amène à ne plus se contenter de poisson salé ou de thym pour accompagner leur pain, mais à vouloir des viandes de toutes sortes et du vin du meilleur bouquet[9].

Autre grief et non des moindres contre ces mendiants qui dérangent : leur manque de pudeur, s'expliquant par leur totale indifférence à l'opinion. Cicéron, se faisant l'écho de Panétius, fustigeait déjà ces cyniques qui portaient atteinte à la *verecundia*, en affirmant haut et fort que « la conception des cyniques est tout entière à rejeter : elle est en effet contraire à la pudeur morale sans laquelle il ne

1. *Ibid.*, 20.
2. Lucien, *Vies à l'encan* 11.
3. Dion Chrysostome, *Discours* XXXII 9 (« Aux Alexandrins »).
4. Ammien, *Anth. Pal.* XI 156.
5. Lucien, *Fugitifs* 14.
6. Julien, *Discours* VII 18, 223 C-D (« Contre Héracleios le cynique »).
7. *Iliade* XXII 69, passage cité par Épictète, *Entretiens* III 22, 80.
8. Lucien, *Fugitifs* 14.
9. *Ibidem.*

peut rien y avoir de droit, rien de beau»[1]. Le philosophe Porphyre s'en prenait à l'« indifférence » de ces cyniques, qu'il rendait responsable de leurs erreurs et qui les amenait à croire qu'ils pouvaient tout se permettre[2]. De même que l'indécence était un des principaux motifs retenus contre Diogène se masturbant en public et contre Cratès consommant son mariage en public avec sa femme Hipparchia, de même Lucien se moque de Pérégrinus qui, à l'en croire, quand il était en Égypte chez Agathobule, « se masturbait au milieu d'une assistance nombreuse, démontrant ainsi ce qu'on appelle un acte indifférent »[3]. Le concept d'« indifférence », lié à la recherche du beau par nature et au mépris de la δόξα, est employé dans le cadre du cynisme avec une connotation spécifique d'impudence pour exprimer l'absence de honte face à un acte qui d'ordinaire suscite la honte. Mais ce n'est pas un concept d'origine cynique, même s'il est possible que les cyniques l'aient par la suite revendiqué ; il semble n'avoir été appliqué au comportement cynique qu'à partir du second siècle de notre ère et il provient sans doute de la théorie des indifférents du stoïcien Ariston de Chios[4]. Justin, hostile aux cyniques, prétendait même que l'indifférence est le bien recherché par le cynisme[5]. C'est sous ce concept que l'on prit l'habitude de regrouper tous les actes indécents posés par les cyniques. On reproche à ceux-ci toutes sortes d'actions honteuses – qu'eux-mêmes assument en fait au nom de leur fidélité à la nature – et qu'ils ont le tort, aux yeux de leurs contemporains, d'accomplir intentionnellement en public. Dans ses *Vies à l'encan*, Lucien met dans la bouche de son Cynique le conseil suivant : « A la vue de tous, aie l'audace de faire ce que nul n'oserait faire, même en son privé »[6]. La présence de femmes aux côtés des cyniques devait favoriser la réputation d'indécence dont on les affublait volontiers. Dans la relation que fait Athénée du *Banquet des Cyniques* de Parmeniscus, deux « courtisanes bien connues » interviennent : Mélissa, présentée comme une « écumeuse de théâtre », et Nicion, la « Mouche à chiens », qui cite un passage des *Grâces* de Méléagre et mentionne un autre ouvrage du même auteur, celui qui contient « une comparaison des lentilles en purée et des lentilles entières ». Le surnom de Nicion, sa connaissance de la littérature cynique et le fait qu'elle cite un mot d'« Antisthène le Socratique » prouvent qu'elle fait partie du groupe des cyniques présents à ce banquet[7].

1. Cicéron, *Sur les devoirs* I 41, 148 (trad. M. Testard).
2. Porphyre, *Sur l'abstinence* I 42, 5 .
3. Lucien, *Sur la mort de Pérégrinus* 17.
4. Cf. M.-O. GOULET-CAZÉ, *Les* Kynika *du stoïcisme*, p. 112-129.
5. Justin, *Deuxième Apologie* 3, 7, p. 203 Wartelle.
6. Lucien, *Vies à l'encan* 10.
7. Athénée, *Deipnosophistes* IV, 157A-B.

La contrefaçon des charlatans

Ces attaques qui fusent de partout conduisent à une double conclusion. A coup sûr il y avait parmi les gens qui se disaient cyniques des charlatans qui profitaient du cynisme pour échapper à leur condition sociale sordide. Toutefois les attaques généralisées dont les cyniques des rues faisaient l'objet sont probablement exagérées ; nous les percevons davantage comme des réactions de mépris et de méfiance de la part des classes aisées contre des pauvres osant prétendre à la philosophie et de la part des philosophes patentés contre des gens sans instruction n'ayant pas bénéficié de la παιδεία. On pouvait admettre dans le cercle des philosophes un Démétrius ou un Démonax, mais la bienveillance dont bénéficiait du temps de Socrate un cordonnier comme Simon n'était plus de mise (sauf dans les *Lettres des Socratiques* !). Les cyniques des rues sont assimilés à des mendiants ordinaires et regardés sans aménité par les autres philosophes, même par un Épictète ou par un Dion. S'il y eut des charlatans, et à coup sûr il y en eut, l'accoutrement, caractéristique d'un homme du voyage, était sans doute pour eux une aide à la contrefaçon. Certes cet accoutrement était resté identique dans ses composantes à celui du cynisme ancien : bâton, τρίβων, besace, avec barbe longue, cheveux longs et sales, pieds nus ou parfois sandales ; mais alors qu'à l'origine, tout en symbolisant une volonté délibérée d'anticonformisme social et un désir ardent de retour à la nature par le biais de l'ascèse, l'accoutrement était avant tout un des éléments d'une pratique concrète de l'ascèse, il se retrouvait chez certains pseudo-philosophes coupé de toute ascèse ; il n'était plus alors que contrefaçon, mensonge et inauthenticité. Lui qui incarnait au départ l'anticonformisme par excellence, était devenu, du moins pour ceux qui croyaient qu'il suffisait de prendre mécaniquement l'accoutrement pour devenir philosophe, synonyme de conformisme. D'où ces plaintes qui resurgissent tout au long de l'Empire. Au Ier siècle, Antipater de Thessalonique, dans une de ses *Épigrammes*, conteste même à un cynique de son époque le droit de porter la besace, la massue et le τρίβων de Diogène :

> Oui, Diogène était, lui, sans doute, un chien céleste ; toi, un chien couché dans la cendre. Allons, lâche ces armes qui ne sont pas à toi, lâche-les ! Une chose est de voir les lions à l'œuvre, autre chose est de voir grandir des boucs barbus ! [1].

Défendant l'autorité du sens commun, Sénèque met en garde Lucilius contre ces gens qui cherchent à concentrer sur eux l'attention par leur mise grossière, leurs cheveux longs, leur barbe négligée, leur haine de l'argenterie, leur matelas à même le sol. S'ils se comportent ainsi, c'est uniquement par désir de paraître. Et Sénèque d'exprimer son dégoût face aux excès de tous ordres, contraires à la vie selon la nature, comme torturer son corps, avoir en horreur les soins de toilette simple, désirer la saleté, se nourrir d'aliments vils et répugnants[2]. Au siècle

1. *Anth. Pal.* XI 158, 5-8 (trad. Follet).
2. Sénèque, *Lettres à Lucilius* 5, 2.4.

suivant, Apulée formule un souhait qui traduit son agacement: «Plût au ciel... qu'on ne vît pas des gens incultes, débraillés, ignorants, ne prendre du philosophe que le manteau, et cette discipline royale créée pour enseigner à bien parler comme à bien vivre, la déshonorer en parlant mal et en vivant de même»[1]. Dans les *Fugitifs* de Lucien, Philosophie se plaint de ce que les gens qui laissent leur travail et se lancent dans le cynisme «se donnent une composition extérieure (σχηματίζουσιν) et alors se transforment eux-mêmes de façon tout à fait plausible en vue de [la] contrefaire, faisant en réalité ce que fit, au dire d'Ésope, l'âne de Cumes qui revêtit une peau de lion, se mit à braire d'une voix rauque et crut lui-même qu'il était bien un lion»[2]. Épictète, lui, insiste devant un de ses étudiants qui avait du penchant pour le cynisme sur le fait que l'habit ne suffit pas à faire le cynique[3] et plus tard Julien devait lui aussi rappeller que l'accoutrement en soi n'a pas de valeur propre, que les vrais attributs du philosophe sont ailleurs :

> Il ne suffit pas à quiconque désire faire profession de cynisme d'adopter le manteau, la besace, le bâton et les cheveux longs pour marcher, hirsute et illettré, comme dans un village privé de boutique de coiffeur et d'école, mais il lui faut tenir pour attributs de la philosophie cynique la raison au lieu du bâton et la règle de vie au lieu de la besace[4].

Et Julien se montre très sévère contre les cyniques qui veulent lui rendre visite, dont il nous a conservé les noms dans son VIIe *Discours*, tels Héracleios, Asclépiade, Sérénianus ou Chytron[5].

Force est cependant de constater que ceux qui opposent ainsi les deux formes de cynisme sont soit des gens hostiles au cynisme comme Lucien, soit des gens qui, comme Épictète ou Julien, idéalisent le cynisme du passé pour mieux rejeter le cynisme contemporain. Il convient donc d'observer de la prudence en abordant tous ces témoignages qui, même s'ils ont un fond de vérité, ne doivent pas être pris pour argent comptant. L'ascèse de Diogène était radicale. Or ceux qui se font les détracteurs des cyniques en rejettent les excès. Si Sénèque fait l'éloge de Démétrius malgré son ascèse, c'est parce que Démétrius est son ami et que l'envergure morale du personnage suscite son admiration, mais si cette même ascèse est pratiquée par des gens ordinaires qui se disent cyniques, il ne la supporte pas. Quand Épictète et Julien critiquent violemment les cyniques qu'ils croisent et quand ils idéalisent Diogène au point de le rendre difficilement reconnaissable, la méfiance face à leur témoignage n'est-elle pas légitime ?

1. Apulée, *Florides* 7, 10 (trad. Vallette).
2. Lucien, *Fugitifs* 20.
3. Épictète, *Entretiens* III 22, 10. Cf. aussi IV 8, 12.15-16.20.
4. Julien, *Discours* IX 18, 200 D-201A (trad. Rochefort).
5. *Id.*, *Discours* VII 18, 224 D.

Les productions littéraires du cynisme lettré et du cynisme populaire

Qui dit cynisme lettré dit non seulement bagage intellectuel mais aussi pratique de l'écriture. Un bref survol des productions littéraires cyniques d'époque impériale permet de constater que celles-ci reflètent la dichotomie entre les deux formes de cynisme. La production littéraire la plus originale du cynisme impérial revient certainement à Oinomaos de Gadara avec ses *Charlatans démasqués*, qu'il faut probablement identifier au *Contre les oracles* du même auteur, évoqué par Julien[1]. Nous n'avons malheureusement plus de traces des autres écrits de cet auteur important dont Julien cependant nous a transmis les titres : *La voix même du chien* ; *Sur le cynisme* (où il devait développer sa conception renouvelée du cynisme) ; *République* ; *Sur la philosophie selon Homère* ; *Sur Cratès et sur Diogène*[2], ainsi que des tragédies dont le contenu mettait l'empereur Julien hors de lui. Si les écrits d'Oinomaos ont fait l'objet d'attaques aussi violentes de la part de l'empereur, c'est bien parce que ce dernier en percevait l'importance, mais en craignait aussi la dangerosité pour son projet personnel de restauration de l'hellénisme, et en particulier de la religion. Oinomaos en effet réfutait les prophéties de l'oracle de Delphes, critiquait la crédulité des gens, traitait Apolllon de « sophiste » et contestait l'utilisation scandaleuse des oracles à laquelle se livraient les gardiens des temples. L'influence que cet écrivain cynique exerça sur les auteurs ecclésiastiques notamment, qui se servirent de lui pour combattre le paganisme, atteste sa notoriété littéraire. Outre Eusèbe qui nous a transmis des extraits des *charlatans démasqués*, il apparaît que Clément d'Alexandrie, Origène, Jean Chrysostome, Théodoret – sans doute à travers Eusèbe – et Cyrille d'Alexandrie ont lu l'ouvrage. Oinomaos incarnait une nouvelle conception du cynisme, un cynisme radical moins peut-être par le mode de vie qu'il propose (mais que les extraits conservés ne nous indiquent pas) que par l'attaque qu'il mène contre les valeurs de la société ambiante, notamment les valeurs religieuses. L'historien du cynisme regrette amèrement que des écrits comme *Sur le cynisme* ou la *République* aient complètement disparu, car ainsi il aurait été possible de comprendre en quoi consistait exactement cette nouvelle conception du cynisme prônée par Oinomaos, qui n'est ni un antisthénisme ni un diogénisme.

D'autres cyniques ont écrit sous l'Empire, mais leurs écrits, qui pouvaient d'ailleurs n'avoir rien de cynique, ne nous sont pas parvenus. Il n'est pas impossible que des diatribes soient à mettre au compte de Démétrius, l'ami de Sénèque[3]. Par Lucien nous savons que Pérégrinus fit d'une part œuvre d'exégète

1. *Id.*, *Discours* VII 5, 209 B.

2. Cf. n. 1, p. 25.

3. Cf. M. BILLERBECK, *Der Kyniker Demetrius. Ein Beitrag zur Geschichte der frühkaiserzeitlichen Popularphilosophie*, coll. « Philosophia antiqua », Leiden, p. 57-60, qui attribuerait volontiers à Démétrius le cynique un dialogue entre Courage et Lâcheté dont Stobée III 8, 20 a

d'ouvrages chrétiens et d'autre part œuvre d'écrivain chrétien[1], et par Jérôme que Maxime Héron écrivit un ouvrage contre les Ariens qu'il remit à l'empereur d'Occident Gratien à Milan[2]. Grégoire de Nazianze, jouant les scandalisés devant la prétention de Maxime à écrire, nous apprend également que ce dernier répondit par un écrit à ses attaques[3].

Face à ces productions du cynisme lettré il est deux documents que nous pensons devoir rattacher au cynisme populaire, non point que nous ayons la naïveté de penser qu'ils pourraient émaner de gens sans instruction, mais parce qu'ils expriment à notre avis l'état d'esprit de ce cynisme populaire qui, contrairement à ce que laissent entendre ses détracteurs, nous paraît bien avoir été, charlatans mis à part, fidèle à Diogène. Il s'agit d'abord du corpus des *Lettres* pseudépigraphes de Diogène et de Cratès, dont la plupart furent rédigées sous l'Empire. Dues à plusieurs auteurs, qui ont une bonne connaisance des thèmes cyniques, elles se fondent sur le matériau anecdotique qui a servi à promouvoir la légende de Diogène et de Cratès. Témoignant d'un cynisme populaire mais pas d'un cynisme illettré, elles rappellent constamment les objectifs et les moyens caractéristiques du cynisme et elles ne se réduisent pas à recommander un cynisme qui crie au carrefour. D'un strict point de vue littéraire, ces lettres, souvent assez brèves, ne sont pas des chefs d'œuvre ; elles s'adressaient probablement à des gens simples, sans prétention spéculative, à qui il convenait de transmettre les quelques grandes idées-forces du cynisme, mais elles ont l'avantage de nous offrir un reflet exact de ce qu'était la morale cynique populaire sous l'Empire. Elles contiennent en effet une sorte de catéchisme qui délivre le *credo* du cynisme populaire à travers un certain nombre de τόποι, de formules martelées comme des slogans qui frappent l'esprit : « Faire le chien, c'est philosopher en empruntant un raccourci »[4] ; « Longue est la voie qui conduit au bonheur par les mots ; celle qui passe par les actes quotidiens est une pratique courte »[5] ; « le cynisme est une recherche de la nature »[6]. Il faut fuir les maux les pires : injustice, incontinence et leurs causes, à savoir les plaisirs, et poursuivre les meilleurs des biens : maîtrise de soi, fermeté d'âme, et leurs causes, à savoir les *ponoi*[7]. Les *Lettres* rappellent les grands principes de l'ascèse, notamment l'exigence d'une vie de frugalité. Le Cratès des *Lettres* exhorte en ces termes les jeunes gens auxquels il s'adresse : « Habituez-vous à vous laver à l'eau froide, à boire de l'eau,

conservé un extrait ; cet extrait pourrait être, comme dans le cas de Musonius et d'Épictète, la mise par écrit, due à un des auditeurs de Démétrius, d'un enseignement oral du philosophe.

1. Lucien, *Sur la mort de Pérégrinus* 11.
2. Jérôme, *Sur les hommes illustres* 127.
3. Grégoire de Nazianze, *Contre Maxime*, *PG* 37, col. 1339-1344, notamment col. 1343.
4. Ps.-Cratès, *Lettre* 16 (« A ses compagnons »).
5. Ps.-Cratès, *Lettre* 21 (« A Métroclès le Chien »).
6. Ps.-Diogène, *Lettre* 42 (« A Mélésippè la prostituée »).
7. Ps.-Cratès, *Lettre* 15 (« A ses compagnons »).

à ne manger qu'après avoir bien sué, à revêtir le τρίβων et à coucher sur la dure »[1]. Ces *Lettres*, en particulier celles de Cratès, se présentent comme une sorte de *memento*, de manuel de vie cynique, dont l'objectif est double : à la fois assurer la propagande cynique[2] et défendre la philosophie de Diogène contre les attaques dont elle faisait l'objet et dont nous avons perçu les échos chez Lucien, Épictète ou Julien. Même si le corpus est hétérogène, il réunit les cyniques autour d'une tradition commune dont les grandes références sont Héraclès, le héros mythique « plus fort que toute adversité »[3], ainsi que Diogène et Cratès, les fondateurs. Τρίβων et besace sont désignés par le Pseudo-Cratès comme les « armes diogéniennes » et les « armes des dieux »[4], mais en même temps lui aussi rappelle que ce n'est pas le manteau qui fait le cynique, mais bien le cynique qui fait le manteau[5], ce qui prouve qu'on avait conscience du tort que pouvaient faire ceux qui se contentaient de porter le manteau sans vraiment pratiquer l'ascèse. La mendicité, violemment prise à parti par les détracteurs du cynisme, se trouve justifiée par l'explication suivante, donnée comme empruntée à Socrate : « les dieux sont maîtres de tout, et tout est commun entre amis, or le sage est ami de la divinité. C'est donc ton bien propre que tu demanderas »[6]. Ces exercices littéraires de piètre qualité montrent qu'il y avait un cynisme des gens simples auxquels il convenait de rappeler les grandes lignes de l'ascèse et les exemples des grandes figures du cynisme, mais aussi d'Héraclite, de Socrate et des Socratiques.

Le second document annoncé est lui aussi un pseudépigraphe, attribué cette fois à Lucien et intitulé *Le Cynique*. Nous ne savons malheureusement pas à quelle date il fut écrit. Beaucoup plus soigné sur le plan littéraire que les *Lettres*, ce texte fait appel à des comparaisons et emprunte à la mythologie : Héraclès, mais aussi Thésée, Chiron ; cependant il reste très simple au niveau des idées qu'il développe et qui ressemblent à celles que l'on rencontre dans les *Lettres*, par exemple qu'il ne sert à rien d'affronter les πόνοι inutiles ou que la richesse est à l'origine de bien des maux. Lycinus demande à son interlocuteur cynique de lui expliquer le pourquoi de son accoutrement et de sa vie nomade et asociale. Tout en se réclamant d'Héraclès[7], le cynique produit alors une véritable défense de son mode de vie et de son accoutrement, expliquant comment ceux-ci sont à l'origine de son bonheur et les opposant à ceux de ses contemporains. Tous les τόποι du cynisme se trouvent ici réunis. Ces écrits, les *Lettres* et le *Cynique*, forment peut-

1. Ps.-Cratès, *Lettre* 18 (« Aux jeunes gens »).

2. Cf. A. J. MALHERBE, *The Cynic Epistles*, p. 2-3.

3. Cf. Ps.-Diogène, *Lettre* 26 (« A Cratès »).

4. Ps.-Cratès, *Lettres* 16 (« A ses compagons ») et 23 (« A Ganymède »).

5. Ps.-Cratès, *Lettre* 19 (« A Patroclès »).

6. Ps.-Diogène, *Lettre* 10 (« A Métroclès ») ; cf. aussi Cratès, *Lettres* 2.26.27 ; D. L. VI 37. 72 : « Tout appartient aux dieux ; or les dieux sont amis des sages ; et les biens des amis sont communs ; donc tout appartient aux sages ».

7. Ps.-Lucien, *Le cynique*, 13.

être le trait d'union entre le cynisme lettré et le cynisme des prédicateurs de rues, dans la mesure où ce sont des écrits, même si leur valeur littéraire est faible, et où ils constituent une prédication morale fondée sur des principes auxquels tous les cyniques, quels qu'ils soient, ne pouvaient qu'adhérer.

Les adversaires des cyniques avaient beau jeu de réduire le discours de ce cynisme populaire à des aboiements[1], des injures[2], des plaisanteries et des babillages sans fin[3], et de se moquer sans retenue de ces mendiants analphabètes qui décidaient de devenir cyniques. Mais nous avons tendance à penser qu'il y avait par-delà le catéchisme cynique des *Lettres* et du *Cynique* du Pseudo-Lucien une pratique authentique de l'ascèse diogénienne qui dérangeait les philosophes des autres écoles. D'où cette volonté de dénigrer le cynisme de la rue et de proposer un cynisme idéalisé dans lequel un Épictète ou un Julien s'employaient à projeter leurs propres valeurs.

A l'issue de cette réflexion, plusieurs registres de cynisme émergent : (1) le cynisme comme école de pensée (avec δόγματα et τέλος cyniques), (2) le cynisme comme mode de vie sans δόγματα, (3) le mode de vie cynique avec un autre τέλος que le τέλος cynique et l'appartenance à une autre école que le cynisme ou encore au christianisme. Ces définitions correspondent à des situations concrètes à la différence d'une autre conception qu'il convient d'ajouter en marge de ces distinctions, à savoir le cynisme idéalisé d'un Épictète ou d'un Julien. Un arrière-plan sociologique, où s'opposent un cynisme lettré, issu des couches sociales aisées et un cynisme populaire plutôt inculte, explique en partie ces distinctions. La diversité dans le paysage cynique est bien réelle, bien attestée ; la présence d'un certain nombre de charlatans également. Mais pour apprécier le cynisme populaire, celui des sans voix, nous sommes tributaires des discours du cynisme lettré ou de celui des philosophes des autres écoles, qui tous condamnent l'impudence et l'inculture de ceux qui osent, comme l'avait fait Diogène en son temps, aller jusqu'au bout du retour à la nature. Une fois mis à part les charlatans qui voyaient dans l'accoutrement une aubaine, nous sommes convaincue qu'on avait affaire la plupart du temps à d'authentiques cyniques, fidèles à l'ascèse de Diogène et aux exigences de son mode de vie. Il y avait cynisme véritable sous l'Empire dès l'instant où était pratiquée l'ascèse physique à finalité morale qui implique le rejet de toutes les δόξαι imposées par la société et où la naturalité humaine accepte de s'exposer aux yeux de tous, dans la vérité, sans prendre la pose. Il y avait cynisme véritable dès l'instant où l'individu se livrait à une lutte acharnée contre le plaisir et contre tous les πόνοι, y compris la mauvaise réputation et l'humiliation, considérées comme des tremplins pour parvenir à la

1. Lucien, *Fugitifs* 14.
2. Lucien, *Vies à l'encan* 11 ; Épigramme de Lucilius, *Anth. Pal.* XI 155.
3. Dion Chrysostome, *Discours* XXXII 9 (« Aux Alexandrins »).

maîtrise de soi. Il y avait cynisme véritable dès l'instant où la pauvreté était vécue de façon active, radicale et sans limite.

5. Le cynisme et la religion païenne sous l'Empire

Dans le cynisme hellénistique, Antisthène était le seul à s'être engagé nettement sur la voie du monothéisme[1], comme l'attestent deux déclarations qu'il fit dans son Φυσικός : « Selon la coutume il y a plusieurs dieux et selon la nature un seul »[2] et « Dieu n'est pas connu à partir d'une image, il n'est pas vu par l'œil, il ne ressemble à personne [ou : à rien], et c'est justement pourquoi personne ne peut le saisir à partir d'une image »[3]. Valorisant φύσις et critiquant νόμος, Antisthène plaçait le dieu unique au niveau de l'unité et de la nature, et les dieux du polythéisme au niveau de la multiplicité, de la tradition et de l'opinion. Il est possible que cette tendance monothéiste ait été accompagnée chez le philosophe d'une piété véritable[4]. Mais le premier cynisme, d'ailleurs relativement peu passionné par la question religieuse, ne l'a pas suivi sur la voie du monothéisme et semble avoir été de façon générale plutôt agnostique. En revanche il ne manquait pas une occasion de critiquer la religion traditionnelle.

Sous l'Empire cette critique rationaliste de l'incohérence des croyances, des superstitions et des pratiques religieuses traditionnelles se poursuit. Parmi les *Lettres* pseudépigraphes d'Héraclite, datées du milieu du second siècle et d'inspiration cynique, la *Lettre* 4 *à Hermodore* critique vivement les pratiques religieuses des Éphésiens[5]. Son auteur, se réclamant d'Héraclès devenu dieu en raison de ses travaux, répond à une accusation d'impiété lancée contre lui. Il en profite pour dénoncer la pratique qui consiste à enfermer les dieux dans des temples et à fabriquer des images de ces dieux, car ce qui selon lui témoigne de la divinité, ce ne sont pas les autels en pierre, mais bien les saisons, la terre porteuse de fruits ou encore l'orbe de la lune. D'autres adoptent une certaine désinvolture à l'égard des Mystères. Un cynique connu, Démonax ne s'est jamais fait initier aux Mystères d'Éleusis – ce qui avait été aussi le cas de Diogène autrefois –, et il assume pleinement la situation (*Vie de Démonax* 11), se plaisant en outre à relever une incohérence : les Athéniens excluent des Mystères les barbares, mais le fondateur du rite, Eumolpe, n'était-il pas Thrace (34) ? Quand il voit les fidèles aller dans le

1. Cf. A. BRANCACCI, « La théologie d'Antisthène », *Philosophia* 15-16, 1985-1986, p. 218-230.

2. Philodème, *Sur la piété* 7ᵃ, 3-8, p. 72 Gomperz.

3. Théodoret, *Thérapeutique* I 75 ; voir aussi Clément d'Alexandrie, *Protreptique* VI 71, 2 ; *Stromates* V 14, 108, 4.

4. Cf. D. L. VI 5 : « Il (Antisthène) disait que ceux qui veulent être immortels doivent vivre selon la piété (εὐσεβῶς) et la justice ».

5. Cf. H. W. ATTRIDGE, *First-Century Cynicism in the Epistles of Heraclitus*, coll. « Harvard Theological Studies », 29, Missoula (Montana), p. 58-61.

temple d'Esculape pour prier le dieu, il a beau jeu de se demander si celui-ci est sourd et s'il n'entend pas leurs prières quand elles lui sont adressées ailleurs que dans son temple (27). Les devins pratiquant la divination en réclamant salaire ne sont pas davantage épargnés par le philosophe (37).

Mais la critique la plus radicale porte sur les dieux eux-mêmes et la valeur de leurs oracles. Au premier siècle, le cynique Didyme Planétiade se plaint de ce que les gens exposent en présence de Dieu leurs maladies et les passions de leur âme, au point que « le trépied est constamment rempli de questions honteuses et impies que les gens proposent à Dieu »[1]. Le plus virulent sur la question des oracles est sans conteste Oinomaos dans les *Charlatans démasqués*. Il enlève tout caratère divin aux oracles qu'il présente, à ce que rapporte Eusèbe, comme des « ruses et des sophismes habilement maniés par des charlatans » et dont il dénonce le caractère frauduleux[2]. Apollon Delphien, « le vain Pythien », est sa cible préférée et ses oracles sont qualifiés de « réponses sophistiques »[3]. Les positions extrêmes du cynique suscitent l'agacement, voire la colère de l'empereur Julien qui met en garde les cyniques à qui il prendrait envie d'imiter cet Oinomaos qui a perdu « toute pudeur, toute honte et qui asssocie dans un même mépris les choses divines et humaines »[4]. Les craintes de Julien ne sont pas sans fondement puisqu'il a lui-même entendu le cynique Héracleios prononcer une conférence où il parlait d'Hélios en des termes selon lui irrévérencieux[5].

Ces critiques violentes dirigées contre la religion traditionnelle ne doivent pas masquer quelques témoignages de respect envers les dieux et même de piété. L'exemple qui vient immédiatement à l'esprit est celui de Pérégrinus, postérieurement à sa phase chrétienne, même si le truchement partial de Lucien ne permet pas de percevoir son attitude religieuse sous un juste éclairage. Par-delà l'hostilité de Lucien, le caractère religieux de Pérégrinus ne semble pas pouvoir être remis en cause. Prononçant sa propre oraison funèbre, Pérégrinus inscrit son suicide par le feu sur un bûcher à proximité d'Olympie dans la tradition d'Héraclès : « Il fallait que celui qui avait vécu comme Héraclès mourût comme Héraclès et qu'il fût mêlé à l'éther » (*Mort de Pérégrinus* 33). Son disciple Théagène n'hésite pas à le comparer à Héraclès, Asclépios, Dionysos et Empédocle (4) et Pérégrinus lui-même se proclame « démon gardien de la nuit » (27). Comme Lucien prend la peine de préciser que les choses se passèrent simplement mais que lui-même va rajouter du merveilleux à l'intention des gens stupides : tremblement de terre, vautour sortant des flammes et s'envolant vers l'Olympe, apparition de Pérégrinus vêtu de blanc et couronné d'une guirlande d'olivier sauvage (39-40), on ne peut

1. Cf. Plutarque, *Sur la disparition des oracles* 7, 413A-B.
2. Eusèbe, *P. É.* V 21, 6.
3. *Ibid.*, V 27, 1 (fr. 9 Hammerstaedt) ; V 20, 7 (fr. 4 Hammerstaedt).
4. Julien, *Discours* IX 17, 199 A (« Contre les Chiens ignorants »).
5. Julien, *Discours* VII 1, 205A ; 4, 208 B (« Contre Héracleios le cynique »).

pas tirer de conclusion de tous ces détails. Il semble cependant qu'un culte de Pérégrinus avec un oracle fut de fait instauré près du bûcher (28) et qu'on éleva des statues en l'honneur du personnage (41). Le témoignage d'Aulu-Gelle invite à penser que Pérégrinus était un homme d'une grande envergure morale et reconnu comme tel par ses contemporains – hormis Lucien qui ne le supportait pas[1].

La tradition plus tardive offre d'autres témoignages de pratiques religieuses sur lesquels nous reviendrons en examinant les relations du cynisme et du christianisme. Sous l'empereur chrétien Constance II, en 359, un philosophe, Démétrius Cythras, peut-être cynique si on l'identifie au Chytrôn dont parle Julien[2], fut torturé à cause de sa piété, car il avait le tort aux yeux de l'empereur, qui craignait la divination politique, d'offrir des sacrifices à un dieu populaire chez les Grecs : Bésa, qui rendait un oracle à Abydos en Thébaïde[3]. Sous Julien, en 362, un autre cynique, Asclépiade, déposa dans le temple d'Apollon à Daphné, aux pieds de la statue du dieu une petite statue de Vénus Urania, qu'il avait toujours sur lui partout où il allait, et il alluma des cierges dont les flammèches mirent le feu aux parois vétustes du temple, provoquant ainsi involontairement un incendie qui détruisit le bâtiment[4]. Mais faut-il voir aussi un indice de piété quand les auteurs des *Lettres* pseudépigraphes de Diogène et de Cratès affirment que le sage est ami des dieux[5] ou que Diogène parcourt la terre entière, libre, sous la direction de son père Zeus[6] ? Le premier élément est devenu un lieu commun dont on ne peut tirer de conclusion ; du second en revanche on peut au moins dire qu'il participe à la tradition d'un « Diogène pieux », conforme à l'image idéalisée de Diogène que nous rencontrons chez Épictète, Dion et Julien.

Ce serait une erreur en effet de tenir compte uniquement de l'attitude religieuse des cyniques historiquement attestée. Il faut prendre en considération également le contrepoint de ceux qui, pieux eux-mêmes, voulaient à tout prix donner du cynique l'image d'un homme pieux, à la foi religieuse forte. Certes leur vision, carrément opposée à celle du cynique de la rue, est une vision idéale de ce qu'était le cynisme ancien, mais elle eut beaucoup d'influence notamment sur les auteurs chrétiens et à ce titre elle a de l'importance. A son élève qui veut devenir cynique, Épictète rappelle vigoureusement qu'on ne peut devenir cynique sans l'aide de Dieu, car c'est Zeus qui envoie aux hommes le cynique comme messager et comme éclaireur pour leur montrer qu'ils sont dans l'erreur à propos des biens et des maux, et que si le cynique endure des πόνοι, c'est parce que Zeus le met à l'épreuve. Dans cette perspective, le vrai cynique, renonçant au mariage, aux

1. Cf. Aulu-Gelle, *Nuits attiques* XII 11.
2. Cf. Julien, *Discours* VII 18, 224 D (« Contre Héracléios le cynique »).
3. Cf. Ammien Marcellin, *Histoires*, XIX 12, 12.
4. *Ibid.* XXII 13, 2-3.
5. Ps.-Cratès, *Lettres* 26 et 27 (« Aux mêmes [*i.e.* aux Athéniens] »).
6. Ps.-Diogène, *Lettre* 34, 3 (« A Olympias »).

enfants, aux devoirs familiaux et sociaux, doit être entièrement au service de Dieu[1]. Cette référence à Zeus se retrouve chez Dion, dont on connaît par ailleurs la piété[2]. Celui-ci explique, par la voix de Diogène, que les fils de Zeus portent une marque dans leur âme qui permet de les reconnaître[3] ; cette marque, c'est l'éducation qu'ils reçoivent et qui les forme sur le modèle du noble Héraclès, une éducation qu'on appelle parfois « la virilité » et « la grandeur d'âme »[4]. On s'attend encore à ce que cette vision du cynique pieux soit aussi celle de Julien, un empereur qui déclarait aimer les dieux, les vénérer, les craindre et voir en eux de bons maîtres, des précepteurs, des pères et des tuteurs[5]. De fait, dans les discours de Julien, Diogène apparaît comme pieux en paroles et en actes[6], de même que Cratès dont l'empereur aime à citer, comme illustration de sa piété, l'*Hymne aux muses de Piérie*[7]. C'est le dieu de Delphes qui, par le biais du « connais-toi toi-même », aurait dit à Diogène la façon de réévaluer la monnaie et lui aurait prescrit de mépriser l'opinion de la foule[8]. Sous la plume de Julien, le cynisme devient la philosophie universelle – dont le fondateur n'est nul autre que le Dieu pythien – qui a pour fin la ressemblance avec les dieux et pour grand principe : la connaissance de soi[9]. Si Diogène ne s'est pas fait initier, n'était-ce pas par respect pour les dieux, le dieu Pythien demandant que le candidat à l'initiation soit inscrit sur la liste des citoyens d'Athènes, ce qui n'était pas le cas de Diogène ?[10]

La vision du cynisme imprégnée de religion qui émane de ces auteurs était sans doute fort éloignée des convictions qui animaient les cyniques qu'on pouvait rencontrer dans les rues. Entre ce que le cynisme était et ce qu'ils auraient voulu qu'il fût, il y avait toute la distance qui sépare la réalité de l'idéal. Il faut en avoir conscience quand on établit des parallèles avec le christianisme.

6. Les cyniques face au pouvoir

Le cynisme, quelles que soient ses formes, quelle que soit l'époque, a toujours dérangé et on n'a eu de cesse de le faire taire. Les premiers cyniques ne craignaient pas les puissants. Diogène déjà traitait Philippe de Macédoine et Alexan-

1. Épictète, *Entretiens* III 22, 23-25.57.67-76.
2. Voir par exemple ce très beau passage en *Discours* XXXII 14-16 (« Aux Alexandrins »), où Dion rapporte à Dieu tout ce qui nous arrive de bon sur terre.
3. Cf. Dion Chrysostome, *Discours* IV 23 (« Sur la royauté »).
4. *Ibid.* IV 30-31.
5. Julien, *Discours* VII 8, 212 B-C (« Contre Héracleios le cynique »).
6. *Ibid.*, VII 8, 212 D.
7. *Ibid.*, VII 9, 213 B.
8. *Ibid.*, VII 7, 211 C.
9. *Ibid.*, VII 19, 225 D.
10. *Ibid.*, VII 25, 238 A - 239 C.

dre avec beaucoup de désinvolture[1]. Mais la critique restait de l'ordre du bon mot ou s'exprimait à travers des écrits qui n'invitaient pas à la rébellion. Diogène écrivait une *République* et Cratès un poème : *Besace*[2], mais aucun cynique ne songeait à engager une lutte de nature politique. Aussi les puissants avaient-ils pris le parti de supporter les sarcasmes des Chiens.

Sous l'Empire le contexte est différent. Au premier siècle de notre ère, le cynique comme le stoïcien sont menacés dans leur vie même. Néron « ne tolérait pas que l'on fût philosophe »[3]. Les cyniques alors ne se contentent plus d'écrire, ils participent concrètement au combat. C'est ainsi qu'on les retrouve pris dans la tourmente néronienne, aux côtés des autres philosophes, notamment stoïciens. Au début de son règne, Néron se borne à chasser de Rome et d'Italie le cynique Isidore qui lui avait reproché « de bien chanter les malheurs de Nauplius, mais de mal administrer ses propres biens »[4] ; par la suite cependant l'empereur n'hésite pas à faire condamner à mort le stoïcien Thraséa Paetus, à contraindre au suicide Barea Soranus et sa fille Servilia, à bannir Helvidius Priscus, gendre de Barea, ainsi que Paconius[5]. Or il se trouve que le cynique Démétrius appartenait au cercle aristocratique de Thraséa et d'Helvidius. Banni lui aussi par Néron, Démétrius se réfugia en Grèce. Il revint probablement sous Galba et on sait qu'ayant croisé Vespasien il se mit à l'injurier[6]. En 71 il dut subir encore l'épreuve de l'exil, cette fois sur une île. Après 75 des cyniques reviennent à Rome, alors que l'interdit qui avait été décrété plusieurs années auparavant n'était pas levé, et on en voit deux : Diogène et Héras, s'opposer en plein théâtre au mariage de Titus, le fils de Vespasien, avec Bérénice. En effet non seulement les cyniques agitaient le prolétariat des cités mais ils parlaient de la royauté et de la tyrannie. Si le roi tient son pouvoir de Dieu, la royauté ne peut être héréditaire. Or Vespasien voulait que ses fils lui succèdent...[7] Diogène fut fouetté pour avoir longuement injurié le couple, tandis que Héras, qui s'attendait à une punition du même ordre, poussa des vociférations inconvenantes, à la manière cynique, mais eut, lui, la tête coupée[8]. Sous le règne de Domitien les philosophes durent s'exiler à deux reprises, en 89 et en

1. Cf. pour Alexandre D. L. VI 38.44.60, et pour Philippe VI 43.

2. Cf. D. L. VI 85 (= *Suppl. Hell.* 351) : « Besace est une cité, au milieu d'une fumée vineuse,/ belle et opulente, qui ne présente aucune souillure,/ où n'aborde ni parasite stupide,/ ni individu lubrique exultant devant les fesses d'une prostituée./ Mais elle produit du thym, de l'ail, des figues et du pain ;/ il s'ensuit que les gens ne s'entretuent pas pour ce genre de choses,/ qu'ils ne prennent pas les armes pour de l'argent, ni pour la gloire ».

3. Philostrate, *Vie d'Apollonius de Tyane* IV 35.

4. Suétone, *Vie de Néron* 39, 5-6.

5. Cf. Tacite, *Annales* XVI 30-33.

6. Cf. Suétone, *Vie de Vespasien* 13, 4.

7. Cf. M. ROSTOVTSEFF, *The Social and Economic History of the Roman Empire*, Oxford², 1957, p. 115-116.

8. Cf. Dion Cassius, *Histoire romaine*, LXV 15, 5.

94. Il y avait parmi eux deux stoïciens : Artémidore, gendre de Musonius Rufus, et Épictète, mais apparemment pas de cyniques.

Avec les Antonins la liberté revint à Rome : Trajan incarnait l'idéal cynico-stoïcien du bon roi, l'opposé du tyran qu'était Domitien, et l'impératrice Plotine s'intéressait à la philosophie. Sous le règne de Trajan cependant le cynique Pérégrinus fut mis en prison, mais ce n'est pas son statut de philosophe qui lui valut cette punition ; en fait on lui reprochait d'être le leader de la communauté chrétienne de Palestine[1]. Plus tard ce même Pérégrinus fut chassé d'Italie par le préfet de Rome à cause de sa franchise toute cynique[2]. Parvenu en Grèce, il conseilla aux Grecs de prendre le pouvoir contre les Romains[3] et une fois à Athènes il poursuivit de ses médisances Hérode Atticus[4]. En Égypte il est possible que les cyniques qui déambulaient dans les rues d'Alexandrie aient joué un rôle dans les troubles que connut la cité sous Commode, à la fin du second siècle[5]. Sous Julien on retrouve les philosophes aux prises avec le pouvoir. L'empereur attaque les cyniques qu'il croise à Constantinople et qui représentent à ses yeux une menace pour son projet de restauration de l'hellénisme, notamment cet Héracleios qui s'est répandu en blasphèmes contre les dieux.

De cette histoire mouvementée des relations d'opposition que les cyniques entretinrent avec les empereurs, il ressort que les cyniques n'ont jamais ménagé les autorités, mais, ce qui est nouveau sous l'Empire, c'est qu'ils ont payé cher leur contestation aux côtés des stoïciens, puisque plusieurs d'entre eux furent exilés et que l'un d'eux fut mis à mort. Néanmoins les empereurs, qui auraient bien aimé les faire taire, apparemment n'y sont jamais parvenus.

D. ENTRE CYNISME ET STOÏCISME DES RELATIONS COMPLIQUÉES

Avant de clore ce chapitre sur le cynisme, il est intéressant d'analyser de façon précise les relations particulièrement complexes qu'entretinrent le cynisme et le stoïcisme. Des idées toutes faites circulent, par exemple qu'il existerait des thématiques communes cynico-stoïciennes, ou encore qu'il y aurait des prédicateurs populaires cynico-stoïciens, comme s'il s'agissait d'un groupe bien défini se réclamant de ces thématiques et pratiquant ce genre un peu flou que les Modernes ont pris l'habitude d'appeler la « diatribe cynico-stoïcienne », correspondant à la

1. Lucien, *Sur la mort de Pérégrinus,* 12.
2. *Ibid.*, 18.
3. *Ibid.*, 19.
4. Philostrate, *Vies des sophistes* II 1, p. 563 Ol. (t. II, p. 71, 11-20 Kayser).
5. Cf. M. ROSTOVTSEFF, *The Social and Economic History of the Roman Empire*, p. 395.

fois à l'exposé oral du prédicateur populaire et à sa mise en forme littéraire. Pour ajouter à la confusion, Pohlenz, par exemple, quand il veut situer le cynisme par rapport au stoïcisme, le réduit à un stoïcisme grossier, « ein vergröberter Stoizismus »[1]. Aussi est-il impératif, face à ces clichés, d'analyser pourquoi sous l'Empire jamais un cynique ne se serait dit stoïcien et réciproquement.

1. Un héritage embarrassant

Des liens concrets unirent les premiers stoïciens aux cyniques, puisque Zénon de Kition, de même d'ailleurs que Cléanthe[2], fut l'élève de Cratès de Thèbes[3] et que la *République* de Zénon, « écrite sur la queue du Chien »[4], fut très influencée par l'ouvrage homonyme de Diogène de Sinope[5]. Zénon et Cléanthe pratiquaient une ascèse assez semblable à celles des cyniques : pauvreté, sobriété, frugalité, amour de l'effort. Quand il développa son système éthique, Zénon emprunta aux cyniques cette idée fondamentale selon laquelle il faut libérer la morale de tout ce qui ne dépend pas de l'homme lui-même, de façon à ce que la morale ne soit soumise ni à une loi positive externe dictée par la société où il vit ni à une condition sociale particulière ni à une métaphysique incontrôlable. D'où sa théorie des biens, des maux et des indifférents (τὰ ἀδιάφορα), lesquels sont orientés du côté du vice ou de la vertu selon l'attitude intérieure de celui qui en use. Il est possible aussi que le concept d'ascèse utilisé par les cyniques soit à l'origine des exercices spirituels des stoïciens et que la « force » (ἰσχύς) nécessaire à la vertu dont parlait Antisthène soit à l'origine d'un concept absolument fondamental dans le stoïcisme, celui de tension (τόνος)[6].

Un autre stoïcien, Ariston de Chios, était également très proche du cynisme. On décèle chez lui l'influence d'Antisthène ; comme ce dernier d'ailleurs, il enseignait au gymnase de Cynosarges[7]. Ariston se différenciait de Zénon par sa doctrine des préférables (προηγμένα). Alors que Zénon distinguait parmi les indifférents des préférables, des non préférables et des indifférents pleinement indifférenciés, Ariston entra en dissidence, rejetant toute préférabilité naturelle et n'admettant que des indifférents pleinement indifférenciés. Il fit même de

1. M. POHLENZ, *Die Stoa. Geschichte einer geistigen Bewegung,* Göttingen, t. I, 1964[3], p. 279-280.

2. Cf. *Souda*, *s.v.* Κλεάνθης, K 1711, t. III, p. 126, 16-17 Adler.

3. Cf. D. L. VI 105. VII 2.

4. D. L. VII 4.

5. Pour une interprétation différente de l'expression ἐπὶ τῆς τοῦ Κυνὸς οὐρᾶς, voir R. BEES, *Zenons Politeia*, coll. « Studies on the Interaction of Art, Thought and Power », 4, Leiden/Boston, 2011, p. 7-26.

6. Cf. M.-O. GOULET-CAZÉ, *L'ascèse cynique*, p. 165-172.

7. D. L. VII 161.

l'« indifférence » – un concept qui sera volontiers accolé au cynisme à partir du deuxième siècle de notre ère, comme nous l'avons vu –, le τέλος de sa morale et l'emblème de sa philosophie[1]. Le stoïcisme, Chrysippe en tête, grâce à sa théorie des indifférents et à celle des « actions appropriées » (καθήκοντα), notamment des « actions appropriées en fonction des circonstances » (καθήκοντα περιστατικά), qui offraient assez de souplesse pour que l'on admît tous les aspects scandaleux du cynisme, réussit à intégrer l'héritage cynico-zénonien des deux *Républiques* de Diogène et de Zénon[2]. Cléanthe fait l'éloge de la *République* de Diogène dans son traité *Sur le vêtement*[3] et Chrysippe non seulement fait l'éloge des deux *Républiques*, mais il prend lui-même à son propre compte les idées de Diogène et de Zénon, comme en témoignent une dizaine de ses ouvrages[4].

Par la suite cependant les *Républiques* déclenchèrent une vive controverse à l'intérieur du mouvement stoïcien, comme nous l'apprend Philodème dans *Sur les stoïciens*[5]. Partagés entre l'admiration et la gêne face au mode de vie des Chiens et à leurs outrances, les stoïciens sont loin d'être parvenus entre eux à un consensus sur les *kynika*, et l'héritage des *Républiques* était au cœur du débat. Des stoïciens, appartenant probablement au cercle de Panétius, ne supportèrent pas les outrances de la *République* diogénienne. Le fait que la liste des écrits de Diogène due à Sotion dans Diogène Laërce VI 80 ne comporte ni la *République* ni les tragédies du philosophe témoigne de l'activité de ces stoïciens hostiles aux outrances cyniques, de même sans doute que la présence d'un syllogisme sur la loi en VI 72 ou encore la distinction de deux ascèses, l'une psychique et l'autre corporelle en VI 70, qui expriment un point de vue stoïcien à l'intérieur de la doxographie cynique[6]. On sait que certains stoïciens émirent des doutes à propos de la *République* de Diogène (*Sur les stoïciens*, col. XV), tandis que d'autres formulaient l'hypothèse d'un faussaire malveillant (col. XVII). De même pour celle de Zénon qui suscita diverses réactions négatives dans le milieu stoïcien lui-même : certains, essayant de trouver des excuses au philosophe, virent dans sa *République* un péché

1. Cf. Clément d'Alexandrie, *Stromates* II 21, 129, 6 (*SVF* I 360). Sur la position d'Ariston concernant les indifférents, voir M.-O. GOULET-CAZÉ, *Les* Kynika *du stoïcisme*, p. 97-98 ; 119-129.

2. Cf. *ibid.*, p. 98-108.

3. Philodème, *Sur les stoïciens* 6, col. XV 21-24, p. 102 Dorandi.

4. Cf. D. L. VII 188 (*Sur la République*, *Sur les choses qui ne sont pas choisies pour elles-mêmes*, *Sur le juste* et *Sur le mode de vie et la façon de pourvoir à ses besoins*) ; Philodème, *Sur les stoïciens* 6, col. XV 26 - XVI 27, p. 102 Dorandi (*Sur la vie selon la nature* et *Sur le beau et le plaisir*, livre IV) ; Plutarque, *Sur les contradictions des stoïciens* 22, 1044 F (*Protreptiques*). Voir aussi Sextus Empiricus, *Hypotyposes pyrrhoniennes*, III 205.247.248.

5. Très justement, Miriam T. GRIFFIN, « Le mouvement cynique et les Romains : attraction et répulsion », p. 248, fait remarquer que « ce n'est pas un accident si le désaveu par le Portique de la *République* de Zénon est attesté pour la première fois à l'époque de Philodème », à un moment où les Romains avaient l'obsession de la *gravitas* et du *decorum*.

6. Voir les références p. 10, n. 2.

de jeunesse, commis par un jeune insensé ; d'autres corroborèrent le caractère fautif de l'ouvrage, ce qui revenait à le condamner ; d'autres voulurent retirer à Zénon la paternité de l'ouvrage ; d'autres estimèrent qu'il n'y avait pas de raison d'accuser le stoïcien d'erreur alors qu'on ne le faisait pas pour les écrits les plus anciens d'Épicure ; d'autres encore voulurent faire passer la *République* pour une utopie, alors que Philodème précise que Zénon pensait bien écrire pour les gens de son époque ; d'autres, soucieux de minimiser le rôle qu'il joua dans le stoïcisme et de ne pas lui attribuer les fondements de l'école, estimèrent qu'il s'était effectivement égaré en écrivant son ouvrage, mais que les stoïciens n'avaient pas à en subir les conséquences, car l'école stoïcienne s'était constituée à partir de Socrate, d'Antisthène et de Diogène, ce qui explique pourquoi ils voulaient être appelés Socratiques ; d'autres admiraient Zénon, au motif qu'il avait découvert le τέλος de leur école et en était par conséquent le fondateur, mais ils ne tenaient pas compte de ses opinions honteuses et choquantes ; d'autres enfin faisaient une fixation sur le passage scabreux du διαμηρίζειν (col. XV, 8), alors que selon Philodème c'est l'ensemble de l'ouvrage qui est scandaleux (col. IX-XV)[1]. A l'évidence la question des *kynika* posa un problème de fond aux stoïciens ultérieurs[2] qui essayèrent de minimiser, parfois même d'effacer, l'importance de l'ouvrage de Zénon, taxé de péché de jeunesse ou présenté comme rempli d'erreurs, voire comme inauthentique. Un bibliothécaire de Pergame, Athénodore de Tarse, dit Cordylion, lui-même stoïcien, n'alla-t-il pas jusqu'à pratiquer des athétèses dans les livres stoïciens (D. L. VII 34) ? Fallait-il accepter l'héritage des *kynika* et si on l'acceptait, fallait-il admettre que le sage stoïcien « fît le chien » (κυνιεῖν) ?

Le stoïcien Apollodore de Séleucie, au second siècle avant notre ère, à qui nous devons la définition du cynisme comme « raccourci vers la vertu », avait en quelque sorte, dans ses *Introductions aux dogmes,* résolu le problème de façon consensuelle.

> Le sage fera le chien, ce qui revient à dire qu'il persévère dans le cynisme et non, qu'étant sage, il se met à embrasser le cynisme ; le cynisme est en effet un raccourci vers la vertu, comme le dit Apollodore dans son *Éthique.* C'est ainsi que vivait Zénon de Kition[3].

Le raisonnement d'Apollodore suppose deux voies différentes menant à la vertu, l'une courte, celle du mode de vie cynique, destinée à ceux qui, avant de se convertir au stoïcisme, pratiquaient déjà le mode de vie cynique, et une voie longue, passant par l'étude et l'acceptation de la vie sociale, celle du stoïcisme. Le stoïcien parvenu à la sagesse grâce au mode de vie cynique fondé sur l'ascèse doit

1. Cf. M.-O. GOULET-CAZÉ, *Les* Kynika *du stoïcisme*, p. 13-19.

2. En fait la contestation est peut-être née dès l'époque de Zénon, si Philodème, *Histoire des stoïciens*, col. IV 1-12, p. 54 Dorandi, dit vrai en évoquant le témoignage de deux proches de Zénon : Persaios et Philonidès.

3. Nous avons reconstitué ce raisonnement grâce à trois passages qui en fournissent les éléments : D. L. VII 121, la *Souda* K 2711 et Arius Didyme dans Stobée, *Anth.* II 7, 11[s]. Voir M.-O. GOULET-CAZÉ, *L'ascèse cynique*, p. 22, n. 22.

continuer à vivre selon ce mode de vie conçu alors comme raccourci vers la vertu ; en revanche le stoïcien qui atteint la sagesse en suivant la philosophie stoïcienne n'a pas à se mettre à choisir l'ascèse cynique. En aucun cas Apollodore ne songe à remplacer le stoïcisme par le cynisme, mais il réussit le tour de force de les harmoniser plutôt que de les opposer. A ses yeux ces deux philosophies constituent deux voies différentes sur le chemin de la vertu. Comme nous l'avons indiqué plus haut, c'est à Apollodore également, selon toute vraisemblance, que nous devons la définition du cynisme comme αἵρεσις, école de pensée pourvue de dogmes, et non comme simple ἔνστασις βίου, mode de vie, ce qui est cohérent, car l'option proposée par Apollodore, même si c'est un raccourci, est un vrai choix philosophique, parallèle à celui du stoïcisme. Enfin, ce qui là encore est cohérent, Apollodore est de ceux pour qui le stoïcisme remonte à Socrate *via* Antisthène[1]. Le rôle des *Introductions aux dogmes* d'Apollodore à l'arrière-plan du livre VI de Diogène Laërce, notamment des doxographies, a été absolument décisif : pour Diogène Laërce comme pour Apollodore cynisme et stoïcisme sont deux écoles socratiques et le cynisme est une école de pensée ; à l'origine des deux écoles on trouve Antisthène, qui consacra plusieurs de ses écrits à *Héraclès* ; une des options pour un stoïcien était donc d'emprunter le raccourci cynique.

Plus tard, Cicéron fait écho à cette problématique dont il a pu avoir connaissance par Panétius, condisciple d'Apollodore chez Diogène de Babylonie :

> En ce qui concerne d'ailleurs la règle des cyniques et leur genre de vie, il y a des stoïciens qui disent que cela est dans les attributions du sage, s'il se trouve d'aventure qu'il y ait lieu <pour lui> d'agir de la sorte ; selon les autres il ne doit pas du tout le faire[2].

On voit que la position conciliatrice d'Apollodore ne devait pas faire l'unanimité. Cicéron évoque ailleurs[3]

> quelques stoïciens qui furent presque des cyniques. Ils critiquent et se moquent, sous prétexte que nous [Cicéron] disons infâmantes dans les mots des choses qui ne sont pas honteuses, et que celles qui le sont, nous les appelons par leur nom... Faire œuvre de génération est chose moralement belle en réalité, mais chose indécente dans son appellation. Il y a bien des questions qu'ils discutent en ce sens à l'encontre de la pudeur.

Cicéron lâche le mot important dans toute cette affaire : la pudeur[4]. Même si l'on s'en tient au niveau du langage, c'est le manque de pudeur des cyniques, et de ceux des stoïciens qui choisissent de suivre la ligne cynique, qui indispose les autres philosophes.

Sous l'Empire, le chapitre est loin d'être clos et on continue à se demander si le sage doit faire le chien. Épictète reconnaît que dans une cité de sages stoïciens

1. Cf. notre démonstration dans *Les* Kynika *du stoïcisme*, p. 154-168.

2. Cicéron, *Sur les termes extrêmes des biens et des maux* III 68 (= *SVF* III 645) [trad. Martha].

3. Cicéron, *Sur les devoirs* I 35, 128.

4. A propos de la conception cynique contraire à la *verecundia*, voir aussi *ibid.*, I 41, 148 .

personne ne serait porté à embrasser facilement la profession de cynique (τὸ κυνίζειν) et qu'on pourrait alors tout à fait concevoir que le cynique se marie et qu'il ait des enfants. Mais dans le monde tel qu'il est, le cynique constitue selon lui une sorte d'exception nécessaire ; il doit être libre de tous les devoirs sociaux et se donner pleinement au service de Dieu qui l'envoie auprès des hommes pour les aider à bien vivre[1]. On en conclut que pour Épictète, des stoïciens, même si ce choix reste exceptionnel, peuvent décider de « faire le chien ».

La problématique semble avoir débordé largement le cercle des philosophes stoïciens puisque l'orateur et philosophe platonicien du IIe siècle Maxime de Tyr a donné pour titre à son *Discours* XXXVI : « La vie du cynique est-elle préférable ? ». Non seulement il répond positivement (chapitres 5 et 6), en s'appuyant sur l'exemple du mode de vie de Diogène, mais il va jusqu'à considérer le philosophe, qu'il place au-dessus de Lycurgue, Solon, Artaxerxès et Alexandre, comme plus libre que Socrate ! Mais le « raccourci cynique » connut aussi des avatars dus au fait qu'il attirait des charlatans prêts à usurper l'accoutrement en omettant de pratiquer l'ascèse. Sous la plume de Galien le raccourci cynique ne devient-il pas « un raccourci vers la forfanterie »[2] et dans *Les Vies à l'encan* de Lucien « un raccourci vers la renommée »[3], ce qui est tout de même un comble ?

2. Stoïciens et cyniques sous l'Empire

Sénèque a une attitude pour le moins ambiguë. Il se montre sévère à l'égard des cyniques de son époque qui passent leur temps à mendier, sales et mal vêtus, dans les rues de Rome. Les conseils qu'il donne à Lucilius sont éloquents à cet égard ; il n'est pas question de se laisser aller à porter l'accoutrement grossier ni à torturer son corps ni à manger des aliments répugnants[4]. Mais il est capable aussi de voir dans le cynisme une radicalisation du stoïcisme, un cran de plus en quelque sorte, comme l'attestent ces deux formules. Aux stoïciens il appartient de vaincre la nature de l'homme (*hominis naturam cum stoicis vincere*) et aux cyniques de la dépasser *(cum cynicis excedere)*[5]. En conséquence, quand le stoïcien supporte les coups du Destin, mais les ressent, le cynique ne les perçoit même pas. La différence d'attitude est particulièrement significative quand il s'agit de concevoir l'ascèse. Sénèque, en bon stoïcien, préconise une ascèse de l'âme[6], mais

1. Épictète, *Entretiens* III 22, 67-85.

2. Galien, *Sur le diagnostic et le traitement des erreurs de l'âme de chacun* III 12-13 ; p. 48, 23-49, 10 De Boer.

3. Lucien, *Vies à l'encan* 11.

4. Sénèque, *Lettres à Lucilius* 5, 1-4. Cf. Lucien, *Hermotime* 18, où Hermotime oppose les stoïciens marchant avec dignité, habillés correctement, l'allure virile, les cheveux coupés, et les cyniques avec leur indifférence par trop exagérée.

5. Sénèque, *Sur la bièveté de la vie* 14, 2.

6. Sénèque, *Lettres à Lucilius* 15, 5.

qu'il accompagne d'une ascèse physique à finalité morale temporaire, limitée à trois, quatre jours, quelquefois plus, dans un but prophylactique, afin que l'âme ait la *firmitas animi* nécessaire pour supporter l'adversité si un jour celle-ci vient à frapper[1]. Grande est la différence avec l'ascèse de Diogène, constante dans le temps et sans limite dans la pratique de la pauvreté. Là où le stoïcien vise à répondre par une ascèse réelle mais temporaire aux seuls besoins naturels, le cynique franchit la limite de la pauvreté véritable, délibérément choisie, et vit au quotidien une ascèse rigoriste. Ce passage à la limite fait toute la différence entre les deux mouvements[2].

Alors qu'il n'hésite pas à manifester son aversion envers les cyniques de son époque, Sénèque fait une exception, quand il rend un hommage appuyé à son ami le cynique Démétrius, « le meilleur des hommes »[3], qu'il présente comme un modèle à imiter[4], et dont il brosse un portrait en partie sans doute idéalisé, où la façon de vivre de Démétrius témoigne de la vérité[5]. Tandis que les autres cyniques mendient, lui s'interdit même cette démarche : « Cet homme si énergique [qui] combat tous les besoins naturels, plus pauvre que les autres cyniques, puisque tous les autres se sont interdit de posséder et qu'il s'est interdit même de demander »[6]. Fidèle dans sa façon de vivre au cynisme des origines, Démétrius a choisi d'être pauvre et libre, capable ainsi de triompher de toute adversité. Sa philosophie pratique se fonde sur quelques *pracepta* qu'il estime nécessaire d'avoir toujours *in promptu et in usu*[7], à sa portée et à son usage, et qui lui permettent, s'il les assimile par une méditation quotidienne, de vivre *in solido ac sereno,* sur la terre ferme et sous un ciel inaltérable[8], par exemple qu'il faut laisser de côté ce qu'il est inutile de savoir ou encore que l'âme ne doit avoir peur ni des dieux ni des hommes. Concernant la παρρησία de Démétrius, Sénèque cite uniquement la réaction de son ami à la proposition de Caligula qui voulait l'acheter en lui offrant deux cent mille sesterces : « S'il (Caligula) était résolu à m'éprouver, ce n'était pas trop de tout l'Empire pour cette expérience »[9]. Mais par d'autres sources on sait

1. Cf. Sénèque, *Lettres à Lucilius* 18, 5-7.

2. Il fait d'ailleurs aussi la différence avec le mode de vie pratiqué par Socrate lui-même qui se voit reprocher par Diogène une certaine mollesse : « Diogène disait que même Socrate vivait mollement. Il prenait en effet un soin superflu de sa maisonnette, de son petit lit et des sandales qu'il lui arrivait parfois de porter » (Élien, *Histoire variée* IV 11). Cf. aussi Maxime de Tyr, *Dissertation* XXXVI 6, où Diogène est présenté comme plus libre et plus heureux que Socrate.

3. Sénèque, *Lettres à Lucilius* 62, 3.

4. *Id.*, *Sur les bienfaits* VII 8, 3.

5. *Id.*, *Lettres à Lucilius* 20, 9 : « Il ne professe pas la vérité, il témoigne pour elle » (trad. Noblot).

6. *Id.*, *Sur la vie heureuse* 18, 3 (trad. Bourgery).

7. *Id.*, *Sur les bienfaits* VII 1, 3.

8. *Ibid.* VII 1, 4-7.

9. *Ibid.* VII 11, 1.

que Démétrius était un contestataire ; Épictète cite un exemple de son franc-parler à l'égard de Néron[1] et Dion Cassius le présente comme un provocateur aux côtés d'Helvidius Priscus, comme un véritable rebelle qui ne veut pas se retirer quand Vespasien le bannit[2]. Sénèque, en partie probablement par prudence, en partie aussi parce qu'il n'aimait pas la provocation, semble avoir volontairement effacé du portrait de son ami tout trait choquant. Le portrait qu'il trace, retouché, idéalisé, obéit à une sélection subtile permettant de faire sa place au radicalisme cynique tout en gommant les traits choquants liés notamment au franc-parler cynique et au comportement provocateur. Mais on constate aussi que le stoïcisme avec sa théorie du Destin a influencé Démétrius[3]. Face au Destin, celui-ci a une attitude conforme à la doctrine stoïcienne ; non seulement il l'accepte mais il va au-devant de ses exigences, alors que Diogène, grâce à son ascèse, veut être capable, le moment venu, de vaincre les coups d'une Fortune capricieuse qu'il considère comme un adversaires implacable. Le résultat est le même : les deux philosophes supportent les coups, mais leur état d'esprit est bien différent. Démétrius reçoit dans un esprit positif les coups d'un Destin-Providence qui dirige le monde de façon rationnelle, tandis que Diogène mène au quotidien un rude combat contre les lubies d'une Fortune qui est tout sauf rationnelle. Démétrius est donc un cynique mais teinté de stoïcisme. Cependant, pour Sénèque, Démétrius était un philosophe cynique et jamais il ne l'aurait rangé parmi les stoïciens.

Musonius offre un autre cas de figure. Lui aussi est stoïcien, mais il a été personnellement très influencé par le cynisme, au point qu'Eunape commet une confusion et le range parmi les représentants remarquables du cynisme aux côtés de Démétrius, de Ménippe (de Lycie) et d'un certain Carnéade[4]. Les extraits que nous possédons de lui attestent que son arrière-plan théorique est le même que celui des cyniques, à une nuance près toutefois, le refus de l'impudeur. Plusieurs titres de ses diatribes énoncent des principes ou des questionnements qu'auraient pu revendiquer les cyniques : « Qu'il faut mépriser le πόνος »[5], « Que les femmes aussi doivent étudier la philosophie », « Faut-il donner aux filles la même éducation qu'aux fils ? », « Que l'exil n'est pas un mal » ou encore « L'habitude a-t-elle plus de force que la théorie ? ». Dans son écrit « Sur l'ascèse », il expose sa

1. Cf. Épictète, *Entretiens* I 25, 22 : « Tu me condamnes à mort, mais toi, c'est la nature qui te condamne ».

2. Dion Cassius, *Histoire romaine*, LXV 13, 3 : Devant Démétrius qui refuse d'obtempérer quand il le bannit, Vespasien dit : « Tu fais tout pour que je te tue, mais moi je ne donne pas la mort à un chien qui aboie ».

3. Cf. Sénèque, *Sur la providence* 5, 5.

4. Eunape, *Vies de philosophes et de sophistes* II 5, p. 3, 9-13 Goulet.

5. La perspective est exactement celle de Diogène : il ne faut pas se donner de mal pour des πόνοι inutiles mais bien plutôt diriger tous ses efforts vers la vertu. C'est par l'entraînement aux πόνοι que l'homme peut acquérir tous les biens.

conception d'une ascèse propre à l'âme et au corps, qui doit coexister avec une ascèse propre à l'âme seule. Or les exemples qu'il donne de cette ascèse mixte rejoignent tout à fait la pratique cynique de l'ascèse physique à finalité morale : s'accoutumer « au froid, au chaud, à la soif, à la faim, à la frugalité de la nourriture, à la dureté de la couche, à l'abstinence des choses agréables, au support des choses pénibles », et les réflexions qu'il mène dans « De la nourriture »[1] ou dans « De l'habillement »[2] pourraient tout à fait être signées de Diogène. En bon stoïcien, Musonius est convaincu du caractère irremplaçable de l'ascèse de l'âme[3], mais en héritier du cynisme, il est sensible à l'importance de ces adversaires que sont souffrance et plaisir, donc à la nécessité d'une ascèse corporelle à finalité morale. Cependant, Musonius prend soin de mettre en avant la nécessité de la pudeur, se démarquant ainsi de façon radicale du cynisme. A son avis les femmes philosophes doivent suivre le raisonnement qui prouve que « la pudeur est le plus grand bien »[4] et il explique qu'« il faut faire naître dans l'âme la pudeur face à toute chose honteuse »[5]. A la différence des cyniques, il condamne les relations sexuelles en dehors du mariage, par exemple dans le cadre de l'adultère ou avec des courtisanes[6]. On ne sait pas comment vivait concrètement Musonius mais on peut supposer qu'il pratiquait le mode de vie cynique, tronqué de l'impudeur. Musonius était un de ces stoïciens pour qui le stoïcisme prenait ses racines dans le cynisme. Il admirait profondément Diogène, lequel « par son ascèse tendue à la vertu surpassait les philosophes »[7], mais en aucun cas il ne se serait considéré lui-même comme un cynique, ne serait-ce qu'à cause de l'impudeur intrinsèquement liée à cette philosophie.

Avec Épictète, disciple de Musonius, la situation est encore différente. Face à un de ses disciples, qui manifestement penchait pour le cynisme, il donne du mouvement une interprétation franchement idéalisée afin de mieux condamner le cynisme populaire de son époque qui se réduit selon lui à une misérable besace, un bâton, de fortes mâchoires, une avidité à tout dévorer, une facilité à insulter à tort et à travers les autres ou à montrer ses belles épaules[8]. Il laisse éclater son mépris pour ces cyniques auxquels il applique une expression tirée de l'*Iliade* « Les parasites en faction devant les portes » (*Il.* XXII 69) et qui « n'ont aucune ressemblance avec ces grands hommes d'autrefois, si ce n'est peut-être de lâcher des pétarades, mais rien de plus »[9]. Son Diogène, messager envoyé aux hommes par Zeus,

1. *Musonii Reliquiae* XVIII A-B, p. 94-105 Hense.
2. *Ibid.*, XIX, p. 105-109 Hense.
3. *Ibid.*, VI, p. 25, 14-26, 5 Hense.
4. *Ibid.*, III, p. 12, 21 Hense.
5. *Ibid.*, IV, p. 18, 5-6 Hense.
6. *Ibid.*, XII, p. 64, 4-12 Hense.
7. *Ibid.*, IX, p. 43, 18-44, 1 Hense.
8. Cf. Épictète, *Entretiens* III 22, 50.
9. *Id.*, III 22, 80 (trad. Souilhé).

ne comporte plus de trait choquant ou plus exactement les traits choquants ont acquis un caractère positif. Diogène insulte les autres ? C'est parce qu'il agit comme un père, un frère ou un serviteur de Zeus[1]. Il réprimande ? Oui, mais il le fait d'une manière royale. De quel droit use-t-il de son franc-parler à l'égard d'autrui ? Parce qu'il veille sur les autres et se donne de la peine pour eux[2]. Le lecteur ne reconnaît plus Diogène, le marginal prêt à tous les esclandres, à toutes les impudeurs et à toutes les impudences pour réveiller la conscience de ses contemporains, quand il lit chez Épictète que le cynique doit s'abriter derrière sa pudeur ! Un trait qui a comme une connotation chrétienne est conservé dans ce portrait : le cynique doit se laisser battre par les autres sans riposter, il doit aimer ceux qui le battent et, comme Héraclès, son illustre prédécesseur, ne pas se considérer comme malheureux[3]. Ainsi que nous l'avons déjà dit, le Diogène revu et corrigé d'Épictète, hautement idéalisé, se distingue du sage stoïcien en ce qu'il est investi d'une mission exceptionnelle, d'une vocation d'origine divine qui l'amène à renoncer temporairement à l'exercice des devoirs sociaux auxquels le sage stoïcien reste soumis. Même le portrait physique du cynique subit des retouches : son corps doit prouver qu'un régime de vie simple, frugal et de plein air est bon pour la santé ; il ne faut surtout pas passer pour un mendiant, mais se montrer propre et attirant. Fini l'extérieur sale et repoussant, indigne du « messager, de l'éclaireur, du héraut des dieux »[4].

Le sage cynique idéalisé s'exprime selon le vocabulaire caractéristique d'Épictète. Il considère que son travail véritable est l'usage correct de ses représentations, la fameuse χρῆσις τῶν φαντασιῶν[5], et il adopte la vision stoïcienne de l'unité du cosmos[6]. Épictète, à l'évidence, lit le message cynique à travers la grille de son stoïcisme. Fervent admirateur de Diogène, il ne peut cependant pas admettre chez ce dernier les traits qui le choquent ; aussi prend-il le parti de les corriger à la lumière de ses convictions stoïciennes, plaçant la mission du cynique dans la sphère religieuse. Pour lui les cyniques qu'il croise, qui couchent par terre, mendient et injurient les passants, sont une image caricaturale du cynisme, dont il invite son lecteur à se défaire au plus vite pour accéder à ce qu'est le cynisme authentique. Cynisme authentique et stoïcisme, dans la perspective d'Épictète, se

1. *Id.*, III 22, 82.

2. *Id.*, III 22, 97.

3. *Id.*, III 22, 54.57. On peut rapprocher ce trait de deux anecdotes (D. L. VI 33.89) où l'on voit Diogène et Cratès ne pas rendre les coups qu'on leur donne, mais se contenter de porter écrit sur eux le nom de leurs agresseurs. L'esprit cependant n'est pas le même puisque Diogène, en procédant ainsi, veut attirer blâmes et coups sur ceux qui l'ont frappé.

4. *Id.*, III 22, 86-89.

5. *Id.*, III 22, 67-69 ; 103-104 où l'on retrouve d'autres termes stoïciens : προαίρεσις, συγκατάθεσις, ὁρμή, ὄρεξις, ἔκκλισις.

6. *Id.*, IV 1, 155.

complètent. Quand se réalisera la cité de sages stoïcienne, l'exception que constitue le sage cynique n'aura plus lieu d'être[1].

Il apparaît que les attitudes stoïcienne et cynique sont foncièrement différentes. Derrière les similitudes de discours, derrière les similitudes partielles de leur ascèse respective, il faut savoir discerner en quoi le raccourci cynique avait gardé toute son originalité. Un cynique ne pratiquait pas les exercices spirituels des stoïciens et un stoïcien ne pratiquait pas de façon continue l'ascèse physique à finalité morale des cyniques. En outre tous les stoïciens refusaient le manque de pudeur du cynisme diogénien. Ils n'acceptaient pas le choix cynique du beau par nature qui se moque du beau par convention et fait fi du jugement de la société. Les chrétiens eurent d'ailleurs la même réaction. Si l'on ajoute que le stoïcisme a une armature théorique avec logique, physique, éthique, que n'a pas le cynisme, on comprend que jamais un stoïcien ne se serait dit cynique et réciproquement.

Sous l'Empire la diversité d'attitudes des stoïciens vis-à-vis des cyniques est frappante. Les uns reconnaissent la valeur du raccourci cynique, mais considèrent que c'est seulement une possibilité, à côté du stoïcisme, pour arriver à la sagesse, et eux-mêmes restent stoïciens. Musonius, même s'il accorde une place à une ascèce mixte dans sa conception de l'ascèse, se veut stoïcien. D'autres, comme Épictète, idéalisent le passé et donnent une réinterprétation stoïcienne de la voie cynique, mais son cynique revu à l'aune du stoïcisme est plus proche du sage stoïcien que du Diogène que nous connaissons à travers les chries cyniques. Il va de soi pour lui que la phase finale de la philosophie est la phase stoïcienne et que le cynisme ne peut être qu'un état temporaire et exceptionnel. D'autres encore, tout en désapprouvant le cynisme contemporain, admettent qu'il peut y avoir des exceptions. C'est le cas de Sénèque avec son ami Démétrius. Le stoïcisme a développé l'idée que le cynisme est une sorte de passage à la limite qui ne peut être assuré que par des gens exceptionnels, prêts à toutes les exagérations pour défier νόμος et δόξα et appeler à suivre la nature. Mais l'« indifférence » cynique ne fait pas recette chez les stoïciens et les problèmes que mentionnait Philodème à propos des *Républiques* hantent encore les esprits des stoïciens sous l'Empire.

CONCLUSION

Le but de ce chapitre sur le cynisme impérial était de montrer qu'on ne peut pas utiliser l'étiquette « cynique » comme si la définition du cynisme allait de soi. A l'époque hellénistique, le mot avait un sens clair, car Diogène, s'inspirant de l'héritage antisthénien, avait défini les grandes idées de sa philosophie, offrant

1. *Id.*, III 22, 67-69.

ainsi au cynisme un bagage théorique limité, mais un bagage théorique tout de même, que chacun pouvait avoir facilement à sa disposition. Il avait donné en outre, au travers de sa façon de vivre elle-même, le témoignage éclatant de son ascèse corporelle à finalité morale. Autrement dit, à l'époque hellénistique, quand on parlait du cynisme, la référence était claire, sans ambiguïté. Sous l'Empire, la situation était devenue beaucoup plus complexe. Il fallait compter avec le stoïcisme qui puisait ses origines dans le cynisme, mais qui très vite acquit son autonomie. A l'intérieur même du cynisme deux conceptions s'opposaient : un cynisme qui se voulait une école de pensée au même titre que les autres écoles philosophiques et un autre cynisme qui se contentait d'être une façon de vivre. De plus, l'idée qu'il était possible de professer n'importe quelle philosophie, quel que soit son τέλος, tout en pratiquant le mode de vie cynique, fit son chemin notamment dans le christianisme.

Malgré cette complexité, ceux qui se disaient cyniques et respectaient les principes de Diogène prétendaient atteindre une condition spirituelle déterminée qui ne se laissait pas assimiler aux objectifs des autres écoles. Comme le martèlent les *Lettres* pseudépigraphes des cyniques ou encore Épictète et Julien, l'habit ne suffit pas à faire le cynique ; encore faut-il qu'il y ait pratique de l'ascèse diogénienne, visée d'un τέλος (probablement l'ἀτυφία) et respect d'un certain nombre de préceptes énoncés par Antisthène d'abord puis par Diogène et Cratès. Nous retrouverons cette problématique lorsque nous examinerons les relations du cynisme et du christianisme, encore plus complexes que celles du cynisme et du stoïcisme. Nous nous proposons maintenant de répertorier tous les témoignages qui prouvent que des contacts historiques eurent lieu, avant et après Jésus, entre cynisme et judaïsme. On pourra ultérieurement se demander s'il est légitime que l'on parle d'un « cynisme juif », comme le fait Bernhard Lang, qui retrouve la première trace d'un tel cynisme dans le livre de Qohelet[1] !

1. B. LANG, *Jesus der Hund*, p. 63-69. Voir la présente étude, p. 165-168.

II. CONTACTS ENTRE CYNISME ET JUDAÏSME DE LA SEPTANTE AU TALMUD

A. UN MONDE JUIF FORTEMENT HELLÉNISÉ À L'ÉPOQUE HELLÉNISTIQUE ET À L'ÉPOQUE ROMAINE ?

Qui veut étudier les relations entre cynisme et judaïsme dans l'Antiquité doit d'abord se demander quelles relations le judaïsme entretenait avec l'hellénisme, une question qui a fait l'objet de travaux importants, mais aux conclusions souvent divergentes[1]. Si les Juifs de la Diaspora étaient hellénisés, il est plus difficile de déterminer l'ampleur de la connaissance que les Juifs de Palestine avaient de la langue et de la culture grecques.

Au témoignage de son disciple Cléarque de Soles, qui rapporte l'anecdote dans le premier livre de son traité *Du sommeil,* Aristote, lors d'un séjour en Mysie, avait rencontré autour de 345 av. J.-C. un Juif de Coélé-Syrie dont il disait qu'« il était Grec non seulement par la langue mais aussi par l'âme » et dont il appréciait beaucoup la culture[2]. Ce témoignage, à supposer qu'il ait une valeur historique, ne constitue-t-il qu'une exception notoire ou est-il l'illustration d'un réel phénomène

1. On citera seulement quelques exemples, S. LIEBERMAN, *Greek in Jewish Palestine* (1942) et *Hellenism in Jewish Palestine* (1950), repris tous deux dans S. LIEBERMAN, *Greek in Jewish Palestine / Hellenism in Jewish Palestine,* with a new Introduction by D. ZLOTNICK, New York - Jerusalem, 1994, ainsi que son article « How much Greek in Jewish Palestine ? », dans A. ALTMANN (édit.), *Biblical and other Studies*, Cambridge (Mass.), 1963, p. 123-141 ; B. LIFSHITZ, « L'hellénisation des Juifs de Palestine. A propos des inscriptions de Besara (Beth-Shearim) », *Revue biblique*, 72, 1965, p. 520-538, ou encore M. HENGEL, *Judentum und Hellenismus,* coll. « Wissenschaftliche Untersuchungen zum Neuen Testament », 10, Tübingen, 1969, p. 191-195 et 565-570 ; trad. angl. J. BOWDEN (London, 1974) et J. GREIG (New York, 1981) ; J.J. COLLINS et G.E. STERLING (édit.), *Hellenism in the Land of Israel*, coll. « Christianity and Judaism in Antiquity », 13, Notre Dame (Indiana), 2001 ; L.H. FELDMAN, « How much Hellenism in the Land of Israel ? », *Journal for the Study of Judaism*, 33, 2002, p. 290-313, qui est un compte rendu des contributions réunies par Collins et Sterling.

2. Le témoignage de Cléarque est transmis par Flavius Josèphe, *Contre Apion* I XXII, 179-181 [Cf. Eusèbe, *P. É.* IX 5] (fr. 6 Wehrli). Voir P.-M. SCHUHL, « Sur un témoignage de Cléarque. A propos des rapports entre savants grecs et juifs », dans ses *Études platoniciennes,* Paris, 1960, p. 132-137.

d'hellénisation progressive de la population juive ? Et si c'est le cas, jusqu'où est allée cette hellénisation aussi bien en Palestine que dans la Diaspora ? Second témoignage, bien des siècles plus tard : dans son *Contre Celse*, Origène, après avoir mentionné le fait que le Juif de Celse connaît soi-disant une parole prononcée par Bacchus dans les *Bacchantes* d'Euripide (v. 498), déclare que « les Juifs n'aiment guère les lettres grecques », traduisant ainsi son scepticisme quant à la connaissance que pouvaient avoir les Juifs de la littérature grecque[1]. En nous appuyant sur les renseignements fournis par quelques études importantes, nous donnons une esquisse, nécessairement plus que sommaire, de cette hellénisation partielle du monde juif, afin de mieux comprendre comment des liens ont pu se tisser entre cynisme et judaïsme. Il convient de toujours essayer de distinguer très clairement entre Palestine et Diaspora, entre données empruntées à des témoignages antérieurs à la destruction du Temple en 70 et données empruntées à la littérature rabbinique.

Pour Martin Hengel, il est clair que, dès le milieu du IIIe s. av. J.-C., tout le judaïsme, aussi bien celui de la Palestine que celui de la Diaspora, doit être désigné comme « judaïsme hellénistique » au sens strict, et que le triomphe ultérieur du christianisme s'explique précisément par le fait que le judaïsme hellénistique avait préparé le chemin au christianisme. Dès le IIIe s. av. J.-C. de nombreux noms grecs et des noms doubles gréco-sémitiques apparaissent dans le secteur phénicien. C'est ainsi que dans la colonie phénicienne de Marisa, principale ville de l'Idumée, fondée au milieu du IIIe s. av. J.-C. et située seulement à 40 km au sud de Jérusalem, on rencontre un mélange de noms phéniciens, iduméens, juifs et grecs dans un milieu culturel déjà pleinement hellénisé[2]. Des noms grecs se retrouvent même chez des Juifs conservateurs de Palestine. Le second fils du grand Prêtre Simon le juste, qui voulut, en 175 av. J.-C. sous Antiochus Épiphane, transformer Jérusalem en une πόλις grecque, ne prit-il pas le nom de Jason, alors qu'il s'appelait Jésus ? Ce Jason, partisan d'une hellénisation à outrance, fit construire un gymnase au pied de l'Acropole qui dominait l'esplanade du Temple de Jérusalem, et les prêtres eux-mêmes, méprisant le Temple et négligeant les sacrifices, prirent part avec empressement aux exercices de la palestre[3]. L'auteur du second livre des Macchabées dit qu'« il [Jason] amena ses compatriotes à vivre à la grecque (πρὸς τὸν Ἑλληνικὸν χαρακτῆρα) »[4]. Comment imaginer pareille

1. Origène, *Contre Celse* II 34.

2. Cf. M. HENGEL, *Judentum und Hellenismus*, p. 115, qui cite maints autres exemples dans les pages qui suivent (p. 116-120) ; *ID., Juden, Griechen und Barbaren. Aspekte der Hellenisierung des Judentums in vorchristlicher Zeit*, Stuttgart, 1976, p. 157.

3. Voir *II Macc.* 4, 7-15 ; *I Macc.* 1, 10-15. Cf. M. HENGEL, *Judentum und Hellenismus*, p. 135-143 ; *Juden, Griechen und Barbaren*, p. 158.

4. *II Macc.* 4, 10. On considère que la révolte des Macchabées est une réponse à la décision de Jason de promouvoir un style de vie grec à Jérusalem.

situation sans une bonne connaissance chez ces philhellènes de la langue grecque ? Ce même auteur cite également le nom de deux généraux de Judas Macchabée qui tous deux portent des noms grecs : Dositheos et Sosipatros[1]. Autre détail : dans la *Lettre d'Aristée*, un pseudépigraphe qui pourrait dater du début du second siècle av. J.-C., les 72 habitants de Jérusalem, issus des douze tribus, qui furent choisis par Démétrius de Phalère afin d'élaborer la traduction de la Septante, portent pour plusieurs d'entre eux des noms grecs, par exemple Théodose, Jason, Théodote, Théophile, Dosithée, et sont présentés comme étant bien au fait non seulement des lettres judaïques, mais aussi de la culture hellénique[2]. La littérature rabbinique fournira, elle, des indices qui laissent penser qu'il y eut des mariages mixtes en Palestine[3].

Du côté de la Diaspora, où la connaissance de l'araméen s'était rapidement perdue, l'hellénisation était forte, voire très forte à certains endroits. C'était le cas notamment en Égypte. A l'époque de Philon, contemporain de Jésus, la ville d'Alexandrie, très hellénisée, joua un rôle décisif dans les liens qui se tissèrent entre les communautés grecque et juive. En 37 de notre ère, l'Égypte ne comptait pas moins d'un million de Juifs[4] et on estime qu'à Alexandrie à la même époque il pouvait y en avoir 180 000[5]. Pour les rabbis qui visitaient souvent des communautés parlant grec en dehors de la Palestine et qui avaient avec elles des conversations érudites, Alexandrie était une source d'informations importante sur la sagesse grecque. Les Juifs de la Diaspora en Égypte, en Asie Mineure et dans les pays de la mer Égée parlaient le grec et quand ils venaient en pélerinage à Jérusalem, ils amenaient avec eux cette langue grecque. Hengel relève les premières traces d'une influence de la pensée grecque chez Qohelet (l'*Ecclésiaste* fut probablement écrit au IIIe s. av. J.-C.) et une influence du stoïcisme chez Ben Sira, auteur de l'*Ecclésiastique*, qui fut traduit en grec en 132 av. J.-C.[6]. Il remarque aussi que dans la liste des instruments de musique que présente le livre de Daniel, écrit sous Antiochus Épiphane entre 167 et 164, il en est plusieurs (σάλπιγξ, σῦριγξ, κιθάρα, σαμβύκη, ψαλτήριον, συμφωνία)[7] qui sont en fait des instruments que l'on rencontre dans la musique grecque. S'appuyant sur ces détails

1. Voir *II Macc*. 12, 19.

2. *Lettre d'Aristée à Philocrate* 47-50 et 121 (cf. M. HENGEL, *Judentum und Hellenismus*, p. 120).

3. Cf. *Tosefta Sukka* IV 28 ; *jSukka* 55d ; *bSukka* 56b.

4. Cf. Philon, *Contre Flaccus* 6, 43.

5. Voir D. DELIA, « The Population of Roman Alexandria », *Transactions of the American Philological Association*, 118, 1988, p. 275-292, notamment p. 286-287, qui s'appuie sur la reconstitution et l'interprétation d'un fragment des *Acta Alexandrinorum* par A. VON PREMERSTEIN puis L. KOENEN ; la donnée est reprise par L. H. FELDMAN, « How much Hellenism in the Land of Israel ? », p. 309.

6. Voir les pages que consacre M. HENGEL à Qohelet et à Ben Sira, *Judentum und Hellenismus*, p. 210-275.

7. *Daniel* 3, 5.7.10.15.

objectifs, Hengel tire la conclusion suivante : « Aufs Ganze gesehen kann man darum das Judentum der hellenistich-römischen Zeit im Mutterland wie in der Diaspora als "hellenistisches Judentum" bezeichnen »[1].

De son côté Saul Lieberman avait déjà montré que le grec s'était introduit de façon irréversible dans la culture juive des quatre premiers siècles de notre ère : les Juifs de Palestine parlaient grec, un bon grec dans le cas des Juifs cultivés que la classe moyenne essayait d'imiter, une sorte d'« Aramaic Greek Jargon » au vocabulaire pauvre et vulgaire dans le cas du peuple, et que le degré de culture grecque dépendait en fait du standing social[2]. Les épitaphes juives de Jaffa – la plupart viennent du cimetière –, dont soixante sont en grec et six seulement en hébreu et en araméen, accréditent cette thèse de l'extension du grec même dans les classes populaires, tout comme les nombreuses inscriptions grecques qui ont été retrouvées dans les synagogues et les cimetières des villes de l'intérieur de la Palestine[3]. Le grec était parlé par le peuple et pas seulement écrit par les gens cultivés. A Jérusalem même, il avait pénétré dans certaines synagogues. Les *Actes des Apôtres* font allusion aux « Hellénistes », c'est-à-dire à ces Juifs qui avaient vécu en dehors de la Palestine[4] et qui avaient à Jérusalem leurs propres synagogues où la Bible se lisait en grec, tandis que dans les synagogues des « Hébreux », c'est-à-dire des Juifs autochtones, on lisait la Bible en hébreu[5]. Grâce à la littérature rabbinique, on sait qu'à la synagogue les rabbis n'hésitaient pas à expliquer des événements de la Bible en recourant à des sources grecques et à citer, pour certains passages, des traductions grecques de la Bible dans leurs sermons en araméen afin de bien se faire comprendre des Juifs qui habitaient des villes hellénisées[6]. Bon nombre de rabbis, même s'ils restaient convaincus de la supériorité du judaïsme, s'attachaient à bien connaître la littérature grecque et à mettre leur culture au service de la diffusion du judaïsme parmi les Gentils[7].

1. M. HENGEL, *Juden, Griechen und Barbaren,* 175.
2. S. LIEBERMAN, *Greek in Jewish Palestine,* p. 15-28.
3. *Ibid.*, p. 30.
4. Cf. *Actes des Apôtres* 6, 1 (les Hellénistes reprochent aux Hébreux que l'on néglige leurs veuves dans le service quotidien).
5. Au IIIe s. de notre ère, à Césarée de Palestine, il y avait une synagogue où Rabbi Levi ben Hittah entendit réciter la prière du *Shema* en grec (*jSotah* VII 1, 21b).
6. Cf. S. LIEBERMAN, *Greek in Jewish Palestine*, p. 29-67. M. AVI-YONAH, *Geschichte der Juden im Zeitalter des Talmud in den Tagen von Rom und Byzanz,* coll. « Studia Judaica. Forschungen zur Wissenschaft des Judentums », 2, Berlin, 1962, p. 73, remarque aussi que l'on trouve dans le *Midrash* des listes de mots étrangers dont les Juifs se servaient pour traduire leurs noms de l'hébreu, ces mots étant traduits parfois selon le sens, parfois selon les sonorités. Il cite *Leviticus Rabbah* 32, 5, où par exemple Isaac est rendu par Gelasios, « celui qui rit », Menahem par Paregorios, « celui qui console », tandis que Reuben devient Rufus, Joseph Justus ou encore Esther Estreia.
7. Au deuxième siècle, quand Aquila présenta sa traduction de la Bible en grec à R. Eliezer et R. Joshua, son travail fut apprécié pour son style et son exactitude (cf. *bMegilla* 3a), ce qui

En fait l'attitude des rabbis à l'égard du grec est assez complexe. Ceux-ci certes préféraient l'hébreu, mais il fallait bien admettre que la majorité des Juifs utilisaient comme langue de la vie quotidienne l'araméen et non l'hébreu. Guidés par les nécessités politiques, les rabbis de façon générale choisirent, pour parler et pour écrire, le grec plutôt que l'araméen, car, même s'ils étaient opposés à l'assimilation, ils avaient conscience que les Juifs devaient pouvoir entretenir de bonnes relations avec leurs voisins. Au témoignage de R. Simon ben Gamaliel II, il y avait dans la Maison de son père, le patriarche Rabban Gamaliel II, donc dans la Palestine juive du premier siècle, mille étudiants, dont cinq cents étudiaient la Loi et cinq cents la sagesse grecque, la permission d'enseigner le grec lui ayant été accordée en raison des relations étroites qu'il avait avec le gouvernement romain[1]. Mais le Talmud présente cette situation comme une exception qui, en plus, suscite le mécontentement des rabbis[2]. Au siècle suivant Rabbi Judah Hanassi (135 - ca. 220), fils de R. Simon ben Gamaliel II, parle avec dédain de « cette langue syrienne » qu'était le dialecte courant judéo-araméen[3] et opte clairement pour le grec, n'hésitant pas à dire : « Pourquoi utiliser ce jargon dans le pays d'Israël, là où pourraient être employés soit la Langue sainte [= l'hébreu] soit le grec »[4] ? La question de l'apprentissage du grec dans l'éducation dut se poser avec acuité, puisque R. Joshua (fin du premier et début du deuxième siècle), quand on lui demanda si un Juif avait le droit d'enseigner le grec à son fils, répondit qu'il pouvait le faire aux heures qui n'étaient ni celles du jour ni celles de la nuit, car il est écrit (cf. *Josué* 1, 8) qu'il faut méditer la Loi jour et nuit[5]. Lieberman en conclut que l'éducation grecque n'était pas interdite en soi, mais uniquement dans la mesure où elle interférait avec l'étude de la Loi. Au troisième siècle, Johann ben Nappaha (= Jean de Tibériade), qui enseignait à Sepphoris et à Tibériade, estimait qu'un Juif pouvait faire apprendre le grec à sa fille, dans l'idée que cet apprentissage servirait à celle-ci d'ornement. S'appuyant sur cette prise de position, R. Abbahu, qui avait lui-même étudié le grec, donna à ses filles une éducation grecque[6]. Lieberman souligne qu'il n'est pas interdit d'enseigner le grec aux adultes, mais seulement aux enfants (d'où le caractère exceptionnel de la permission accordée au patriarche Gamaliel II) ; on craignait, selon ce que dit R. Hiyya b. Abba, que cela favorisât l'apparition de *rhetores*, susceptibles de

implique qu'Eliezer et Joshua connaissaient bien le grec et étaient capables de juger la qualité stylistique d'un texte traduit en grec.

1. *bSotah* 49 b et *bBaba Qamma* 83a.

2. *Ibidem*. Voir FELDMAN, « How much Hellenism in the Land of Israel ? », p. 313.

3. *bSotah* 49 b et *bBaba Qamma* 83a.

4. *Ibidem*.

5. *jPea* I 1, 15 c, 7-12, p. 12 Wewers (cf. S. LIEBERMAN, *Greek in Jewish Palestine*, p. 16 et *Hellenism in Jewish Palestine*, p. 101).

6. *jPea* I 1, 15 c, 12-15, p. 12 Wewers.

devenir par la suite des *delatores*, car le grec était parlé dans l'administration gouvernementale[1]. En fait, selon Lieberman, on craignait plutôt que les gens mécontents des décisions des cours juives, s'ils savaient le grec, fassent appel à l'occasion au gouvernement romain. Il rappelle que R. Hiyya b. Abba fut victime d'une telle procédure de la part d'une femme mécontente de la décision qu'il avait rendue et qui s'était adressée au proconsul de Césarée[2]. Lieberman insiste sur le fait qu'on n'a pas d'indice dans la littérature rabbinique permettant de penser que pour des adultes l'étude personnelle de la sagesse grecque ou de la langue grecque était interdite. La réserve aurait concerné seulement l'enseignement du grec aux enfants dont on pouvait craindre qu'il les aidât à devenir des délateurs. Pour conclure sur les attitudes divergentes des rabbis à l'égard du grec, on constate qu'au IIIe siècle, il y avait des rabbis qui connaissaient très bien le grec, tandis que d'autres délibérément l'ignoraient. Si R. Jonathan d'Eleuthéropolis était bien au fait des qualités respectives du grec, du latin, du syriaque et de l'hébreu[3], et si son contemporain plus jeune, R. Abbahu, qui était à la tête de l'école rabbinique de Césarée, aimait à jouer avec les mots grecs tout autant qu'avec les mots araméens[4], Lieberman cite les cas de R. Hiyya b. Abba, précédemment évoqué, et de R. Simeon b. Abba, tous deux d'origine babylonienne et ayant immigré en Palestine, qui étaient à la même époque opposés à la culture grecque et ne connaissaient pas le grec[5].

Certains, comme Louis H. Feldman, contestent de façon générale l'ampleur de l'hellénisation soutenue par exemple par Hengel[6]. Feldman insiste sur le témoignage de Jean de Tibériade et sur celui d'Origène. Pour lui il ne fait aucun doute que la langue prédominante des Juifs de Palestine à l'époque hellénistique et romaine était non point le grec, mais l'araméen, même si l'hébreu continua à être parlé pendant la période de la Mishna. Il en veut pour preuves le fait que Paul s'adressa aux Juifs de Jérusalem en « dialecte hébraïque » (τῇ Ἑβραΐδι διαλέκτῳ)[7], l'expression signifiant probablement en araméen, et que Flavius Josèphe, chargé par Titus de convaincre les Juifs de lui remettre la ville de Jérusalem, leur

1. *jPea* I 1, 15 c, 7-12, p. 12 Wewers (cf. S. LIEBERMAN, *Hellenism in Jewish Palestine*, p. 101 et n. 13).

2. *jMegilla* 3, 2 (1), 74a 48-53, p. 119 Hüttenmeister (cf. S. LIEBERMAN, *Greek in Jewish Palestine*, p. 24).

3. *jMegilla* I 11, 71b, 63-69, p. 43 Hüttenmeister (cf. S. LIEBERMAN, *Greek in Jewish Palestine*, p. 21, n. 36).

4. *bErubin* 53b ; *Genesis Rabbah* 14, 2 (cf. S. LIEBERMAN, *Greek in Jewish Palestine*, p. 21, n. 38 et p. 22, n. 45).

5. Voir S. LIEBERMAN, *Greek in Jewish Palestine*, p. 25-26.

6. Voir sa démonstration dans « How much Hellenism in the Land of Israel ? » et sa conclusion, p. 313.

7. *Actes des Apôtres* 21, 40 et 22, 2.

parla dans la « langue de leurs pères » (τῇ πατρίῳ γλώσσῃ)[1], probablement là encore l'araméen. En fait personne ne nie que l'araméen était la langue parlée par les Juifs, de même que personne ne nie que le grec avait pénétré le monde juif, mais les divergences surgissent quand on veut évaluer l'extension du grec comme langue parlée. Certains voient une extension large, d'autres une extension plus restreinte. S'il ne faut pas penser que tout le monde parlait grec en Palestine ni exagérer, comme le fait peut-être un peu trop Hengel, l'ampleur de l'hellénisation, ce serait toutefois une erreur que d'imaginer les Juifs de Palestine restés imperméables à l'influence du grec. Les distinctions que présente M. Avi-Yonah, dans la ligne de S. Lieberman, paraissent assez vraisemblables : les rabbins de Palestine, notamment ceux du IVe s. de notre ère, avaient une profonde connaissance de la culture et du droit grecs ; en revanche ceux venus de Babylonie, eux, ne connaissaient quasiment pas le grec ; pour les rabbins de province et pour la classe moyenne provinciale le grec était peu familier ; quant aux gens du peuple, notamment les paysans, ils ignoraient le grec ou en savaient juste assez pour vendre leurs denrées sur le marché, alors que dans les villes, les Juifs des classes inférieures parlaient, eux, un grec simple et populaire, une sorte de « jargon grec »[2]. L'hellénisation a donc bel et bien existé, mais elle avait ses limites. En tout cas, s'il y eut bien hellénisation dans la culture, il n'y en eut pas dans le culte[3].

B. DES CONTACTS ATTESTÉS ENTRE CYNISME ET JUDAÏSME DANS L'ANTIQUITÉ

Nous nous proposons de recenser, dans l'ordre chronologique, tous les passages de la littérature grecque et hébraïque qui mentionnent un lien, quelles qu'en soient la nature et la teneur, entre cynisme et judaïsme, aussi bien en Palestine que dans la Diaspora.

1. La Septante (IIIe s. av. J.-C.)

Le premier témoignage date du IIIe s. av. J.-C. et se trouve dans la Septante. A priori on ne s'attendrait pas à ce que la bible hébraïque traduite en grec mentionne

1. Flavius Josèphe, *Guerre des Juifs* V 361.

2. Voir M. AVI-YONAH, *Geschichte der Juden im Zeitalter des Talmud in den Tagen von Rom und Byzanz*, p. 73-74.

3. Cf. John J. COLLINS, *Jewish Cult and Hellenistic Culture. Essays on the Jewish Encounter with Hellenism and Roman Rule,* Leiden, 2005, p. 43.

le cynisme. Et pourtant c'est le cas dans le livre des *Rois*[1], quand l'auteur raconte l'histoire de Nabal, un homme très riche – présenté comme dur (σκλῆρος), malfaisant dans ses pratiques (πονηρὸς ἐν ἐπιτηδεύμασιν) et cynique (κυνικός) – et de sa femme Abigaïl qui était intelligente et belle à voir. Comme Nabal avait mal reçu les messagers envoyés par David, auquel il était redevable, et comme ce dernier était prêt à s'élancer contre Nabal avec quatre cents hommes, Abigaïl sauva la situation en apportant à David maints présents et en le persuadant, lui le futur roi d'Israël, de ne pas se faire justice lui-même en versant le sang de Nabal. Dix jours plus tard Nabal mourut, Yahvé punissant ainsi l'injure faite à David, lequel demanda alors à Abigaïl de devenir sa femme. La Septante dépend probablement, pour le passage qui nous intéresse, d'un texte hébreu où Nabal était caractérisé par le mot *kéléb*, « chien », proche paléographiquement du *qerê* du texte massorétique *kâlibbî*, « Calébite », c'est-à-dire de la tribu de Caleb[2]. Les traducteurs de la Septante ont rendu le mot par κυνικός. Il est impossible de savoir si l'adjectif faisait pour eux référence au cynisme, auquel cas il faudrait admettre que les Septante connaissaient le cynisme, ou s'ils voulaient simplement dire que Nabal se comportait comme un chien. En tout cas, les lecteurs de la Septante, eux, ont compris le terme en référence au cynisme. C'est ainsi qu'à la fin du Ier siècle, l'historien juif Flavius Josèphe commente le passage en disant de Nabal qu'il était « dur, malfaisant dans ses pratiques, car il réglait sa vie sur l'ascèse cynique » (σκληρὸς καὶ πονηρὸς τοῖς ἐπιτηδεύμασιν ἐκ κυνικῆς ἀσκήσεως πεποιημένος τὸν βίον), ce qui prouve à la fois qu'il connaissait le cynisme et la grande caractéristique du mode de vie lié à cette philosophie, à savoir l'ascèse, mais qu'il avait du cynisme une conception franchement négative[3]. On ne peut pas tirer du passage de la Septante une conclusion ferme sur une éventuelle connaissance du cynisme par ses traducteurs, mais celle-ci n'est pas du tout à exclure.

2. Méléagre de Gadara (IIe / Ier s. av. J.-C.)

Le second témoignage a plus de force. Il s'agit du poète et épigrammatiste Méléagre, auteur des épigrammes de la célèbre *Couronne* dite de Méléagre[4], et qu'Athénée qualifie clairement de cynique[5]. Né à Gadara, Méléagre, fils d'Eucratès, vécut dans la ville de Tyr « qui fit de lui un homme », et se retira dans sa

1. *I Rois (= I Samuel)* 25, 2-43.

2. Voir G. DORIVAL, « L'image des Cyniques chez les Pères grecs », dans M.-O. GOULET-CAZÉ et R. GOULET (édit.), *Le cynisme ancien et ses prolongements*, p. 419-443, notamment p. 419-420.

3. Flavius Josèphe, *Antiquités juives* VI 296.

4. Cf. *Anth. Pal.* IV 1, 3 ; XII 257, 5-6.

5. Athénée, *Deipnosophistes* XI, 502 C.

vieillesse à Cos[1]. Il connaissait sans doute plusieurs langues. L'araméen était-il la langue qu'il parlait à la maison ? Son épigramme funéraire, transmise par l'*Anthologie Palatine*, se clôt sur une triple interjection adressée aux passants, qui invite à le penser : Σαλάμ en syrien (= araméen), Αὐδονίς en phénicien et χαῖρε en grec[2].

Voici l'épigramme qui prouve le contact de Méléagre avec le milieu juif de Gadara ou de Tyr.

Démo aux joues blanches, tandis que quelqu'un, te serrant de très près, se réjouit, mon cœur en moi-même, hélas, aujourd'hui se lamente. Si le désir sabbattique te prend, rien de bien étonnant : même si les sabbats sont froids, l'amour est brûlant[3].

On peut supposer que Méléagre est assez jeune puisque par la suite il connaîtra plutôt des amours masculines qui l'amèneront à abandonner le cynisme[4]. Il s'adresse ici à une jeune fille qu'il aime, Démo[5], et que lui dispute un rival sans doute juif. Faut-il penser que Démo est juive elle aussi, comme pourrait le laisser entendre l'expression σαββατικὸς πόθος, le désir sabbatique[6] ? On ne peut l'exclure, mais le fait que le nom « Démo » apparaisse également dans une inscription grecque de Larissa en Thessalie ne va pas en ce sens[7]. L'allusion à la froidure des sabbats suggère peut-être que la scène se déroule en hiver. Elle peut avoir eu lieu à Gadara où naquit le poète ou à Tyr où il vécut à l'âge adulte. Il laisse entendre ironiquement que pendant le sabbat, comme toute activité est interdite – y compris par conséquent l'allumage du feu [8]–, on se réchauffe au lit[9], et que ces

1. Cf. *Anth. Pal.* VII 417, 1-4 ; 418, 1-4.
2. Cf. *Anth. Pal.* VII 419, 7-8.
3. *Anth. Pal.* V 160 [159], dans P. Waltz, *Anthologie Palatine*, t. II, livre V, Paris, 1928, p. 75.
4. Cet abandon est dû à l'amour homosexuel qu'il porte à un certain Myiscos (XII 101 et de façon plus discrète XII 23.117).
5. Celle-ci apparaît à trois autres reprises au livre V : *Anth. Pal.* V 172 [171].173 [172].197 [196]).
6. Il est intéressant de noter que Méléagre est un des premiers écrivains païens à mentionner le sabbat. Voir M. STERN, *Greek and Latin Authors on Jews and Judaism ;* t. I : *From Herodotus to Plutarch,* coll. « Fontes ad res judaicas spectantes », Jerusalem, 1974, p. 140, n. 43.
7. Voir *IG* IX 2, n° 988.
8. Cf. Philon, *Sur les lois spéciales* II 65.
9. C'est l'explication que donne H. BECKBY, *Anthologia Graeca* I, München, 1965², p. 676 n° 160. On peut penser aussi à l'ennui qui caractérise ce jour où les gens ne travaillent pas (cf. la note de P. WALTZ, *Anthologie grecque*, t. II, livre V, p. 137, qui cite H. OUVRÉ, *Méléagre de Gadara*, Paris, 1894, p. 75 : « Chez les Hébreux, aux jours de fêtes, le recueillement des visages et le silence des rues lui [*i.e.* Méléagre] inspirèrent un ennui profond »). Cette idée est implicite dans ces vers du poète du Vᵉ s. Rutilius Namatianus, *De reditu suo* 1, vv. 387-392, très critique vis-à-vis des Juifs, puisqu'il affirme que leur cœur est plus froid que leur religion : *Reddimus obscenae convicia debita genti,... radix stultitiae, cui frigida sabbata cordi, sed cor frigidius religione sua, septima quaeque dies turpi damnato veterno, tamquam lassati mollis imago dei.* « Nous rendons toutes les injures qu'il mérite à ce peuple immonde qui (...), racine de folie, a tant

jours-là les gens ont du loisir pour les occupations amoureuses. Telle est du moins l'explication la plus plausible. Il est intéressant de constater qu'un poète cynique du Ier s. avant notre ère, évoluant entre Gadara et Tyr, et écrivant en langue grecque, pouvait aimer une jeune fille, que lui disputait un rival juif, et plaisanter avec elle sur le sabbat.

3. Philon d'Alexandrie (Ier s. de notre ère)

Un siècle et demi plus tard environ, à l'époque du Christ, mais dans un tout autre milieu, celui des Juifs hellénisés d'Alexandrie, le cynisme fait partie de la culture philosophique, au même titre que l'éthique stoïcienne, la métaphysique platonicienne ou la logique aristotélicienne. Philon d'Alexandrie, qui a reçu cette formation philosophique grecque, affiche dans nombre de ses écrits une admiration sincère pour le cynisme. A l'en croire, les disciples de Diogène ont été très nombreux, puisqu'il parle du « nombre infini (ἀπερίληπτος ἀριθμός) de ceux qui ont jugé bon de pratiquer le même genre de vie que Diogène »[1]. Mais, ce qui est encore plus intéressant pour nous, Philon évoque un personnage qui portait le nom de Chairéas, un homme cultivé habitant Alexandrie, qu'il présente comme un « partisan zèlé (ζηλωτής) du franc-parler de Diogène », dont il donne d'ailleurs une illustration en rapportant la réplique que celui-ci fit au roi Ptolémée qui le menaçait[2]. Nous en concluons que ce Chairéas pouvait être un cynique ; malheureusement il n'est pas possible de le dater, car Philon emploie à son propos l'aoriste (ἐγένετο), ce qui peut signifier un passé ancien ou un passé récent, et il ne précise pas de quel roi Ptolémée il s'agit.

Philon voit dans Antisthène et Diogène des exemples de vertu morale à proposer à ses lecteurs et il n'hésite pas à établir une comparaison forte : Antisthène et Moïse partageaient une même opinion sur le sage[3]. A coup sûr Philon est familier

à cœur son glacial sabbat, mais dont le cœur même est encore plus glacé que sa religion. Chaque septième jour est condamné chez eux à un honteux engourdissement, sorte d'image indolente de la lassitude qu'ils prêtent à leur dieu » (trad. Wolff). É. WOLFF dans son édition de Namatianus, *CUF*, Paris, 2007, p. 83, n. 164, explique ainsi *frigida* : « On n'allumait pas de feu le jour du sabbat (*Exode* 35, 3) ». Un *scholion* sur les *Géorgiques* de Virgile 1, 336 [p. 256, li. 8-10 Hagen], signalé par M. STERN, *Greek and Latin authors on Jews and Judaism ;* t. II : *From Tacitus to Simplicius,* Jerusalem, 1980, p. 654 (n° 537c), renvoie aussi à la froidure du sabbat, en lien avec l'astronomie et l'alimentation : *Satis cognitum est, Saturni stellam frigidam esse et ideo Iudaeos Saturni die frigidos cibos esse.* « Il est bien connu que l'étoile de Saturne est froide et que pour cette raison les nourritures juives sont froides le jour de Saturne »

1. Philon, *Du commerce de l'âme avec les connaissances préparatoires* 151. Un demi-siècle plus tard, Dion Chrysostome fera une remarque similaire sur le nombre des cyniques à Alexandrie également, mais le ton qu'il adoptera sera très critique (*Discours* XXXII 9).

2. Cf. Philon, *Que tout homme vertueux est libre* 125 : « Règne sur les Égyptiens (cf. *Il.* IX 180-181) ; de toi je n'ai moi nul souci et je ne crains pas ta rancune ».

3. *Ibid.*, 28-29.

des recueils de chries cyniques, puisqu'il transmet des bons mots de Diogène pris par les pirates[1] ou cherchant avec une lanterne un homme en plein jour[2]. Un certain nombre de thèmes clairement cyniques traversent ses écrits[3]. Même s'il ne le dit pas, on peut constater dans son *Quod omnis probus* que les comportements qu'il décrit chez les Esséniens[4], hostiles au luxe et au raffinement, ressemblent à ceux des ascètes cyniques : refus de la richesse et recherche de la frugalité (76-77) ; refus de la guerre et des armes (78) ; refus de l'esclavage (79) ; abandon, au profit de la seule morale, de la logique et de la physique inutiles à la vertu (80) ; pas de propriété individuelle, mise en commun des biens (85-86). On ne saurait donc s'étonner de retrouver dans la liste des vertus attribuées à ces Esséniens des vertus typiquement cyniques comme la maîtrise de soi, l'endurance, ou l'absence d'orgueil, mais qui côtoient des vertus étrangères au cynisme comme la piété, la sainteté, l'amour de Dieu ou le respect de la Loi. Il n'est donc pas possible d'aller au-delà de la constatation des similitudes.

Comment interpréter cette attention plus que bienveillante portée par Philon à l'endroit du cynisme ? Faut-il penser qu'il avait personnellement lu non seulement des recueils de chries mais aussi des écrits d'Antisthène, de Diogène ou de Cratès, et que le message délivré par ces philosophes correspondait en partie au moins à ses propres aspirations ? La façon dont il traite, dans le *Quod omnis probus* 121-124, l'épisode célèbre de Diogène pris par les pirates, témoigne d'une connaissance directe de *La vente de Diogène* écrite par le philosophe cynique Ménippe[5]. Par ailleurs, selon toute vraisemblance dans son *Cyrus,* Antisthène présentait le fait de « désapprendre les maux » (ἀπομαθεῖν τὰ κακά) comme la connaissance la plus nécessaire qui soit[6]. Or cette idée de désapprendre revient souvent chez Philon, par exemple quand il préconise d'ἀπομαθεῖν ἀμαθίαν, de désapprendre l'igno-

1. *Ibid.*, 121.

2. ID., *Sur les géants* 33.

3. Voir par exemple *Sur la vie contemplative* 37 (manger seulement pour ne pas avoir faim et boire seulement pour ne pas avoir soif) ; *Sur les récompenses et les châtiments* 99 (la nature nous donne ce dont nous avons besoin) ; *Allégories des lois* III 135 (ἄσκησις et πόνος) ; *Sur la migration d'Abraham* 86-88 (δοκεῖν et εἶναι) ; *Sur les songes* I 120-125 (par ex. πόνος et καρτερία en 120 ; critique du luxe, τρυφή, en 123 ; éloge des πόνοι pour l'acquisition de la vertu en 124) ; *Sur les lois spéciales* II 42 (la vie est une fête), 45 (cosmopolitisme), 46 (indifférence aux choses indifférentes).

4. Dion Chrysostome, cité par Synésius, *Dion* III 1, fit lui aussi l'éloge de la communauté des Esséniens, « une cité parfaitement heureuse située près de la Mer Morte, à l'intérieur de la Palestine ».

5. Voir M.-O. GOULET-CAZÉ, « Le livre VI de Diogène Laërce ; analyse de sa structure et réflexions méthodologiques », dans *ANRW* II 36, 6, Berlin-New-York, 1992, p. 4005-4025.

6. Stobée, *Anth.* II 31, 34 ; t. II, p. 207, 22-23 Wachsmuth. L'expression est attribuée à Cyrus dans le *Violetum* d'Arsenius, p. 502, 13-14 Walz.

rance[1]. I. Heinemann soutient que l'influence du cynisme sur Philon fut décisive ; il estime par exemple qu'à côté des allégoristes, la source sur laquelle s'appuie Philon dans son traité *Sur les lois spéciales* est à chercher du côté d'un auteur juif gagné au cynisme[2]. Effectivement plusieurs des idées développées en II 42-48, par exemple que chaque jour est une fête, qu'il faut se soumettre à la nature, adopter une attitude pleinement indifférente à l'égard des choses indifférentes, ne pas fléchir sous les coups de la Fortune parce qu'on sait en prévoir les attaques, sont des idées classiques du cynisme. Il faut surtout souligner, et c'est un argument fort à l'appui de la thèse de Heinemann, que l'idée de voir dans chaque jour une fête ne se retrouve ni dans le judaïsme ni dans le reste de la culture grecque, mais seulement chez Diogène et Cratès[3], dans la mesure où pour eux la vie est une fête si l'on sait revenir à la nature. L'exemple de Philon est emblématique d'un judaïsme alexandrin cultivé, rompu aux études grecques et sensible à ce que des philosophies comme le cynisme et le stoïcisme pouvaient avoir en commun avec la culture juive.

4. Flavius Josèphe (Ier s. de notre ère)

Un autre écrivain juif contemporain de Philon, l'historien Flavius Josèphe, né dans une famille sacerdotale de Judée et qui avait reçu la formation d'un prêtre juif – il joua un rôle dans la révolte des Juifs contre Rome en 66 avant de bénéficier de l'appui des Flaviens, notamment de Titus et Vespasien –, ne parle pas du cynisme comme tel, sauf, ainsi que nous l'avons vu (p. 105), à propos de Nabal, ce qui prouve au moins qu'il connaissait ce mouvement philosophique. Dans ses *Antiquités juives*, il évoque « la quatrième philosophie des Juifs »[4], c'est-à-dire le groupe des zélotes autour de Judas le Galiléen, qui constitue une secte rebelle prenant place à côté des trois autres formes de philosophie juive : les Pharisiens, les Sadducéens et les Esséniens. Or on a remarqué que cette école présentait des traits communs avec le cynisme[5]. Mais comme dans le cas des Esséniens chez Philon, la prudence ici aussi s'impose, car l'appréciation d'un parallèle exige une étude des contextes et la distance est souvent grande du

1. Cf. Philon, *Sur la migration d'Abraham* 149 ; *Sur les vertus* 220 et *Que tout homme bon est vertueux* 12. Le verbe peut avoir d'autres compléments chez Philon. Ainsi dans *Sur la migration d'Abraham* 151 (τὰ πάθη) ; *Allégories des lois* III 236, *Du commerce de l'âme* 162 (τὸ πάθος).

2. I. HEINEMANN, *Philons griechische und jüdische Bildung*, Breslau, 1932, p. 106-109.

3. Cf. Plutarque, *Sur la tranquillité de l'âme* 4, 466 E et 20, 477 C.

4. Flavius Josèphe, *Ant. juives* XVIII 23. Voir M. HENGEL, *Die Zeloten. Untersuchungen zur jüdischen Freiheitsbewegung in der Zeit von Herodes I bis 70 n. Chr.*, Leiden, 1976, p. 336-349.

5. Voir par exemple F. Gerald DOWNING, *Cynics and Christian Origins*, Edinburgh, 1992, p. 153.

parallèle à la dépendance[1]. Ainsi, quand Josèphe dit que cette secte a comme particularité un amour invincible pour la liberté et qu'elle refuse d'avoir un homme comme maître, on pourrait être tenté de rapprocher les zélotes des cyniques, mais, ajoute l'historien, c'est en Dieu que ces gens voient leur seul maître, ce qui explique leur refus de toute domination humaine. Or un tel état d'esprit est à l'évidence complètement étranger à la position des cyniques en matière de religion sous l'Empire (cf. p. 80-84). De même jamais ceux-ci n'auraient accepté de prendre les armes pour défendre une quelconque patrie ; ce ne sont en aucun cas des révolutionnaires, mais bien plutôt des anarchistes pacifistes pour qui la notion de patrie n'a pas de sens. En conséquence, autant les liens intellectuels de Philon avec le cynisme sont bien réels, autant il serait imprudent de tirer une quelconque conclusion de ce que dit Flavius Josèphe sur le groupe des zélotes qui s'était formé autour de Judas le Galiléen.

5. Oinomaos de Gadara (IIe s. de notre ère)

Les travaux d'un certain nombre de chercheurs ont contribué à étayer l'hypothèse selon laquelle Oinomaos aurait inspiré le personnage du philosophe Abnimos ha-gardi – c'est-à-dire « né à Gader (= Gadara) » –, ami de Rabbi Meir, tel qu'il est évoqué dans plusieurs anecdotes appartenant à la littérature rabbinique des IIIe-VIe siècles et du IXe siècle[2].

Deux datations argumentées s'opposent concernant Oinomaos : le deuxième siècle si l'on se fonde sur la *Chronique* de Jérôme pour l'année 119, le début du troisième siècle si l'on se fonde sur la *Souda*[3]. Nous avons déjà rencontré ce philosophe, auteur des *Charlatans démasqués,* comme figure importante du mouvement cynique, à l'origine d'une conception renouvelée de cette philosophie à l'époque impériale, peut-être moins portée sur l'ascèse et davantage tournée vers l'activité littéraire[4]. Les violentes attaques dont il fut l'objet de la part de l'empereur Julien confirment son importance.

1. Voir A. J. MALHERBE, « Hellenistic Moralists and the New Testament », dans *ANRW* II 26, 1, Berlin, 1992, p. 267-333, notamment p. 277.

2. Voir par exemple S. J. BASTOMSKY, « Abnimos and Oenomaus. A Question of Identity », *Apeiron,* 8, 1974, p. 57-61 ; M. LUZ, « A Description of the Greek Cynic in the Jerusalem Talmud », *Journal for the Study of Judaism*, 20, 1989, p. 49-60 ; J. HAMMERSTAEDT, « Der Kyniker Œnomaus von Gadara », dans *ANRW* II 36, 4, Berlin-NewYork, 1990, p. 2834-2865, notamment p. 2836-2839 ; M.-O. GOULET-CAZÉ, notice « Oinomaos de Gadara », O 9, *DPhA*, t. IV, 2005, p. 751-761.

3. Voir J. HAMMERSTAEDT, *Die Orakelkritik des Kynikers Œnomaus,* coll. « Beiträge zur klassischen Philologie », 188, Frankfurt am Main, 1988, p. 11-18 ; *ID.*, « Der Kyniker Œnomaus von Gadara », p. 2835-2836.

4. Cf. *supra* p. 24-25.

Les sages de Tibériade qui furent en relation avec celui qu'ils appellent Abnimos ha-gardi ont pu connaître le cynisme grâce aux contacts qu'ils avaient avec les Grecs de Gadara, notamment Oinomaos. Plusieurs des textes qui rapprochent Oinomaos et Abnimos se trouvent dans le *Midrash Rabbah*[1]. Encore faut-il, dans cette hypothèse, expliquer la transposition linguistique Oinomaos/Abnimos (avec variantes Abnomos ou Nimos selon les textes[2]) quand on est passé de l'écriture grecque à l'écriture hébraïque. Menahem Luz, qui a examiné en détail cette question, suggère la possibilité d'un développement Οἰνόμαος grec > 'Inomos, ou avec apocope : Nimos / Nomos (Talmud) > Abnimos ou Abnomos (Midrash)[3]. 'Abnimos (ou 'Abnomos ou Nimos) ha-gardi est présenté dans les textes (**c**) et (**f**) comme l'ami de Rabbi Meir, de Tibériade, un des grands docteurs de la Mishna, qui vivait sous le règne d'Hadrien vers 135, et en (**g**) en conversation avec Gamaliel II, qui vécut de 80 à 116, qui connaissait le grec, encourageait son étude et avait des contacts avec les Grecs. Les discussions où est mis en situation Abnimos dans ces passages ainsi que les questions qu'il pose à ses interlocuteurs traduisent de sa part à la fois une bonne connaissance des problèmes du judaïsme, de la Bible et même de l'homélitique rabbinique, et une mentalité en harmonie avec le cynisme, même si aucun trait spécifiquement cynique n'est prêté à Abnimos dans toutes ces anecdotes. Voici les concordances qu'on peut relever : critique de la notion de patrie (**c**), importance accordée à l'éducation (**a** et **d**), affirmation de la valeur de la paix (**g**), et de façon générale la pratique de la franchise. Hormis un texte (**f**) où il est présenté comme tisserand, Abnimos apparaît comme un des philosophes les plus importants parmi les Gentils (**a**), (**d**) et (**e**)[4]. Si Abnimos n'était pas Oinomaos, il faudrait admettre qu'il y eut à l'époque de Rabbi Meir un philosophe grec portant ce nom, bien connu à Gadara et que la littérature grecque qui nous est parvenue ignore par ailleurs.

Est-ce à dire pour autant qu'Abnimos ha-gardi, même si son nom correspond bien à celui d'Oinomaos, est un calque pur et simple en qui nous pourrions retrouver la personnalité et les idées d'Oinomaos ? M. Luz suggère que la figure

1. Voici les références de ces textes dans l'édition de H. FREEDMAN et M. SIMON, *Midrash Rabbah*, London, 1939. Pour les désigner, nous leur attribuons par commodité à chacun une lettre : (**a**) *Gen. Rabbah* 65, 20 [date : *ca* 425], trad. H. Freedman, t. II 2, p. 596 ; (**b**) *Ex. Rabbah* 13, 1 [date : 800-900], trad. S. M. Lehrman, t. III, p. 150 ; (**c**) *Ruth Rabbah* 2, 13 [date : *ca* 600], trad. L. Rabinowitz, t. VIII, p. 35 ; (**d**) *Lament. Rabbati praef.* 2 [*ca* 480], trad. A. Cohen, t. VII, p. 3-4. A ces textes viennent s'ajouter (**e**), une variante de (**b**) et (**d**) dans *Pesiqta* de-Rav Kahana 15, 5 [date : Ve s.], éd. B. Mandelbaum t. I, p. 254 et trad. W. G. Braude et I. J. Kapstein p. 279 ; (**f**) un passage du Talmud de Babylone, *bḤagigah* 15 b (IIIe-Ve s.), trad. I. Abrahams, dans I. Epstein (édit..), t. IV, p. 100 ; (**g**) *Avot* de-Rabbi Natan B 24, 7 [date : *ca* 200], ed. S. Schechter.

2. Dans (**a**), (**b**), (**c**), on lit Abnomos ; dans (**d**), (**e**), (**g**) Abnimos et dans (**f**) Nimos.

3. Voir M. LUZ, « Abnimos, Nimos and Œnomaus : A Note », *The Jewish Quarterly Review*, 77, 1986-1987, p. 191-195.

4. Sur le contenu de ces anecdotes, voir J. HAMMERSTAEDT, « Der Kyniker Œnomaus von Gadara », p. 2837-2839 ; M.-O. GOULET-CAZÉ, notice « Oinomaos de Gadara », p. 753-754.

d'Abnimos ne serait pas fondée sur un philosophe grec particulier, mais plutôt sur un type correspondant à la tradition cynique de Gadara, auquel Oinomaos aurait donné son nom[1]. Mais, quand bien même Oinomaos n'aurait donné à Abnimos que son nom, l'identité Oinomaos / Abnimos marque sans aucun doute une étape dont il faut tenir compte dans les relations du cynisme et du judaïsme, une étape qui cependant garde ses zones d'ombre, car il reste curieux qu'un cynique qui a écrit tout un ouvrage pour dénoncer le caractère frauduleux des oracles ait éprouvé de la sympathie pour le judaïsme qui accorde une si grande importance aux prophéties, et il est tout aussi curieux que des Juifs lui aient emprunté son nom pour désigner le personnage du philosophe grec. Même si le fait est curieux, il ne suffit cependant pas à renverser l'hypothèse.

6. Le κυνικός dans le Talmud

Dans les Midrashim et les Talmuds on voit fréquemment des rabbis qui ont des entretiens avec des personnes présentées comme des « philosophes ». Mais les rabbis ne mentionnent ni Platon ni Aristote ni les stoïciens célèbres ; en revanche ils évoquent Épicure, qu'ils utilisent comme symbole d'hérésie, ainsi que le « kunikos ». On peut supposer que les rabbis ont eu des contacts personnels avec des cyniques, par exemple ceux qui vivaient à Gadara comme Oinomaos, ou encore avec des cyniques itinérants. Eux-mêmes pouvaient aussi rencontrer des cyniques au cours de leurs voyages, à Alexandrie par exemple, où, au IIe s. de notre ère, Agathobule, pratiquait un ascétisme rigoureux et recevait la visite d'autres cyniques comme Démonax et Pérégrinus, soucieux sans doute de bénéficier du modèle de son ascèse[2].

Il se trouve que le Talmud présente quelques passages qui font allusion sans ambiguïté au philosophe cynique[3]. Deux de ces passages appartiennent au Talmud

1. M. LUZ, « Oenomaus and Talmudic Anecdote », *Journal for the Study of Judaism*, 23, 1992, p. 42-80, notamment p. 80 : « In none of these traditions, do we find the Abnomos-figure based upon any particular Greek philosopher, but rather on a type... Although Oenomaus may have given his name to Abnomos in this tradition in as much as he exemplifies a type, his own peculiar philosophy cannot be identified here ; this is, however, not to deny that this general Gadarene Cynic tradition of ethical and social criticism does not overlay certain aspects of what is ascribed to Abnomos in nearly all the anecdotes both early and late. As an anecdotal figure, this Gadarene takes one life of its own ». Voir aussi J. HAMMERSTAEDT, « Le cynisme littéraire à l'époque impériale », dans M.-O. GOULET-CAZÉ et R. GOULET (édit.), *Le cynisme ancien et ses prolongements*, p. 399-418, notamment p. 412 : « Les mots d'Abnimos qui apparaissent dans ces anecdotes sont probablement inventés, mais ces narrations se sont formées au plus tôt sous l'impression efficace de la personnalité d'un philosophe de la secte cynique ».

2. Cf. Lucien, *Démonax* 3 ; *Sur la mort de Pérégrinus* 17.

3. Les trois références sont indiquées par M. LUZ, « A Description of the Greek Cynic in the Jerusalem Talmud ».

de Jérusalem (entre le IIIᵉ et Vᵉ s.) : *jGiṭṭin* 7, 1, 2 (48c)[1] et *jTerumot* 1, 1, 11 (40b)[2], qui renvoient à la figure du « qeniṭrofos », (compris communément comme « kantropos » pour κυνάνθρωπος, « homme-chien », à comparer avec λυκάνθρωπος, « homme-loup »), mais aussi à celle du « qiniqos/qinoqos (kinukos [sic]) » ; le troisième, appartient au Talmud de Babylone (Vᵉ s.) *bḤagigah* 3b-4a[3] ; il s'agit d'une version assez différente, où le mot « kinukos » manque, mais où la définition du cynique est bien présente. Ces textes transmettent, indépendamment les uns des autres, une discussion sur les signes caractéristiques de celui qui est atteint de folie. C'est à cette occasion qu'est mentionné le personnage du cynique hellénistique, ce qui confirme une connaissance réelle des cyniques par les sages juifs.

Dans le texte de base, celui de *jGiṭṭin*, le rédacteur dans sa préface décrit ainsi les comportements caractéristiques du fou : « The symptoms of an insane person : one who goes out in the night, stays overnight in a graveyard, tears his clothing and destroys what one gives to him... » (trad. Guggenheimer). Sont indiquées ensuite trois réactions à ce passage : celles du Babylonien R. Ḥuna (milieu du IIIᵉ s.), de R. Joḥanan (= Jean de Tibériade, début du IIIᵉ s.) et de R. Avin, un élève de R. Ḥuna (fin du IIIᵉ s.). Seule la réaction du babylonien R. Ḥuna fait intervenir les deux exemples du « qeniṭrofos » et du « kinukos » (*sic*), quand il explique qu'on peut parler d'un fou « only if all of that is in him since otherwise I say that one who goes out in the night is a man-dog (*scil.* « qeniṭrofos ») ; he who stays overnight in a graveyard burns encense to spirits ; he who tears up his clothing is (a choleric person) [*scil.* cholikos][4] and he who destroys what one gives to him is a Cynic (*scil.* kinukos) » [trad. Guggenheimer]. Cette interprétation, qui distingue quatre comportements (le « qeniṭrofos », celui qui brûle de l'encens pour les esprits, le « cholikos » et le « kunikos ») et qui est confirmée par la version parallèle de *jTerumot*, trouve sa justification dans la répétition de l'article -ha (Guggenheimer rend cet article par « the one who » ou bien par « he who », et Wewers dans sa traduction de *jTerumot* par « wenn einer »). En conséquence seul le dernier comportement se rapporte au cynique : « celui qui détruit ce qu'on lui donne est un cynique ». M. Luz a interprété et traduit différemment le texte : « R. Huna said that all of theses signs must be present except when the one

1. H. W. GUGGENHEIMER, *The Jerusalem Talmud. Third Order Našim. Tractates Gittin and Nazir*, Berlin, 2007, p 286.

2. G. A. WEWERS, *Terumot. Priesterhebe*, Tübingen, 1985, p. 7-8.

3. J. RABBINOWITZ, *Hebrew-English edition of the Babylonian Talmud*, t. IX, London, 1984 (trad. non paginée).

4. GUGGENHEIMER a ajouté « a choleric person » et il explique à propos de cet ajout : « from the text in Terumot, missing here ». Effectivement, dans les deux témoins de *jGiṭṭin*, à savoir le manuscrit de Leiden et l'*editio princeps* de Venise, aucun équivalent n'est présent pour « cholikos » ; dans l'édition de Constantinople est présent le mot « solikos », que cette édition a peut-être repris de *jTerumot*.

who goes abroad at night is a *kantropos* – and the one who sleeps in the graveyard, burns incense to the demons, rends his clothing and destroys what people give him, is a *kunikos* »[1]. Ainsi pour M. Luz, le « kinukos » n'est pas seulement celui qui détruit ce qu'on lui donne, mais aussi celui qui dort dans les cimetières, brûle de l'encens pour les démons et déchire ses vêtements ». Seuls les spécialistes du Talmud peuvent décider comment il convient de traduire le texte originel et expliquer si l'ajout de « cholikos » dans *jGiṭṭin*, motivé par la présence de ce mot dans *jTerumot*, est justifié. Cependant, à l'exception de l'édition de Constantinople, tous les copistes et les éditeurs – et même M. Luz dans sa restitution[2] – séparent les groupes de mots par un point. C'est bien le signe que pour eux le « kinukos » se rapporte seulement au passage qui suit le dernier point et non aux aspects précédemment mentionnés. Nous considérons nous aussi que cette lecture du passage est la plus correcte et la plus sûre.

L'intérêt de ces témoignages du Talmud est double : d'une part le « qiniqos/ qinoqos » renvoie au cynique, ce qui prouve que les rabbis connaissaient une catégorie de personnes qui étaient suffisamment caractérisées pour être regroupées sous cette appellation, information du premier intérêt pour notre propos ; d'autre part l'attitude qui est décrite comme spécifique du cynique (il détruit tout ce qu'on lui donne) est effectivement attestée chez les représentants de cette philosophie, du moins pour la signification globale de la démarche qui consiste à jeter ce qu'on possède par souci de l'αὐτάρκεια, comme le souligne M. Luz[3]. Diogène se débarrasse de son gobelet et de son écuelle[4] et Cratès jette ses biens à la mer[5]. Les rabbis étaient bien au fait d'une des caractéristiques fondamentales du cynisme, qui était en même temps une composante essentielle de l'ascèse qu'il préconisait, à savoir le rejet de la propriété et des biens . Peut-on en conclure que les savants juifs du IIIe s. connaissaient, grâce aux nombreuses chries qui circulaient, les épisodes de la vie de Diogène et de Cratès liés à cette thématique, et que les lecteurs et les auditeurs auxquels ces savants s'adressaient étaient capables de comprendre, à travers une définition du cynique donnée par les rabbis, les allusions qu'ils pouvaient faire à ces épisodes ? Ce serait sans doute trop s'avancer, mais ces savants, leurs auditeurs et leurs lecteurs se faisaient en tout cas une image du sage cynique dominée par un trait essentiel de l'ascèse spécifique à ce mouvement.

Bien que les exemples du « qeniṭrofos » et du « kinukos » soient attribués dans les témoignages uniquement à R. Ḥuna, M. Luz pense que la discussion originelle,

1. M. LUZ, « A Description », p. 52-53.
2. *Ibid.*, p. 51.
3. *Ibid.*, p. 58 et n. 38.
4. D. L. VI 37.
5. D. L. VI 87. Dans Lucien, *Vies à l'encan* 9, Diogène conseille aussi de jeter ses richesses à la mer.

et par conséquent les deux exemples, reviennent à Jean de Tibériade, qui était plus âgé que Ḥuna et qui, à la différence de ce dernier, maîtrisait le grec et pouvait avoir eu des contacts avec le cynisme à Gadara[1]. Le Babylonien Ḥuna aurait seulement revu ces exemples ou il en aurait eu connaissance au contact de l'Académie de Tibériade. En conséquence, selon M. Luz, on aurait affaire dans ces témoignages au type du cynique syro-palestinien, tel qu'il était familier aux sages de l'école de Tibériade, et non au type du cynique babylonien tel que R. Ḥuna et son élève R. Avin le connaissaient.

C. LA VILLE DE GADARA ET SON RÔLE CENTRAL DANS LES RELATIONS CYNISME/JUDAÏSME

Il convient de signaler le rôle important que joua, dans les relations cynisme/judaïsme, la ville de Gadara (aujourd'hui Umm Qéis), réputée pour ses bains chauds[2]. Cette ville, entourée d'un mur d'enceinte avec des portes, était bâtie sur une colline haute de 364 m au nord ouest de la Décapole, ce qui lui donnait une excellente position stratégique, à 7 km au sud-est du lac de Tibériade, à l'est du Jourdain[3]. Les fouilles archéologiques ont mis au jour deux théâtres, deux temples, une acropole fortifiée, une porte monumentale, une nécropole, un nymphaeum, deux mausolées, un stade et deux bains publics[4]. Après la mort d'Hérode en 4 av. J.-C., Gadara devint une cité indépendante, mais sous la coupe de Rome. On a trouvé dans les inscriptions d'Hammat-Gader des noms gréco-romains, mais qui, pour beaucoup, traduisent des noms araméens, ce qui témoigne d'une parfaite

1. Cf. M. LUZ, « A Description », p. 54-60.

2. Cf. Eunape, *Vies de philosophes et de sophistes* V 17, p. 14, 17-22 Goulet, qui décrit les disciples du néoplatonicien Jamblique se rendant aux bains de Gadara et assistant à un miracle réalisé par leur maître ; Antoninus Placentinus, *Itinerarium* 7, p. 6 Gildemeister.

3. Voir E. SCHÜRER, *The History of the Jewish People in the Age of Jesus Christ, (175 B. C. - A. D. 135)*. A new English version revised and edited by G. VERMES, F. MILLAR, M. BLACK ; t. II, Edinburgh, 1979, p. 49-50, 132-136 ; S. MITTMANN, *Beiträge zur Siedlungs- und Territorialgeschichte des nördlichen Ostjordanlandes*, Wiesbaden, 1970, p. 135-137 ; V. TCHERIKOVER, *Hellenistic Civilization and the Jews*[3] (trad. S. APPLEBAUM), Philadelphia, 1966, p. 98 et p. 448, n. 65; C. P. THIEDE, *The Cosmopolitan World of Jesus*, London, 2004, p. 41-47. Sur la nécessité de distinguer cette ville de la Décapole, située près du lac de Tibériade, de la Gadara de Pérée inférieure et de Gazara (la *Gezer* de la Bible), à mi-chemin entre Jérusalem et Jaffa, voir T. DORANDI, « La patria di Filodemo », *Philologus*, 131, 1987, p. 254-256.

4. Voir A. HADIDI, art. « Umm Qeis (ancient Gadara) », dans E. M. MEYERS, *The Oxford Encyclopedia of Archaeology in the Near East,* t. V, Oxford, 1997, p. 280-282 ; Th. M. WEBER, *Gadara - Umm Qēs. Gadara Decapolitana. Untersuchungen zur Topographie, Geschichte, Architektur und der bildenden Kunst einer « Polis Hellenis » im Ostjordanland*, Wiesbaden 2002.

intégration dans l'Empire[1]. A côté des païens, la population de Gadara comprenait en effet des Juifs. La région avait une tradition juive ancestrale, comme en témoigne le nom de Gadara probablement issu de l'hébreu *gader* (= frontière). Nous avons vu également que la littérature rabbinique présente Abnimos ha-gardi (Oinomaos ?) rencontrant Rabbi Meir qui vivait au IIe siècle à Tibériade, donc à proximité de Gadara. Par ailleurs Gadara fut manifestement dans l'Antiquité un centre intellectuel important, si l'on en juge par les figures éminentes qui l'illustrèrent. Ce fut en effet non seulement la patrie des cyniques Ménippe (IIIe s. av. J.-C.), Méléagre (Ier s. av. J.-C.) et Oinomaos (IIe s. de notre ère), mais aussi celle de l'épicurien Philodème (première moitié du Ier s. av. J. -C.), de Théodore le sophiste qui fut le maître de Tibère[2], du mathématicien Philon en activité peu avant 100 ap. J.-C[3] et enfin du rhéteur Apsinès qui enseignait à Athènes vers 235[4]. Le fait que les trois cyniques mentionnés – qui vivaient à trois époques différentes – soient originaires de Gadara n'implique pas nécessairement qu'ils aient développé à cet endroit leur activité littéraire et philosophique ni que Gadara ait été un centre de philosophie cynique[5]. On sait que Ménippe, esclave phénicien devenu disciple de Cratès de Thèbes, auteur entre autres d'une *Descente aux Enfers* et d'une *Vente de Diogène,* vécut dans la région du Pont et qu'il fut également citoyen de Thèbes (D. L. VI 99) où il mit fin à ses jours en se pendant (D. L. VI 100) ; Méléagre lui-même, s'il est né dans « la célèbre ville de Gadara » (*Anth. Pal.* VII 418, 1)[6], fut en fait élevé à Tyr (*ibid.* VII 417, 1 et 419, 5) et se retira vers la fin de sa vie à Cos où il mourut. Quant à Oinomaos, on ne sait rien de sa vie sinon qu'il se rendit à trois reprises en Asie mineure à Claros afin de consulter l'oracle dont les réponses ambiguës et obscures le laissèrent peu satisfait. Ces remarques invitent donc à la prudence ; l'origine gadaréenne des philosophes cyniques ne signifie pas qu'il y avait une école philosophique cynique à Gadara, comme on l'entend dire souvent, et ceci d'autant plus que les cyniques n'avaient pas d'écoles. Mais à tout le moins peut-on dire qu'il y eut sur la durée une tradition cynique active à Gadara, où étaient certainement représentés par ailleurs divers mouvements philosophiques. Le fait cependant que les rabbis aient pu voir

1. Voir L. DI SEGNI, « The Greek Inscriptions of Hammat-Gader » dans Y. HIRSCHFELD (édit.), *The Roman Baths of Hammat-Gader. Final Report,* Jerusalem, 1997, p. 228-233.

2. Cf. Suétone, *Tibère* 57, 1.

3. Cf. K. ORINSKY, notice « Philon, n° 50, *RE* XX 1, 1960, col. 55.

4. Cf. Philostrate, *Vies des sophistes* II 33, p. 628 Ol. (= p. 127, 4-5 Kayser) ; *Souda, s.v.* Ἀψίνης Γαδαρεύς, A 4735, t. I, p. 443, 21-24 Adler. Sur ces figures, voir M. HADAS, « Gadarenes in Pagan Literature », *Classical Weekly,* 25, 1931-1932, p. 25-30, notamment p. 26-28, où sont traités Ménippe, Méléagre et Philodème ; Th. M. WEBER, *Gadara - Umm Qēs*, p. 61.63.66. 272-274.

5. Voir les remarques de bon sens de K. DÖRING, *Die Kyniker,* coll. « Faszination Philosophie », Bamberg, 2006, p. 103.

6. Le pays qui l'a vu naître est cette nouvelle « Attique située dans la Gadara Syrienne » (*Anth. Pal.* VII 417, 2 : Ἀτθὶς ἐν Ἀσσυρίοις ναιομένα Γαδάροις).

en Oinomaos le type du philosophe grec indique que le cynisme occupait dans cette ville une place privilégiée. Présence cynique donc à Gadara, qui illustre l'interaction, dans la littérature et la philosophie, de la civilisation gréco-romaine et du judaïsme, c'est-à-dire la fusion de deux cultures.

Ce n'est certainement pas trahir la réalité que de présenter Gadara comme un centre culturel important sous l'Empire, où se mêlaient des populations diverses, où l'on pouvait trouver des écoles de philosophie (et des philosophes indépendants), des écoles de rhétorique et de mathématiques, et où des Juifs pouvaient facilement rencontrer des cyniques et s'entretenir avec eux.

D. DES LIENS LITTÉRAIRES ?

R. Bultmann dans *L'histoire de la tradition synoptique* avait déjà attiré l'attention sur l'analogie et les parallélismes qui existent entre la tradition grecque des dits de sages comme Socrate ou Diogène – auxquels on se référait pour la conduite de la vie et non pour les connaissances –, les histoires rabbiniques et les dits de Jésus dans la Communauté primitive[1].

Henry Albert Fischel[2] a voulu montrer que la chrie grecque, véhicule idéal pour l'enseignement des idées non conformistes des cyniques, est arrivée en Judée, parce que les Juifs étaient familiers de la rhétorique hellénistique partout présente aussi bien sous sa forme écrite que sous sa forme orale, et qu'il existait dans la littérature tannaïtique juive une chrie hébraïque qui avait tous les aspects structurels, toutes les formes littéraires et la même fonction que la chrie grecque cynique dont elle s'inspirait. Fischel établit une comparaison des variantes d'une anecdote transmise par neuf sources grecques (Socrate invite des hôtes mais Xanthippe, prototype de la mégère acariâtre, gâche le repas) et une source hébraïque (un petit traité du Talmud, *Derek Eretz Rabbah*) sur un thème équivalent. Après avoir étudié ces variantes sous 15 aspects (p. 376-404), Fischel conclut qu'il y eut une acculturation de la chrie grecque, le héros devenant un sage juif et les événements prenant place en Judée, très fréquemment dans le Temple (p. 407). La fonction est la même dans les deux cultures : il s'agit de propager ou de préserver un idéal et une morale, et en même temps de faire contrepoint aux *ʿAm ha-aaretz* en Judée et aux πόλλοι en Grèce. Dans la culture juive la chrie est en quelque sorte « halakhisée », c'est-à-dire qu'elle sert de cas typique relatif à la morale ou à la loi, et, en tant que tel, de précédent à une règle permanente

1. R. BULTMANN, *Die Geschichte der synoptischen Tradition*, Tübingen, 1921 ; 1995[10] ; trad. par A. Malet, *L'histoire de la tradition synoptique,* Paris, 1973, p. 25-93, notamment p. 71-72.

2. H. A. FISCHEL, « Studies in Cynicism and the Ancient Near East. The Transformation of a Chreia », dans J. NEUSNER (édit.), *Religions in Antiquity. Essays in Memory of E. R. Goodenough*, Leiden, 1968, p. 372-411, notamment p. 375.

(halakha). Assez souvent est ajouté un témoignage ou μαρτύριον, c'est-à-dire une citation biblique qui sert de confirmation et influence le changement de sens de la chrie en direction des valeurs juives » (p. 409). Selon Fischel, de grandes différences séparent les chries grecques cyniques et hébraïques. Dans ces dernières, on relève une plus grande humanité ; les victimes ne sont pas traitées de façon sarcastique et sans clémence comme le sont par exemple les mendiants dans la chrie grecque. Contrairement aux chries grecques qui expriment résistance et protestation, par exemple contre la tyrannie, les chries hébraïques sont a-politiques et servent uniquement des buts socio-éthiques et religieux.

Le sage que célèbre la chrie juive appartient à la culture juive tannaïtique. Il s'agit presque exclusivement de Hillel l'Ancien (*fl. ca.* 30 av. J.-C.-10 ap. J.-C.), à qui on a attribué plus de maximes qu'à tous les autres maîtres pharisiens réunis. Ce sage, né à Babylone, était perçu comme l'autorité suprême du mouvement pharisien et il apparaît, selon la formule de Fischel, comme « an ideal Cynic-chriic sage » (p. 375). On lui attribue entre autres une maxime qui devait connaître une grande fortune « Ne fais pas à ton prochain ce qui t'est à toi-même odieux. C'est là toute la Torah. Le reste n'est que commentaire. Maintenant va et apprends »[1]. On a commencé à perpétuer la mémoire de Hillel après 70, mais comme dans le cas de Socrate, de Diogène ou de Jésus, il va de soi que ce qu'on rapporte de ses actes ou de ses paroles ne correspond pas nécessairement à la réalité historique. Comme le constate Neusner, « Hillel *existe*. Il dure. Il ne meurt jamais. Il est le maître, le paradigme »[2].

Plus récemment, Catherine Hezser[3] a étudié elle aussi cette question des liens entre chries hellénistiques, chries juives et chries chrétiennes. Le petit nombre de chries dans la littérature juive intertestamentaire, ou encore chez Philon et Flavius Josèphe, s'explique, selon elle, parce que qu'on avait alors peu d'intérêt pour les personnalités individuelles contemporaines et qu'on s'intéressait au judaïsme surtout en tant que phénomène collectif. En revanche, si on trouve des chries dans les évangiles canoniques aussi bien que dans l'*Évangile de Thomas*, ce ne serait point à cause d'un processus d'hellénisation du judaïsme palestinien, mais à cause de l'intérêt que manifestent les auteurs des évangiles pour la personne individuelle de Jésus. Les chries rabbiniques dans la Mishna, le Talmud et les Midrashim, celles de Jésus dans les évangiles canoniques aussi bien que les apophtegmes patristiques seraient des adaptations indépendantes l'une de l'autre du genre

1. Sur Hillel l'Ancien, voir J. NEUSNER, *Le judaïsme à l'aube du christianisme,* trad. par J.-P. Bagot, Paris, 1986 [éd. originale : *Judaism in the Beginning of Christianity*, Philadelphia, 1984], ch. IV : La figure de Hillel, p. 97-138. La maxime est citée p. 134. Voir A. Dihle, *Die Goldene Regel. Eine Einführung in die Geschichte der antiken und frühchristlichen Vulgärethik*, coll. « Studienhefte zur Altertumswissenschaft », 7, Göttingen, 1962, p. 8.

2. J. NEUSNER, *ibid.*, p. 136.

3. C. HEZSER, « Die Verwendung der hellenistischen Gattung Chrie im frühen Christentum und Judentum », *Journal for the Study of Judaism,* 27, 1996, p. 371-439.

littéraire hellénistique de la chrie. La comparaison entre ces différentes sortes de chries montre les éléments communs du genre et les éléments de variation, ce qui permet d'expliquer aussi bien les ressemblances que ce qui est « spezifisch Christlich », « spezifisch Rabbinisch » ou « spezifisch Philosophisch » (p. 379). Une possible origine commune n'empêche pas qu'il y ait eu, au cours du temps, une évolution dans la forme même des chries, les chries classiques étant plus succinctes, les chries juives et chrétiennes manifestant de façon générale une plus grande liberté : les unes, comme dans l'*Évangile de Thomas*, sont relativement courtes et concises, alors que celles de Marc, dans la mesure où elles ont une première partie plus développée, fréquemment dialoguée, ont déjà une structure littéraire plus compliquée que les chries apparentées dans leur forme gréco-romaine[1]. En revanche les paroles de Jésus ont conservé la plupart du temps la concision caractéristique de la forme hellénistique classique. De son côté la littérature tannaïtique présente des chries qui, en longueur et en abondance de détails, dépassent les chries gréco-romaines et néotestamentaires. La partie introductive est développée par des dialogues, des remarques narratives intercalées et des citations des écritures. Il s'agit d'anecdotes qui ne peuvent être reconnues comme des chries que par leur pointe (p. 405-406).

Il y eut par conséquent acculturation de la chrie grecque hellénistique au contact de la culture juive. Les chries rabbiniques, celles des évangiles et celles des Pères pourraient être des adaptations indépendantes les unes des autres de cette chrie grecque hellénistique, qui se développèrent quand on éprouva de l'intérêt pour des personnalités individuelles contemporaines comme Jésus ou Hillel. Il est probable que la chrie cynique, devenue rapidement, au IVe s. av. J.-C., dès l'époque des premiers philosophes cyniques, un genre littéraire avec ses règles propres, a été colportée soit par le biais des collections de chries comme celles que nous avons signalées, soit oralement par les philosophes itinérants qui parcouraient les pays du Bassin méditerranéen, et que selon les milieux où elle se développa, la chrie acquit des spécificités propres. Il est évident que les cyniques et les stoïciens ne furent pas les seuls à pratiquer le genre – il n'est que de citer Plutarque – et que, par conséquent, les chries dont eurent connaissance les auteurs de Q et ceux de la littérature rabbinique, même si elles étaient des chries grecques, n'étaient pas uniquement des chries cyniques. Mais si l'on veut étudier les liens entre cynisme, judaïsme et christianisme, il faut manifestement accorder une place à l'influence de ce genre littéraire né en milieu cynique et centré sur la figure du sage.

1. C. HEZSER, *ibid.*, p. 405, qui cite comme exemples *Marc* 10, 35-40 ; 11, 28-33 ; 12, 14-17.

CONCLUSION

Dès le IIIe siècle av. J.-C. la présence cynique est attestée à Gadara par le biais du philosophe Ménippe. Par la suite nous avons recensé un certain nombre de contacts entre cynisme et judaïsme sous des formes différentes : des contacts rendus possibles par la vie dans une même ville, comme ce fut le cas pour Méléagre qui évoque le sabbat ; des contacts livresques pour un Philon d'Alexandrie imprégné de culture grecque ou un Flavius Josèphe qui, au cours de ses lectures, eut connaissance de ce qu'était l'ascèse cynique ; des contacts qui aboutirent à une identification symbolique, puisqu'Oinomaos / Abnimos ha-gardi semble bien être devenu le prototype du philosophe païen dans le *Midrash Rabbah* ; enfin des contacts par le biais des chries d'Antisthène, de Diogène et de Cratès qui durent circuler assez tôt dans tout le Bassin méditerranéen.

III. LE CYNISME ET LE MOUVEMENT DE JÉSUS

A. LA GALILÉE DE JÉSUS : « GREEK HYPOTHESIS » OU « ARAMAIC HYPOTHESIS » ?

Avant d'entrer dans le vif du sujet, il faut prolonger la réflexion précédemment engagée sur la pratique et la connaissance du grec en Palestine (p. 98-104), en l'appliquant à la Galilée de Jésus. Celui-ci pouvait-il connaître le grec dans la Galilée du Ier siècle de notre ère ? En effet, si la réponse à cette interrogation devait être négative, la question des liens éventuels entre Jésus et le cynisme serait sans objet.

Parmi les disciples de Jésus certains portent des noms grecs comme André et Philippe ; d'autres des noms dont l'original grec a été araméisé comme Bartholomée, qui viendrait de bar-Ptolemaios, et Thaddée, qui pourrait être une forme abrégée de Theodotus[1]. Mais à côté de cette donnée relativement objective, il en est d'autres dont la valeur est moins facile à apprécier. Les Évangiles étant écrits en grec, Jésus ne peut qu'y parler grec avec ses proches et ses opposants, les Pharisiens par exemple. Ce n'est donc pas la preuve qu'il parlait grec. Si les Évangiles rapportent des mots prononcés en araméen par Jésus, dont ils donnent la traduction en grec (*Marc* 5, 41 ; 15, 34 ; *Matth.* 27, 46), n'est-ce pas le signe que Jésus, lui, s'exprimait de façon courante en araméen, et que les évangélistes qui, eux, parlaient grec et s'adressaient à des gens qui comprenaient le grec, jugèrent bon, pour quelques paroles fortes, de donner et l'araméen et sa traduction grecque ? Dans la première moitié du second siècle, Papias, évêque de Hiérapolis, affirmait, à ce que rapporte Eusèbe, que « Matthieu mit par écrit les *logia* de Jésus en langue hébraïque (*i.e.* en araméen) et [que] chacun les traduisit comme il le pouvait »[2]. Eusèbe précise encore que Pantène put constater, lorsqu'il arriva en

1. Cf. M. HENGEL, en collaboration avec Ch. MARKSCHIES, *The "Hellenization" of Judaea in the First Century after Christ*, London, 1989, p. 16.

2. Eusèbe, *H. É.* III 39, 16. Pour une interprétation du texte de Papias liée à l'hypothèse selon laquelle l'auteur ou le compilateur de la source Q serait Matthieu, un des Douze, voir M. FRENSCHKOWSKI, « Welche biographischen Kenntnisse von Jesus setzt die Logienquelle voraus ? Beobachtungen zur Gattung von Q im Kontext antiker Spruchsammlungen », dans J. M.

Inde, que l'apôtre Barthélémy y avait déjà prêché et qu'il avait laissé aux indigènes l'évangile de Matthieu en caractères hébreux[1]. Les exégètes ne savent pas trop comment interpréter le lien entre ces passages et les évangiles canoniques. Dans le même sens Jérôme fait allusion à une version araméenne du Notre Père dans un évangile apocryphe: *In Evangelio quod appellatur secundum Hebraeos, pro supersubstantiali pane maar repperi, quod dicitur crastinum...*, «Dans l'Évangile qui est dit "selon les Hébreux", j'ai trouvé, à la place du pain supersubstantiel, "maar" qui signifie "de demain", si bien que le sens est: "donne-nous aujourd'hui notre pain pour demain"»[2]. Il est par conséquent probable que Jésus a enseigné en araméen et que parmi les évangiles apocryphes certains ont été écrits en araméen avant d'être traduits en grec. Mais est-ce à dire que Jésus ne connaissait pas le grec ?

Un des principaux partisans de la «Greek hypothesis», Stanley E. Porter, s'est interrogé sur les langues qu'aurait pu parler Jésus[3]. Selon lui Jésus connaissait «Aramaic ostensibly because he was Jewish, Hebrew possibly because he was Jewish, perhaps Greek because he lived in Roman-controlled Palestine, and Latin because of Roman occupation»[4]. S'appuyant sur le fait que la *lingua franca* du monde gréco-romain était le grec et que la *koinè* grecque, dans l'environnement multilingue de la Palestine, était le *prestige language* par rapport aux langues sémitiques, Porter avance un certain nombre d'arguments qu'il faut prendre en compte quand on examine la «Greek hypothesis» appliquée à la Palestine de Jésus. En voici quelques-uns. Même à Jérusalem on parlait le grec, comme on peut le voir à partir de *La guerre des Juifs* de Flavius Josèphe et du Nouveau Testament. Les foules qui écoutaient Jésus venaient de pays différents et parlaient des langues différentes[5]. Les Juifs qui se rassemblèrent à Jérusalem pour la Pentecôte venaient de toutes les nations (*Actes* 2, 9-11). Or la seule langue qui pouvait réunir tous ces peuples était le grec. La Judée à l'époque romaine était multilingue et, même si l'influence de l'araméen était étendue, il y a toutes raisons de penser que celle du grec devait l'être tout autant. Par ailleurs une entité comme

ASGEIRSSON, K. DE TROYER, M. W. MEYER (édit.), *From Quest to Q. Festschrift James M. Robinson*, coll. «BETL», 156, Leuven, 2000, p. 3-42, notamment p. 37-39.

1. Eusèbe, *H. É.* V 10, 3.

2. Jérôme, *Commentaire sur Matthieu* 6, 11, livre I, *CCSL* 77, p. 37. Dans son *Commentaire* sur *Matthieu* 12, 13, livre II, *ibid.*, p. 90, Jérôme explique qu'il a traduit récemment de l'hébreu (= de l'araméen) en grec cet évangile en usage auprès des Nazaréens et des Ébionites, que la plupart des gens reconnaissent comme étant de Matthieu.

3. Voir par exemple S. E. PORTER, *The Criteria for Authenticity in Historical-Jesus Research. Previous Discussion and New Proposals*, coll. JSNTSup, 191, Scheffield, 2000.

4. S. E. PORTER, «The Language(s) Jesus Spoke», dans T. HOLMÉN et S. E. PORTER (édit.), *Handbook for the Study of the Historical Jesus*, t. III: *The Historical Jesus*, Leiden-Boston, 2011, p. 2455-2471, notamment p. 2458.

5. S. E. PORTER, «The role of Greek Language Criteria in Historical Jesus Research», dans T. HOLMÉN et S. E. PORTER (édit.), *Handbook for the Study of the Historical Jesus*, t. I: *How to Study the Historical Jesus ?*, Leiden-Boston, 2011, p. 361-404, notamment p. 393-395.

la Décapole était une confédération de dix cités fondée sur des principes grecs et qui maintenait les pratiques grecques, y compris l'usage de la langue. Au-delà du Jourdain, le pays des Nabatéens, sous domination romaine depuis le début du Ier siècle, utilisait le grec, tandis qu'à Tyr et à Sidon, hellénisées depuis le IIIe siècle avant notre ère, le grec était devenu le langage de l'administration et de la communication commerciale. Qu'en est-il de la Galilée ? Porter ne veut pas faire dépendre l'usage du grec en Galilée de son degré d'hellénisation ; il considère que cet usage était un phénomène linguistique de la vie juive, le grec étant la seule langue qui avait pu réunir tous les Juifs à la Pentecôte. Il en conclut que Jésus, pour être compris de tous, ne pouvait s'adresser qu'en grec à tous les gens qu'il côtoyait et qui venaient de pays différents. Il recense en outre un certain nombre de situations où les gens qui s'adressent à Jésus ont dû lui parler en grec, ce qui l'invitait à leur répondre aussi en grec[1]. Il cite par exemple le cas du centurion romain à Capharnaüm en Galilée, de Pilate quand il interroge Jésus (de fait aucun traducteur n'est mentionné), de la syrophénicienne dont il guérit la fille ou encore de la Samaritaine. La vraisemblance invite à penser que Jésus a été amené à parler grec en ces occasions, mais comment dépasser le stade de l'hypothèse ? Porter analyse les situations et distingue celles où Jésus utilise le grec avec « reasonably high probability », « reasonable probability » et « some probability »[2]. L'interprétation qu'il donne du Sermon sur la Montagne vise à prouver que ce texte forme une unité distincte du reste de la narration de Matthieu et que ce devait être au départ un discours prononcé par Jésus en grec dans un contexte où la langue en usage était le grec[3]. Lorsque Porter préfère penser le judaïsme à l'intérieur de l'hellénisme plutôt que de penser en termes de judaïsme ou d'hellénisme, il peut avoir raison : « Hellenism is seen to constitue the larger world in which Judaism was a part... Hellenism provides the overarching cultural, linguistic, educational and socio-economic framework in which Judaism existed, whether inside or outside of Palestine »[4]. Appliquée à la Galilée, la « Greek hypothesis », à condition de prendre en compte la place prépondérante occupée par l'araméen, est une hypothèse de travail qui mérite d'être prise en compte[5].

Mais une fois de plus c'est une question de proportion et les partisans de l'« Aramaic hypothesis »[6] présentent eux aussi des arguments pour défendre l'idée

1. *Ibid.*, t. I, p. 380.
2. *Ibid.*, t. I, p. 382.
3. *Ibid.*, t. I, p. 393-404.
4. S. E. PORTER, « The Context of Jesus : Jewish and / or Hellenistic ? », *ibid.*, t. II : *The Study of Jesus*, p. 1441-1463, notamment p. 1461.
5. Les fouilles archéologiques invitent elles aussi à envisager la possibilité que l'on ait parlé le grec en Galilée à cette époque. Cf. E. M. MEYERS et J. E. STRANGE, *Archaeology, the Rabbis and Early Christianity*, Nashville, 1981, p. 77-117.
6. Par ex. P. M. CASEY, « The Role of Aramaic in Reconstructing the Teaching of Jesus », dans T. HOLMÉN et S. E. PORTER, *Handbook*, t. II : *The Study of Jesus*, p. 1343-1375, qui débat du problème avec PORTER par articles interposés (voir p. 1361, n. 92).

qu'il ne faut pas omettre l'arrière-plan araméen de l'enseignement de Jésus, évident si l'on regarde les sémitismes qui abondent dans les synoptiques. C'est ainsi que Maurice Casey reproche à Porter deux erreurs majeures à ses yeux[1]. D'abord celui-ci ne prendrait pas suffisamment en compte le fait que Jésus parlait et donc enseignait en araméen, dans un environnement où la langue de communication entre les Juifs était l'araméen. Si les évangiles ont été écrits en grec, c'était pour annoncer la bonne nouvelle aux gens qui parlaient grec, mais ce n'est pas une raison pour penser que Jésus donnait l'essentiel de son enseignement en grec ; les mots araméens que l'on rencontre dans les synoptiques s'expliquent uniquement si les auteurs des évangiles pouvaient s'attendre à ce que leurs lecteurs sachent que le ministère de Jésus prenait place dans un environnement araméen. Second reproche adressé par Casey : Porter exagérerait l'usage de la langue grecque en Israël, usage qui, si Porter avait raison, permettrait de considérer que Jésus enseignait aussi bien en grec qu'en araméen. En réalité, les inscriptions grecques que Porter invoque, à savoir les inscriptions funéraires de Beth She'arim, en Basse Galilée, ne constitueraient pas une preuve de l'usage du grec au Ier s. dans cette ère géographique, vu que le petit nombre de tombes qui datent du Ier s. ne porteraient pas d'inscriptions[2]. Casey s'emploie en outre à reconstituer les sources araméennes de certains passages de l'évangile de Marc afin de prouver que Jésus enseignait en araméen. Il avance aussi d'autres arguments: on sait que les Juifs eurent besoin assez tôt que la Torah fût traduite de l'hébreu en araméen pour pouvoir la comprendre; on dispose de nombreux documents en araméen pour l'époque antérieure à Jésus, y compris les rouleaux araméens de la Mer Morte[3], qui montrent une interférence à partir de l'hébreu et non du grec; détails significatifs: les inscriptions sur les trompettes du Temple étaient en araméen et Gamaliel écrivit une lettre aux Juifs de Galilée en araméen. Casey conclut : « These points form a massive argument of cumulative weight, showing that Jesus would be brought up

1. *Ibid.*, p. 1361-1362.

2. *Ibid.*, p. 1363 et n. 99. Renvoyant à N. AVIGAD, *Beth She'arim. Report on the Excavations during 1953-1958*, t. III : *Catacombs 12-23*, New Brunswick (NJ), 1976, p. 124-125 et 261, Casey souligne que la catacombe 21 qui, datant peut-être de la période hérodienne, mais peut-être aussi d'une époque plus tardive, serait la plus ancienne, n'a pas d'inscriptions. Mais on sait que la datation des tombes est elle-même sujette à controverse. Cf. art. « Galilee in the Hellenistic through Byzantine Periods » de S. FREYNE, dans E. M. MEYERS (édit.), *The Oxford Encyclopedia of Archaeology in the Near East*, t. II, New York-Oxford, 1997, p. 370-376, notamment p. 375 : « Some have suggested that chambers 6 and 11 where only Greek is found should be dated to the first century CE (Lifshitz, 1965) ».

3. Il est à noter cependant qu'il y avait aussi des textes grecs à Qumran. Voir J.C. VANDERKAM, « Greek at Qumran », dans J.J. COLLINS et G.E. STERLING (édit), *Hellenism in the Land of Israel*, p. 175-181. Sur les 850 manuscrits, plus de 700 sont écrits en hébreu, 100 autres en araméen et on a identifié 27 textes grecs datant des IIe et Ier siècles avant J.-C. et du Ier siècle de notre ère, dont un bon nombre sont des copies de textes de la Bible grecque. Ainsi, même dans une communauté juive lettrée comme celle de Qumran, très attachée aux traditions anciennes des Écritures, certains avaient l'habitude de lire celles-ci en grec.

with Aramaic as his native tongue, and that he had to teach in Aramaic in order to be understood by normal Jews »[1].

Comme on le voit, la « Greek hypothesis » et l'« Aramaic hypothesis » comportent sans doute toutes les deux leur part de vérité. Ce n'est pas vouloir les ménager l'une et l'autre, mais c'est suivre le bon sens que de considérer comme vraisemblable le fait que Jésus parlait araméen, qu'il enseignait la plupart du temps en araméen, mais en même temps qu'il est possible qu'il ait connu le grec et qu'il en ait fait usage en certaines circonstances – par exemple lorsqu'il s'adressait à des foules venues de nations différentes, à supposer que ces récits soient historiques.

Si Jésus a pu connaître le grec, on ne peut donc éliminer d'emblée l'hypothèse qu'il ait été en contact d'une façon ou d'une autre avec le cynisme. Mais si l'on veut que cette hypothèse prenne corps, il faudra que des arguments solides soient avancés. On a argué du fait que Nazareth était proche de la grande ville de Sepphoris et que Jésus par conséquent avait pu avoir, du fait de la proximité de cette ville, des contacts avec l'hellénisme et peut-être avec le cynisme. Mais il s'agit là encore d'une pure hypothèse, car les fouilles menées par Eric M. Meyers en Galilée, notamment à Sepphoris, ne permettent pas de dire s'il y a eu des influences urbaines significatives sur Jésus. En outre, la population juive de Sepphoris au Ier siècle semble avoir été plutôt une « Torah true population », comme si les traditions s'y étaient renforcées à cause de la présence païenne. Il n'est donc pas évident qu'un jeune juif de Nazareth ait pu entrer en contact avec des païens, en l'occurrence des cyniques, à Sepphoris, à supposer qu'il soit allé dans cette ville[2].

B. DES LIENS ENTRE LA SOURCE Q DES ÉVANGILES ET LE CYNISME ?

Il faut admettre qu'on ne dispose finalement d'aucun indice prouvant avec certitude une connaissance du grec de la part de Jésus, mais ce sont les exégètes qui ont tenté de reconstituer l'arrière-plan littéraire et sociologique des évangiles canoniques qui ont soulevé au cours des dernières décennies la question d'une influence possible, à première vue surprenante, du cynisme sur le message de Jésus et l'organisation du mouvement des premiers disciples. Leurs recherches sont fondées sur l'analyse de la fameuse source Q des Évangiles. L'hypothèse de l'existence de deux sources à l'arrière-plan des évangiles synoptiques a été

1. P. M. CASEY, « The Role of Aramaic in Reconstructing the Teaching of Jesus », p. 1365.

2. Ces remarques sur Sepphoris sont empruntées à P. R. EDDY, « Jesus as Diogenes ? Reflections on the Cynic Jesus Thesis », *Journal of Biblical Literature,* 115, 1996, p. 449-469.

formulée pour la première fois en 1838 par Christian Hermann Weisse[1]. Matthieu et Luc auraient utilisé d'une part l'*Évangile de Marc*, d'autre part une source Q (*Q* pour *Quelle*) distincte, qui était une collection de dits de Jésus rassemblée après sa mort, qui n'a pas été transmise comme telle, mais que l'on reconstitue à partir de *Matthieu* et *Luc*. La découverte en 1945 des textes de Nag Hammadi, notamment de l'*Évangile de Thomas*, qui prouve qu'avant les évangiles canoniques il existait un type d'évangile non narratif dont la source d'inspiration était la littérature de sagesse juive[2], a confirmé en un sens l'hypothèse des deux sources. Nous nous proposons d'examiner les liens que certains exégètes établissent aujourd'hui entre la source Q et des genres littéraires cyniques, puis d'analyser si, d'un point de vue sociologique, on peut mettre en parallèle, voire assimiler, comme le font certains d'entre eux, le Jésus historique et « les gens de Q » avec des cyniques.

Reconstituée selon une approche nouvelle par J. M. Robinson, P. Hoffmann et J. S. Kloppenborg[3], la source Q se présente comme une collection de dits de Jésus et de Jean le Baptiste. Même si elle n'offre pas une trame narrative continue, elle est considérée aujourd'hui comme un écrit véritable et non comme le résultat d'une simple sédimentation. Outre la collection de dits, elle comprend deux histoires de miracles et l'épisode de la Tentation de Jésus ; en revanche le récit de la Passion et de la Résurrection en est absent et Jésus n'y est jamais appelé Messie ou Christ (il est désigné comme « Le Fils de l'homme » ou« le Fils de Dieu »).

1. Des liens d'ordre littéraire entre Q, les collections de chries cyniques et le *bios* cynique hellénistique ?

De nombreuses recherches ont été menées sur le genre de Q et leurs résultats font l'objet d'un vif débat surtout depuis une trentaine d'années, car l'idée s'est peu à peu imposée que la signification des textes est liée à leur genre littéraire et que les évangiles ne sont pas seulement le résultat de la sédimentation de traditions orales primitives, comme avaient pu le supposer M. Dibelius et

1. Ch. H. WEISSE, *Die evangelische Geschichte, kritisch und philosophisch bearbeitet*, 2 vol., Leipzig, 1838.

2. Ce texte transmis en copte et postérieur d'au moins une soixantaine d'années à Q comporte 114 *logia* présentés comme « les paroles secrètes que Jésus le vivant a dites et qu'a écrites Jude Thomas Didyme » (trad. Guillaumont).

3. J. M. ROBINSON, P. HOFFMANN et J. S. KLOPPENBORG, *The Critical Edition of Q*, Minneapolis / Leuven, 2000 ; voir aussi F. AMSLER, *L'évangile inconnu. La source des paroles de Jésus*, coll. « Essais bibliques » 30, Genève, 2001 ; P. HOFFMANN et Ch. HEIL (édit.), *Die Spruchquelle Q. Studienausgabe Griechisch und Deutsch*, Leuven, 2002, 2013[4].

R. Bultmann[1]. Seules les grandes lignes du débat sont indiquées ici à travers l'évocation de quelques publications représentatives[2].

Q comme collection de dits isolés

Lorsque, à la suite de Martin Dibelius[3], Rudolf Bultmann, dans son étude décisive, *Die Geschichte der synoptischen Tradition*[4], étudia les paroles de Jésus dont il voulait retrouver le *Sitz im Leben* grâce à la méthode de la *Formgeschichte*[5], il arriva à la conclusion que Q était un assemblage de morceaux isolés sans unité organique et se prêtant facilement, par nature, à des amplifications, qui avaient d'abord été transmis oralement, puis qui furent fixés par écrit et soumis à un travail de rédaction dans la *Communauté palestinienne primitive*. Ces morceaux isolés préparaient l'évangile, mais celui-ci n'était pas encore créé.

Le type de l'évangile au sens propre devait apparaître seulement chez Marc et ce fut une création originale de la *Communauté hellénistique* (p. 446). Celle-ci, qui comptait de nombreux Juifs convertis, a repris la tradition palestinienne et elle a fait un exposé suivi de la vie de Jésus sur la base de la tradition existante des morceaux isolés et des compilations restreintes d'apophtegmes et d'histoires de miracles. Le récit suivi, historique et biographique, qui en découla naturellement, accordait une place centrale à l'histoire de la passion et servait de complément et d'illustration au kérygme chrétien (p. 448). Ainsi Q, d'abord écrit selon Bultmann en araméen puis traduit en grec, apparaît comme une extension de la tradition des dits à laquelle vinrent s'ajouter des proverbes, des dits de sagesse populaire, des prophéties et des lois à valeur parénétique.

La question du genre littéraire de Q et des évangiles synoptiques comme tel ne se pose pas pour Bultmann, puisqu'il ne fait pas de distinction entre tradition orale et écrite et qu'il considère que la fixation par écrit a été d'abord entièrement non littéraire[6]. A ses yeux, l'évangile lui-même, création chrétienne originale, n'est pas un genre littéraire à proprement parler, car la notion de genre littéraire est liée

1. Voir H. C. KEE, « Synoptic Studies », dans E. J. EPP et G. W. MACRAE (édit.), *The New Testament and its Modern Interpreters*, Atlanta, 1989, p. 245-262, avec bibliographie, p. 262-269.

2. Les dits de Q sont cités à partir de l'évangile de Luc avec l'abréviation Q.

3. M. DIBELIUS, *Die Formgeschichte des Evangeliums*, Tübingen, 1919, 1961[4].

4. R. BULTMANN, *Die Geschichte der synoptischen Tradition*, Tübingen, 1921 ; 1995[10] ; trad. française par A. Malet, *L'histoire de la tradition synoptique*, Paris, 1973, notamment p. 445-453.

5. BULTMANN avait par ailleurs relevé une analogie historique entre cette tradition et celle des maîtres et des sages grecs, tels Socrate et Diogène (*L'histoire de la tradition synoptique*, p. 72). Nous avons appliqué la méthode de la *Formgeschichte* à des apophtegmes de Diogène dans M.-O. GOULET-CAZÉ, « Le livre VI de Diogène Laërce ; analyse de sa structure et réflexions méthodologiques », dans *ANRW* II 36, 6, Berlin-New-York, 1992, col. 3997-4039.

6. R. BULTMANN, *L'histoire de la tradition synoptique*, p. 21 ; 293.

à l'histoire ; or dans les évangiles synoptiques la forme littéraire comme telle n'a pas eu le temps d'acquérir une vie propre, la canonisation des quatre évangiles ayant coupé court à tout développement ultérieur de la forme évangélique (p. 452-453).

Aujourd'hui cependant on a pris l'habitude de considérer la source Q comme un écrit véritable *(Schrift)* et non comme le résultat d'une simple stratification *(Schicht)*, pour reprendre la terminologie de Dibelius[1], si bien qu'elle doit s'inscrire dans un genre auquel est liée sa signification.

Λόγοι σοφῶν

Pour analyser le genre littéraire de Q, James M. Robinson introduisit le concept dynamique de « trajectoire » des genres littéraires de leur origine à leur point d'aboutissement et conclut que la collection de dits de Q relève d'un genre qu'il appelle les λόγοι σοφῶν (« dits de sages »), auquel appartient également l'*Évangile de Thomas*[2]. On trouve, selon lui, des manifestations de ce genre littéraire dans les collections de dits de sages juifs, telles qu'on peut les rencontrer dans le livre des *Proverbes*, les *Testaments des douze patriarches* ou *Pirke Aboth*, aussi bien que dans des textes chrétiens comme la *Didachè*, les évangiles, notamment celui de Matthieu, et la *Première lettre de Clément*. La trajectoire de ce genre littéraire part des *Proverbes* et aboutit aux dits du rédempteur gnostique de l'*Évangile de Thomas*. Robinson suggère qu'en raison de l'association dans le christianisme primitif de Jésus et de la Sagesse juive personnifiée (*Sophia*), des dits de sagesse juive se sont trouvés dès le début parmi des dits de Jésus, ce qui pourrait avoir ensuite facilité le rassemblement de ses dits dans le genre des Λόγοι σοφῶν. Mais les chrétiens orthodoxes préférèrent à la collection de dits la forme de l'évangile et les gnostiques celle du dialogue du Ressuscité avec ses dsiciples.

Il faut comprendre que la démarche de Robinson ne se limite pas à proposer pour le genre de Q une formulation : λόγοι σοφῶν, qui situerait ce genre en fonction de traits génériques statiques. L'usage que fait Robinson de l'histoire des genres pour analyser Q, dans la mesure où il fait intervenir une matrice de dynamismes et de polarités internes qui s'expriment dans un ensemble de documents relevant d'une même classe, représente une réelle avancée méthodologique. Il s'emploie à montrer que la transition de la forme orale des dits de Jésus à leur

1. M. DIBELIUS, *Die Formgeschichte des Evangeliums*, p. 236.

2. J. M. ROBINSON, « Zur Gattung der Spruchquelle Q », dans E. DINKLER (édit.), *Zeit und Geschichte. Dankesgabe an R. Bultmann zum 80. Geburtstag*, Tübingen, 1964, p. 77-96 ; *ID.*, « Logoi Sophon. On the Gattung of Q », dans J. M. ROBINSON et H. KOESTER (édit.), *Trajectories through Early Christianity*, Philadelphia, 1971, p. 71-113.

forme écrite a été rendue possible grâce à la médiation de ce genre littéraire des dits de sages. L'archétype de Q serait donc à chercher du côté des sages d'Israël[1].

Dans la lignée de James M. Robinson, John S. Kloppenborg accepte de ranger une partie des dits de Q dans le genre des λόγοι σοφῶν. S'appuyant sur une analyse formelle du Sermon des Béatitudes (Q 6, 20-49)[2], il caractérise les dits de sagesse, constitutifs selon lui de la première strate de Q (= Q^1), par le répertoire de formes attestées (macarismes, impératifs arc-boutés sur des maximes, questions rhétoriques, dits gnomiques et comparaisons, exemples tirés de l'expérience commune), par la nature de l'argumentation déployée (appel à l'expérience commune, à l'observation de la nature, aux transactions sociales ordinaires et aux activités ordinaires), par la nature de celui qui parle (ni un prophète ni un visionnaire), tous caractères qui rattachent cette strate au genre de « l'instruction », dont on trouve un cas significatif par exemple dans *Proverbes* 6 , 20-35.

Q et la chrie cynique

John S. Kloppenborg propose cependant de regarder non seulement du côté des collections sapientielles juives, mais aussi du côté des collections de chries grecques, comme celles de Métroclès, d'Hécaton ou de la *Vie de Démonax* de Lucien[3]. Pour comprendre comment Kloppenborg envisage le rôle des chries dans Q, il faut rappeler d'abord que pour lui la composition de Q dépend des choix littéraires d'une communauté qui a un ancrage historique particulier et qui est confrontée à des problèmes rhétoriques eux aussi particuliers. Ce qui intéresse Kloppenborg, ce n'est point l'authenticité des dits, mais le genre de Q comme document, un document dont il montre qu'il était écrit (il rejette *l'oral hypothesis*) et qu'il fut compilé par une communauté parlant grec, même si certains de ces dits ont pu circuler d'abord en araméen. C'est à Kloppenborg que l'on doit la conception stratigraphique de Q, maintes fois reprise ensuite, qui distingue dans Q trois couches rédactionnelles qui auraient répondu à des stratégies différentes : Q^1 = les aphorismes de sagesse à fonction de parénèse, d'exhortation et d'instruction, qui regroupent six blocs de matériel ; Q^2 = un élargissement apocalyptique

1. M. SATO, *Q und Prophetie. Studien zur Gattungs- und Traditionsgeschichte der Quelle Q*, coll. « Wissenschaftliche Untersuchungen zum Neuen Testament », II 29, Tübingen, 1988, voit lui aussi dans Q une collection de dits. Mais plutôt qu'une collection de dits de sagesse, Q est à ses yeux un livre prophétique émanant d'un cercle relativement autonome au sein du christianisme primitif et orienté vers la prophétie de la fin des temps. Ce groupe aurait comporté des communautés locales sédentaires d'où partaient des missionnaires itinérants envoyés pour prêcher la parole du Christ, qui se rapprocheraient des prophètes par leur *ethos* spécifique (vie errante, sans patrie, sans famille, sans possessions et sans protection).

2. J. S. KLOPPENBORG VERBIN, *Excavating Q. The History and Setting of the Sayings Gospel*, Edinburgh, 2000, p. 154-159.

3. Cf. D. L. VI 4.32.33.95 ; VII 26.172 ; Lucien, *Demonax* 12-62. Voir J. S. KLOPPENBORG, *The Formation of Q. Trajectories in Ancient Wisdom Collections*, Philadelphia, 1987 ; *Id.*, *Excavating Q*, notamment p. 160-162 ; 201-202.

comprenant les dits de Jean le Baptiste, l'annonce du jugement et le chatiment de « cette génération » qui n'a pas su répondre à l'annonce du Royaume ; à la parénèse de Q^1 se juxtapose ici la polémique et c'est cette couche rédactionnelle qui est, selon lui, caractérisée par la forme de la chrie ; Q^3 = le récit de la tentation, qui introduit dans Q une proto-biographie[1]. Il ne faudrait pas penser cependant que pour Kloppenborg ces strates successives impliquent une succession chronologique dans l'histoire de Q, comme c'est le cas chez Burton Mack dont les positions seront examinées plus loin. Se demandant quelle est la relation entre les deux types de dits, formes sapientielles dans Q^1 et prophétiques dans Q^2, Kloppenborg suggère l'hypothèse que les dits sapientiaux ont pu être complètement absorbés dans un genre prophétique. La souplesse liée au genre de la collection de chries permettait que les dits d'instruction de Q^1 soient absorbés dans ce genre proche, mais distinct, qu'est précisément celui de la collections de chries (sous lequel il range Q^2)[2]. Dans cette perpective, ce sont les choix littéraires des auteurs de Q, et non des critères matériels ou théologiques, qui permettent de déterminer le genre de Q, que Kloppenborg conçoit dans son état final comme « an Expanded Instruction »[3].

Si Kloppenborg décèle la forme de la chrie (« saying with a brief setting ») dans les dits de Q^2, c'est parce que ce sont des dits de confrontation et de polémique, conçus par conséquent d'une manière historicisante et dotés d'un cadre narratif (lequel peut cependant être réduit parfois à un simple : « Jésus dit », comme dans l'*Évangile de Thomas*) : pour Jean, la région du Jourdain en 3, 3 et les foules qui viennent afin d'être baptisées en 3, 7 ; pour Jésus, l'entrée à Capharnaüm en 7, 1, qui entraîne l'arrivée des disciples de Jean venus l'interroger en 7, 18 et après leur départ le discours adressé par Jésus aux foules en 7, 24 ; ou encore la présence des foules étonnées par son exorcisme en 11, 14. C'est dans cette strate que l'on rencontre pour la première fois les prophètes, la Sagesse et l'histoire épique d'Israël, avec le thème deutéronomiste des prophètes que l'on tue, qui constitue un instrument de polémique et de reproche. C'est ici également qu'apparaît « cette génération », opposée au groupe des gens de Q. Parmi les malédictions, les avertissements concernant le jugement et leurs corrélats prophétiques, apparaissent des chries. Kloppenborg cite 7, 10 (épisode de la guérison du fils du centurion) ; 7, 18-23.24-28.31-35 (la question de Jean sur l'identité de Jésus et la réponse de celui-ci) ; 11, 14-23 (l'exorcisme) ; 11, 29-32 (le signe de Jonas)[4]. Dans ces dits, Jésus et Jean répondent à des circonstances spécifiques ou à des questions, comme le font les philosophes dans les chries. Malgré la présence de

1. Cette thèse des trois couches a été critiquée par Christopher M. TUCKETT, « On the stratification of Q. A Response », *Semeia*, 55, 1992, p. 213-222.

2. J. S. KLOPPENBORG, *The Formation of Q*, p. 323.

3. ID., *Excavating Q*, p. 143-153.

4. *Ibid.*, p. 202.

dits prophétiques dans Q^2, la plupart des dits de cette strate sont construits comme des chries. Souvent une chrie initiale reçoit une extension par l'addition d'une autre chrie ou d'autres dits. Ainsi donc, sur le plan littéraire, Q, loin d'être une simple sédimentation de dits oraux, serait une composition construite avec soin, très organisée et structurée, qui, dans Q^2, emploierait les mêmes techniques littéraires que les collections de chries grecques[1]. En situant Jésus dans une position conflictuelle par rapport à Israël et en préparant les missionnaires envoyés par Jésus au rejet et à la persécution, les dits de Jésus dans Q^2 renforcent l'*ethos* de la communauté et fonctionnent, selon Kloppenborg, comme les chries cyniques qui mettaient en scène Antisthène, Diogène ou Bion répondant aux reproches qu'on leur adressait.

Dans Q^2, qui est à ses yeux « the main redaction », Kloppenborg distingue cinq ensembles thématiques répartis à travers tout le document et portant de façon répétitive sur le jugement, l'histoire de Lot et la conception de l'histoire et des prophètes persécutés propre au Deutéronome ; dans Q^1, « the formative stratum », six ensembles de dits relevant de la parénèse, de l'exhortation et de l'instruction fondées sur la référence à un Dieu-Providence généreux aussi bien envers ses amis que ses ennemis, et exhortant à pratiquer un mode de vie particulier. Les deux strates correspondent à deux types de matériau qui se distinguent chacun par une organisation littéraire et une posture rhétorique spécifiques. Mais les plaintes qu'on lit dans Q^2 à propos de la non-reconnaissance de Jésus et des gens de Q servent de stratégie apologétique pour légitimer le mode de vie préconisé en Q^1, qui soit est attaqué soit ne suscite qu'indifférence. Quant à Q^3, récit de la tentation et addition plus tardive à Q, il ne représente pas, du point de vue du genre, un corps étranger à Q. Kloppenborg cite plusieurs collections de chries commençant en effet par une épreuve[2]. Il reconnaît cependant que Q n'est pas un document aussi homogène que certaines collections de chries (Kloppenborg cite des collections de chries de Diogène et de Socrate contenues dans des papyrus et qui sont plus homogènes), puisque des chries comme Q 11, 14-20 ou 11, 16. 29-30 y sont combinées avec des discours plus longs comme 6, 20-49 ou 10, 2-16. Kloppenborg se rallie finalement à la thèse de Downing qui sera examinée plus loin, selon laquelle Q, pris comme document, pourrait relever du genre du βίος hellénistique. Par le biais de l'épisode des tentations de Jésus qui constitue Q^3, Q s'oriente en effet dans la direction de ce genre, avant même d'avoir été incorporé dans le schéma narratif des évangiles.

1. J. S. KLOPPENBORG, *The Formation of Q*, p. 306-316, analyse la morphologie des collections de chries hellénistiques, leurs fonction, leur tonalité, leur double caractère biographique et historicisant d'un côté, utile de l'autre, et il conclut (p. 323-324) que la source Q emploie les mêmes techniques qu'elles et qu'elle sert de la même façon à renforcer l'*ethos* du groupe face à ses opposants.

2. J. S. KLOPPENBORG VERBIN, *Excavating Q*, p. 161.

Mais Kloppenborg prend soin de préciser qu'il ne faut pas confondre le genre littéraire et le contenu, que voir dans Q^2 une collection de chries ne signifie pas que ces chries soient nécessairement cyniques[1]. C'est ainsi que l'*Évangile de Thomas*, bien qu'étant une collection de chries, n'est pas cynique.

Βίος κυνικός hellénistique

Charles H. Talbert, en 1977, avait déjà souligné l'analogie des évangiles synoptiques avec les vies des philosophes d'époque hellénistique, la biographie fournissant un mythe de l'origine de la communauté qu'elle soit philosophique ou chrétienne, mais il n'avait pas développé cette problématique du point de vue de l'origine de l'évangile[2]. C'est ce que fit F. Gerald Downing. Ce dernier en effet a voulu, en présentant de nombreux parallèles, rapprocher Q du genre du βίος hellénistique, tel qu'on le retrouve dans les *Vies* des philosophes cyniques de Diogène Laërce ou dans la *Vie de Démonax* de Lucien, aussi bien pour l'organisation interne, les formes des « dits », que pour le contenu thématique, Q étant proche, selon lui, de l'enseignement cynique dans le choix de ses topiques[3].

Concernant les thèmes, il met en parallèle par exemple Jésus qui fait la volonté de Dieu et Musonius, Dion et Épictète qui disent eux aussi obéir à Dieu ; les errances d'Israël dans le désert et Héraclès, héros cynique par excellence, qui connaît faim et soif au désert ; la difficulté qu'il y a à suivre Jésus et celle qu'il y avait à suivre Diogène ; l'idéal de pauvreté, de simplicité qui prévaut des deux côtés, de même que le cosmopolitisme ou encore le thème des deux voies.

Sur le plan du genre littéraire, les « Vies » cyniques sont, selon Downing, plus importantes pour déterminer le genre de Q que ne le sont l'*Évangile de Thomas*, les *Proverbes* ou *Pirke Aboth* comme le pensait Robinson. Les gens qui ont produit Q auraient en effet utilisé le modèle du « bios » cynique pour composer leur collection de dits de Jésus et les lecteurs de Q auraient perçu le genre littéraire de Q comme celui d'une vie de philosophe cynique[4]. Q, dont la taille devait être comparable à celle de la *Vie de Démonax* de Lucien, serait donc une forme de « bios-genre ». Divers éléments formels sont avancés. Ainsi tout tourne autour

1. *Ibid.*, p. 163.

2. Ch. H. TALBERT, *What is a Gospel? The Genre of the Canonical Gospels*, Philadelphia, 1977.

3. F. G. DOWNING, « Quite like Q. A Genre for 'Q', the "Lives" of the Cynic Philosophers », *Biblica*, 69, 1988, p. 196-225 ; *ID.*, *Cynics and Christian origins*, Edinburgh, 1992, p. 115-122 ; *ID.*, « A Genre for Q and a Socio-Cultural Context for Q : Comparing Sets of Similarities with Sets of Differences », *Journal for the Study of the New Testament*, 55, 1994, p. 3-26.

4. Cf. aussi la présentation que donne J. S. KLOPPENBORG, *Excavating Q*, p. 161-163, des arguments de Downing. Les vues de ce dernier ont été critiquées notamment par Ch. M. TUCKETT, « A Cynic Q ? », *Biblica*, 70, 1989, p. 349-376, qui ne nie pas les parallèles, mais conteste qu'on puisse en conclure à une similitude générique, et par H. D. BETZ, « Jesus and the Cynics. Survey and Analysis of a Hypothesis », *The Journal of Religion*, 74, 1994, p. 453-475.

d'un personnage, en l'occurrence Jésus, qui peut s'exprimer en son propre nom. Le philosophe cynique est caractérisé surtout par des dits qui indiquent un intérêt biographique implicite pour son enseignement et son style de vie ; de même Jésus est caractérisé dans Q par de nombreux dits, sans narration. Dans les *Vies* de philosophes, certaines histoires ou certains dits sont soigneusement composés, même si d'autres unités sont plus lâches ; de même les discours de Q traduisent une réelle organisation. Au début des *Vies*, on présente souvent les maîtres du philosophe ; de même Q s'ouvre sur l'annonce du jugement par Jean le Baptiste. Downing reconnaît cependant que dans les *Vies* laërtiennes on ne trouve pas d'impératifs ni de malédictions comme dans Q et qu'en revanche il n'est pas fait mention dans Q de la mort du personnage, une pratique dont il note néanmoins qu'elle n'est pas toujours observée chez Diogène Laërce. La présence de ces éléments dans Q prouve, selon Downing, que l'écrit résonnait comme le « bios » d'un maître, en l'occurrence d'un maître cynique, et que ce modèle, parmi ceux qui ont été suggérés, est celui qui convient le mieux à Q. Pour lui cependant c'est le contenu du document, l'*ethos* et le contexte social qui restent les plus déterminants.

Un évangile perdu avec des aphorismes de sagesse cynique

Burton L. Mack imagina un scénario qui suscita de vives réactions, mais qui a de la cohérence et mérite d'être signalé[1]. Nous en indiquons d'ores et déjà les grandes lignes, en nous intéressant pour l'instant à l'aspect formel, le contenu éthique cynique devant être examiné dans la seconde partie de ce chapitre. Ce sont les disciples de Jésus qui auraient regroupé ses dits dans Q et le livre aurait servi de manuel et de guide pendant la plus grande partie du premier siècle. Or Q ne fait mention ni de la mort de Jésus sur la croix ni de sa résurrection. Mack émet l'hypothèse qu'un mythe se serait développé ensuite autour de Jésus ; sa mort aurait été embellie et transformée en un événement de crucifixion et de résurrection miraculeux, qui aurait entraîné un culte du Christ ressuscité, Messie et Fils de Dieu. Le « sayings-gospel » aurait disparu à la fin du siècle, tandis que le mythe du Christ ressuscité aurait rendu possible, dans la dernière partie du premier siècle, l'apparition des « narrative gospels » qui prévalurent chez les chrétiens, même s'ils n'avaient plus grand chose à voir avec les événements historiques du christianisme primitif. Si deux auteurs de « narrative gospels », Matthieu et Luc, n'avaient pas incorporé des sections de Q dans leur narration, les dits rassemblés par les premiers disciples de Jésus dans cet *Ur-Evangelium* que serait Q auraient complètement disparu. D'où le titre de l'ouvrage de Mack : *The Lost Gospel*.

Ce dernier reprend à propos de Q la stratigraphie de Kloppenborg, mais en distinguant cinq étapes à l'intérieur de Q, là où Kloppenborg en voit trois. Selon lui Q^1, qui contient le matériel de sagesse, comporterait en effet trois étapes et ce

1. B. L. MACK, *The Lost Gospel : the Book of Q and Christian Origins*, San Francisco, 1993.

serait dans Q^1 que les gens de Q seraient comparables aux cyniques engagés dans la critique sociale et dans une attitude contre-culturelle. La première étape correspond au moment de la formation sociale du mouvement : à côté des aphorismes, qui reflètent le discours de la période orale, antérieure à Q^1 (« Un disciple n'est pas au-dessus de son maître » ou « Il n'y a pas de bel arbre qui produise du vilain fruit »), prennent place des généralisations sous forme de maximes (« Là où est ton trésor, là aussi sera ton cœur ») ainsi que des injonctions à l'impératif et l'emploi de la seconde personne du pluriel pour s'adresser aux lecteurs, des caractéristiques formelles qui prouvent qu'une forme d'association se constitue parmi les gens de Q. La seconde étape révèle la conscience d'appartenir à un mouvement : les injonctions de style aphoristique de l'étape précédente sont codifiées, évoluent en règles pour le groupe et sont étayées par des arguments, l'aphorisme restant le noyau du dit tandis que des figures et des comparaisons apparaissent ; le passage sur les corbeaux et les lys, qui recommande de ne pas se faire de souci concernant la nourriture et le vêtement, fournit, selon Mack, un bel exemple de ce développement d'une « Cynic-like injonction » sous forme d'une thèse solidement argumentée avec analogies et exemples. La troisième étape de Q^1, autrement dit celle qui sépare Q^1, la phase d'instruction sapientielle, de Q^2, l'annonce du jugement, révèle des conflits sociaux à l'intérieur des groupes de Q. Selon Mack les dits de Q^1 montrent que les disciples de Jésus voyaient en lui « a Cynic-like sage ». Le Royaume, à ce niveau, n'est pas conçu dans une perspective apocalyptique ; la vision sociale alternative de Q^1 est fondée sur une façon de vivre et c'est cette façon de vivre qui recouvre l'*ethos* du mouvement comme manifestation particulière du Royaume de Dieu.

En revanche dans Q^2, le matériel prophétique et apocalyptique remplace les aphorismes et Jésus est perçu comme un prophète qui prononce des avertissements apocalyptiques. L'exhortation est remplacée par la déclaration et l'on rencontre dans Q^2 des narrations, des dialogues, des exemples empruntés à la tradition épique d'Israël, des paraboles descriptives, des avertissements et des annonces apocalyptiques. Le Royaume de Dieu sera révélé ailleurs et à un autre moment, probablement à la fin des temps. Alors que les dits de Q^1 s'adressaient aux disciples, ceux de Q^2 s'adressent à une audience plus large (les Pharisiens, « cette génération », les trois villes de Q 10 : 13-15). Des conflits ont surgi à l'intérieur des familles, car Jésus n'est pas venu apporter la paix sur terre, et les missionnaires ont fait l'expérience du rejet. Jésus, le « Cynic-like teacher » de Q^1 est devenu dans Q^2 « an authoritative model » qui fonde son mouvement en donnant des instructions à ses disciples sur la manière de vivre qu'il convient d'adopter. Q^2, avec les figures de la Sagesse de Dieu et du Fils de l'homme, ainsi qu'avec le personnage de Jean, représente un mythe d'origine pour le mouvement.

Q^3, dernière étape du document, qui regroupe notamment les récits de la Tentation, prouve que le peuple de Q a survécu à la guerre des Juifs contre les Romains. Les trois thèmes caractéristiques de cette dernière strate sont la mythologie de Jésus comme Fils de Dieu ; la relation de Jésus, Fils de Dieu, au Temple de Jérusalem et l'autorité des Écritures. A la différence de Kloppenborg, Mack conçoit ces strates selon une succession chronologique, mais comme Kloppenborg, il tire des caractéristiques du discours de Q des conclusions sur l'histoire sociale du mouvement de Jésus : Q^1, avec ses aphorismes de sagesse, constitue le livre original de Q et cette caractéristique aphoristique du discours de Q^1 serait celle de l'éthique pratique du cynisme, l'humour dévastateur des cyniques étant fait sur mesure, selon Mack, pour les Galiléens de l'époque du christianisme primitif. Jésus dans Q^1 ressemblerait davantage à un sage proche du sage cynique (a « cynic-like sage »), critiquant les valeurs conventionnelles et l'hypocrisie, qu'à un Christ sauveur ou à un messie proposant un programme de réforme de la société et de la religion juive. Quant aux disciples de Jésus, si l'on suit Mack jusqu'au bout de sa réflexion, ils n'auraient finalement pas été chrétiens, puisque Jésus dans Q ne se présentait pas comme « Christ »[1].

Laissons pour l'instant de côté le contenu éthique de Q^1, cynique selon Mack, et examinons pourquoi ce dernier estime que sur le plan formel les dits de Q^1 peuvent être rapprochés des dits cyniques : « the aphoristic quality of the sayings in Q^1 is strikingly reminiscent of speech characteristic of the Greek tradition of Cynic philosophy »[2]. Il précise plus loin sa pensée : « The aphoristic style in Q^1 was very close to the Cynics' way of making pointed comment on human behavior, and the logic involved in recommending extravagant behavior in Q was very close to the rhetoric of a Cynic's repartee when challenged about his own behavior »[3]. B. Mack donne une liste de 17 aphorismes qu'il extrait de Q^1 et qu'il considère comme appartenant au discours de la période pré-Q^1 du mouvement de Jésus[4]. Ces aphorismes fonctionnent dans les sept « clusters » répertoriés par B. Mack comme des noyaux autour desquels se constituent les dits. Ils peuvent être formulés comme des maximes qui décrivent le monde social où a été rédigé Q^1. A titre d'illustration en voici quelques-uns, pris parmi les plus célèbres : « Bienheureux vous les pauvres, parce que le règne de Dieu est à vous » ; « Un aveugle peut-il guider un aveugle ? » ; « Les renards ont des terriers et les oiseaux du ciel des nids, mais le fils de l'homme n'a pas où poser sa tête » ; « Là où est ton trésor, là aussi sera ton cœur ». Mais ce peut être aussi des impératifs correspondant au mode de vie meilleur préconisé, lesquels ont d'ailleurs également un caractère aphoristique.

1. Ces vues ont été critiquées notamment par Martin EBNER, « Kynische Jesusinterpretation – "disciplined exaggeration" ? Eine Anfrage », *Biblische Zeitschrift*, 40, 1996, p. 93-100 ; *ID., Jesus – Ein Weisheitslehrer ? Synoptische Weisheitslogien im Traditionsprozess*, coll. « Herders Biblische Studien », 15, Freiburg im Breisgau, 1998.

2. B. L. MACK, *The Lost Gospel*, p. 45.

3. *Ibid.*, p. 46. Dans *A Myth of Innocence. Mark and Christian Origins*, Minneapolis, 1984, p. 68, Burton MACK soutenait déjà un point de vue similaire : « Jesus' use of parables, aphorisms, and clever rejoinders is very similar to the Cynics' way with words ».

4. B. L. MACK, *The Lost Gospel*, p. 110.

Ainsi : « Aimez vos ennemis » ; « Ne jugez pas, ainsi vous n'êtes pas jugés » ; «Suis-moi et laisse les morts enterrer leurs morts » ; « Allez ! Voici, je vous envoie comme des brebis au milieu des loups » ; « Ne portez ni bourse, ni besace, ni sandales ni bâton » ; « Ne vous inquiétez pas pour votre vie ».

Conclusion à propos du genre littéraire de Q

Dans l'ensemble les spécialistes de la source Q s'accordent pour dire qu'elle a été élaborée dans la communauté judéo-chrétienne palestinienne, qu'elle n'est pas le résultat de traditions orales qui se seraient successivement agrégées les unes aux autres, mais qu'elle relève d'un genre littéraire à part entière supposant un travail élaboré de composition. Toutefois, comme l'attestent les prises de position précédentes, le désaccord subsiste encore quant à la nature de ce genre. Or cette question du genre littéraire de Q et de la relation entre les dits de sagesse et l'annonce du jugement dans l'histoire de la composition de Q est décisive pour l'interprétation de l'histoire sociale du mouvement de Jésus. « The determination of the genre of Q is understood as a necessary preliminary to the determination of the social location of Q », affirme Kloppenborg[1]. Si le genre littéraire de Q est le même que tel ou tel genre cynique, l'hypothèse de Jésus comme « a Cynic-like sage » mérite d'être envisagée. L'enjeu est de première importance, puisqu'à côté du Jésus, prophète et figure apocalyptique, que l'on connaît à travers les évangiles, il faudrait aussi prendre en compte la figure d'un autre Jésus, philosophe populaire analogue au philosophe cynique. Cependant, comme y insiste Kloppenborg, le fait qu'on retrouve par exemple dans les chries de Q^2 les mêmes paramètres que dans les chries qui circulaient dans les milieux cyniques, ou encore le fait que ce sont souvent des dits de confrontation et de polémique (Jésus est en conflit avec Israël, de même qu'Antisthène, Diogène et Bion de Borysthène devaient affronter les reproches de leurs contemporains), ne signifie pas que le groupe de Q accepte l'idéologie cynique. C'est pourquoi nous avons préféré envisager successivement et non conjointement le caractère formel de Q et son contenu éthique.

Kloppenborg, dans la mesure où il conçoit Q comme une collection de chries qui aurait absorbé les dits de sagesse de Q^1 et qui, grâce à l'ajout de Q^3, serait devenu une sorte de *proto-bios*, adopte une position synthétique. C'est sur elle que nous nous prononcerons.

Q peut-il être une collection de chries ? Nous renvoyons d'abord à ce qui a déjà été dit sur l'usage du grec dans la Galilée de Jésus (cf. p. 121-25), sur le genre littéraire de la chrie (p. 37-41) et sur l'influence éventuelle que put exercer la chrie grecque sur la chrie juive (cf. p. 117-119). Des collections de chries grecques concernant des personnages connus circulaient dans tout le Bassin

1. J. S. KLOPPENBORG VERBIN, *Excavating Q*, p. 154.

méditerranéen. La chrie, forme rhétorique didactique, transmettant un dit attribué à une personne précise et muni d'un cadre narratif plus ou moins élaboré, était un excellent moyen de caractérisation de la figure que l'on voulait promouvoir et elle avait l'avantage de traiter de questions éthiques et pratiques sous une forme attirante, grâce à la pointe d'esprit qu'elle comportait le plus souvent. La figure de Jésus se prêtant bien à la formation de chries, la présence de celles-ci dans Q pourrait s'expliquer par l'influence des chries grecques. Ainsi que nous l'avons déjà expliqué, le genre de la chrie est certainement d'origine cynique, mais peu à peu il est évident que ce genre a été utilisé par des écrivains qui n'étaient pas cyniques. Quand on se trouve en présence de chries rapportant des dits de philosophes de cette obédience, on constate que leur coloration spécifiquement cynique tient essentiellement à leur pointe spirituelle qui contient la leçon morale de la chrie et dont la tonalité est faite d'humour et de causticité. Voyons d'abord si les auteurs de Q ont pu avoir connaissance de chries grecques, plus précisément cyniques.

Gadara, qui avait une tradition cynique, était proche de Tibériade et des trois villes mentionnées dans Q 10, 13-15, à savoir Chorazein, Bethsaïda et Capharnaüm. Rappelons que Jésus est probablement passé à Gadara[1]. C'était la ville natale de Ménippe, lequel avait écrit au IIIe siècle av. J.-C. la *Vente de Diogène* (Διογένους πρᾶσις), un ouvrage qui fut à l'origine de nombreuses chries de Diogène[2]. Le fait que Méléagre, originaire lui aussi de Gadara et ayant vécu à Tyr, ait subi dans sa jeunesse l'influence des ouvrages de Ménippe[3] prouve que la production ménippéenne circulait encore à la fin du IIe siècle et au Ier siècle av. J.-C. dans la région qui s'étendait de Gadara à Tyr. Il est évident que des collections comme celles du cynique Métroclès et des stoïciens Zénon, Persaios, Ariston et Hécaton, ont fait connaître un peu partout les dits des cyniques[4]. En conséquence,

1. La ville était connue pour ses démoniaques qui vivaient dans des tombeaux. Si l'on en croit Matthieu (*Matth.* 8, 28), Jésus a chassé les démons qui habitaient deux démoniaques (un seul selon Marc) et les a envoyés dans des porcs, lesquels se jetèrent dans la mer et périrent sous les flots. L'épisode est raconté par *Matth.* 8, 28-34, *Marc* 5, 1-20 et *Luc* 8, 26-39. Selon Matthieu, Jésus arrive « au pays des Gadaréniens » (εἰς τὴν χώραν τῶν Γαδαρηνῶν), une expression qui renvoie à Gadara, mais pour Marc et Luc il arrive « au pays des Géraséniens », τῶν Γερασηνῶν, ce qui renvoie à la ville de Gérasa, située en Décapole elle aussi, mais beaucoup plus au sud que Gadara. En outre certains manuscrits ont la leçon τῶν Γεργεσηνῶν, allusion à la ville de Gergèsa, au bord du Lac de Tibériade. La présence des porcs à proximité prouve qu'à côté de la population juive il y avait aussi des païens. Voir l'objection faite par Porphyre, *Contra Christianos*, fr. 49 Harnack, dans Macarios, *Monogénès* III 4, 11, p. 81 Goulet, à la présence des porcs, et la réponse donnée par Macarios, *ibid.*, III 11, 9-11, p. 104. Peut-être est-ce aussi à la cité de Gadara que Jésus pensait lorsque, dans l'*Évangile de Thomas* 32, il affirme : « Une cité érigée sur un mont élevé et qui est fortifiée ne peut pas tomber, non plus qu'elle ne peut être cachée ».

2. Cet ouvrage est cité par D. L. VI 29. Sur les chries issues de la *Vente de Diogène*, voir M.-O. GOULET-CAZÉ, « Le livre VI de Diogène Laërce », p. 4005-4025.

3. Cf. *Anth. Pal.* VII 417, 4.

4. Cf. *supra*, p. 40.

on peut formuler l'hypothèse qu'elles sont arrivées jusqu'à Jésus et aux rédacteurs de Q. On ne peut toutefois pas exclure que les collections de chries dont ceux-ci purent avoir connaissance n'aient pas été spécifiquement cyniques, mais qu'elles se soient rapportées aussi à des philosophes d'autres écoles, à des personnages célèbres, des généraux, des écrivains, comme celles qu'on utilisait dans les écoles de rhétorique. Cependant, même si c'était le cas, le genre littéraire reste le même et c'est ce qui importe. Kloppenborg lui-même apporte cette précision :

> While chriae are indeed common in Cynic lives and may even have originated in cynic circles, the chria was by the early Roman period not the exclusive property of Cynics : it was widely used in elementary rhetorical education in schools and in various non-Cynic literary contexts. The chriae collection was not exclusively cynic, as *m.'Abot* and the *Sentences of Secundus*[1] clearly demonstrate (...). The genre of chriae collection was quite adaptable to various sorts of contents[2].

Première conclusion : la possibilité que les gens de Q aient eu connaissance de collections de chries grecques, peut-être cyniques, existe. Peut-on aller plus loin et essayer de voir dans quelle mesure les chries grecques, éventuellement cyniques, ont pu influencer celles de Q ? La difficulté vient de ce que la chrie recouvre une grande diversité de formes, de la sentence courte avec une pointe d'esprit à l'apophtegme avec un cadre narratif plus ou moins développé ou même à l'anecdote dotée d'une véritable narration. Quand un genre a une aussi grande extension, le risque est d'en faire une sorte de fourre-tout. Comme l'idée des exégètes qui parlent de la chrie à propos de Q est de rapprocher Q du cynisme, nous proposons de prendre la chrie dans son sens restreint, celui de simple dit, ou dans son sens d'apophtegme, c'est-à-dire de dit accompagné d'un cadre en général spatio-temporel, qui convient aux collections de chries laërtiennes[3]. Envisageons d'abord le contexte des chries. A la suite de Kloppenborg, nous sommes prête à admettre une similitude entre le contexte des chries de Q et celui de bon nombre de chries cyniques quand elles présentent Antisthène ou Diogène en butte à des reproches ou quand ceux-ci réagissent à un comportement, une affirmation ou une question qui les provoquent.

Par exemple en D. L. VI 4 : « Un jour qu'on lui reprochait de n'être pas né de deux parents libres, Antisthène répondit : "Ni de deux lutteurs, et pourtant je suis un lutteur" » ; VI 67 : « Comme on lui reprochait de demander l'aumône alors que Platon ne la demandait pas, Diogène dit : "Lui ausi demande l'aumône, mais il demande à l'oreille, pour que vous autres n'en sachiez rien" » ; VI 65 : « A qui lui disait : "Je ne suis pas capable de philosopher", Diogène répliqua ; "Alors pourquoi vis-tu, si tu ne te préoccupes pas de bien vivre ?" ».

Ce contexte d'une confrontation avec un interlocuteur qui, la plupart du temps, n'est pas bienveillant peut être mis en parallèle avec les situations similaires de

1. Il rajoute aussi en note (p. 163, n. 102) l'*Évangile de Thomas*.

2. J. S. KLOPPENBORG VERBIN, *Excavating Q*, p. 162.

3. F. G. DOWNING, « Quite like Q », p. 197-203, s'appuie précisément sur la fluidité formelle des chries et sur le fait que la collection de Q, comme celles des *Vies* laertiennes, n'a pas de structure narrative.

confrontation et de polémique que connaît Jésus, par exemple quand on l'accuse d'exorciser par Béelzéboul en Q 11, 14-15, ou quand « cette génération » demande un signe en Q 11, 16.29-30.

Qu'en est-il maintenant des structures ? Quand on parcourt les chries du livre VI de Diogène Laërce, on est frappé de constater que ce sont toujours les mêmes tournures qui reviennent et qu'il en est ainsi non seulement dans l'ensemble des *Vies* de Diogène Laërce, mais aussi dans d'autres collections de chries, par exemple dans la *Vie de Démonax* de Lucien. Parmi les tournures les plus courantes, on peut citer :

ἐρωθητεὶς ... ἔφη [ou équivalent] (ex. VI 7.8.50, *Dém.* 62) ; ὀνειδιζόμενος ... ἔφη (ex. VI 4.66.67) ; πρὸς τὸν εἰπόντα... ἔφη (ex. VI 8) ; un génitif absolu indiquant les circonstances, suivi d'ἔφη (ex. VI 8.41 ; *Dém.* 15) ; un participe apposé au sujet et indiquant les circonstances, suivi d'ἔφη (ex. VI 4 et 42 ; *Dém.* 28) ou d'ἠρώτα (*Dém.* 13) ; ἐπεί + subordonnée, ἔφη (*Dém.* 24) ; des définitions : « il disait que le (les)... est (sont) [ex. VI 50] ; de simples affirmations : « il disait que... » (ex. VI 4, 24 et 27) ; « il s'étonnait que (ἐθαύμαζε)... » (ex. VI 27) ; des jeux de mots (ex. VI 24) ; des syllogismes (ex. VI 37 et 69).

Quand ces chries sont dotées en plus d'un cadre spatio-temporel, celui-ci tantôt est très succinct : un simple ποτέ ou la mention d'un lieu (une ville, un banquet, une auberge, un temple, au théâtre etc.), tantôt plus développé. On lit en D. L. VI 29 :

Diogène, alors qu'il était prisonnier et mis en vente, se vit demander ce qu'il savait faire. Il eut cette réponse : “Commander des hommes”.

En revanche la même chrie en VI 74 offre beaucoup plus de précisions :

Alors qu'il naviguait en direction d'Égine, des pirates, commandés par Skirpalos, le firent prisonnier et l'emmenèrent en Crète où ils le vendirent. Quand le crieur lui demanda ce qu'il savait faire, Diogène répondit : “Commander des hommes”.

Or, effectivement, on relève dans Q^2 des structures formelles analogues à celles des chries cyniques : plusieurs « il dit » (εἶπεν, ἔλεγεν, λέγει), mais aussi, quoique en très petit nombre, des tournures plus caractéristiques : ἐπερωτηθεὶς δὲ..., ἀπεκρίθη (Q 17, 20) ; καὶ ἀποκριθεὶς ( ) εἶπεν (Q 7, 22) ; τούτων δὲ ἀπελθόντων, ἤρξατο λέγειν (Q 7, 24) ; participe + « il dit » (Q 7, 18-19 ; Q 11, 17). Concernant le cadre, il est ici en général réduit à un simple « il dit », contrairement aux chries cyniques qui le plus souvent sont contextualisées. Il arrive toutefois que le dit s'insère dans un développement plus ample, s'inscrivant dans la durée, où Jésus répond à un interlocuteur. L'anecdote du centurion en Q 7, 3-9, est typique à cet égard : « Un centurion vint à lui, le suppliant et disant... Et il lui dit... Et en réponse, le centurion dit... En entendant cela, Jésus s'étonna et dit... ». De même celle de l'accusation d'exorcisme en Q 11, 14-15.17-20 : « Il expulsa un démon... le muet se mit à parler. Et les foules furent dans l'étonnement. Mais certains dirent... Mais connaissant leurs pensées, il leur dit... ». La présence d'un contexte similaire et de structures similaires, même si les plus caractéristiques ne sont pas nombreuses, suffit de fait à donner du poids à l'hypothèse selon laquelle Q pourrait s'inscrire dans le genre littéraire des chries grecques, et éventuellement des chries cyniques[1]. Mais sur quels arguments se fonder pour penser qu'elles ont à voir plus précisément avec les chries cyniques telles que la tradition grecque nous les fait connaître?

En fait, quand on lit le livre VI de Diogène Laërce ou le *Démonax* de Lucien, et quand on lit Q, on n'a pas le sentiment d'être en présence du même type de collection de chries. Pourquoi? La collection de Q – Kloppenborg l'a déjà souligné et c'est une évidence – n'est pas homogène sur le plan formel, alors que les collections des *Vies* ou celles du *Démonax* le sont bien davantage. Par ailleurs, et nous sommes contrainte d'y insister, on ne retrouve pas dans les dits de Q la pointe d'esprit caractéristique de l'humour, du rire et de la causticité mordante des cyniques. Dans les chries des *Vies* de philosophes de Diogène Laërce, généralement plutôt brèves, tout l'accent est mis sur la pointe. Un seul exemple en VI 47: «Face à des bains publics qui étaient sales, Diogène eut ce mot: "Ceux qui se baignent ici, où se lavent-ils?"». Dans les chries du *Démonax* la pointe spirituelle, qui fait partie du genre littéraire de la chrie philosophique, est également présente. Par exemple en 21: «Comme Pérégrinus Proteus, qui lui reprochait de rire beaucoup et de se moquer des hommes, disait: "Démonax, tu ne te comportes pas en chien", il répondit: "Pérégrinus, tu ne te comportes pas en homme"». Dans les dits de Jésus, il peut certes y avoir aussi une pointe qui crée la surprise, mais celle-ci ne se veut pas un trait d'esprit: ainsi «Le plus petit dans le royaume de Dieu est plus grand que lui (*i.e.* Jean)» (Q 7, 28); «et cette personne se retrouve finalement "dans un état" pire qu'au début» (Q 11, 26); «Car là où est ton trésor, là aussi est ton cœur» (Q 12, 34); «il y aura là pleurs et grincement de dents» (Q 13, 28). Le souci de la pointe est bien présent, mais il ne s'agit pas pour Jésus de faire montre d'esprit ou d'humour.

Différence encore, liée de près à la précédente, dans la tonalité d'ensemble des dits. Les cyniques tout comme Jésus se heurtent à la folie humaine: les premiers constatent que leurs contemporains sont devenus les esclaves des conventions sociales et qu'ils ont oublié la loi de la nature; le second reproche aux Pharisiens et aux légistes de ne pas mettre en accord leurs actes et leurs paroles; Jérusalem

1. L'essai d'analyse formelle auquel procède Ron CAMERON, «"What Have You Come Out to See?" Characterizations of John and Jesus in the Gospels», *Semeia*, 49, 1990, p. 35-69, notamment p. 18-35, est à la fois très astucieux et très déroutant. Cameron veut montrer, à la lumière de ce que dit le Ps.-Hermogène sur les différentes étapes de l'élaboration d'une chrie comme exercice préparatoire à l'étude de la rhétorique (éloge de l'auteur, paraphrase de la chrie, la raison, le contraire, la comparaison, l'exemple, la citation, l'exhortation), que l'on retrouve la même élaboration en Q 7, 18-35. En fait, toute cette démonstration est déroutante, car elle aboutit implicitement à l'idée que les gens de Q auraient été formés aux exercices préparatoires de la rhétorique grecque et qu'ils auraient voulu procéder à une imitation stricte, ce qui est peu probable. En plus, outre qu'il faudrait confirmer la démonstration en appliquant le même schéma à d'autres cas dans Q, ce qui nous semble difficilement réalisable, nous ne sommes pas convaincue par la démonstration elle-même, qui cherche à tout prix, et pas toujours avec bonheur, à faire entrer les phrases de Q dans les rubriques d'Hermogène.

tue ses prophètes et « cette génération » demande un signe, car elle ne reconnaît pas l'arrivée imminente du Royaume. Dans les deux situations le protagoniste pourrait dire : « Malheur à vous ! ». Dans les deux situations l'enjeu est de taille : le bonheur pour ceux à qui s'adressent les moralistes cyniques, la reconnaissance du Royaume de Dieu pour les interlocuteurs de Jésus. Mais le ton n'est pas le même. Certes Jésus est dur dans ce qu'il exprime, par exemple dans les imprécations contre les trois villes de Galilée (Q 10, 13-15), contre les Pharisiens (Q 11, 39-44), ou dans les paroles brusques par lesquelles il annonce la division dans les familles (Q 12, 51- 53) ou encore dans les reproches qu'il adresse à « cette génération » (Q 7, 31 ; 11, 29-32 ; 11, 49-51), mais il ne manifeste pas la causticité mordante des cyniques ni leurs sarcasmes ni leur esprit critique exacerbé. Le ton de Jésus est autre. C'est un Juif qui parle à des Juifs, tout en ouvrant son message aux païens ; c'est un Juif qui peut adopter le ton des grands prophètes juifs[1], mais pas du tout celui des philosophes grecs, fussent-ils cyniques.

Notre conclusion d'ensemble est donc nécessairement prudente. Compte tenu des structures similaires, la collection de dits de Jésus dans Q peut être considérée comme analogue à une collection de chries grecques. Puisque l'hypothèse selon laquelle les auteurs de Q ont pu connaître des chries cyniques et donc avoir été influencés par elles mérite d'être formulée, notamment parce que dans les deux cas le contexte est souvent celui de la confrontation et de la polémique, il est tentant de supposer que les chries de Q présentent des analogies plus précises avec une collection de chries cyniques. Mais le résultat ne résonne pas de la même façon, la pointe des chries de Q ne visant pas à l'humour, et la tonalité des dits est bien différente. C'est pourquoi, si nous acceptons l'idée de voir dans Q, ou plus précisément dans Q^2, une collection qui peut se rattacher au genre littéraire de la collection de chries grecques, si nous admettons aussi qu'il est tout à fait possible que les gens de Q aient eu connaissance de collections de chries cyniques, nous devons reconnaître que nous n'avons pas d'élément déterminant sur le plan formel pour rapprocher les chries de Q d'une collection de chries qui seraient plus spécifiquement de coloration cynique, ce en quoi nous rejoignons l'avis de Kloppenborg cité plus haut (p. 132). Ce dernier par ailleurs suppose que la collection de chries Q^2 aurait absorbé les dits de sagesse de Q^1, une hypothèse qui permet de résoudre de façon astucieuse la question des relations entre Q^1 et Q^2.

Mais nous voudrions revenir sur le caractère des dits de Q^1. Le caractère aphoristique des dits de Q^1, soutenu par Burton Mack, ne fait pas difficulté, mais faut-il suivre ce dernier quand il voit dans ce style aphoristique un trait de rhétorique typiquement cynique : « The aphorisms in Q^1 set the Cynic-like tone... »[2] ? Certes dans les dits cyniques, par exemple dans ceux de Diogène conservés par

1. Pour une étude de synthèse sur les prophètes d'Israël, voir J. LINDBLOM, *Prophecy in Ancient Israel*, Oxford, 1962.

2. B. L. MACK, *The Lost Gospel*, p. 120.

Diogène Laërce, il arrive que l'on rencontre à l'occasion une maxime (ainsi « Un chien ne mange pas de bettes » en VI 45 ; « L'ignorant, s'il est riche, est un mouton à toison d'or » en VI 47 ; « Le ventre, c'est la Charybde qui engloutit la vie » en VI 51) ou un impératif (« Gens de Myndes, fermez vos portes, sinon votre cité pourrait se sauver » en VI 57), mais sans que l'on perçoive maximes et impératifs comme des caractéristiques du langage cynique. Il suffit de lire les collections d'apophtegmes du livre VI de Diogène Laërce pour s'en convaincre. On pourrait cependant nous objecter que les deux doxographies d'Antisthène, l'une anonyme (VI 10-11) et l'autre due à Dioclès de Magnésie (VI 12-13), se présentent comme des collections d'aphorismes (« La mauvaise réputation est un bien, au même titre que la souffrance » en VI 11 ; « L'homme de bien mérite qu'on l'aime » ; « Faire plus de cas de l'homme juste que d'un parent » ; « Le bien est beau, le mal est laid » en VI 12) et qu'on rencontre aussi quelques aphorismes dans la doxographie de Diogène : « Rien, absolument rien ne réussit dans la vie sans vertu ; celle-ci est capable, en revanche, de triompher de tout » (VI 71) ; « Sans la loi, il n'est pas possible de diriger une cité » (VI 72) ; « La seule vraie citoyenneté est celle qui s'exerce dans l'univers » (VI 72). En fait, même si les δόξαι que l'on rencontre ici expriment sans aucun doute la pensée d'Antisthène et de Diogène, leur forme a subi le travail du doxographe et leur état actuel caractérise davantage l'écriture doxographique que l'écriture cynique. Le fait que des sentences du même genre se retrouvent dans d'autres doxographies des *Vies* laërtiennes, notamment au livre II (doxographies cyrénaïque, hégésiaque et annicérienne), confirme ce point de vue[1].

Dernier point : l'hypothèse du βίος cynique hellénistique. Il convient d'abord de rappeler qu'il n'y eut pas de βίος cynique hellénistique comme tel. Tout au plus peut-on dire qu'il y avait un genre littéraire du βίος qu'on retrouve dans les vies des philosophes de toutes les écoles dont traite Diogène Laërce. Il faut savoir que Diogène Laërce lui-même puisa l'essentiel de ses données biographiques chez des biographes qui lui étaient bien antérieurs et auxquels il renvoie : Néanthe de Cyzique, qui vivait vers 200 av. J.-C. et avait écrit un ouvrage *Sur les hommes illustres* traitant surtout de philosophes[2] ; Hermippe de Smyrne, un péripatéticien de la fin du troisième siècle av. J.-C., qui écrivit des vies de philosophes, de

1. A titre d'exemples dans la doxographie cyrénaïque : « L'ascèse physique contribue à l'acquisition de la vertu » (II 91) ; « La richesse produit du plaisir, mais elle n'est pas désirable par elle-même » (II 92) ; dans la doxographie hégésiaque : « La vie comme la mort peuvent êre choisies autant l'une que l'autre » (II 94) ; « Le sage fera tout en vue de soi-même, car il pense qu'aucun autre n'est aussi estimable que lui » (II 95) ; doxographie annicérienne : « Le bonheur de l'ami ne doit pas être choisi pour lui-même, car il n'est pas, pour celui qui est proche, perceptible par les sens » (II 96).

2. Cf. P. P. FUENTES GONZÁLEZ, notice « Néanthe de Cyzique », N 10, *DPhA*, t. IV, 2005, p. 587-594.

législateurs, de poètes, d'orateurs et d'historiens[1] ; Satyros, péripatéticien de la fin du troisième siècle également, dont les *Vies* furent abrégées par Héraclide Lembos; enfin Dioclès de Magnésie, au Ier siècle av. J.-C., auteur à la fois de *Vies des philosophes* et d'un *Répertoire cursif des philosophes*[2], qui joua un rôle décisif comme source du livre VI de Diogène Laërce[3]. Les ouvrages de ces biographes hellénistiques malheureusement ne nous sont pas parvenus, nous n'en avons plus que des fragments. Mais comme on le voit, ce n'étaient pas des cyniques et leurs vies traitaient de philosophes se rattachant au cynisme tout autant qu'à d'autres philosophies. Par conséquent il ne faut pas laisser entendre qu'il y avait un genre littéraire du βίος qui aurait été cynique. Mais indépendamment de ce problème, il faut se demander si Q ressemble en quoi que ce soit à un βίος.

Au premier abord trois éléments objectifs ne plaident pas en faveur de cette hypothèse: (1) l'absence de détails biographiques, hormis le baptême de Jésus et les tentations au désert; (2) le fait qu'il n'y ait pas dans Q d'apophtegmes biographiques comme tels, contrairement à ce qui se passe dans les vies cyniques de Diogène Laërce, que l'on songe par exemple à la vente de Diogène (VI 74-75) ou à la disparition de son esclave Manès (VI 55); (3) le fait que la structure de Q ne ressemble pas à celle des biographies hellénistiques: celles-ci, si l'on en juge d'après les grandes biographies laërtiennes (et non d'après celles des disciples, incluses dans la vie d'un maître et donc beaucoup plus restreintes), présentent en général, même s'il n'y a pas d'ordre immuable, les grandes étapes de la vie du philosophe jusqu'à sa mort, puis une collection d'apophtegmes (suivie d'une liste d'ouvrages quand c'est le cas) et, s'il s'agit du fondateur d'une école, d'une doxographie. Une vie comme celle de Démonax telle que la rapporte Lucien rejoint un tel schéma. Une partie purement biographique (par. 4-11) est suivie d'une partie dédiée à ses dits: τῶν εὐστόχως τε ἅμα καὶ ἀστείως ὑπ' αὐτοῦ λελεγμένων (par. 12-62) et l'ouvrage se clôt sur la fin de la vie et la mort du philosophe (par. 63-67). En revanche, dans Q, le cadre biographique est vraiment minimal pour ne pas dire inexistant. Il n'est question ni des origines de Jésus, ni d'une évolution dans le temps ni de sa mort. La conclusion s'impose: le genre littéraire de Q, du moins dans l'état du document tel qu'il peut être reconstitué à partir de *Luc* et de *Matthieu*, n'est pas celui d'un βίος hellénistique.

Faut-il pour autant éliminer l'hypothèse que les auteurs de Q s'acheminaient vers une Vie de Jésus ? Il convient de prendre acte de quelques détails qui pourraient aller en ce sens. D'abord on relève tout de même deux passages biographiques: le baptême et les tentations, qui constituent la strate Q^3 dans la stratigraphie

1. Cf. J.-P. SCHNEIDER, notice « Hermippe de Smyrne », H 86, *DPhA*, t. III, 2000, p. 655-658.

2. Cf. R. GOULET, notice « Dioclès de Magnésie », D 115, *DPhA*, t. II, 1994, p. 775-777.

3. Cf. M.-O. GOULET-CAZÉ, « Le livre VI de Diogène Laërce », p. 3936-3951.

de Kloppenborg[1]. Ensuite, en Q 7, 1, la phrase semble s'inscrire dans la trame d'un βίος où des événements se succéderaient: «Et il arriva que lorsqu'il... eut achevé ces paroles, il entra dans Capharnaüm». De même en Q 7, 18-19: «Et Jean, ayant entendu parler de toutes ces choses, envoya lui [*i.e.* à Jésus] demander par ses disciples: Es-tu celui qui doit venir ou devons-nous en attendre un autre?». Jésus répond en Q 7, 22 et la séquence narrative se poursuit ainsi en 7, 24: «Après qu'ils furent partis, il commença à dire aux foules à propos de Jean...». De même peut-être aussi en Q 11, 14, quand Jésus expulsa un démon qui rendait muet, que le muet se mit à parler et que les foules furent dans l'étonnement. Mais il ne suffit pas de donner un contexte à quelques dits pour écrire une biographie. Ces détails indiquent tout au plus que les auteurs de Q avaient le souci de respecter des séquences narratives. Nous concluons que Q n'est pas un βίος, mais nous n'éliminons cependant pas, en raison de la présence du baptême de Jésus et des tentations, l'hypothèse d'un *proto-bios* avancée par Kloppenborg[2], laquelle toutefois n'implique pas une influence cynique, puisque le genre du βίος n'était pas spécifiquement cynique.

2. Jésus et ses compagnons peuvent-ils avoir été cyniques?

Le «Wanderradikalismus» de Gerd Theissen

Parallèlement à l'approche littéraire, une approche socio-historique féconde et brillante a été adoptée par Gerd Theissen, afin de déterminer, sans nier le caractère inspiré de la parole de Jésus, le milieu social, économique et culturel où fut élaborée cette parole, et de mettre en évidence la stratification sociale des premières communautés chrétiennes[3]. Sa démarche repose sur une théorie des conflits: la chrétienté primitive aurait voulu transférer aux petites gens sous une autre forme, en marge de la société, le pouvoir, la propriété et la culture jusque-là réservés à la couche sociale supérieure qui était constituée par la petite aristocratie de la maison princière hérodienne; ce «comportement aristocratique d'en-bas», qui constituait non point une révolution politique mais une véritable «révolution des valeurs»,

1. La crucifixion et la passion ne sont pas traitées dans Q, mais les auteurs savent que Jésus est mort sur la croix (cf. Q 14, 27; 13, 34). Voir M. FRENSCHKOWSKI, «Welche biographischen Kenntnisse von Jesus setzt die Logienquelle voraus?», p. 3-42. Ceci est très important, car même si le Jésus de Q n'est pas présenté comme le Messie, c'est bien la même personne historique, persécutée, que celle dont parle la tradition kérygmatique.

2. Cf. John S. KLOPPENBORG, *The Formation of Q*, p. 325-328.

3. G. THEISSEN, «Wanderradikalismus. Literatursoziologische Aspekte der Überlieferung von Worten Jesu im Urchristentum», *Zeitschrift für Theologie und Kirche*, 70, 1973, p. 245-271; ID., *Soziologie der Jesusbewegung, Ein Beitrag zur Entstehunsgeschichte des Urchristentums*, coll. «Theologische Existenz heute», 194, München, 1977, p. 9-32 (= *Le christianisme de Jésus. Ses origines sociales en Palestine*, trad. par B. LAURET, coll. «Relais Desclée», 6, Paris, 1978, p. 17-50); ID., *Histoire sociale du christianisme primitif. Jésus, Paul, Jean*, coll. «Le monde de la Bible», 33, Genève, 1996.

suscita des attentes – les pauvres, les affamés et les souffrants doivent obtenir justice – que l'on réprima ou que l'on ne conserva qu'à titre d'espérance utopique. L'idée-force de Theissen est que le christianisme primitif est un « Wanderradikalismus », c'est-à-dire un radicalisme itinérant pratiqué par des gens charismatiques qui acceptaient de partir en mission pour faire connaître les paroles de Jésus, dans des conditions de vie extrêmes où ils étaient hors la loi, sans domicile et sans protection. Ces gens abandonnaient leur domicile, leur famille, leurs biens et prenaient la décision de mener une vie sans foyer, car si « les renards ont des tanières et les oiseaux du ciel ont des nids », « le Fils de l'homme, lui, n'a pas où reposer la tête » (*Matth.* 8, 20). Prêts à haïr père, mère, femme, enfants, frère et sœur pour devenir disciples de Jésus (*Luc* 14, 26), ils adoptent également une attitude très critique face aux richesses[1]. Un tel *ethos,* anti-familial, ne peut être pratiqué qu'en marge de la société, par des gens bien décidés à mettre en pratique dans leurs actes le contenu des paroles de Jésus dont ils sont les porteurs, même après la formation des évangiles. Jésus a été le premier charismatique itinérant et le « Wanderradikalismus » remonte à Jésus lui-même. Cet *ethos* devait resurgir par la suite dans des mouvements comme le montanisme, l'ascétisme itinérant syriaque, les moines mendiants du Moyen-Âge ou l'aile gauche de la Réforme.

Theissen constate parallèlement qu'il y avait au Ier et au IIe siècles beaucoup de philosophes cyniques itinérants qui étaient eux aussi en marge de la société et qui avaient un *ethos* comparable à celui des disciples de Jésus, un *ethos* de l'absence de domicile, de famille et de possession. Les deux mouvements avaient en commun d'exiger une transformation radicale du mode de vie et des mentalités ainsi que le renoncement à des valeurs sociales reconnues, autrement dit d'exiger une conversion, mais accessible à tous. Ces deux groupes de marginaux pouvaient apparaître comme des parasites et susciter des railleries. Cependant, même s'il reconnaît que sociologiquement au moins les deux mouvements sont comparables et même s'il rappelle la tradition cynique de Gadara, à aucun moment Theissen n'établit de relation historique entre les deux mouvements. Il se borne à souligner leur analogie[2], car il a conscience que les raisons spirituelles qui animent les deux groupes sont différentes : la démarche intellectuelle des cyniques se fonde sur l'opposition qu'ils instaurent entre la nature et la loi, tandis que les charismatiques itinérants du christianisme opposent un monde nouveau à un monde ancien, condamné à la perdition. Même si certaines réserves furent formulées[3], la thèse de

1. Cf. *Marc* 10, 17-25 ; *Matth.* 6, 19-21 et 24-25.

2. Cf. G. THEISSEN, *Histoire sociale,* p. 29 : « Étant donné que l'*ethos* cynique a été transmis par des philosophes itinérants, nous pouvons conclure *per analogiam* que les porteurs de la tradition de Jésus font partie d'un type sociologique comparable. Cette déduction repose sur des ressemblances structurelles, non sur des relations historiques ».

3. Cf. R. A. HORSLEY, *Sociology and the Jesus Movement*, New York, 1989 ; W. E. ARNAL, *Jesus and the Village Scribes. Galilean Conflicts and the Setting of Q,* Minneapolis, 2001, p. 23-52.

Theissen ouvrit de nouvelles perspectives à la recherche et exerça une grande influence, notamment par le biais du concept de « Wanderradikalismus ». Elle a montré l'interdépendance qui peut exister entre une tradition spirituelle et des conditions sociales données. Cependant, si l'on retint la thèse de Theissen, on oublia la prudence que lui-même avait observée. Le *Jesus Seminar* de Californie par exemple n'hésita pas à affirmer que le meilleur modèle explicatif pour rendre compte des paroles de Jésus était le cynisme et que le Jésus historique était un Jésus cynique ou « Cynic-like ». C'est ce qu'on a appelé la « Cynic hypothesis ».

La « Cynic hypothesis », de F. Gerald Downing au Jesus Seminar

Avant de signaler les travaux de ce groupe de spécialistes américains, il faut accorder la place qui leur revient aux nombreux travaux de F. Gerald Downing[1], qui soutint l'hypothèse, devenue chez lui intime conviction, d'une influence directe du cynisme sur Jésus et sur les premiers chrétiens, et qui contribua beaucoup à développer la « Cynic Jesus thesis ». Jésus, qui grandit à Nazareth, aurait même pu recevoir, selon lui, un enseignement cynique, par l'intermédiaire de prédicateurs cyniques itinérants qui seraient allés en Galilée, notamment à Sepphoris, la nouvelle capitale reconstruite par Hérode Antipas durant l'enfance de Jésus, qui n'était située qu'à quelques kilomètres de Nazareth et à trente-cinq kilomètres de Gadara, patrie de trois philosophes cyniques. Délibérément, Jésus lui-même aurait donné à son message une coloration cynique, en s'adressant à tous sans distinction, moyennant le renversement des valeurs qu'expriment les Béatitudes (*Matth.* 5, 3-12). Jésus serait « a Cynic with a Jewish cultural heritage »[2]. G. Downing estime que seule la reconstruction que lui-même fournit permet de donner une interprétation cohérente de toutes les données ; sinon on est contraint d'imaginer une chaîne de coïncidences : « Jesus coinciding with popular cynicism, many of his first disciples happening (unlike Paul) to show no unease with such fortuitous resemblances ; and later followers happening to understand the tradition as deliberately Cynic in its direction »[3]. Dans la perspective de Downing il existe, dès l'époque de Jésus, un cynisme non chrétien et un cynisme chrétien dont témoigne le choix des topiques que l'on rencontre dans Q. Downing exclut l'hypothèse que les parallèles soient de pures coïncidences. Partant du principe que la *praxis* et le

1. Voir par exemple F. G. DOWNING, *Christ and the Cynics. Jesus and Other Radical Preachers in First Century Tradition,* Scheffield, 1988, p. V-XIII ; *ID.*, *Cynics and Christian Origins,* Edinburgh, 1992, p. 143-168 ; « Cynics and Early Christianity », dans M.-O. GOULET-CAZÉ et R. GOULET (édit.), *Le cynisme ancien et ses prolongements*, p. 281-304. Les vues de Downing furent critiquées notamment par Paul R. EDDY, « Jesus as Diogenes ? Reflections on the Cynic Jesus Thesis », *Journal of Biblical Literature*, 115, 1996, p. 449-469. DOWNING a lui-même répondu à ces critiques dans « Deeper Reflections on the Jewish Cynic Jesus », *Journal of Biblical Literature*, 117, 1998, p. 97-104.

2. *ID.*, *Cynics and Christian Origins,* p. 161.

3. *ID.*, « Cynics and Early Christianity », p. 293.

langage de Jésus n'ont pu naître *ex nihilo*, il affirme que c'est dans le cynisme qu'on trouve leurs antécédents. En conséquence, il imagine que les cyniques ont parcouru non seulement les villes, mais aussi les villages et la campagne de Galilée, et que ceux qui apprenaient à lire et à écrire étudiaient à l'école, dans des *Progymnasmata,* les œuvres et les dits de Diogène et de Cratès.

Le *Jesus Seminar*, fondé en 1985 par Robert B. Funk et John Dominic Crossan, composé d'environ cent cinquante scholars, centre sa réflexion sur le problème du Jésus historique et se donne pour mission de dire la vérité sur Jésus. Ses membres accordent une place importante à l'*Évangile de Thomas* qui contient, à leurs yeux, plus de matériel authentique que le plus ancien évangile, celui de Marc ; c'est pourquoi un de leurs ouvrages s'intitule *The five Gospels*. Selon les études de plusieurs de ses membres, qui s'appuient sur l'histoire et l'analyse de la société palestinienne du Ier siècle, Jésus serait un Juif cynique itinérant, sans eschatologie apocalyptique, un profil de Jésus qui ne pouvait convenir, on s'en doute, aux chrétiens fondamentalistes américains. D'où les réactions passionnées suscitées par les thèses du *Jesus Seminar* ! Il faut dire que les méthodes du groupe donnent facilement prise à la critique, notamment le vote collectif avec quatre couleurs différentes pour les divers types de dits (rouge : « Jesus undoubtedly said this or something very like it » ; rose : « Jesus probably said something like this » ; gris : « Jesus did not say this, but the ideas contained in it are close to his own » ; noir : « Jesus did not say this ; it represents the perspective or content of a later or different tradition »). Selon cette procédure 82% des dits attribués à Jésus n'auraient pas été prononcés par lui ! Les membres appartenant au *Jesus Seminar* et, plus largement les partisans de la « Cynic hypothesis », ont écrit maints ouvrages, collectifs[1] et individuels. Quelques-uns, parmi les plus représentatifs, seront évoqués ici. En effet, l'idée que Jésus et ses premiers compagnons auraient été des cyniques ou semblables à des cyniques ne peut que nous interpeller. Nous ne porterons pas un jugement sur l'interprétation d'ensemble de la « Cynic hypothesis » et ses conséquences théologiques. Nous souhaitons seulement examiner le plus objectivement possible l'idée selon laquelle Jésus et ses disciples auraient pu être influencés d'une façon ou d'une autre par le cynisme dans la Galilée du Ier siècle.

1. Par exemple, R. B. FUNK, R. HOOVER and the Jesus Seminar, *The Five Gospels : What did Jesus really say ? The Search for the Authentic Words of Jesus*, New Translation and Commentary, Sonoma (Ca), 1993 ; R. B. FUNK and the Jesus Seminar, *The Acts of Jesus : What did Jesus really do ? The Search for the Authentic Deeds of Jesus,* Translation and Commentary, San Francisco, 1998 ; R. B. FUNK and the Jesus Seminar, *The Gospel of Jesus : According to the Jesus Seminar*, Santa Rosa (Ca), 1999.

Le « Peasant Jewish Cynic » de John Dominic Crossan

J. D. Crossan[1], se fondant sur l'anthropologie sociale, l'histoire et l'analyse textuelle, procède à une reconstruction du Jésus historique. Il définit celui-ci comme « a Peasant Jewish Cynic », qui doit être compris à l'intérieur du judaïsme confronté à la culture gréco-romaine, mais qui émerge directement de la société dans laquelle il vit. Jésus et ses disciples auraient adopté la façon de vivre, de paraître, de s'habiller et de manger qui était celle des cyniques. Comme son village était situé à proximité de la grande ville de Sepphoris, il n'est pas du tout invraisemblable que Jésus ait eu connaissance de ce phénomène contreculturel qu'était le cynisme. Crossan toutefois n'affirme pas que Jésus a connu formellement le mouvement cynique, mais c'est une possibilité qu'il envisage, tout en sachant qu'elle ne peut recevoir de preuve. A tout le moins le cynisme sert-il à Crossan de point de comparaison dans la construction qu'il élabore, car les cyniques eux aussi étaient engagés dans une critique radicale des hiérarchies sociales, telles qu'elles s'expriment dans le système du patronat et du clientélisme, mais aussi de la civilisation en général.

Jésus, doté d'un bon jugement et de beaucoup de courage, serait un révolutionnaire radical, un itinérant toujours en déplacement dans les fermes et les villages de basse Galilée, qui aurait élaboré un programme social destiné à promouvoir un égalitarisme économique, politique et religieux capable de subvertir les normes hiérarchiques de la religion juive et du pouvoir romain. Le cynisme de Jésus serait juif et rural plutôt que gréco-romain et urbain. A propos de Jésus et de ses disciples, Crossan déclare : « They were hippies in a world of Augustan yuppies ». Concernant les Béatitudes[2], il remarque que le mot grec employé dans l'expression « Bienheureux les pauvres » est πτωχοί, les mendiants, et non πένητες, les pauvres. Les pauvres doivent travailler pour gagner leur vie, mais il peuvent avoir quelque petit bien et même une ferme et quelques esclaves; les mendiants en revanche sont des marginaux, reconnus comme tels par tout un chacun et qui choquaient les gens de la société où ils vivaient. Or le terme πτωχός fait effectivement partie du vocabulaire du cynisme ancien et du cynisme impérial[3].

La stratégie que Jésus applique implicitement pour lui-même et explicitement pour ses disciples, le cœur de son programme en quelque sorte, combine, selon Crossan, deux comportements : « magic and meal », les guérisons gratuites par

1. J. D. CROSSAN, *The Historical Jesus. The Life of a Mediterranean Jewish Peasant*, Edinburgh, 1991.

2. *Ibid.*, p. 272-273.

3. On peut signaler qu'une œuvre de Diogène citée par Sotion (D. L. VI 80) a pour titre πτωχός ; cf. aussi Télès, *Diatribe* IV[B], p. 45, 3 Hense, p. 426 Fuentes González ; Plutarque, *Quaestiones convivales* II 1, 7, 632 E ; Dion Chrysostome, *Discours* IX 8 (« Diogène ou le Discours Isthmique ») ; Ps.-Lucien, *Le cynique* 2 ; Ps.-Diogène, *Lettre* 28, 5.

lesquelles Jésus peut se définir comme un magicien (si les théologiens chrétiens le décrivent comme un faiseur de miracles, ce serait pour protéger la religion et ses miracles de la magie et de ses effets)[1], et les repas pris en commun où sont mélangés classes, rangs, sexes et grades[2]. Les disciples missionnaires ne mendient pas ; ils partagent un Royaume et en échange reçoivent une table et une maison. Alors que les disciples auraient pu mendier à la façon des cyniques, la commensalité serait de la part de Jésus une stratégie pour reconstruire la communauté paysanne sur des principes radicalement différents de ceux du clientélisme et débouchant sur un égalitarisme à la fois spirituel et matériel.

Le Royaume de Dieu, plutôt que d'être un événement apocalyptique dans un futur imminent est un mode de vie dans le présent immédiat. C'est un Royaume sapientiel qui imagine comment on peut vivre ici et maintenant, et où l'on entre grâce à la sagesse, la vertu et la justice. En un sens, ce Royaume serait aussi eschatologique que le Royaume apocalyptique. Il s'agirait d'une eschatologie éthique qui se réaliserait dans le présent et marquerait la fin des systèmes sociaux hiérarchisés.

Le « Lost Gospel » de Burton L. Mack

Pour Burton L. Mack, dans *The Lost Gospel*[3], si on lit Q en le libérant de la patine qu'a entraînée son long contact avec les quatre évangiles narratifs et en tenant compte du contexte socio-culturel de la Galilée où il a été composé, on s'aperçoit que le rôle social joué par le Jésus historique dans Q^1 éloigne celui-ci de l'image traditionnelle du prophète eschatologique juif et fait de lui un philosophe populaire cynique qui, dans l'environnement social de la Galilée hellénistique, utiliserait dans les propos qu'il tient à ses disciples les mêmes procédés de langage – nous avons déjà signalé le rapprochement auquel procède Mack entre le discours cynique et les aphorismes de Q^1 – et les mêmes thèmes que l'éthique pratique des cyniques. Dans cette optique, le Royaume de Dieu qu'il annonce peut donc être interprété en termes cyniques et non en termes apocalyptiques.

Mack explique que la Galilée du premier siècle était un carrefour où peuples et cultures se mélangeaient grâce à ses routes qui donnaient accès à Damas, Tyr, Ptolémaïs, Césarée, la Samarie, Jérusalem, la Transjordanie et la Décapole et qui, parce qu'elles en rejoignaient d'autres plus importantes, reliaient la Galilée au Levant, à l'Égypte, à la Syrie et à la vallée du Tigre et de l'Euphrate ainsi qu'aux ports très actifs de la Méditerranée. Depuis trois cents ans s'y exerçait l'influence hellénistique ; les villes qui entourent la Galilée, telles Scythopolis ou Gadara, étaient conçues selon le modèle hellénistique, ce qui était aussi le cas d'une ville

1. J. D. CROSSAN, *The Historical Jesus*, p. 304-310.
2. *Ibid.*, p. 341-344.
3. B. L. MACK, *The Lost Gospel : the Book of Q and Christian Origins*, San Francisco, 1993.

de Galilée comme Tibériade, et Sepphoris, autre ville de Galilée, était fortement hellénisée. Les circonstances que connaissait alors la Galilée étaient propices, selon lui, à l'écoute d'une philosophie comme le cynisme, et le mouvement de Jésus, qui est derrière Q, aurait développé, avant la guerre qui opposa Juifs et Romains, un discours inspiré de l'esprit cynique.

S'il en est ainsi, le mouvement de Jésus, loin de voir en ce dernier un messie juif apparu pour réformer la religion juive ou un Christ sauveur mort et ressuscité, l'aurait conçu comme un enseignant cynique, et c'est aux « narrative gospels », élaborés bien plus tard, qu'il faudrait attribuer la création du mythe du Christ sauveur. En conséquence, « The people of Q were Jesus people, not Christians »[1].

Les arguments de Mack pour identifier à des cyniques le Jésus de Q et les partisans de Jésus dans Q sont les suivants. Jésus et ceux qui le suivent adoptent dans Q^1 une attitude non conventionnelle et une posture critique envers la société, pratiquent la παρρησία et remettent en cause la prétention à un statut supérieur qui serait fondé sur des critères de nature accidentelle comme la richesse, le savoir, le rang et le pouvoir. Il est clair que la sympathie des gens de Q^1 va aux pauvres, aux humbles et à ceux qui n'ont pas de privilèges. Mack énonce une liste de thèmes rencontrés dans Q^1 parmi lesquels on peut effectivement reconnaître des thèmes qui ont une résonnance cynique : « voluntary poverty, critique of riches, etiquette for begging, renunciation of needs, call for authenticity, critique of hypocrisy, fearless and carefree attitude »[2]. Il en tire cette conséquence : « Q^1 enjoins a practical ethic of the times widely known as cynic »[3], tout en précisant que la caricature moderne des anciens cyniques, qui insiste sur leurs aboiements sarcastiques et leurs obscénités, est inexacte tout comme l'usage moderne du mot cynique appliqué aux anciens cyniques est injuste. Il serait plus équilibré selon lui de voir dans les anciens cyniques l'équivalent grec des prophètes juifs. Il discerne dans les aphorismes de Q^1 « a Cynic-like tone » et dans les impératifs de cette strate un sens fort de la vocation qui correspondrait au mode de vie cynique. « The Jesus movement began as a house-grown variety of Cynicism in the rough and ready circumstances of Galilee before the war »[4]. Pour le mouvement de Jésus comme pour les cyniques, ce qui importe, ce sont les conduites, et l'arène où se posent les actes est publique. Le but n'est pas de combattre le pouvoir romain ni de réformer la religion juive, mais bien de procéder à une réforme individuelle en choisissant de changer ses règles de vie.

Mack signale le fait que l'expression « Royaume de Dieu » intervient à sept reprises dans Q^1 mais sans traduire une vision apocalyptique du monde. Il met l'expression en rapport avec les discussions de politique et de gouvernance que

1. *Ibid.*, p. 5.
2. *Ibid.*, p. 113.
3. *Ibid.*, p. 114.
4. *Ibid.*, p. 120.

tenait la philosophie grecque sur l'opposition νόμος/φύσις et sur celle du roi et du tyran. Le langage de la royauté était utilisé comme une métaphore pour le contrôle de soi ; on désignait comme roi l'être humain du niveau d'excellence éthique le plus élevé et le royaume servait de métaphore pour la liberté et le contrôle de soi de cet individu supérieur. Mack rappelle à cet égard le fameux paradoxe stoïcien selon lequel « le seul vrai roi est le sage » ainsi que le texte d'Épictète qui affirme que le bâton du cynique est un sceptre, que sa mission est de représenter Zeus et que sa souveraineté est de montrer aux autres comment ils doivent vivre[1]. Mack interprète donc en termes cyniques et non en termes religieux les allusions au Royaume dans Q^1 : l'*ethos* du mouvement dans Q^1 est déjà une manifestation particulière du Royaume de Dieu et la règle qu'il incarne est la règle de Dieu. Quant à Dieu, pourtant présenté à cinq reprises comme un père, il ne serait pas identifié en termes de race ou de tradition culturelle, au motif, selon Mack, que la conception d'un Dieu Père était largement répandue à l'époque. Dans sa perspective d'une sécularisation radicale, les gens de Q ne se rattacheraient pas à une tradition religieuse particulière et n'inventeraient pas une nouvelle théologie.

Jésus, qui était un sage cynique en Q^1, devient en Q^2 un prophète qui fait appel au savoir épique familier des Écritures hébraïques. Aux impératifs aphoristiques succèdent les avertissements et les annonces apocalyptiques. De nouvelles figures apparaissent comme Jean, comme la Sagesse de Dieu, le Fils de l'Homme et l'Esprit saint. Q^2 ne s'adresse plus seulement aux gens de Q ; il s'adresse à des gens qui peuvent être en dehors du mouvement, comme les Pharisiens et comme « cette génération ». Jésus, « Cynic-like teacher », décide ce que son mouvement, agité par des tensions, doit devenir. Le Royaume sera révélé, mais probablement à la fin des temps seulement. En faisant de Jésus le fils de la Sagesse de Dieu, Q^2 parvient à réconcilier enseignements de sagesse et enseignements apocalyptiques, et à repenser le Royaume de Dieu en termes épiques et apocalyptiques.

Dans Q^3, très différent de ce qui précède, le peuple de Q a survécu à la guerre contre les Romains mais une sorte de résignation apparaît ; on s'accommode de la piété juive qu'on avait précédemment combattue ; Jésus cite les Écritures même si on l'imagine désormais comme le Fils de Dieu dont le Royaume sera révélé seulement à la fin des temps. Q^3 est le dernier témoignage qui nous soit parvenu sur les gens de Q. Cette reconstruction d'ensemble de l'entreprise littéraire de Q accorde au cynisme un rôle essentiel dans la strate aphoristique Q^1.

1. *Ibid.*, p. 126.

Le « social gadfly » de Leif E. Vaage

Leif E. Vaage s'intéresse lui aussi, dans ses travaux, à la formation du groupe social présent à l'arrière-plan de Q^1.[1] Il admet globalement la stratigraphie de Kloppenborg. Mais alors que Kloppenborg établissait une corrélation entre le cynisme et surtout les chries de Q^2, c'est avec le « Q formative stratum », autrement dit Q^1, qu'il établit, comme Mack, une comparaison.

Dans *Galilean Upstarts*, Vaage s'appuie sur l'anthropologie sociale et le concept de « social identity »[2], ainsi que sur la « scientific mythology » des origines du christianisme que mettent en œuvre les spécialistes du Nouveau Testament, pour montrer que le profil social des disciples de Jésus correspond tout à fait à celui des philosophes cyniques, ces « contracultural dissidents » qui s'opposent aux valeurs dominantes de la société où ils vivent. Face à chaque texte du « Q formative stratum » il présente un nombre impressionnant de parallèles empruntés au cynisme de diverses époques, mais, et il y insiste, sans prétendre pour autant établir une dérivation généalogique entre les uns et les autres. Faire appel au cynisme, à sa résistance à la conformité, à son style de vie sociale spécifique, lui paraît être la meilleure façon de pouvoir caractériser les gens de Q qui ont avec les cyniques non seulement des figures de discours ou des formes rhétoriques communes, mais des manières sociales similaires. Le fait par exemple que Jésus interdise aux gens qu'il envoie en mission de porter des sandales, prend, grâce au rapprochement avec les cyniques, une signification spécifique : « In the case of prohibition of sandals, it has already become clear that this particular trait belonged with the Cynics to a much broader strategy of cultural confrontation and resistance. Its specific "sense" would thus be derivative of that larger logic »[3]. Quand les envoyés de Jésus entrent dans les maisons, mangeant et buvant ce qu'on leur donne (Q 10, 5-6), L. E. Vaage assimile leur comportement à celui des cyniques qui mendient et voit dans les deux cas une stratégie d'engagement social, qu'il désigne comme « a militant mendicancy »[4]. Il met en relation le fait que le

1. L. E. VAAGE, *Q : The Ethos and Ethics of an Itinerant Radicalism,* PhD Diss., Claremont, Graduate School, 1987 ; *ID.*, « Q 1 and the Historical Jesus. Some Peculiar Sayings [7 : 33-34 ; 9 : 57-58 ; 59-60 ; 14 : 26-27] », *Forum* 5, 1989, p. 159-176 ; *ID.*, *Galilean Upstarts. Jesus' First Followers according to Q*, Valley Forge (Pennsylvania), 1994 ; *ID.*, « Q and Cynicism. On Comparison and Social Identity », dans R. A. PIPER (édit.), *The Gospel Behind the Gospels. Current Studies on Q*, coll. « Novum Testamentum Supplement », 75, Leiden, 1995, p. 199-229. Dans cet article il répond à Christopher M. TUCKETT, « A Cynic Q ? ».

2. *Galilean Upstarts,* p. 1 : « by "social identity" or profile I mean simply a coordinated (albeit partial) discussion of the original ethos of the persons whom Q's formative stratum represents (chapter one), their correlative elaboration of this ethos in the form of an ethics (chapter two), the production of an ideology (chapter three) and social critique (chapter four), as well as the developing memory tradition of the group's "founding fathers" (chapter five) ».

3. *Ibid.,* p. 30.

4. *Ibid.*, p. 32.

cynique choisit ceux auprès de qui il mendie, à savoir les gens qui ont été initiés à la philosophie (cf. Ps.-Cratès, *Lettre* 2) et le fait que les envoyés peuvent rencontrer dans les maisons où ils entrent un « Fils de paix » (Q 10, 5). Pour Vaage, dans la mémoire des gens de Q, Jean était « a serious Cynic », critique à l'égard de ceux qui l'entouraient et de leurs habitudes culturelles, tandis que Jésus apparaissait comme un cynique plus convivial, mais non moins exigeant, un « taon social » (a social gadfly), « an irritant on the skin of conventional mores and values », une figure marginale dans le contexte provincial de la Galilée du premier siècle, qui invitait ceux à qui il s'adressait à emprunter un chemin autre que le chemin normal[1]. En termes d'*ethos*, d'éthique, d'idéologie et de critique, Vaage a la conviction que les gens de Q ressemblaient tout à fait à des cyniques. Dans leurs actes comme dans leurs paroles, ils menaient une forme de résistance populaire aux vérités et aux vertus officielles de leur époque, opposant « a decisive "no" » aux habitudes et aspirations de leur contexte culturel immédiat, tout en étant persuadés d'atteindre une forme de bonheur supérieure[2].

Vaage approfondit sa démarche dans « Q and Cynicism », affirmant que c'est le caractère spécifique de la communauté de Q qui rend l'analogie de Q et du cynisme non seulement possible mais inévitable. Les parallèles qu'il établit permettent de comprendre comment fonctionne la *Cynic hypothesis*. C'est pourquoi nous en citerons un certain nombre. Parmi les nombreux passages de Q qu'il rapproche du cynisme, il y a notamment le passage crucial pour la formation du groupe social de Q, à savoir Q 10, 2-16, où Jésus donne ses instructions à ceux qu'il envoie en mission, leur demandant (10, 4) de ne porter ni bourse, ni besace, ni sandales, ni bâton et de ne saluer personne en chemin[3]. Alors que, depuis les Pères de l'Église, on interprète d'ordinaire ce texte comme visant consciemment à différencier les missionnaires chrétiens des cyniques et à montrer qu'ils pratiquent une sévérité plus grande dans leur ascèse[4], Vaage, lui, remet en cause l'idée que les cyniques en tant que cyniques s'habillaient toujours de la même façon et que les gens de Q voulaient ainsi délibérément se différencier des cyniques[5]. Il veut

1. *Ibid.*, p. 102.
2. *Ibid.*, p. 106.
3. ID., « Q and Cynicism», p. 208-212.
4. Cf. Jérôme, *Commentaire sur Matthieu* 10, 9-10, livre I, *CCSL* 77, p. 66 : « Ex hoc praecepto arguit philosophos qui vulgo appellantur bactroperitae quod contemptores saeculi et omnia pro nihilo ducentes cellarium secum vehebant ». Selon Jérôme, Jésus, en demandant de ne pas prendre de bourse, dénonce les « bactroperitae », les porteurs de bâton et de besace, c'est-à-dire les philosophes cyniques, qui transportaient avec eux leurs provisions ; cf. aussi Salvien, *Livres de Timothée à l'Église* II 39-40, *SC* 176, p. 214-217. Voir P. COURCELLE, « La figure du philosophe d'après les écrivains latins de l'antiquité », *Journal des savants*, 1980, p. 85-101, notamment p. 94, n. 53. Pour une interprétation actuelle dans le même sens, voir Ch. M. TUCKETT, « A Cynic Q ? », *Biblica* 70, 1989, p. 367 : « Thus even at the level of visible outward appearance to others, the Q missionaries must have looked rather *un*-like Cynic preachers ».
5. L. E. VAAGE, « Q and Cynicism », p. 208.

prouver au contraire que les missionnaires de Q ressemblaient aux prédicateurs cyniques.

Si l'interdiction du bâton et de la besace constitue une différence par rapport aux cyniques, en revanche les autres détails : ne pas porter de bourse ni de sandales et ne pas échanger de salutation avec quiconque en chemin correspondent selon lui à la pratique cynique habituelle. Mais même dans le cas de la besace et du bâton, il s'emploie à montrer que s'en passer, bien que ce ne soit pas typique de la pratique cynique ni largement attesté, est certainement cohérent avec leur logique ascétique. Il cite des textes cyniques qui prouveraient qu'il faut se méfier des généralisations trop hâtives sur l'habillement et l'apparence traditionnels des cyniques. C'est ainsi que, pour démontrer par exemple que le bâton ne serait pas indispensable, il fait appel à D. L. VI 23 : ce passage explique que c'est pour avoir été malade que Diogène se mit à prendre un bâton qu'il utilisa ensuite pour porter sa besace ; ou encore à VI 102, où l'accoutrement porté par Ménédème[1] n'est pas traditionnel : tunique, ceinture pourpre, bonnet arcadien, cothurnes de tragédie et bâton. Toujours dans le cadre de ce même passage, Vaage procède à d'autres rapprochements : le rejet de la bourse et D. L. VI 87, où Diogène persuade Cratès de jeter à la mer l'argent qu'il possède ; le fait de marcher pieds nus et Ps.-Lucien, *Le cynique* 17 ; le fait de ne pas saluer les gens que les envoyés rencontrent en chemin et *Vies à l'encan* 10, où le Cynique, seul sur les places où il y a foule, ne salue personne, ni ami ni étranger[2]. Vaage voit également une similarité structurelle entre la formule de l'envoi en Q 10, 3, « Allez ! Voici, je vous envoie comme des brebis au milieu des loups » et le dit de Cratès dans D. L. VI 92 : « Les gens qui vivent dans la compagnie des flatteurs sont comme les jeunes veaux quand ils sont au milieu des loups ». De façon plus générale, il considère que l'envoi en mission serait commun aux deux groupes. En effet, Épictète III 22, 23-24.34. 56.59.69.95, ne présente-t-il pas le cynique comme envoyé par Zeus dans le monde ? Dans cette même optique, il rapproche Q 10, 16, « Celui qui vous accueille m'accueille et celui qui m'accueille accueille celui qui m'a envoyé », un passage qui laisse entendre que recevoir les gens de Q revient à être visité par Dieu lui-même, de Dion, *Disc*. XXXIV, 4 où Dion se présente comme un homme

1. En fait c'est plutôt l'accoutrement porté par Ménippe, car il semble y avoir une confusion dans le texte de Diogène Laërce VI 102 suite à une abréviation Μεν mal interprétée (cf. M.-O. GOULET-CAZÉ, *Diogène Laërce. Vies et doctrines des philosophes illustres*, coll. « La Pochothèque », Paris, 1999, p. 765, n. 1).

2. Ce rapprochement, disons-le tout de suite, est non fondé. Si les gens de Q n'échangent pas de salutations, c'est pour ne pas perdre de temps, car ils ont pour mission d'aller annoncer le Royaume au plus vite. Si le cynique des *Vies à l'encan*, en qui tout est bestial et sauvage, comme le dit Lucien, ne salue pas, c'est pour une tout autre raison : « Recherche les endroits les plus fréquentés, et là même, aie la volonté de t'isoler, d'être insociable, sans accueillir ni ami ni étranger (une telle attitude serait la ruine de ton empire) » (trad. Bompaire). C'est pour ne pas perdre la maîtrise de soi et la maîtrise des autres, autrement dit son prestige, que le cynique refuse de saluer les gens.

qui, sans lien avec les gens de Tarse, est venu chez eux, guidé par dieu (κατὰ τὸ δαιμόνιον ἥκειν), pour leur parler et les conseiller, et de la *Lettre* 7 du Pseudo-Diogène où le philosophe est traité de « chien céleste »[1].

Citons encore deux autres exemples significatifs aux yeux de Vaage : celui des Béatitudes en Q 6, 20, incorporant l'adversité dans l'expérience qui consiste à être content de son sort, une attitude qu'il compare avec le renversement des valeurs cyniques[2] ; le passage sur les corbeaux et les lys en Q 12, 22b-31, qui oppose d'un côté le royaume animal, le royaume de la nature, la règle de Dieu, et de l'autre les ordres que donne la civilisation humaine, opposition analogue à celle entre la loi et la nature, fondamentale chez les cyniques[3]. Vaage reconnaît que l'auteur de Q ne donne pas d'argument pour suivre la nature, mais c'est celle-ci tout de même qui fournit, selon lui, la meilleure analogie pour la façon dont le Royaume de Dieu fonctionne. Il conclut comme dans *Galilean Upstarts* que la comparaison entre Q et le cynisme peut être faite sur le plan de l'*ethos* social, de l'éthique, de l'idéologie et de la critique, tous aspects fondamentaux pour l'existence d'un groupe. A ses yeux, « the formative stratum of Q was for all intents and purposes a "Cynic document" » ; il reconnaît dans Q et dans le cynisme « the same basic socio-rhetorical strategy » et en conclut que si les premiers disciples de Jésus en Galilée n'étaient pas « "just" Cynics », il faut accorder qu'à tout le moins ils étaient « very much like them ».

A ceux qui objectent à Vaage que l'utilisation de l'*Écriture* par les auteurs de Q est une raison suffisante pour que les gens de Q ne ressemblent en aucune façon à des cyniques, Vaage répond dans « Jewish Scripture »[4] que l'usage de l'*Écriture* dans Q peut être appelé « a Cynic way with the word », dans la mesure où les cyniques ont traité leurs traditions textuelles – il pense en fait à Homère –, comme l'ont fait les auteurs de Q avec la tradition épique d'Israël. Au niveau de l'allusion littéraire, ils « tordent » les textes « officiels », si bien que la compréhension conventionnelle se retrouve modifiée par leur lecture.

La mise au point de John S. Kloppenborg

John S. Kloppenborg dans *Excavating Q* fournit une mise au point, fondée sur le bon sens, concernant Q et le cynisme. Conscient des analogies que l'on peut déceler entre Q et le cynisme, il reconnaît que la παρρησία et l'ἀναίδεια des cyniques sont étrangères à Q et il ne conclut absolument pas que le groupe qui est

1. L. E. VAAGE, « Q and Cynicism », p. 215.
2. *Ibid.*, p. 220-221.
3. *Ibid.*, p. 223.
4. L. E. VAAGE, « Jewish Scripture, Q and the Historical Jesus. A Cynic Way with the Word ? », dans A. LINDEMANN (édit.), *The Sayings Source Q and the Historical Jesus*, Louvain, 2001, p. 479-495.

à l'arrière-plan de Q acceptait l'idéologie cynique ni que le Jésus de Q serait un paradigme de philosophie cynique. Mais il prend soin de préciser les conditions et les enjeux de la « Cynic hypothesis », ce qui est très précieux pour nous.

> The cynic hypothesis does not require that Cynics be attested in large numbers in the early first century CE. It does not require that there were any contemporary high-profile Cynics such as Diogenes or Demetrius. It only requires one of two assumptions : either there were still *some* Cynics or persons who would be identified as cynic-like on the basis of their dress, behavior, or teachnig ; or that the *literary* figure of the Cynic and the basic profile of Cynic behavior and teaching were sufficiently well known to be recognized when they were encountered in a *literary* presentation of Jesus – what is, after all, precisely what Q is. It is clear from the data cited above that both of these assumptions are reasonable[1].

A l'intérieur de ces limites, la « Cynic hypothesis » peut effectivement avoir du sens. Tout en regroupant et en examinant les objections faites à cette hypothèse, il conclut à l'intérêt intellectuel de celle-ci, car elle aide à exposer l'interface entre historiographie et théologie ; mais il s'étonne, et nous partageons cet étonnement, du caractère disproportionné de la réaction qu'elle suscite : « It has touched a very deep nerve »[2], ce nerf étant selon lui d'ordre non pas historiographique, mais théologique. Il réaffirme que le mouvement de Jésus doit être contextualisé, qu'on doit tenir compte de tout son environnement culturel et social, y compris de son environnement païen où intervient précisément le cynisme. Il rappelle également avec insistance que comparer les gens de Q avec le cynisme ne signifie en aucun cas nier leur identité juive. « A cynic Q » n'implique pas « a non-Jewish Q », car les gens de Q sont des Juifs d'Israël et le Dieu de Jésus reste le Dieu d'Israël :

> Part of the anxiety expressed toward a cynic-like Q thus seems to rest on a fundamental misunderstanding of what is claimed. Nothing in the cynic hypothesis entails a non- or anti-Jewish posture. It only *sounds* anti-Semitic if one makes the false collateral assumption that Judaism and Cynicism are polar opposites, and the equally false assumption that the culture of Jewish Palestine was monolithic »[3].

Par ailleurs, quand on insiste sur le fait que la source Q est juive, trop souvent on veut dire implicitement que « juif » signifie « religieux » et que la « religion » est un domaine distinct, séparé des structures sociales et politiques de la Galilée. Or la « Cynic hypothesis » assume l'idée qu'on ne peut séparer la religion des autres formes culturelles et sociales, et en ce sens la critique adressée par Q aux institutions de Galilée et de Judée est « analogue à la critique que le cynisme adresse à la culture grecque urbaine »[4]. Quant à la réserve que suscitent les gens de Q en ce qu'ils seraient non point seulement radicaux, mais « déviants », Kloppenborg reconnaît que les gens de Q sont plus déviants que les chrétiens pieux et que la trop grande proximité de cette déviance par rapport au Jésus historique et aux évangiles canoniques constitue une menace aux yeux de certains. Le mouvement

1. J. S. KLOPPENBORG VERBIN, *Excavating Q*, p. 425-426.
2. *Ibid.*, p. 422.
3. *Ibid.*, p. 436.
4. *Ibid.*, p. 437.

de Jésus a effectivement adopté des postures déviantes qui entraient en conflit avec le portrait exempt de déviance – du moins par rapport à la culture politique de l'Empire – qu'en ont donné par exemple Luc, l'auteur de *I Pierre* ou des apologistes plus tardifs. Mais si Q^2 se croit obligé, pour défendre la nouveauté du message de Q^1, d'aligner les figures de Jésus, de Jean et des gens de Q avec des figures éminentes du passé d'Israël, en l'occurrence les prophètes, c'est bien le signe, remarque Kloppenborg, que l'on se souvenait des prophètes comme de gens déviants, dont la piété ultérieure allait s'attacher à gommer la déviance.

Lui-même perçoit le mouvement de Jésus comme lié à la campagne de Galilée et opposé à la cité, à Jérusalem, à la dynastie d'Hérode, aux Pharisiens et aux docteurs de la Loi ; Q, qu'il définit comme « a typically scribal genre », a pu naître dans le milieu des scribes, ceux des petites villes – et non ceux de Jérusalem –, des villes toutefois suffisamment grandes pour avoir des marchés où les gens de basse Galilée rencontraient les gens des villes, et assez proches des grands centres de Tibériade et Sepphoris pour être en contact périodique avec les Pharisiens. Plutôt que d'imaginer des missionnaires itinérants, comme le voulait Theissen, il suppose un réseau de groupes et de leaders locaux, peut-être des chefs de maisons, dont auraient dépendu des travailleurs mobiles. Lui aussi insiste sur le fait que grâce aux routes qui unissaient les villes de Tibériade, Sepphoris, Bethsaïda, Capharnaüm et qui rejoignaient la côte à Ptolémaïs et à Tyr, la Palestine, loin d'être isolée, était à l'intersection de nombreux courants juifs, hellénistiques et romains, si bien que ceux qui vivaient le long de ces routes pouvaient avoir des contacts avec toutes sortes de gens, et donc éventuellement avec des cyniques. Mais Kloppenborg avoue, à propos de la présence de cyniques en Galilée, « I simply do not know »[1], tout en affirmant que la possibilité ne saurait être exclue, sauf à ignorer la géographie physique ou à avoir des idées a priori concernant les Galiléens et ce qu'ils pouvaient connaître. Compte tenu de l'importance des analogies, il conclut que l'hypothèse de Q, sinon cynique, au moins « perhaps cynic-like », appelle une enquête sérieuse[2].

3. Réflexions critiques

Le débat soulevé par la « Cynic hypothesis » a des conséquences théologiques importantes. Selon le *Jesus Seminar*, la foi chrétienne traditionnelle reposerait sur une déformation de l'image du Jésus véritable – que l'on ne pourrait retrouver que dans Q – et le christianisme institutionnel serait une altération profonde du mouvement lancé par Jésus.

Cette « Cynic hypothesis », on s'en doute, a suscité des réactions critiques parfois très violentes, certaines, souvent de nature méthodologique, très sérieuses

1. *Ibid.*, p. 429.
2. *Ibid.*, p. 432.

scientifiquement, d'autres de nature purement idéologique, voire confessionnelle. On se reportera par exemple aux travaux de Christopher M. Tuckett (1989), Hans Dieter Betz (1994), Martin Ebner (1996; 1998), Paul R. Eddy (1996), Luke T. Johnson (1996), David E. Aune (1997), William E. Arnal (2001), Klaus Döring (2006)[1], lesquels entraînèrent à nouveau des réactions de la part des partisans de la « Cynic hypothesis ». On trouvera un point de vue plutôt en accord avec la « Cynic hypothesis » dans un article écrit en 2006 par un spécialiste du cynisme, John Moles, qui, tout en étant nuancé et prudent, discerne une influence cynique sur la façon de vivre de Jésus, ses attitudes sociales et politiques ainsi que sa façon d'enseigner[2].

Pour illustrer la remarque de Kloppenborg précédemment évoquée : « It has touched a very deep nerve », nous nous contenterons de mentionner la critique probablement la plus agressive qui a été formulée, à savoir celle de Luke T. Johnson dans *The Real Jesus* (1996), qui condamne d'un point de vue traditionaliste le caractère médiatique du *Jesus Seminar*, sa façon de travailler et sa préférence pour les textes apocryphes comme l'*Évangile de Thomas* plutôt que pour les textes canoniques. Selon lui, le *Jesus Seminar* aurait voulu libérer Jésus des évangiles et le public de sa soumission aux dogmes, en laissant entendre que le Jésus historique était différent du Jésus vénéré par les chrétiens et que la Bible était un produit culturel. Un auteur comme Crossan avec son « Peasant Jewish Cynic » défendrait sa propre vision de ce que devrait être le christianisme, à savoir non point une église structurée autour de dirigeants, d'un culte et de symboles de foi, mais une association informelle de philosophes cyniques. De façon plus large Johnson reproche à tous ces ouvrages sur le Jésus historique de présenter la mission de Jésus et le mouvement qui se réclame de lui sous l'angle de la critique sociale ou culturelle plutôt qu'en tant qu'entreprises religieuses ou spirituelles[3].

1. Ch. M. TUCKETT, « A Cynic Q ? », *Biblica*, 70, 1989, p. 349-376 ; H. D. BETZ, « Jesus and the Cynics. Survey and Analysis of a Hypothesis », *Journal of Religion*, 74, 1994, p. 453-475 ; M. EBNER, « Kynische Jesusinterpretation – "disciplined exaggeration" ? Eine Anfrage », *Biblische Zeitschrift*, 40, 1996, p. 93-100 ; *ID.*, « Jesus – Ein Weisheitslehrer ? Synoptische Weisheitslogien im Traditionsprozess », coll. « Herders Biblische Studien », 15, Freiburg im Breisgau, 1998 ; P. R. EDDY, « Jesus as Diogenes ? Reflections on the Cynic Jesus Thesis », *Journal of Biblical Literature*, 115, 1996, p. 449-469 ; L. T. JOHNSON, *The Real Jesus. The Misguided Quest for the Historical Jesus and the Truth of the Traditional Gospels*, San Francisco, 1996 ; trad. française par F. WITT : *Jésus sans parti pris*, Paris, 2000 ; D. E. AUNE, « Jesus and Cynics in First Century Palestine. Some critical Considerations », dans J. H. CHARLESWORTH et L. L. JOHNS, *Hillel and Jesus. Comparisons of Two Major Religious Leaders*, Minneapolis, 1997, p. 176-193 ; W. E. ARNAL, *Jesus and the Village Scribes. Galilean Conflicts and the Setting of Q*, Minneapolis, 2001 ; K. DÖRING, *Die Kyniker*, p. 102-105.

2. J. MOLES, « Cynic Influence upon First-century Judaism and Early Christianity », dans B. MCGING et J. MOSSMAN, *The Limits of Ancient Biography*, Swansea, 2006, p. 89-116. Ainsi p. 103 : « Jesus must have seen and heard Cynics : he knew what they looked like, he knew some of their characteristic stories and narrative patterns ».

3. L. T. JOHNSON, *The Real Jesus*, p. 167-177.

Pour un jugement plus pondéré sur l'enjeu théologique de la quête du Jésus historique, on pourra se reporter à l'analyse de Daniel Marguerat[1].

Les avantages et les inconvénients de la « Cynic hypothesis »

L'historien de la philosophie cynique ne peut que se réjouir en constatant que l'étude du cynisme, auquel les historiens de la philosophie n'accordent pas toujours toute la place qu'il mérite, a suscité ces dernières décennies un regain d'intérêt, et ce, dans un autre milieu, celui des exégètes du Nouveau Testament. Mais que peut-il conclure de la « Cynic hypothesis », s'il souhaite ne pas s'engger, parce que ce n'est pas son domaine, dans le débat autour du Jésus historique, s'il prend soin de se délester de tout a priori théologique et de toute appartenance confessionnelle, et surtout, s'il essaie de garder raison ? Il n'est pas question ici de fournir un examen détaillé de tous les arguments pour ou contre la « Cynic hypothesis » qui ont été longuement développés par les *scholars* cités plus haut, mais seulement de proposer quelques réflexions de bon sens qui, tout en reconnaissant l'intérêt intellectuel de l'hypothèse proposée, devraient inviter tout de même à la prudence.

Quiconque travaille sur des textes antiques et veut être objectif doit prendre en compte, avant toute interprétation, ce que disent ses sources. Or force est de constater que ni Q ni les synoptiques ni les *Actes* ne mentionnent le cynisme et ses traditions, alors qu'ils font appel à la tradition juive et que Luc (*Actes* 17, 18) évoque des philosophes stoïciens et épicuriens qui abordent Paul sur l'agora. Par ailleurs, dans notre chapitre sur le judaïsme, nous n'avons pas rencontré de lien entre cynisme et judaïsme à l'époque de Jésus. Nous pouvons tout au plus rappeler qu'un siècle avant Jésus, et ce n'était pas en Galilée, le jeune Méléagre de Gadara, poète cynique parlant grec, évoquait dans un de ses poèmes la pratique du sabbat. L'argument *a silentio* est rarement dirimant ; il a cependant un poids qu'il ne faut pas négliger, et ceci d'autant plus qu'au silence des textes vient s'ajouter le silence des fouilles archéologiques. On ne sait pas dans quelle mesure les habitants de la Galilée pouvaient être influencés par l'hellénisme. Les fouilles en Galilée ne permettent pas de conclure qu'un jeune Nazaréen comme Jésus a pu être en contact avec Sepphoris, la grande ville proche, où les Galiléens devaient côtoyer des Grecs, mais qui n'est jamais mentionnée ni dans Q ni dans les synoptiques. Enfin, la thèse de l'itinérance des gens de Q, qui ouvre la possibilité des contacts, a été remise en cause.

Sur le plan de la méthode, il n'est pas inutile de rappeler, même si cela va de soi, que les similitudes de surface, notamment au niveau du vocabulaire, n'impliquent pas nécessairement des similitudes de fond. Il n'est pas évident par exemple

1. D. MARGUERAT, « La "troisième quête" du Jésus de l'histoire », *Recherches de science religieuse* 87, 1999, p. 397-421.

que le sens du mot βασιλεία, appliqué dans Q au Royaume de Dieu, soit analogue au mot tel qu'on le trouve dans les traités sur la royauté idéale des écoles de philosophie[1]. La royauté du cynique est la revendication d'une complète autonomie de l'individu ; le royaume de Dieu implique la soumission à la volonté de Dieu de la part de celui qui l'attend (cf. Q 11, 2b, « Que ton règne vienne »). Même quand un texte est apparemment clair comme l'envoi en mission de Q 10, 4, et que le rapprochement avec les cyniques est envisageable : « Ne portez ni bourse, ni besace, ni sandales, ni bâton ; et n'échangez de salutations avec personne en chemin », la signification du parallèle, elle, n'est pas nécessairement claire. Jésus veut certainement dire aux missionnaires qu'ils doivent faire très vite et ne pas perdre de temps à préparer leur départ ou à discuter en chemin, parce que la venue du Royaume est imminente et qu'on risque de manquer de temps pour l'annoncer à tous les Juifs[2]. Mais en raison de l'analogie avec l'accoutrement cynique, ne serait-ce pas en même temps une façon de différencier les missionnaires de Jésus des prédicateurs cyniques itinérants ? ou de montrer qu'il y a une certaine ressemblance avec ceux-ci, mais que l'ascèse des gens de Q va plus loin que l'ascèce des cyniques qui, eux, n'ont ni bourse ni sandales, mais portent besace et bâton ? Quoi qu'il en soit, ce passage semble indiquer que l'accoutrement des philosophes cyniques était une réalité face à laquelle les gens de Q éprouvaient le besoin de prendre position.

Le problème de la fiabilité des sources se pose également. Certains témoignages sur le cynisme, reposant sur un parti pris d'idéalisation ou au contraire de satire, doivent être maniés avec précaution, car non seulement ils sont postérieurs à l'époque de Jésus, ce qui déjà pose problème, mais de surcroît ils ne reflètent pas le cynisme authentique, pratiqué concrètement dans les rues sous l'Empire. En III 22, quand Épictète expose sa conception du cynique comme messager divin, il fabrique une construction théorique et une interprétation très personnelle du cynisme à la lumière de son stoïcisme[3]. Dans les *Fugitifs,* quand Lucien attaque avec véhémence ces cyniques qui troquent leur petit métier contre l'habit du philosophe soi-disant pour ne plus travailler, il exprime son mépris personnel pour des gens qui se disent philosophes alors qu'ils n'ont pas eu accès à la παιδεία. Lorsqu'on fait appel à ces auteurs pour établir des parallèles avec Q, il faut avoir conscience que le cynisme d'Épictète n'était certainement pas le cynisme de la rue et que les cyniques de la rue n'étaient pas tous des charlatans comme voudrait nous le faire croire Lucien.

1. Cf. B. L. MACK, *The Lost Gospel*, p. 126-127.

2. Nous tirons cette idée d'urgence, qui n'est pas explicite dans Q, de *Matth*. 10, 23 : « Si l'on vous pourchasse dans telle ville, fuyez dans telle autre, et si l'on vous pourchasse dans celle-là, fuyez dans une troisième ; en vérité je vous le dis, vous n'achèverez pas le tour des villes d'Israël avant que ne vienne le Fils de l'homme ».

3. Cf. K. DÖRING, *Die Kyniker*, p. 104.

Le risque de sur-interprétation des textes est bien réel, car il est tentant, quand on cherche des analogies entre cynisme et christianisme, de vouloir faire dire aux textes plus qu'ils ne disent en vérité. De façon générale, l'usage des parallèles, quand il s'agit d'éclairer un texte provenant d'un milieu complètement différent, ne peut se faire qu'avec discernement. Il est imprudent par exemple de faire un amalgame entre cynisme et stoïcisme et d'en tirer des conclusions sur le cynisme, comme si les deux mouvements pouvaient être confondus, alors que nous avons montré que ce n'était pas du tout le cas, ou encore, sous prétexte qu'un auteur comme Dion rencontre des cyniques aux carrefours, au coin des rues et aux portes des temples à Alexandrie au début du IIe siècle (*Disc.* XXXII 9), de conclure que la situation était identique dans la Galilée de la première moitié du Ier siècle. De même, en l'absence de toute référence au cynisme chez Flavius Josèphe et sous prétexte que les zélotes contestaient la société civilisée, il est dangereux de vouloir les « tirer » du côté du cynisme, puisque leur radicalisme politique a un fondement religieux. Enfin, que l'on soit favorable ou hostile à la « Cynic hypothesis », il convient de veiller au risque d'incohérence. Par exemple on ne peut, comme le font certains opposants à la « Cynic hypothesis », à la fois interpréter Q 10, 4 (« Ne portez ni bourse, ni besace, ni sandales, ni bâton ») comme un rejet du cynisme de la part des auteurs de Q et prétendre en même temps que ceux-ci n'ont pas pu être en contact avec des cyniques !

Cette nécessité élémentaire d'objectivité ne peut cependant empêcher la subjectivité de chacun de s'exercer. Or celle-ci est décisive pour apprécier dans quelle mesure une similitude de comportement ou de situation implique également une similitude de motivation et d'objectif. Quand les tenants de deux sagesses subversives préconisent un renversement des valeurs, qu'est-on en droit de conclure d'une telle analogie ? Le cynique et Jésus rejettent tous deux la richesse ; mais alors que le cynique considère que celle-ci fait de l'homme un esclave et qu'elle l'empêche d'obéir à sa raison, aux yeux de Jésus elle empêche l'homme de se décider pour Dieu et son Royaume immédiatement : « Bienheureux vous les pauvres, parce que le règne de Dieu est à vous » (Q 6, 20). L'esprit est tellement différent que le rapprochement perd toute signification. De même est-on autorisé à tirer la moindre conclusion de la présence des loups en Q 10, 3, « Allez ! Voici, je vous envoie comme des brebis au milieu des loups » et en D. L. VI 92 : « Les gens qui vivent dans la compagnie des flatteurs sont comme les jeunes veaux quand ils sont au milieu des loups » ? Jésus envoie ses disciples en mission, mais il sait qu'ils ne seront pas bien accueillis partout, car l'annonce du Royaume implique un changement radical de valeurs ; ils doivent donc s'attendre au rejet. Diogène, lui, passe son temps à inviter ses contemporains à la lucidité indispensable à la démarche éthique ; pour ce faire, il leur demande de se méfier des flatteurs qui ne disent pas la vérité (et il leur conseille de tenir compte au contraire de ce que disent leurs ennemis). La présence des loups ne nous paraît pas suffire pour établir un parallèle légitime entre les deux dits. On pourrait encore citer le passage sur les lys et les corbeaux en Q 12, 22b-31, quand Jésus conseille à ses disciples, peut-être dans un contexte d'anxiété économique, de ne pas s'inquiéter pour leur nourriture ou leur vêtement, puisque leur Père sait ce dont ils ont besoin ; le passage est fréquemment rapproché de Dion, *Disc.* X 16 : « Ne vois-tu pas combien les bêtes sauvages et les oiseaux mènent une vie moins pénible que les hommes et en outre plus agréable (...) ? ils ont un très grand avantage, ils ne possèdent rien ». Alors que la comparaison est similaire : corbeaux et lys / bêtes sauvages et oiseaux, Jésus l'utilise pour inviter à la confiance absolue qu'il faut mettre dans le Père, tandis que Dion y recourt pour souligner tous les avantages qu'entraînent à leur suite vie naturelle et pauvreté. Les deux messages n'ont absolument pas la même teneur.

Sans nul doute, la similitude la plus frappante entre les deux mouvements réside dans le renversement des valeurs conventionnelles et des rapports hiérarchiques ainsi que dans la position privilégiée qui est accordée aux gens les plus pauvres et les plus démunis. Diogène proclame que le roi de Perse, malgré tout son or, se trouve être le plus malheureux de tous les hommes (Dion, *Disc.* VI 31), et Jésus proclame bienheureux ceux qui seront les derniers, c'est-à-dire les pauvres et les indigents (Q 13, 30 : « Les derniers seront les premiers et les premiers seront les derniers » ; Q 14, 11 : « Quiconque s'élève sera abaissé et qui s'abaisse sera élevé »). Mais, par-delà ces similitudes, il faut tout de même faire état de différences criantes entre Q et le cynisme, dont les partisans de la « Cynic hypothesis » ont d'ailleurs généralement conscience.

Dans le comportement : l'impudeur des cyniques et leur goût du sarcasme mordant sont totalement étrangers à Jésus et aux premiers chrétiens ; or ces caractéristiques comportementales des cyniques, loin d'être dues à une caricature moderne de cette philosophie[1], sont constitutives du mode de vie cynique le plus authentique ; de même l'orgueil démesuré du cynique, champion de l'ascèse et indifférent à la δόξα, son sentiment de supériorité lié à l'idée qu'il emprunte un court et rude chemin vers la vertu, sont difficilement compatibles avec l'esprit des Béatitudes.

Dans les actions : Jésus opère des guérisons et pratique des exorcismes, ce qu'on ne trouve pas chez les cyniques[2] ; ses missionnaires, à la différence des cyniques, ne mendient pas ; ils sont accueillis et nourris dans les villes où ils s'arrêtent pour annoncer le message de Jésus, car l'ouvrier mérite salaire ; l'ascèse

1. Cf. B. L. MACK, *The Lost Gospel*, p. 114.

2. Le cas de Pérégrinus qui aurait, après sa mort, guéri des gens de la fièvre quarte, outre qu'il est unique dans le cynisme et donc peu significatif, peut difficilement être pris en compte, car c'est une pure supposition de la part de Lucien, qui fait intervenir la crédulité des gens : « Il n'est pas invraisemblable, par Zeus, que parmi les insensés, qui sont nombreux, il s'en trouvera pour affirmer qu'il les a guéris de la fièvre quarte » (*Sur la mort de Pérégrinus* 28).

pratiquée par les gens de Q, qui se dépouillent de toutes les sécurités matérielles pour suivre Jésus, n'est pas pratiquée dans le même esprit que l'ascèse physique à finalité morale de Diogène et de ses compagnons : les cyniques misent sur la force de leur volonté tandis que le missionnaire chrétien s'en remet à la volonté de Dieu.

Dans la relation à autrui: même si Jésus est parfois dur avec ceux qui l'écoutent et même s'il manie lui aussi la franchise, il n'a ni le mordant sarcastique des cyniques ni leur goût de la réprimande poussé à outrance ni leur humour corrosif lié au σπουδογέλοιον, arme particulièrement efficace contre l'esprit de sérieux.

Dans la perspective: derrière l'humour cynique se cache un fond de désespoir et de pessimisme ; seul avec sa lucidité, le cynique se bat désespérément pour sauver l'homme en proie aux caprices de la Fortune, et c'est ce qui fait sa grandeur ; Jésus lui aussi se bat pour sauver l'homme, mais plutôt que de lutter contre la Fortune, il lui propose de chercher le Royaume de Dieu présent immédiatement (dans Q^1) ou d'attendre le Royaume de Dieu à venir (dans Q^2).

Dans le telos: le cynique, constatant la facticité du monde et s'y résignant, vise un bonheur individuel à portée de main, fait d'autarcie, d'apathie et de liberté totale, qu'il acquiert grâce à la mise en pratique de l'ascèse et qu'il identifie à la vie selon la vertu. Mais la notion grecque de vertu n'intervient pas dans Q. Les gens de Q^1, s'ils mettent en pratique les paroles de Jésus qui les invitent à modifier la représentation qu'ils ont d'eux-mêmes en s'opposant aux pratiques sociales et religieuses de la société où ils vivent, savent qu'ils bâtissent leur maison sur la roche (Q 6 : 47-49) et que s'ils demandent, en s'adressant directement à Dieu, le Père leur donnera (Q 11 : 9-13).

Compte tenu des similitudes et des divergences, faut-il accorder une place au cynisme, et quelle place, dans la lecture que l'on peut faire de Q ? Le cynisme est-il à même d'offrir un modèle explicatif pour l'idéologie de critique de la société mise en œuvre par les gens de Q ? Selon qu'on est juif, chrétien, agnostique ou athée, selon qu'on a des vues conservatrices ou progressistes en matière de théologie, la vision que l'on a des liens entre Q et le cynisme n'est pas la même ; il faut au moins en avoir conscience. Quels points d'accord peut-on trouver ? Tout d'abord il serait vain, comme l'a bien montré Kloppenborg, d'opposer un Jésus, sage juif, et un Jésus cynique. Ce n'est pas parce que Jésus est juif qu'il ne pourrait pas être cynique. Quel que soit l'avis que l'on a sur le cynisme de Jésus, il faut reconnaître l'importance de l'arrière-plan juif de Q et la pertinence du rapprochement avec la tradition prophétique. L'expérience de la souffrance et de l'hostilité dont les disciples de Jésus sont victimes a pour toile de fond le destin violent qui fut celui des prophètes d'Israël.

Ensuite il est évident que la « Cynic hypothesis », que l'on soit ou non d'accord avec ses conclusions, a le mérite d'avoir fait avancer les questionnements aussi bien sur le cynisme, dont les relations avec le christianisme ne se limitaient peut-être pas aux relations avec les Pères de l'Église, que sur les origines du christianisme. Parmi les principaux acquis, des similitudes nombreuses et intéressantes sont apparues entre les deux mouvements (entre autres : radicalisme ; abandon de toutes les sécurités ; souci de l'authenticité et rejet de l'hypocrisie ; acceptation volontaire des souffrances et du dénigrement ; sentiment d'avoir une mission à remplir auprès des autres hommes ; renversement des valeurs sociales, morales, politiques et religieuses, mais sans tentative de révolution politique)[1].

Le rôle joué dans les deux cas par la décision personnelle est également une similitude à souligner : soucieux d'agir selon la raison, le cynique décide de mettre en accord ses paroles et ses actes, et pour ce faire, de pratiquer la « falsification de la monnaie » et l'ascèse ; Jésus exige de ses disciples qu'ils mettent en pratique ses paroles sur le champ, qu'ils décident, par un assentiment personnel et non par pur légalisme, d'obéir à Dieu, d'aimer les autres sans condition, sans espoir de récompense, et d'être prêts à perdre leur vie pour la sauver. Mais un fossé infranchissable surgit au niveau du sens profond des deux démarches. Le cynisme est une philosophie accessible à tout un chacun, qui vise le bonheur de l'homme et qui s'arrête à l'homme ; les gens de Q, sous la conduite de Jésus, qui se dit envoyé par Dieu (Q 10, 16), sont en relation avec un Dieu Père, qui a caché ses mystères aux sages et aux érudits, et les a révélés aux tout petits (Q 10, 21). Cynisme et christianisme sont en quelque sorte deux courts chemins pour atteindre le but qu'on s'est fixé : le premier demande à ses adeptes de décider dans le présent s'ils optent pour la civilisation ou pour la nature, le second s'ils optent pour Mammon ou pour Dieu, car « personne ne peut servir deux maîtres » (Q 16, 13). Mais au bout du chemin : un bonheur humain conquis de haute lutte dans le premier cas ; la vie donnée par Dieu dans le second (Q 17, 33, « Celui qui aura trouvé sa vie la perdra et celui qui aura perdu sa vie à cause de moi la trouvera »). Au total, il n'est pas question de nier les similitudes, mais il faut bien reconnaître qu'elles ne sont jamais concluantes. Pourquoi ? La culture sous-jacente n'est pas la même ; l'esprit n'est pas le même et le contenu du message n'est pas le même non plus. Jésus vit dans un monde qui a un sens, même si la venue du Royaume modifie en profondeur ce sens ou en tout cas l'accomplit ; Diogène et les cyniques vivent dans un monde dépourvu de sens, dominé par la Fortune, où les dieux grecs ne suscitent plus la piété et où il faut que l'homme réussisse par ses propres moyens à trouver envers et contre tout le bonheur. Par conséquent, ce serait à nos yeux une erreur de jugement que de procéder à une identification entre les gens de Q et les cyniques,

1. Certains principes moraux du christianisme sont cependant étrangers au cynisme : « Aimez vos ennemis » en Q 6, 27-28 ; « soyez miséricordieux » en Q 6, 36 ; « Ne jugez pas, "ainsi" vous n'êtes pas jugés » en Q 6, 37-38.

et de faire de Jésus un maître cynique, ce que d'ailleurs la plupart des *scholars* qui soutiennent la « Cynic hypothesis » ne demandent pas.

Mais sans être eux-mêmes des cyniques, faut-il admettre que les gens de Q ont pu avoir connaissance du cynisme ? Ce qui a été dit à propos du genre littéraire de Q, envisagé notamment comme collection de chries, laisse cette possibilité légitimement ouverte. L'hypothèse que des écrits de philosophes cyniques et que des collections de chries grecques, peut-être cyniques, aient circulé ne peut pas être éliminée. Si elle correspondait à la réalité, elle pourrait non seulement expliquer en partie le genre littéraire de Q, collection de dits, mais rendre compte aussi de certaines similitudes thématiques. Faut-il aller plus loin que l'hypothèse de la connaissance des chries cyniques par les gens de Q et envisager celle de rencontres en Galilée entre les gens des deux mouvements ? C'est une hypothèse purement théorique, mais, en admettant même qu'elle se vérifie grâce à une nouvelle trouvaille archéologique, elle ne permettrait pas d'identifier Jésus et ses missionnaires à des cyniques ou à des gens « cynic-like », mais elle inviterait plutôt, selon nous, à voir dans les deux mouvements des groupes concurrents délivrant un message radical destiné à atteindre les couches populaires. De la sorte on comprendrait qu'il puisse y avoir autant de similitudes thématiques dont l'accumulation finit par poser question, mais qui ne sont jamais vraiment probantes. En attendant que des éléments nouveaux viennent alimenter le débat, la démarche qui consiste à comparer Q et le cynisme nous paraît légitime et intellectuellement féconde, puisqu'elle invite à concevoir, par le truchement de la conceptualisation qu'offre le cynisme, ce que les gens de Q pensaient et ce qui motivait leurs actes et leurs attitudes. Il s'agit seulement de savoir si l'on aborde le problème dans une perspective comparatiste comme celle du *Corpus hellenisticum Novi Testamenti* ou si l'on recherche des influences directes et des identifications.

Les dangers de la position de Bernhard Lang

Face à ces conclusions, on comprendra que le livre de Bernhard Lang sorti en 2010, avec son titre et son sous-titre provovateurs : *Jesus der Hund. Leben und Lehre eines jüdischen Kynikers*, illustre à nos yeux les excès auxquels peuvent conduire une vision trop vague de ce qu'est le cynisme et un manque de rigueur dans l'utilisation des sources. Le chapitre que nous avons consacré au judaïsme suffit à montrer les difficultés que rencontre l'historien pour s'appuyer sur des textes fiables, les interpréter sans trop de fantaisie et en tirer des conclusions plausibles. Or tout à coup cet ouvrage vient nous dire que le judaïsme antique était traversé par tout un courant cynique dont l'évidence saute aux yeux et qui, injustement, a peu retenu l'attention ! Même si l'auteur, à la différence des études présentées plus haut, ne part pas de Q, mais des Évangiles canoniques, sa conclusion est proche de la leur : Jésus est un cynique juif, son message est un *compendium* d'une éthique cynico-juive et le mouvement de Jésus n'est ni une religion, ni un groupe soucieux de réformer le judaïsme, mais bien plutôt un mouvement philosophique. Alors que sa présentation du cynisme grec est bien documentée et globalement juste, il affirme sans aucune précaution qu'il existait un cynisme juif. Il en fait remonter les origines à Élie vers l'an 800 av. J.-C. et il rencontre des représentants de ce cynisme juif dans l'Ancien Testament – notamment Qohelet, mais peut-être aussi les Lévites, en raison de leur mode de vie –, et dans le Nouveau Testament : Jean le Baptiste et Jésus, qui prennent Élie pour référence et veulent lui ressembler. Il reconnaît aussi ce cynisme juif chez un certain Bannus, un ascète auprès de qui Flavius Josèphe passa trois années de sa formation et dont il donne une brève description[1], ainsi que chez Jésus, fils d'Ananos, que Flavius Josèphe présente comme un prophète[2]. Selon B. Lang, le cynisme aurait eu deux branches, l'une grecque et l'autre juive, que Jésus aurait réunies dans sa personne, car il aurait bénéficié d'une double formation : juive, dans la tradition du prophète Élie, et hellénistique, dans la tradition de Diogène ! B. Lang distingue en outre, comme si c'était une évidence, un cynisme aristippéen, auquel il rattache Jésus, et un cynisme spartiate, qui conviendrait davantage à la figure de Jean ! La construction d'ensemble, intelligente, brillante, s'appuie certes sur un grand nombre de parallèles, mais les thèses soutenues ne sont pas fondées. Si l'auteur s'était contenté de présenter une étude comparatiste faisant état de concepts ou de situations dont la mise en relation peut être intéressante (ainsi le thème des deux voies, la royauté du philosophe et celle de Jésus, la mise en commun des biens dans les premières communautés chrétiennes et dans la *Politeia* de Diogène ; l'analogie entre Héraclès et Élie), il aurait fait un travail utile, qui aurait profité à quiconque s'intéresse aux origines du christianisme et au développement de la philosophie dans les pays du Bassin méditerranéen à la même époque. Mais en voulant à tout prix faire de Jésus un cynique, sans autre preuve que des parallèles jugés probants par les uns et non probants par les autres sur le modèle du verre à moitié plein ou à moitié vide, il laisse son lecteur perplexe, à la fois séduit par sa construction intellectuelle et sceptique devant les conclusions arbitraires qu'il veut lui faire admettre sans preuve, à coup d'affirmations gratuites. Quelques exemples, succinctement évoqués, suffisent à justifier nos réserves.

La présence du mot « chien » comme renvoi implicite au cynisme

On lit dans l'*Ecclésiaste* 9, 4 : « Quiconque est lié à tous les vivants garde de l'espoir, et un chien vivant vaut mieux qu'un lion mort ». Commentaire, p. 64 : « Die königliche Existenz wird durch den Löwen vertreten, doch ist dieser als Kadaver alles andere als ein Sinnbild für Macht ; der Selbst-vergleich des Philosophen [*i.e.* Qohelet] mit einem Hund lässt sich als Hinweis auf den Kynismus verstehen ». Dans la parabole du riche et du pauvre Lazare en *Luc* 16, 19-31, on lit : « Il aurait bien voulu se rassasier de ce qui tombait de la table du riche... Bien plus, les chiens eux-mêmes venaient lécher ses ulcères ». Commentaire, p. 126 : « Die in der Parabel

1. Flavius Josèphe, *Vie* 11-12.
2. *Id.*, *Guerre des Juifs* VI 300-309.

erwähnten Hunde sind wohl bereits als ein dem antiken Leser verständliches kynisches Signal zu deuten».

Des personnages supposés cyniques de façon tout à fait arbitraire

B. Lang discerne dans le thème récurrent de Qohélet : « Tout est souffle de vent (Alles ist Windhauch) » une influence directe de Monime : « Tout ce que l'homme a conçu est fumée de l'orgueil (τῦφος) [Alles ist Dunst] », en D. L. VI 83 par exemple. Commentaire, p. 65 : « Zu wenig wissen wir vom Werk des Monimos, um Kohelets Verhältnis zu diesem Kyniker genauer untersuchen zu können, doch liegt der Gedanke nicht fern, in Monimos eine unmittelbare Quelle Kohelets zu sehen ». Mais il suffit de connaître le sens du combat mené par les cyniques contre le τῦφος, à la fois orgueil et illusion sur soi-même[1], pour comprendre qu'il n'a rien à voir avec le « τὰ πάντα ματαιότης καὶ προαίρεσις πνεύματος (tout est vanité et poursuite de vent) » de Qohélet[2], et il suffit de lire l'*Ecclésiaste* pour saisir que le profil psychologique et intellectuel de Qohélet, fait de découragement et d'insatisfaction, est étranger au courage tonique des cyniques et au défi qu'ils lancent à la vie et à ses souffrances. Pour lui la vertu du sage cynique serait tout aussi vaine que la bêtise du sot. En outre la mise sur le même plan du fou et du sage par Qohélet[3] est en contradiction totale avec l'opposition récurrente que fait Diogène entre ces deux types[4].

Flavius Josèphe, après avoir fréquenté les trois sectes juives : Pharisiens, Sadducéens et Esséniens, devint pendant trois ans, dans le désert, le disciple (ζηλωτής) d'un ascète juif Bannus, « qui vivait au désert, se contentait pour vêtement de ce que lui fournissaient les arbres, et pour nourriture, de ce que la terre fournit spontanément, et usait de fréquentes ablutions d'eau froide de jour et de nuit, par souci de pureté »[5]. Commentaire, p. 68 : « Die erwähnte Abhärtung, von Josephus mit kultischer Reinheit in Verbindung gebracht, ist kynisches Gemeingut » et B. Lang cite comme parallèle l'anecdote de D. L. VI 23 et 34 où l'on voit Diogène, « tirant profit de tout pour s'exercer », se rouler dans le sable brûlant, étreindre des statues couvertes de neige et marcher pieds nus dans la neige. En fait, du passage de Flavius Josèphe il ressort seulement que Bannus était un ascète juif qui vivait au désert ; absolument rien n'indique qu'en plus il aurait été cynique. D'ailleurs, Flavius Josèphe poursuit en disant que lui-même est ensuite revenu à la ville et qu'il a suivi la secte des Pharisiens, « qui est proche de celle qu'on appelle stoïcienne chez les Grecs ». Si Bannus avait été un cynique, on aurait pu s'attendre, compte tenu de cette précision sur les Pharisiens, à ce que l'auteur en fît mention.

Dans la *Guerre des Juifs* de Flavius Josèphe, Jésus, fils d'Ananos, vers 63 ap. J.-C., se lamente à longueur de journée sur le sort de Jérusalem, ce qui amène les gens excédés par ces lamentations à le frapper puis le gouverneur romain devant qui ils l'ont mené à le fouetter, mais rien n'y fait. Or en VI 307 Josèphe fait cette remarque : « il ne maudissait pas ceux qui chaque jour le frappaient et il ne louait pas ceux qui lui donnaient de la nourriture ». Commentaire, p. 134 : « Diese Züge schließen sich zum Porträt eines jüdischen Kynikers und Propheten zusammen. Ob er seine Gegner geliebt hat, können wir nicht sagen ; aber er hat, kynischem Ethos folgend, auf jede vergeltende Handlung verzichtet ». Que les cyniques ne remercient pas ceux qui leur donnent quelque chose, notamment quand ils mendient, est bien attesté ; ils pensent en effet que tout appartient aux dieux, qu'eux-mêmes sont amis des dieux et que par conséquent, tout étant commun entre amis, ce qu'on leur donne leur revient en fait de droit (cf. D. L. VI

1. Cf. M.-O. GOULET-CAZÉ, « L'ascèse cynique », p. 17, n. 2 et p. 34.
2. *Ecclésiaste* 2, 17.
3. *Ibid.*, 2, 12-23.
4. De nombreuses références sur cette opposition dans M.-O. GOULET-CAZÉ, « L'ascèse cynique », p. 17-22, p. 142, n. 12 et p. 150.
5. Flavius Josèphe, *Vie* 11-12 (trad. Pelletier).

37.72) ; Diogène « lorsqu'il avait besoin d'argent, disait qu'il réclamait à ses amis, non qu'il leur demandait (D. L. VI 46). En revanche le fait de ne pas maudire les ennemis et de ne pas chercher à se venger d'eux, voire de les aimer, ce « Feindesliebe » que B. Lang présente ici comme l'*ethos* des cyniques, soulève davantage de problèmes. Épictète, *Entretiens* III 22, 54, dans le portrait qu'il donne de son cynique idéalisé, suppose effectivement cet amour des ennemis : « Il faut que le cynique soit battu comme un âne et que, battu, il aime ceux-là mêmes qui le frappent, comme s'il était le père de tous, le frère de tous ». On pourrait citer aussi III 22, 100 , qui porte moins sur l'amour des ennemis chez le cynique que sur l'absence de tout désir de vengeance : « Personne n'injurie le cynique, personne ne le frappe, personne ne l'outrage ». B. Lang évoque également Musonius Rufus, Sénèque et Marc-Aurèle. Mais tous ces auteurs sont stoïciens et l'amour des ennemis apparaît bien davantage comme un thème stoïcien que comme un thème cynique. En fait, du côté cynique, on pourrait être tenté de citer un dit attribué à Diogène : « A qui lui demande comment se venger de son ennemi », Diogène répond : « En étant soi-même un homme de bien (καλὸς καὶ ἀγαθός) »[1]. Mais l'accent ici n'est pas le même : Diogène veut dire que la valeur morale d'un homme est la meilleure réponse aux attaques dont il est l'objet. On peut rappeler aussi les deux anecdotes de D. L. VI 33.89, où Diogène et Cratès, après avoir été frappés, se contentent de se promener en affichant, l'un sur une tablette supendue à son cou et l'autre sur un écriteau placé sur son front, le nom de ceux qui les ont frappés. Mais il est précisé, à propos de Diogène, qu'en agissant ainsi il vise à attirer sur ses agresseurs des blâmes et des coups, une perspective qui n'a strictement rien à voir avec l'attitude de Jésus, fils d'Ananos !

Quand B. Lang rapproche l'épisode du pauvre Lazare et du riche en *Luc* 16, 19-31 de celui du cordonnier Mikyllos et de Mégapenthès dans Lucien, *La traversée ou le tyran*, il fait du comparatisme et un comparatisme intéressant[2]. Dans les deux cas en effet un riche est condamné à avoir soif, au milieu des flammes de l'Enfer pour l'un, auprès de Tantale pour l'autre, tandis que le pauvre est heureux dans l'Au-delà. Mais pourquoi accoler à la parabole l'étiquette cynique ? Commentaire, p. 127 : « Kein Leser der jesuanischen Parabel, der die hellenistische Tradition kennt, wird an ihrem kynischen Charakter zweifeln. Der Schumacher (bei Lukian) und der Bettler (bei Jesus) verkörpern den armen Philosophen, den wie die kynischen Leitgestalten Herakles und Elija ein gutes Schicksal im Jenseits erwartet ». Dès que le judaïsme ou le christianisme présente un des grands traits du cynisme, comme la pauvreté, l'ascétisme ou la critique des riches, B. Lang y voit un écho cynique, si bien que le mot « cynisme » prend des contours flous et ne veut plus dire grand chose. Ce n'est pas ainsi en tout cas qu'on peut espérer convaincre un lecteur attentif d'un éventuel cynisme de Jésus !

C. LE CAS DE PAUL

Il se trouve qu'une quinzaine d'années après la mort de Jésus un pharisien converti allait sillonner les routes et rencontrer le cynisme, à la fois le bagage culturel cynique mais aussi probablement des cyniques en chair et en os dont il essaierait de se démarquer. Il s'agit de Paul, né à Tarse en Cilicie de parents juifs dans une communauté où on parlait l'araméen. Ce pharisien très attaché aux

1. Plutarque, *Comment le jeune garçon doit lire les poètes* 4, 21 E et *Comment on peut tirer profit de ses ennemis* 4, 88 B ; cf. *Gnomologium Vaticanum* 743, n° 187, p. 76 Sternbach.

2. B. LANG, *Jesus der Hund*, p. 126-127.

traditions juives, formé à Jérusalem auprès de Gamaliel l'Ancien (*Actes* 22, 3), bénéficiant de la double citoyenneté de Tarse et de Rome (*Actes* 21, 39 et 22, 28), était également familier de la culture grecque. Celui qui se proclamait l'apôtre des Gentils allait en fait s'opposer aussi bien à l'éthique grecque qu'au légalisme juif. Il s'adressait aux païens, aux Juifs et aux Craignant-Dieu, c'est-à-dire à ceux qui n'osaient pas franchir le pas de la conversion totale au judaïsme, sous peine de ne pouvoir garder, en raison des prescriptions de la religion juive, ni leur statut social ni leurs activités.

Dans la perspective de Theissen[1], Paul se situe non plus dans la phase du « Wanderradikalismus » des origines, mais dans la suivante, celle qu'il appelle, à la suite de E. Troeltsch[2], « der Liebespatriarchalismus », qui apparaît comme un nouveau modèle d'intégration sociale. Désormais, pour résoudre les problèmes sociaux, on accepte volontairement les inégalités entre Juifs et païens, Grecs et barbares, esclaves et hommes libres, hommes et femmes, et on les adoucit grâce à l'amour du prochain (*Gal.* 3, 28 ; *I Cor.* 12, 13 ; *Rom.* 1, 14). Le monde de Paul n'est plus le milieu rural de Q, mais celui des communautés hellénistiques urbaines. Les temps ont changé et la foi chrétienne se focalise désormais sur la confession du Christ crucifié et ressuscité. Alors que les missionnaires de Q ne semblent pas avoir quitté la Palestine, Paul, qui parle grec, parcourt tout le Bassin méditerranéen et se rend notamment à Antioche, Chypre, Corinthe, Athènes, Éphèse, Philippes, Thessalonique et Rome.

Le cynisme pourrait avoir joué un rôle chez Paul, mais davantage dans sa façon de s'exprimer que dans sa façon de vivre. Cependant Ronald F. Hock[3] s'est employé à souligner les similitudes entre Paul qui travaillait comme artisan dans un atelier où il aurait coupé et cousu des cuirs pour en faire des tentes (c'est ainsi que Hock interprète σκηνοποιοί en *Actes* 18, 3), et les cyniques qui, avec Socrate, sont les seuls philosophes que l'on rencontre dans des ateliers d'artisans[4]. Hock rappelle aussi que Simon le cordonnier, admiré par Antisthène, apparaît dans les *Lettres* des Socratiques comme représentant l'idéal cynique de l'αὐτάρκεια. S'appuyant sur *I Thess.* 2, 9 (« Vous vous souvenez, frères, de nos labeurs et fatigues : c'est en travaillant de nuit comme de jour pour n'être à la charge d'aucun de vous que nous vous avons annoncé l'Évangile de Dieu ») et sous prétexte que les cyniques pouvaient avoir des entretiens de nature philosophique

1. G. THEISSEN, *Soziologie der Jesusbewegung*, p. 106-111, notamment p. 107 (= *Le christianisme de Jésus*, p. 149-156, notamment p. 151).

2. E. TROELTSCH, *Gesammelte Schriften, 1, Die Soziallehren der christlichen Kirchen und Gruppen,* Tübingen, 1912, p. 67.

3. R.F. HOCK, *The Social Context of Paul's Ministry. Tentmaking and Apostleship*, Philadelphia, 1980, p. 66-68.

4. Cf. Télès, *Diatribe* IV B, p. 46 Hense, p. 426 Fuentes González (Cratès lit le *Protreptique* d'Aristote dans l'échoppe du cordonnier Philiscos ; *Lettres des Socratiques* 9, 4 ; 13, 1, p. 618-619 Hercher (Simon le cordonnier) ; Lucien, *Fugitifs* 12.17.28.33 ; *La double accusation* 6 (Lucien présente les cyniques comme d'anciens artisans qui ont préféré devenir philosophes).

dans des ateliers, Hock conclut que Paul dut dispenser sa prédication missionnaire dans l'atelier où il travaillait. Il est vrai qu'à Corinthe Paul travaille pour assurer sa subsistance au lieu de demander celle-ci aux Corinthiens, mais les textes avancés par Hock (*I Cor*. 9, 1-19 ; *II Cor*. 11, 7 ; 12, 13-16) ne permettent pas de dire comment Paul envisageait le travail manuel ni dans quelle classe sociale ce travail le situait. Tout au plus peut-on en conclure que le travail permettait à Paul de n'être à la charge de personne et d'annoncer librement l'Évangile. Quant au rapprochement avec les cyniques dans les ateliers, il ne faut pas trop le mettre en relief. Certes les cyniques pouvaient parler dans des ateliers comme le prouve l'entretien, rapporté par Télès, de Cratès et du cordonnier Philiscos, mais eux-mêmes n'y travaillaient pas, et le témoignage de Lucien, qui prétend, dans les *Fugitifs*, que des artisans quittaient leurs échoppes pour devenir philosophes, atteste effectivement qu'il y avait des contacts entre philosophes cyniques et artisans, mais tend à prouver au contraire que travail manuel et philosophie ne cohabitaient pas, puisqu'en devenant philosophes ces artisans abandonnaient le travail manuel.

Ce sont sans doute les travaux d'Abraham J. Malherbe qui ont le plus éclairé les relations de Paul avec les philosophies populaires, en particulier le cynisme[1]. Paul n'était pas cynique et, en tant que fondateur de communautés, il ne partageait pas l'individualisme des cyniques, mais il utilisait, en les adaptant à sa perspective de foi, des traits empruntés à la tradition cynique. C'est le cas, par exemple, du langage et de l'imagerie spartiate de l'armement moral tels qu'Antisthène avait pu les utiliser, quand il appliquait à l'âme du sage l'image de la cité fortifiée contre un siège ou à l'accoutrement d'Ulysse, le proto-cynique, celle de l'armure du soldat[2]. En *II Cor*. 10,3-6, Paul emploie cette imagerie, mais en l'appliquant à lui-même d'une manière tout à fait différente, comme le montre Malherbe, puisque contrairement aux cyniques, ce n'est pas en lui-même qu'il met sa confiance, mais dans le pouvoir de Dieu[3]. Se demandant pourquoi Paul utilise la tradition antisthénienne, Malherbe suggère que ses adversaires ont pu le décrire en des termes qui rappelaient la description négative d'Ulysse (duplicité, recours aux expédients) et qu'il leur aurait répondu en appliquant la tradition à sa façon, usant de l'imagerie militaire avec beaucoup de pertinence, puisqu'il s'adresse aux gens de Corinthe, une cité bien connue, avec l'Acrocorinthe, pour ses fortifications, capable de résister à une attaque directe, mais pas à l'abri d'une attaque furtive.

Quand Paul, dans *I Cor*. 15, 32, déclare qu'il a livré combat contre les bêtes à Éphèse (ἐθηριομάχησα ἐν Ἐφέσῳ), Malherbe montre qu'il emploie ici le style de

1. Notamment A. J. MALHERBE, *Paul and the Popular Philosophers*, Minneapolis, 1986 ; ID., *Paul and the Thessalonians*, Philadelphia, 1987, p. 99-101.

2. A. J. MALHERBE, « Antisthenes and Odysseus and Paul at War », dans *Paul and the Popular Philosophers*, p. 91-119.

3. *Ibid*., p. 117.

la diatribe et que ce sont les passions humaines qui sont figurées derrière les bêtes sauvages implicitement contenues dans le verbe utilisé[1]. Cette lutte contre les passions est associée notamment aux deux héros cyniques que sont Diogène et Héraclès, le patron des cyniques. Malherbe rappelle que Lucien, *Lexiphanes* 19, emploie le mot θηριόμαχος pour caractériser Héraclès, présenté par Dion Chrysostome comme celui qui a su se libérer des plaisirs (*Disc.* V 22-23) et que Diogène lui aussi, prenant pour modèle Héraclès, mène la lutte contre les plaisirs (*Vies à l'encan* 8). Selon Malherbe, Paul a donc utilisé un verbe qui appartient au langage des moralistes quand ceux-ci décrivent la lutte du sage contre les plaisirs. La réminiscence implicite des deux héros cyniques est intéressante à noter. Nous suggérons de voir aussi dans les conditions difficiles que connaît Paul, par exemple en *II Cor.* 6, 4-5 ; 11, 20-27, un écho des πόνοι que dut affronter Héraclès.

Dans *I Thessaloniciens*, Paul, s'adressant à la communauté de Thessalonique, capitale cosmopolite de la province romaine de Macédoine, manie les procédés, le vocabulaire et les *topoi* de la tradition exhortative grecque, mais en les modifiant pour se décrire lui-même comme un porteur du message divin (2, 13 : « vous l'avez accueillie non comme une parole d'hommes [*i.e.* la parole de Dieu que Paul a fait entendre aux Thessaloniciens], mais comme ce qu'elle est réellement, la parole de Dieu), alors que les cyniques contemporains manifestent la confiance qu'ils ont en eux-mêmes en se comparant à Héraclès et en se proclamant victorieux des πόνοι[2]. Dans cette même lettre (ch. 2), il utilise les traditions cyniques du philosophe idéal pour décrire son premier ministère à Thessalonique et ce qu'il dit à propos de lui-même présente une grande ressemblance avec la description par Dion Chrysostome du philosophe (cynique) idéal, qui s'exprime avec franchise, clairement et sans artifice (*I Thess.* 2, 2-3 : ἐπαρρησιασάμεθα [...] ἡ γὰρ παράκλησις ἡμῶν οὐκ ἐκ πλάνης οὐδὲ ἐξ ἀκαθαρσίας οὐδὲ ἐν δόλῳ / *Disc.* XXXII 11 : καθαρῶς καὶ ἀδόλως παρρησιαζόμενον)[3]. Cependant malgré le parallèle formel, comme la παρρησία que Paul manifeste dans son discours ne vient ni de sa raison ni de sa propre volonté mais de Dieu, ce qui n'a rien de cynique, Malherbe lui-même conclut avec prudence que les similitudes verbales ne signifient pas que Paul et Dion comprenaient les mêmes mots de la même façon[4]. Les analogies dans la méthode, l'expression et même le comportement ne doivent pas masquer les différences : les philosophes font appel à la raison, tandis que Paul renvoie toujours à la volonté de Dieu et à l'action de l'Esprit Saint ; les philosophes mettent en évidence les résultats auxquels ils parviennent ; Paul au contraire,

1. *Ibid.*, « The Beasts at Ephesus », p. 79-89.

2. *Ibid.*, « Exhortation in 1 Thessalonians », p. 49-66.

3. Voir *ibid.*, « Gentle as a Nurse : The Cynic Background to 1 Thessalonians 2 », p. 35-48, notamment p. 45-48.

4. *Ibid.*, p. 48.

même s'il présente le sage cynique comme paradigme moral, souligne l'initiative et le pouvoir de Dieu ; les cyniques, par exemple ceux dont parle Lucien, *Fug.* 17, essaient d'échapper à leurs travaux d'artisans en devenant philosophes, tandis que Paul conseille aux Thessaloniciens de travailler de leurs mains (*I Thess.* 4, 11) ; les cyniques préconisent le scandale, alors qu'il met clairement en garde ses disciples contre le scandale (*I Cor.* 10, 32) ; les cyniques enfin invitent à la vertu et au bonheur conçu comme un achèvement du potentiel naturel de chacun ; Paul vise à ce que les gens auxquels il s'adresse discernent quelle est la volonté de Dieu (*Rom.* 12, 1-2). Les différences entre Paul et le cynisme sont donc considérables, mais les méthodes qu'il emploie sont celles de la philosophie populaire. Parce qu'il était bien conscient des similitudes qu'on pouvait établir entre cynisme et christianisme, Paul aurait voulu, selon Malherbe, empêcher ses convertis d'adopter le mode de vie cynique et aurait fait en sorte que les différences soient nettement marquées afin qu'il n'y ait pas de confusion avec le cynisme.

F. Gerald Downing, qui a consacré un ouvrage spécifique au cynisme, à Paul et aux églises pauliniennes[1], insiste sur le fait que Paul, sans maison, souffrant la faim, la soif, la nudité, travaillant de ses mains jusqu'à l'épuisement, en butte à divers tourments, comme l'insulte ou la persécution (*I Cor.* 4, 11), devait, tout en n'étant pas cynique, être cependant perçu comme tel par les païens de l'époque hellénistique et avoir conscience d'être ainsi perçu. Quand il dit que la loi rend esclave, qu'elle n'est pas légitime, son discours est identique à celui des cyniques et Downing ne voit pas comment Paul, avec sa pratique ascétique, aurait pu être vu autrement que comme un juif cynique renégat. C'est pourquoi Downing n'hésite pas à parler d'un cynisme juif chrétien et à employer, pour définir Paul, l'expression : « A Cynic Jewish-Christian Paul ». Il reconnaît cependant que si le cynisme joue un rôle important chez Paul, il n'est pas dominant, car une grande partie de la formation de Paul vient de son éducation juive hellénistique, et que certaines différences sont évidentes, par exemple son attitude face à la richesse (*I Cor.* 13, 3 ; *II Cor.* 8, 13 ; 9, 8), plus nuancée que le rejet radical des cyniques[2]. Downing a essayé en outre de mettre en lumière comment, dans le message qu'il adresse aux Galates, Paul s'inspire du cynisme dans ce qu'il dit et dans sa façon de le dire[3]. Dans *Galates* 3, 28 (« Il n'y a ni juif ni grec, il n'y a ni esclave ni homme libre, il n'y a ni homme ni femme ; car tous vous ne faites qu'un dans le Christ Jésus »), on peut reconnaître en effet à la fois un écho du cosmopolitisme cynique, ce dont Paul avait sans doute conscience – et les villes de Galatie du Ier s.

1. F. G. DOWNING, *Cynics, Paul and the Pauline Churches*, London, 1988 ; London-New York, 1998[2]. On trouve également une liste de parallèles entre les *Épîtres* de Paul et des textes cyniques dans son ouvrage *Christ and the Cynics. Jesus and Other Radical Preachers in First Century Tradition*, Scheffield, 1988, p. 187-191.

2. ID., *Cynics, Paul and the Pauline Churches*, p. 154.

3. ID., « A Cynic Preparation for Paul's Gospel for Jew and Greek, Slave and Free, Male and Female », *NTStudies*, 42, 1996, p. 454-462.

devaient le percevoir ainsi –, et cette idée selon laquelle ce n'est pas le statut social, l'origine ou le sexe qui permettent d'apprécier la valeur d'un être humain, mais l'aptitude de celui-ci à réaliser la vertu et le bonheur pour les cyniques, la volonté de Dieu à son endroit pour Paul.

Si on parle de Paul et du cynisme, on ne peut pas ne pas évoquer les rapports entre la prédication de Paul et ce qu'on a coutume d'appeler la diatribe cynico-stoïcienne. A la suite de Rudolf Bultmann[1], mais dans une perspective nouvelle, Stanley K. Stowers[2] et Thomas Schmeller[3] ont repris le problème de l'influence de la diatribe sur Paul. Stowers, tout en renonçant à la conception rigide que l'on avait au XIXe s. de la diatribe comme genre littéraire, maintient le concept de diatribe comme genre ainsi que la dénomination, mais uniquement dans le cas d'ouvrages qui mettent en œuvre la situation d'énonciation typique de l'école de philosophie prise dans un sens large, avec un maître et son auditoire, ou quand cette situation est reproduite comme une « stratégie rhétorique ». Il applique le concept à Paul, puisque celui-ci, dans ses lettres, s'adressait à des églises qu'il voulait instruire et exhorter plutôt qu'à des foules qu'il aurait voulu convertir dans la rue ou sur la place du marché. Pour Stowers l'usage que Paul fait dans l'*Épitre aux Romains* de l'« adresse », des objections et des fausses conclusions, est analogue aux phénomènes parallèles dans la diatribe. Mais Paul a su faire sien le style de la diatribe, en l'adaptant à la communication des croyances et des traditions chrétiennes et en l'utilisant dans le cadre de la forme épistolaire grecque. Ainsi Paul, qui se présente ici comme un maître dispensant aux Romains un enseignement, aurait, intentionnellement et consciemment, mis en œuvre dans cette épître le style dialogique de la diatribe pour communiquer son message. Stowers reconnaît que le cas de cette lettre est particulier, car l'élément dialogique propre à la diatribe y est central pour l'expression du message, ce qui n'est pas le cas dans les autres épîtres.

Schmeller, lui, considère que, depuis la fin du XIXe s., le terme διατριβή, employé pour désigner un genre littéraire de philosophie populaire transmettant à travers une forme précise des contenus moraux, est une pure fiction terminologique, mais que ce qui est visé par le terme lorsque les modernes l'emploient

1. R. BULTMANN, *Der Stil der paulinischen Predigt und die kynisch-stoische Diatribe*, coll. « Forschungen zur Religion und Literatur des Alten und Neuen Testaments », 13, Göttingen, 1910.

2. S. K. STOWERS, *The Diatribe and Paul's Letter to the Romans*, coll. « Society of Biblical Literature, Dissertation Series », 57, Chico, California, 1981.

3. Th. SCHMELLER, *Paulus und die "Diatribe". Eine vergleichende Stilinterpretation*, coll. « Neutestamentliche Abhandlungen », NF 19, Münster, 1987. Voir aussi A. J. MALHERBE, « Hellenistic Moralists and the New Testament », dans *ANRW* II 21, 2, Berlin-New York, 1984, p. 267-330, notamment le chapitre IV consacré à la diatribe, p. 313-320; P. P. FUENTES GONZÁLEZ, *Les diatribes de Télès*, coll. « Histoire des doctrines de l'Antiquité classique », 23, Paris, 1998, p. 44-78.

correspond bien à une réalité dans le contenu (éthique pratique) et la forme (dialogue avec des procédés rhétoriques) liée originellement à l'oralité. Si, à la différence de Stowers, il refuse de voir dans la « diatribe » un genre littéraire et de l'enfermer dans le cadre d'une conférence scolaire, il considère qu'un principe structurel commun (« la transformation de contenus intellectuels en un encouragement existentiel avec un message éthique », p. 434) permet de regrouper un certain nombre de textes anciens sous cette dénomination. D'où la précaution qu'il prend d'employer toujours le mot avec des guillemets. Dans le cas de Paul, il propose de distinguer trois groupes : *1 Cor* et *Rom.* s'en rapprocheraient le plus, *2 Cor* et *Gal* formeraient un groupe médian, tandis que *I Thess., A Philémon* et *Philippiens* seraient faiblement influencés par le style diatribique[1]. Mais s'il admet que *1 Cor* et *Rom* sont imprégnés du style diatribique, il tient toutefois à préciser que les textes pauliniens appartiennent à la théologie et abordent les problèmes liés à l'accomplissement de la foi chrétienne, tandis que la « diatribe » relève de la philosophie et aborde les problèmes concrets de la vie. « Die "Diatribe" ist also auf eine andere, allgemeine Praxis bezogen als Paulus »[2]. De même la « diatribe » est plus nettement populaire, elle relègue la théorie complètement à l'arrière-plan, son but est d'aider tout un chacun à vivre dans le quotidien et elle donne des solutions stéréotypées, utilisables par tous et mises à la disposition de tous en cas de besoin – par exemple renversement des valeurs, indépendance face aux choses extérieures – , ce qui n'est pas le cas chez Paul où, presque toujours, on peut reconnaître comme fondamental un souci théologique ou argumentatif. Tout en soulignant que la formule qu'il emploie est simplificatrice, Schmeller exprime la différence essentielle entre les passages des lettres de Paul qui peuvent se rattacher à la diatribe et les textes diatribiques eux-mêmes à travers l'opposition suivante : « Dans le cas de Paul, il s'agit davantage d'instruction (« Belehrung ») que de conversion (« Bekehrung »)[3].

Si d'un côté les paroles de Paul ont une coloration cynique, s'il a lui-même emprunté des procédés, voire des thèmes, à la philosophie populaire, mais si d'un autre côté il n'est pas cynique et fait tout pour se démarquer des cyniques et amener ses convertis à faire de même, on est autorisé à conclure qu'on a affaire à un fonds socio-culturel commun, marqué par le cynisme mais aussi par le stoïcisme, auquel beaucoup de gens estimaient légitime d'emprunter pour exprimer leurs idées et leurs convictions, notamment religieuses, sans pour autant se réclamer de ces philosophies.

1. Th. SCHMELLER, *Paulus und die "Diatribe"*, p. 408.
2. *Ibid.*, p. 432.
3. *Ibid.*, p. 436.

IV. RELATIONS ENTRE CYNISME ET CHRISTIANISME SOUS L'EMPIRE

Si une grande part d'incertitude demeure concernant les relations entre le mouvement de Jésus et le cynisme au premier siècle de notre ère, des contacts étroits entre cynisme et christianisme sont bien attestés du IIe au Ve s. au moins, contacts très certainement favorisés par le fait que le christianisme n'est plus limité à la Galilée des origines, mais qu'il s'est largement répandu dans tous les pays du Bassin méditerranéen. L'ambivalence de ces relations est frappante, puisqu'elles vont de l'opposition franche et réciproque à la sympathie, voire à la double appartenance[1]. Les observateurs païens, qui voyaient les choses d'un peu loin et n'analysaient pas les motivations sous-jacentes aux deux mouvements, pouvaient même assimiler cyniques et chrétiens, le plus souvent dans un but de dénigrement.

A. COMPARAISON, VOIRE ASSIMILATION DES CYNIQUES ET DES CHRÉTIENS

1. De la part des païens

Peu soucieux de distinctions fines, les païens pouvaient faire des amalgames et adresser aux chrétiens les mêmes reproches dont ils accablaient précisément les cyniques. Au deuxième siècle, Théophile, évêque d'Antioche, s'en plaint amèrement dans les livres qu'il adresse à Autolycus. Les chrétiens ne se voient-ils pas eux-mêmes accusés par les païens de mise en commun des femmes, d'unions incestueuses et d'anthropophagie ? Or ce sont des reproches que les chrétiens eux-

1. Cf. M.-O. GOULET-CAZÉ, « Le cynisme à l'époque impériale », notamment p. 2788-2800 ; G. DORIVAL, « Cyniques et chrétiens au temps des Pères grecs », dans *Valeurs dans le stoïcisme. Du Portique à nos jours*, Mélanges en l'honneur de M. Le Doyen Spanneut, Lille, 1993, p. 57-88 ; *ID*., « L'image des Cyniques chez les Pères grecs », dans M.-O. GOULET-CAZÉ et R. GOULET (édit.), *Le cynisme ancien et ses prolongements*, p. 419-443.

mêmes, comme nous le verrons, avaient coutume d'adresser aux cyniques, en se référant à la *République* de Diogène.

Des bouches athées nous calomnient mensongèrement, nous les gens pieux que l'on appelle chrétiens ; elles disent que nos femmes sont communes à tous, que nous vivons en pratiquant l'accouplement indifférent, que nous nous unissons en plus avec nos propres sœurs, et, ce qui est le comble de l'athéisme et de la sauvagerie, que nous mangeons des chairs humaines[1].

La chose devait être coutumière, car à la même époque Athénagore d'Athènes, un autre apologiste chrétien, qui veut défendre les chrétiens contre l'accusation d'athéisme et d'immoralité, signale trois accusations du même ordre portées contre les chrétiens : l'athéisme, les repas de Thyeste – donc l'anthropophagie – et les incestes œdipiens[2].

L'impiété à l'égard des dieux grecs et le manque de respect envers les autorités, présents à la fois chez les chrétiens et les cyniques, expliquent que les païens aient pu faire des amalgames. Un rhéteur du second siècle, Aelius Aristide, contemporain de Pérégrinus et né comme lui en Mysie, reproche, dans son Discours *Contre Platon. Pour la défense des quatre*[3], de tels comportements à des adversaires de l'hellénisme qu'il n'identifie pas, mais qu'il compare sous cet angle aux « impies de Palestine » :

666 Ils disent [les adversaires de l'hellénisme] que voler (ἀποστερεῖν), c'est mettre en commun (κοινωνεῖν), qu'envier c'est philosopher et qu'être sans ressources c'est mépriser les richesses (...) **667** (...) Quand les riches s'approchent, ils les flairent, les prennent en charge, les guident et promettent de leur enseigner la vertu. **668** (...) Ils vont et viennent dans les vestibules, fréquentant davantage les portiers que leurs maîtres et corrigeant leur flatterie par l'impudence (...). Ce sont en effet des gens qui estiment que l'impudence (τὴν ἀναισχυντίαν) signifie la liberté (ἐλευθερίαν), que se montrer odieux (τὸ ἀπεχθάνεσθαι), c'est manifester de la franchise (παρρησιάζεσθαι), et que recevoir est une marque de philanthropie (...). **670** (...) Désormais certains, à ce que j'entends dire, ont pris la décision d'accepter ce qu'on leur donne, mais de proférer des injures quand ils reçoivent (λαμβάνοντες δὲ λοιδορεῖν). **671** Ce sont les seuls qu'on ne peut compter ni parmi les flatteurs ni parmi les honnêtes gens. Ils trompent en effet comme des flatteurs, mais ils insultent comme des gens supérieurs (**ὡς κρείττονες**)[4], assujettis

1. Théophile d'Antioche, *A Autolycus* III 4. Théophile accuse lui-même les cyniques d'anthropophagie en III 5.

2. Athénagore, *Supplique au sujet des chrétiens* 3, 1 ; p. 80, 1-2 et n. 1 ; 31, 1, p. 190 ; 32, 1, p. 192 Pouderon.

3. Ch. A. BEHR (édit.), *P. Aelii Aristidis. Opera quae exstant omnia*, *Oratio* III, par. 666-673 ; t. I, ch. 3, Leiden, 1978, p. 513-516 (= Discours 46, t. II, p. 399-406 Dindorf). Le passage est traduit en anglais par Ch. A. BEHR dans P. Aelius Aristides, *The complete works*, t. I, *Orationes* I-XVI, Leiden, 1986, p. 274-275. Aelius Aristide défend Miltiade, Cimon, Thémistocle et Périclès contre Platon qui, dans le *Gorgias,* les a accusés d'avoir corrompu les Athéniens.

4. L'expression οἱ κρείττονες revient deux autres fois dans le texte, sous la forme τοὺς κρείττους et sous la forme πάντων τῶν κρειττόνων, qui peut être un masculin ou un neutre. S'il s'agit d'un masculin, l'expression peut désigner les hommes supérieurs (cf. par ex. Lucien, *Démonax* 11) ou encore les êtres supérieurs, c'est-à-dire les dieux, et s'il s'agit d'un neutre, les valeurs supérieures. Selon BEHR, *P. Aelius Aristides. The Complete works*, t. I, p. 477, n. 746 : οἱ

qu'ils sont aux deux vices les pires et les plus contraires : bassesse (ταπεινότης) et arrogance (αὐθάδεια) ; ils se rapprochent par leurs façons de faire *des impies qui sont en Palestine*. Signe en effet de l'impiété de ces derniers : ils ne reconnaissent pas les supérieurs (**τοὺς κρείττους**), tandis que les autres (*i.e.* les adversaires de l'hellénisme) ont d'une certaine façon fait défection loin des Hellènes, ou plutôt loin de tous les supérieurs (**πάντων τῶν κρειττόνων**) (...). **672** Ils (*i.e.* les adversaires de l'hellénisme) sont totalement inefficaces quand il s'agit d'aider en quoi que ce soit à toutes les activités qui sont nécessaires ; en revanche s'il s'agit de saper un foyer, d'y semer l'agitation et de faire se brouiller ses membres, s'il s'agit d'affirmer qu'ils vont tout régenter, ce sont les plus habiles de tous (...). **673** On comprend, me semble-t-il, qu'ils disent du mal de tout le monde, car ils connaissent de nombreuses difficultés; et même s'ils ne songent à personne en particulier, ils disent méchamment tout ce qu'ils disent (...). Si on leur enlevait leurs propos mensongers ainsi que leur méchanceté, on les priverait en quelque sorte des points forts de leur existence.

Même si le texte d'Aelius Aristide n'est pas parfaitement explicite, l'identité des deux groupes qu'il compare, en condamnant violemment les uns et les autres pour leurs pratiques répréhensibles, ne pose pas de gros problèmes[1]. Compte tenu des traits de comportement qui sont soulignés, les adversaires de l'hellénisme sont sans nul doute des cyniques, comme l'ont soutenu A. Boulanger[2], P. de Labriolle[3] et D. R. Dudley[4] ; quant aux « impies de Palestine », l'expression semble se rapporter aux chrétiens (P. de Labriolle, A. Behr[5]).

Le témoignage d'Aelius Aristide est précieux par les traits qu'il sélectionne pour caractériser les cyniques, car ces traits correspondent à la perception que les païens du deuxième siècle pouvaient avoir du cynisme : pauvreté, mépris des richesses et mendicité, pratique de l'injure fondée sur celle de la franchise, impudence, bassesse, arrogance, propos mensongers, méchanceté. Le jugement d'Aelius Aristide est parfaitement en phase avec celui qui ressort des *Fugitifs* de Lucien (12.21). Ainsi que nous l'avons vu, les cyniques justifiaient la mendicité auprès des riches en s'appuyant sur le raisonnement suivant : tout appartient aux

κρείττους, « an expression frequently used by Aristides », désigne les dieux, et τὰ κρείττονα « the better things of life ».

1. Voir M.-O. GOULET-CAZÉ, « Le cynisme à l'époque impériale », p. 2788-2789, ainsi que l'analyse approfondie que donne de ce texte G. DORIVAL, « Cyniques et chrétiens au temps des Pères grecs », p. 75-79.

2. A. BOULANGER, *Aelius Aristide et la sophistique dans la province d'Asie au IIe siècle de notre ère,* coll. « Bibliothèque des Écoles françaises d'Athènes et de Rome », 126, Paris, 1923, p. 250-265, notamment p. 262. Mais outre les cyniques, Boulanger mentionne aussi la possibilité qu'il s'agisse d'épicuriens et/ou de néopythagoriciens.

3. P. DE LABRIOLLE, *La réaction païenne. Étude sur la polémique antichrétienne du Ier au VIe siècle*, Paris, 1934, p. 79-87.

4. D. R. DUDLEY, *A History of cynicism*, p. 174.

5. Ch. A. BEHR, *P. Aelius Aristides. The Complete Works*. Vol. I. *Orationes* I-XVI, Leiden, 1986, p. 477, n. 745, renvoie à Lucien, *Sur la mort de Pérégrinus* 11 et *Philopseudès* 16 ainsi qu'à Julien, *Discours* VII 18, 224 B. Pour A. Boulanger en revanche il s'agirait des Juifs.

dieux ; or les sages sont amis des dieux ; par ailleurs les biens des amis sont communs ; donc tout appartient aux sages et le cynique qui mendie ne fait rien d'autre finalement que réclamer son dû ; pour Aelius Aristide en revanche il s'agit bel et bien d'un vol. Mais c'est par le biais d'un autre aspect que le témoignage du rhéteur instaure une comparaison avec les impies de Palestine. En raison de l'ambiguïté de l'expression πάντων τῶν κρειττόνων, un doute subsiste sur le contenu exact de la comparaison. S'il s'agit d'un masculin, on pourrait comprendre qu'à l'instar des chrétiens qui manifestent de l'impiété en ne reconnaissant pas les (êtres) supérieurs, c'est-à-dire les dieux grecs, et peut-être aussi les empereurs à qui ils refusent de rendre un culte, les cyniques ont pris leurs distances à l'égard de *tous* les supérieurs, c'est-à-dire aussi bien les dieux grecs que toutes les autorités constituées. S'il s'agit d'un neutre, le sens pourrait être légèrement différent : de même que les chrétiens ne reconnaissent pas les valeurs de la religion grecque et ne respectent pas le culte rendu aux empereurs, de même les cyniques ont pris leurs distances vis-à-vis de toutes les valeurs supérieures de l'hellénisme. Cependant, comme l'expression, employée à trois reprises dans le passage, est dans deux cas sur trois au masculin et que son premier emploi (par. 671) ne peut désigner que des hommes jugés comme supérieurs probablement à cause de leur rang, l'hypothèse du masculin nous semble préférable. La réaction d'Aelius Arsitide est celle d'un païen qui constate que ces deux groupes, cyniques et chrétiens, nuisent à l'hellénisme à cause de leur impiété à l'égard des dieux grecs, et sans doute aussi à cause de leur irrespect envers les autorités, ce qui objectivement est vrai aussi bien des cyniques que des chrétiens.

Au IVe s., l'empereur Julien, très critique à l'égard des cyniques de son temps, fait un éloge appuyé de leurs nobles ancêtres : Diogène et Cratès, peut-être pour montrer qu'il y a un ascétisme païen aussi valable que l'ascétisme chrétien. Il stigmatise les cyniques contemporains en les qualifiant d'« apotactites », un nom « dont les Galiléens sacrilèges désignent certains des leurs »[1]. Aux apotactites il reproche de « ramasser tout, de tous côtés », avec cette taxe spécieuse qu'ils nomment « aumône » (ἐλεημοσύνη). Mais hormis cette aumône qu'il juge spécifique aux chrétiens, Julien considère que pour le reste, tout est de même farine chez les cyniques et chez les apotactites, et il évoque l'abandon de la patrie ainsi que le trouble que les deux groupes suscitent à la cour[2]. Le fait que ce rapprochement vienne aussi naturellement à l'esprit de l'empereur est le signe que leurs comportements pouvaient prêter à confusion. Mais les liens entre cyniques et chrétiens dépassaient peut-être les limites de la simple comparaison. Dans son Discours « Contre les chiens ignorants », Julien reproche au cynique anonyme auquel il

1. Julien, *Discours* VII 18, 224 AB (« Contre Héracleios le cynique »). Il s'agit d'une secte chrétienne extrémiste dont les membres étaient qualifiés par Cassien de « renuntiantes » (*Institutions* IV) et d'« abrenuntiantes » (*Conférences* III).

2. Julien, *Discours* VII 18, 224 C.

s'adresse, d'admirer « la vie morte de malheureuses femmes qui [lui] sont chères », selon toute vraisemblance des moniales chrétiennes qui vivaient dans un monastère en Égypte[1]. En s'adressant à lui, il emploie une expression de *Gen.* 9, 3, et ajoute : « Tu reconnais, je pense, les mots des Galiléens »[2], ce qui laisse supposer que le cynique en question était chrétien. Nous pensons avoir démontré que ce cynique anonyme est en fait à identifier au chrétien cynique Maxime Héron d'Alexandrie[3], sur lequel nous reviendrons ultérieurement. L'interlocuteur de Julien n'est pas digne à ses yeux du cynisme authentique, mais apparemment révolu, d'un Diogène ou d'un Cratès pour qui l'empereur éprouve au contraire beaucoup de respect et à qui il a consacré de longs développements dans ses *Discours* VII et IX. Ce cynique a d'ailleurs le tort de reprocher à Diogène d'avoir mangé un poulpe cru et d'être épris de vaine gloire[4], une attitude critique sur laquelle Julien ironise : « Il te va vraiment bien de te moquer d'un tel homme »[5]. Au lieu de rester fidèle aux dieux du paganisme, il n'est pas insensible à la nouvelle religion, comme d'autres cyniques à la même époque, ce que Julien ne pouvait admettre. Il est donc deux cynismes aux yeux de l'empereur : l'un est authentique, celui de Diogène et de Cratès ; l'autre a pris ses distances face au cynisme des origines et n'hésite pas à frayer avec le christianisme.

2. De la part des chrétiens

Comparaison et assimilation ne sont pas le fait des seuls païens. Il est parmi les chrétiens eux-mêmes des gens qui considèrent les philosophes païens responsables, après coup bien sûr, de certaines hérésies chrétiennes. C'est le cas par exemple du Pseudo-Hippolyte, auteur de l'*Elenchos*, qui voit dans les Encratites, une secte chrétienne ascétique extrémiste fondée par Tatien, disciple de Justin, une perversion de l'orthodoxie chrétienne par les cyniques : « D'autres, qui s'appellent Encratites, (...) qui s'abstiennent d'êtres vivants, qui ne boivent que de l'eau, qui s'opposent au mariage et qui s'attachent au reste de la vie de façon desséchée, sont jugés davantage comme des cyniques que comme des chrétiens »[6]. Il reproche aussi à Tatien, de « s'exercer à la vie cynique »[7] et à Marcion, fondateur d'une autre secte, de pousser ses disciples à ce genre de vie[8]. De la même façon Irénée

1. *Id.*, *Discours* IX 20, 203 C (« Contre les chiens ignorants »).
2. *Ibid.*, IX 12, 192D.
3. Cf. M.-O. GOULET-CAZÉ, « Qui était le philosophe anonyme attaqué par Julien dans son *Discours* IX ? », *Hermes*, 136, 2008, p. 97-118.
4. Julien, *Discours* IX 1, 180 D-181 A.
5. *Ibid.*, IX 20, 203B.
6. Ps.-Hippolyte, *Elenchos* VIII 20, 1.
7. *Id.*, X 18, 1 (κυνικωτέρῳ δὲ βίῳ ἀσκεῖται).
8. *Id.*, VII 29, 2 (σχολὴν ἐσκεύασεν ἀπονοίας γέμουσαν καὶ κυνικοῦ βίου) ; X 19, 4 (κυνικωτέρῳ βίῳ προσάγων τοὺς μαθητάς).

déjà signalait que les Valentiniens, une secte hérétique d'inspiration gnostique, avaient hérité des cyniques certaines de leurs opinions, par exemple sur le caractère indifférent des aliments, sur l'indifférence de certaines actions et sur le fait que, quoi qu'il fassent ou quoi qu'ils mangent, rien ne pouvait parvenir à les souiller[1].

Mais à côté de ces reconstructions somme toute abstraites des hérésiologues, il apparaît qu'un chrétien pouvait s'appuyer sur les cyniques pour défendre un comportement chrétien face à un païen qui l'attaquait. Au deuxième siècle, quand Celse reproche aux chrétiens non seulement de divulguer leurs secrets honteux et de faire la quête sur les places publiques, mais aussi, ce faisant, de ne pas s'approcher des gens de bon sens, de s'adresser bien plutôt à des adolescents, à des esclaves et à des insensés, Origène, pour le contrer, allègue de façon positive l'exemple des cyniques qu'il approuve de s'entretenir en public avec tous les passants, même les gens simples du peuple[2].

Païens comme chrétiens étaient donc capables d'assimilations hâtives, d'amalgames, mais en même temps un chrétien pouvait faire appel à un comportement cynique pour justifier un comportement chrétien. Concrètement, quelles relations les deux groupes avaient-ils l'un avec l'autre ?

B. DES RELATIONS D'OPPOSITION RÉCIPROQUE

1. Dans les faits

Le martyre de Justin en 165

Muni d'une solide formation philosophique acquise auprès d'un stoïcien, d'un péripatéticien, d'un pythagoricien et d'un platonicien[3], Justin abandonna le paganisme suite à la rencontre d'un vieillard qui lui dit que seuls les prophètes avaient annoncé la vérité[4]. Il décida alors de défendre la foi chrétienne, tout en continuant d'ailleurs de porter le manteau du philosophe. Après avoir été professeur itinérant, il fonda une école à Rome où il eut pour élève, entre autres, Tatien précédemment évoqué à propos des Encratites. Mais un adversaire se dressa alors contre lui : le cynique Crescens, en qui il voyait un « ami du bruit (φιλόψοφος) et de la parade (φιλόκομπος) », qui parlait du christianisme sans le connaître et qui n'hésitait pas à accuser en public les chrétiens d'athéisme et d'impiété dans le but de plaire à la

1. Irénée, *Contre les hérésies* II 14, 5.
2. Origène, *Contre Celse* III 50.
3. Justin, *Dialogue avec Tryphon*, *Prologue* 2, 3-6, p. 188-191 Bobichon.
4. *Ibid.*, *Prologue* 3, 1 et 7, 1, p. 190-191 et 202-203 Bobichon.

multitude égarée[1]. Quoique parfaitement conscient du danger qui le menace, Justin ne ménage pas ses critiques à l'égard de Crescens. Il va de soi que pour lui un cynique ne peut rien comprendre aux enseignements du Christ. « Il est impossible à un cynique, qui place la fin dans l'indifférence, de connaître le bien en dehors de l'indifférence »[2]. Au moment où le préfet de Rome condamne à mort trois chrétiens, Justin écrit :

Moi aussi, je m'attends à faire l'objet d'une machination (ἐπιβουλευθῆναι) et à être attaché au bois du supplice par l'un de ceux que j'ai nommés, et peut-être par Crescens, ce philosophe ami du bruit et de la parade. Car il n'est pas juste d'appeler « philosophe » un homme qui, parlant à propos de nous de ce qu'il ne connaît pas, accuse en public les chrétiens d'athéisme et d'impiété, et agit ainsi pour la faveur et le plaisir de la multitude qui est dans l'erreur[3].

Il est possible – c'est du moins ce que laissent entendre Tatien aux environs de 171[4] et Eusèbe au début du IVe siècle[5] – que Crescens, à qui Justin s'était à maintes reprises opposé pendant une dizaine d'années dans des discussions auxquelles assistaient des auditeurs, ait été, par ses machinations, la cause directe du martyre de Justin et de six de ses élèves, qui eut lieu probablement en 165, à Rome, sous le règne de Marc-Aurèle. Quel mobile a pu pousser Crescens ? Justin lui-même, quand il envisage plusieurs cas de figure pour expliquer l'attitude hostile du philosophe cynique à son endroit et à l'égard du christianisme, évoque la possibilité que ce dernier ait eu peur d'être soupçonné de christianisme.

Si en effet il n'a jamais lu les enseignements du Christ avant de nous attaquer, c'est un pervers accompli, et bien plus méchant que les ignorants qui, la plupart du temps, se gardent de discuter et de porter des affirmations fausses sur ce qu'ils ne savent pas ; s'il les a lus, il n'a pas compris la grandeur qui est en eux, ou, s'il l'a comprise et qu'il agit de la sorte pour n'être pas soupçonné de christianisme, il est encore, et de beaucoup, plus lâche et plus pervers, car il se laisse dominer par une opinion ignorante et déraisonnable et par la peur. Et de fait, je lui ai proposé quelques questions sur ces sujets, et je l'ai interrogé : or je me suis aperçu, après l'avoir confondu – je veux que vous le sachiez – qu'il ne sait vraiment rien[6].

En conséquence S. Benko en est venu à penser que Crescens pouvait être un chrétien passé ensuite au cynisme, dont les machinations contre Justin auraient eu pour but d'effacer ses croyances passées aux yeux des autorités[7]. Manifestement les deux hommes eurent plusieurs discussions qui persuadèrent Justin que Crescens soit ne connaissait rien de la doctrine chrétienne, soit que, s'il la

1. Justin, *Deuxième Apologie* 3, 1, p. 201 Wartelle.
2. *Ibid.*, 3, 7, p. 203 (trad. Wartelle légèrement modifiée).
3. *Ibid.*, 3, 1, p. 201 (trad. Wartelle).
4. Tatien, *Discours aux Grecs* 19, 1.
5. Jérôme, *Chronique d'Eusèbe* (pour l'année 154), p. 203, 13-18 Helm et Eusèbe, *H. É.* IV 16, 1.7, où l'auteur présente Crescens comme un homme qui « ambitionnait la vie et la conduite qui portent justement le nom de cyniques ». L'idée que Crescens est la cause du martyre de Justin a été reprise dans Photius, *Bibliothèque*, cod. 125, p. 95a, 10-16 Bekker, et dans la *Souda*, *s.v.* Ἰουστῖνος, I 448 ; t. II, p. 646, 1-5 Adler.
6. Justin, *Deuxième Apologie* 3, 3-4, p. 201 (trad. Wartelle).
7. Voir S. Benko, *Pagan Rome and the Early Christians*, Bloomington, 1986, p. 46-47.

connaisssait, il n'osait pas parler par crainte de ceux qui l'écoutaient[1]. Eusèbe confirme que Justin reprit à plusieurs occasions Crescens dans des discussions auxquelles assistaient des auditeurs (ἐν διαλόγοις ἀκροατῶν παρόντων)[2]. Justin supposait donc au départ que Crescens aurait pu avoir quelque connaissance de la doctrine chrétienne, ce qui invite à penser qu'il n'était pas surprenant pour un chrétien au milieu du deuxième siècle de considérer qu'un cynique pouvait être au fait du christianisme. Pour autant Crescens est-il responsable de la mort de Justin ? Comme les *Actes* du martyre de Justin et de ses compagnons ne font pas état d'une participation de Crescens à l'accusation et au procès, des réserves ont été émises contre cette hypothèse, qu'Eusèbe pourrait avoir formulée davantage par intérêt apologétique qu'en raison de l'évidence historique. Indépendamment de leur christianisme comme tel, Justin et ses élèves apparaissaient comme des opposants à Marc-Aurèle à cause de leur attitude critique face à la religion d'État et aux pratiques cultuelles, ce qui suffirait à expliquer un procès dont l'objectif aurait été en fait la destruction de l'école[3].

Tatien, le disciple de Justin, non seulement ne ménage pas son hostilité à l'endroit de Crescens qu'il accuse de pédérastie et d'avarice[4], mais il adopte une attitude très critique envers ces cyniques qui prétendent comme Pérégrinus Proteus réaliser l'autarcie, mais ont besoin du corroyeur pour leur besace, du tisserand pour leur manteau, du bûcheron pour leur bâton ainsi que de gens riches et d'un cuisinier pour satisfaire leur gourmandise. A Crescens en particulier il reproche de rivaliser avec le chien, d'ignorer Dieu et de descendre jusqu'à l'imitation des animaux dépourvus de raison[5]. Qui plus est, Crescens, qui conseille le mépris de la mort, craint lui-même la mort[6]. Ironie du sort : un demi siècle plus tard, un chrétien, le Pseudo-Hippolyte, verra en Tatien un cynique[7] !

Le martyre d'Apollo(nio)s Sakkéas en 180-185

Sous le règne de Commode, dans les années 180-185, eut lieu, devant le préfet du prétoire Tigidius Pérennius, le procès du martyr Apollos Sakkéas, appelé « Apollonios » par Eusèbe. Le fait qu'Eusèbe souligne la παιδεία et la φιλοσοφία

1. Justin, *Seconde Apologie* 3, 6, p. 203 Wartelle.

2. Cf. Eusèbe, *H. É.* IV 16, 1.

3. Telle est l'opinion de J. SPEIGL, *Der Römische Staat und die Christen. Staat und Kirche von Domitian bis Commodus,* Amsterdam, 1970, p. 164-166.

4. Tatien, *Discours aux Grecs* 19, 1.

5. *Ibid.*, 25, 1.

6. *Ibid.*, 19, 1.

7. Ps.-Hippolyte, *Elenchos* X 18, 1. Cf. J. SPEIGL, *Der Römische Staat und die Christen*, p. 159-160, qui s'appuie sur Hippolyte pour voir chez Tatien le christianisme radical d'un philosophe cynique, mais qui reconnaît cependant, p. 160, n. 8 : « Natürlich ist kein genetischer Zusammenhang zur kynischen Philosophie vorhanden ».

du personnage laisse ouverte la possibilité qu'il s'agisse d'un philosophe[1]. On sait qu'un cynique assistait au procès en compagnie d'autres sages[2]. Or ce cynique manifesta son hostilité envers l'accusé durant le procès. En effet lorsqu'Apollos reprocha à Perennius d'être ignorant des beautés de la grâce, car « la parole du Seigneur appartient au cœur qui voit, tout comme la lumière aux yeux qui voient », le cynique l'invita à s'insulter lui-même plutôt que d'insulter Perennius, disant que, malgré son discours obscur, c'était lui qui se fourvoyait. Apollos rétorqua au cynique qu'il avait appris à prier plutôt qu'à insulter et que l'hypocrisie du cynique – un reproche que s'attiraient souvent les cyniques[3] – était en accord avec l'aveuglement de son cœur[4]. Nous ne savons rien des liens qui pouvaient exister entre Apollos et ce cynique, mais il est légitime de se demander si ce dernier joua dans ce procès le même rôle qu'avait peut-être joué, quelque vingt ans auparavant, Crescens dans le procès de Justin. Les deux procès, qui débouchèrent sur le martyre, prouvent que les relations entre cyniques et chrétiens pouvaient être de franche hostilité.

Un cynique persécuté par des chrétiens en 359 ?

L'épisode se passe en 359, sous le règne de l'empereur chrétien Constance II. Cet empereur, dont l'esprit soupçonneux craignait la divination politique, avait décidé de faire procéder à une enquête sur les fidèles du dieu Bésa qui rendait son oracle à Abydum, place forte reculée de Thébaïde en Égypte et qui faisait l'objet d'un culte local d'origine très ancienne[5]. Il avait choisi comme cadre des supplices Scythopolis, une ville de Palestine située à une trentaine de kilomètres au sud du lac de Tibériade, qui avait l'avantage d'être assez isolée et d'être située à mi-chemin pour recevoir les accusés d'Antioche et d'Alexandrie[6]. Selon Ammien Marcellin[7], Démétrius, un philosophe âgé qui avait pour surnom Cythras, et qui était ferme de corps et d'esprit, « *corpore durus et animo* », fut torturé pour avoir offert à plusieurs reprises des sacrifices à ce dieu Bésa. Non seulement celui-ci ne nia pas, bien qu'il restât longtemps attaché au chevalet, mais il précisa qu'il avait l'habitude d'agir ainsi depuis sa prime jeunesse afin de se rendre favorable cette divinité. On finit par le déclarer innocent et par le laisser retourner à Alexandrie d'où il était originaire. En fait, l'appartenance au cynisme de ce Démétrius est une déduction faite par les Modernes à partir d'un passage du *Discours* de Julien *Contre Héracleios* (VII 18, 224 D), où il est question entre autres cyniques d'un

1. Eusèbe, *H. É.* V 21, 1.
2. H. MUSURILLO, *The Acts of the Christian Martyrs*, Oxford, 1972, n° 7, par. 33, p. 98, 22.
3. Cf. par exemple Julien, *Discours* IX 16, 198 B-C (« Contre les chiens ignorants »).
4. H. MUSURILLO, *The Acts of the Christian Martyrs*, n° 7, par. 32-34, p. 98, 17-27.
5. Cf. Ammien Marcellin, *Histoires* XIX 12, 3.
6. Cf. *Ibid.*, XIX 12, 8.
7. Cf. *Ibid.*, XIX 12, 12.

certain Chytrôn[1]. La ressemblance toute relative des deux noms Cythras et Chytrôn (Χύτρων) permet-elle d'identifier les deux personnages et de conclure que les chrétiens pouvaient persécuter des cyniques ? Contre cette hypothèse G. Dorival avance en outre l'argument de l'âge : Démétrius, âgé en 359 à Alexandrie, peut-il se trouver, encore un peu plus âgé, à Constantinople en 362 dans le milieu qui entoure Julien[2] ? Ajoutons de plus que les cyniques ne sont pas coutumiers de manifestations de piété de ce type, même si l'exemple d'Asclépiade qui suit vient contredire cette remarque.

Des chrétiens boucs émissaires en 362 ?

Le temple d'Apollon à Daphné, un faubourg d'Antioche sur l'Oronte, fut incendié en octobre 362. Julien soupçonna les chrétiens d'être à l'origine de l'incendie, sous prétexte que le temple venait d'être entouré d'un magnifique péristyle, ce qui aurait pu provoquer leur dépit. Or le bruit courut que cet incendie avait une cause accidentelle. Celui qui aurait mis le feu était un certain Asclépiade, à identifier, selon toute vraisemblance, avec le philosophe cynique du même nom qu'évoque l'empereur Julien dans un de ses *Discours*[3]. Ammien Marcellin raconte qu'Asclépiade, venu à Daphné pour rendre visite à Julien, avait déposé une statue de la mère des dieux aux pieds de la statue colossale du dieu et allumé des cierges. Il s'en alla au milieu de la nuit, mais les flammèches des cierges s'envolèrent sur les parois vétustes et l'incendie provoqua la destruction du temple[4]. Julien, après s'être demandé s'il s'agissait d'un accident, d'une négligence ou d'une main sacrilège, acquit la conviction que les chrétiens étaient responsables de cet incendie. En guise de représailles, il ordonna de fermer la grande église d'Antioche, que Constantin II, peu de temps auparavant, avait inaugurée[5]. Ces événements n'illustrent pas à proprement parler une opposition entre cyniques et chrétiens, mais il est possible que sans le vouloir, un cynique ait été à l'origine des mesures de rétorsion prises par l'empereur Julien contre les chrétiens.

Cyniques et moines, rivaux à Antioche en 387 ?

Jean Chrysostome, dans le dernier quart du IVe siècle, réagit dans ses *Homélies* à un événement qui traduit une rivalité entre cyniques et moines à Antioche. En 387 les Antiochiens entrèrent en sédition afin de protester contre l'augmenta-

1. Cf. O. SEECK, art. « Démétrius » 63, *RE* IV 2, 1901, col. 2804.
2. G. DORIVAL, « Cyniques et chrétiens au temps des Pères grecs », p. 65.
3. Julien, *Discours* VII 18, 224 D (« Contre Héracleios le cynique »).
4. Ammien Marcellin, *Histoires* XXII 13, 3.
5. *Ibid.*, XXII 13, 1-2 ; Julien, *Misopogon* 15, 346 B ; 33, 361 BC. Voir J. BIDEZ et F. CUMONT, *Imp. Caesaris Flavii Claudii Iuliani Epistulae, leges, poematia, fragmenta varia*, Paris, 1922, n° 105, p. 163-164.

tion des impôts. Lors d'une émeute, la statue de l'empereur Théodose et celle de l'impératrice Flacilla furent renversées. A cette occasion Jean Chrysostome écrivit ses vingt-et-une homélies *Sur les statues*. Dans l'*Homélie* 17, il laisse entendre que les philosophes cyniques – en fait il parle des « ordures cyniques » (τὰ κυνικὰ καθάρματα) –, s'enfuirent de la cité pour aller se cacher dans des grottes afin d'échapper à l'enquête lancée par Théodose, alors que les moines des montagnes et des déserts, eux, étaient revenus dans la cité pour répondre aux besoins de l'enquête[1]. Ce témoignage de Jean Chrysostome ne signifie pas que les cyniques étaient coupables ; leur fuite n'était peut-être qu'une mesure de prudence ; sans doute percevaient-ils qu'on pouvait facilement faire d'eux des boucs émissaires. Abordant à nouveau le sujet dans son *Homélie* 19, Chrysostome oppose à ces cyniques, qui montrent leur philosophie à travers leur barbe et leur vêtement, les chrétiens qui parent leurs âmes avec les doctrines de la vraie philosophie et surtout avec leurs actes eux-mêmes. L'opposition se poursuit par une remarque particulièrement intéressante sur les paysans des campagnes qui sont gagnés par le christianisme, alors que les paroles vaines des cyniques n'ont pas réussi à imposer leur propagande. Selon l'analyse que fait G. Dorival de ces passages, cyniques et chrétiens, non contents de se partager l'espace (la ville pour les premiers, le désert et les montagnes pour les seconds), cherchent à conquérir les campagnes, mais ce sont les seconds qui sont les plus efficaces : « la doctrine chrétienne est en train de se diffuser et de remplacer l'hellénisme (...). Il y a donc bien une rivalité entre Cyniques et chrétiens, une compétition pour emporter la conviction, mais elles sont en train de tourner à l'avantage des chrétiens »[2].

Nous laissons à l'Arien Eunome le soin de conclure, à la même époque, sur cette opposition entre cyniques et chrétiens, dont nous avons vu qu'elle pouvait être farouche. Dans un contexte où il oppose Diogène, qui répond à une question avec son bâton, et Paul, selon qui il faut instruire ses adversaires avec beacoup de longanimité, Eunome fait cette constatation qui s'accorde avec tout ce que nous venons de dire : « Le cynisme est bien éloigné du christianisme »[3].

2. Dans les opinions

La critique chrétienne du cynisme

Les chrétiens avaient coutume d'adresser toutes sortes de reproches aux cyniques, des reproches qui, devenus peu à peu traditionnels, finirent par esquisser une sorte de caricature du philosophe cynique hypocrite, sans pudeur et soucieux de vaine gloire[4]. Le trait cynique qui suscite de leur part la plus grande virulence est

1. Jean Chrysostome, *Homélie* 17 *Sur les statues*, 2 (*PG* 49, 173 D-174 A).
2. G. DORIVAL, « Cyniques et chrétiens au temps des Pères grecs », p. 64-65.
3. Eunome, *Apologie* 19 (*SC* 305, p. 270).
4. Pour les cyniques la vaine gloire (κενὴ δόξα) est une gloire qui porte sur des choses vaines, sans valeur, par exemple se glorifier de sa richesse, mais quand les chrétiens reprochent aux

l'« indifférence » (ἀδιαφορία). On peut toutefois se demander pourquoi c'est seulement à partir du second siècle de notre ère qu'on parle d'une « indifférence cynique ». De fait le concept, qui connut une grande fortune dans le stoïcisme avec les théories zénonienne et aristonéenne des indifférents, ne faisait pas partie du bagage conceptuel du cynisme ancien, même si la réalité de l'indifférence à l'opinion d'autrui était bien présente chez Diogène et ses disciples. En outre, curieusement, la plupart des témoignages, païens ou chrétiens[1], qui nous sont parvenus sur cette indifférence cynique, l'associent à des manquements à la pudeur qui font fi du jugement de la société, alors que ce n'est pas le cas lorsque le concept intervient dans le stoïcisme. On reproche vivement au cynique d'agir aux yeux de tous sans éprouver de honte, en ne visant que le beau par nature et en se moquant du beau par convention (τὸ θέσει καλόν)[2]. On supporte mal qu'il ne tienne aucun compte de la δόξα, c'est-à-dire à la fois de l'opinion des autres et de la réputation bonne ou mauvaise que la société accorde à ses membres selon les actes qu'ils posent. Pour expliquer la connotation d'impudence liée à l'indifférence cynique, nous avons formulé l'hypothèse qu'il dut se produire dans les esprits, au deuxième siècle de notre ère, une sorte d'amalgame entre la provocation des premiers cyniques, qui s'accompagnait d'une totale indifférence au jugement d'autrui au point qu'ils n'hésitaient pas à heurter de front la pudeur de leurs contemporains, et la théorie des indifférents pleinement indifférenciés, héritée d'Ariston de Chios, dans laquelle la δόξα faisait partie sans aucun doute de ces indifférents[3].

La réprobation monte de tous côtés contre ces Chiens qui étalent une indécence fidèle en fait à la plus pure tradition diogénienne. Le cynique des *Vies à l'encan* de Lucien ne donne-t-il pas le conseil suivant : « A la vue de tous, aie l'audace de faire ce que nul n'oserait faire, même en son privé »[4] ? Les chrétiens mirent un contenu bien concret derrière ce concept d'indifférence cynique, à savoir tous les actes scandaleux dont Diogène faisait état dans sa *République*, notamment l'inceste, le parricide, l'anthropophagie et l'absence de sépulture. La mauvaise foi des chrétiens sur ce chapitre atteignit son comble quand, sous leur plume, les cyniques, comme les stoïciens d'ailleurs, furent métamorphosés en véritables cannibales. A les croire, cyniques et stoïciens pousseraient au meurtre ! C'est ainsi

cyniques leur souci de la vaine gloire, ils pensent certainement aussi à une gloire vaine, qui n'a pas de sens et qui finalement est une preuve d'orgueil.

1. Ces témoignages sont réunis dans M.-O. GOULET-CAZÉ, *Les* Kynika *du stoïcisme,* p. 112-119.

2. Les deux concepts sont employés par Olympiodore, *In Aristotelis Categorias Prolegomena, CAG* XII 1, p. 3, 21-28 Busse, dans un passage où il explique pourquoi les philosophes cyniques furent appelés ainsi.

3. M.-O. GOULET-CAZÉ, *Les* Kynika *du stoïcisme*, p. 129-132.

4. Lucien, *Vies à l'encan* 10.

que Théophile d'Antioche évoque « les idées contenues dans les livres de Zénon, ceux de Diogène ou de Cléanthe, qui enseignent l'anthropophagie » :

Que les pères soient cuits et dévorés par leurs propres enfants et, si l'on ne veut pas ou si l'on repousse une partie de cette nourriture abominable, dans ce cas que celui qui n'a pas mangé soit lui-même dévoré. On trouve d'ailleurs une voix encore plus impie, celle de Diogène, qui enseigne que les enfants mènent leurs propres parents au sacrifice et les dévorent[1].

Théophile déclare totalement incompatibles l'enseignement du christianisme et ces conduites « indifférentes » que sont les unions sexuelles illicites et la pratique de l'anthropophagie[2]. A entendre certains chrétiens, les cyniques rejoueraient au quotidien la tragédie d'Atrée et de Thyeste. Deux siècles plus tard, Jean Chrysostome rend les philosophes au manteau et à la longue barbe responsables, avec Platon, de la pratique de la communauté des femmes et des enfants[3], tandis que Théodoret de Cyr dresse de Diogène le portrait d'un esclave du plaisir qui entretient des filles de joie et qu'il rappelle le « mariage de chien » de Cratès consommé en public[4]. De même Augustin, dans sa *Cité de Dieu*, consacre aux cyniques un chapitre au titre évocateur : *De vanissima turpitudine Cynicorum* (XIV 20). Profondément agacé et choqué par les atteintes que portaient les cyniques à la pudeur (*verecundia*), il voyait dans leur doctrine une *inmunda inpudensque sententia*[5], tout en remarquant cependant que la pudeur naturelle avait fini par l'emporter et qu'à son époque les cyniques n'osaient plus pratiquer l'union en public[6].

Mais bien d'autres traits suscitent de violentes critiques de la part des chrétiens[7]. Tatien leur reproche leur jactance (ἀλαζονεία) et leur glossomanie pleine d'orgueil (τὴν ἔντυφον... γλωσσομανίαν), ce qui est paradoxal à propos de gens qui se sont toujours faits les champions de la lutte contre les fumées de l'orgueil et

1. Théophile d'Antioche, *A Autolycus* III 5. Voir aussi *Ibid.*, III 4.

2. *Ibid.*, III 15.

3. Jean Chrysostome, *Homélie* 5 *sur la Lettre à Tite*, 4, *PG* 62, col. 694.

4. Théodoret de Cyr, *Thérapeutique* XII 48-49.

5. Augustin, *Cité de Dieu* XIV 20, 43. Augustin s'emploie à montrer que cette doctrine cynique est immonde et impudente, dans la mesure où les anciens cyniques prétendaient que l'acte conjugal, parce qu'il est légitime, peut s'accomplir en public. En fait il relativise en quelque sorte l'effronterie de ces philosophes en supposant que les gens qui les voyaient s'accoupler sous le manteau ne comprenaient pas vraiment de quoi il s'agissait. « Je préfère penser que Diogène et ses disciples, dont on rapporte qu'ils ont fait cela (*i.e.* s'unir en public), ont donné à voir les mouvements de l'accouplement à des hommes qui ignoraient ce qui se passait sous le manteau, plutôt que de supposer que cet acte voluptueux a été accompli sous la pression d'un regard humain » (*ibid.* XIV 20, 44). Il faut sans doute comprendre que l'accouplement avait réellement lieu, mais sous un manteau, comme ce fut le cas pour Cratès et Hipparchia, et que les gens qui étaient présents ne pouvaient pas comprendre ce qui se passait exactement.

6. *Ibid.* : « Aucun de ceux-ci n'ose cependant faire cela ».

7. Sur tous ces thèmes, voir G. DORIVAL, « L'image des Cyniques chez les Pères grecs », p. 420-430.

les illusions de tous ordres[1]. Les cyniques passent aussi pour des hypocrites chez Tatien[2] ou encore chez Apollos quand celui-ci s'adressait au cynique anonyme qui lui faisait des reproches à son procès[3]. Jean Chrysostome lui aussi laisse entendre que ces philosophes, retranchés derrière leur accroutrement, pourraient être hypocrites[4], tandis que Lactance estime que leur chevelure et leur *pallium* dissimulent leurs vices[5]. Les auteurs chrétiens vont jusqu'à dénier toute valeur à l'ascèse cynique, dès lors qu'elle n'est pas accompagnée des vertus chrétiennes. C'est ainsi que Palladios parle d'un débordement de vaine gloire (κουφοδοξία) à propos de Pythagore, Diogène et Platon qui boivent de l'eau[6], ou encore que Nil d'Ancyre reproche aux cyniques de pratiquer, en l'absence de l'espérance chrétienne, leur ascèse en vue de rien d'autre que l'ostentation et l'amour de la gloire (χάριν ἐπιδείξεως καὶ φιλοδοξίας)[7]. N'est-ce pas le comble de la démence, s'interroge-t-il, que de s'imposer le silence, de se nourrir d'herbes, de se couvrir le corps de haillons loqueteux, de passer toute sa vie enfermé dans un tonneau et finalement de ne s'attendre à aucune reconnaissance après la mort ? Sans la foi chrétienne, cette ascèse est tout bonnement privée de sens, ces combats se réduisent à de la sueur. Soucieux de discréditer ces philosophes qui parfois réussissent à les concurrencer sur le terrain de la morale, il est des chrétiens, du deuxième au quatrième siècle, pour proclamer tout bonnement le cynisme inutile[8].

Aux reproches se joignent les railleries contre ces philosophes qui sont velus comme des boucs (*hircosus Cynicus*[9]) et qui portent la massue herculéenne (*Herculea clava*[10]). Au Ve siècle, un auteur comme Sidoine Apollinaire, dans une

1. Tatien, *Discours aux Grecs* 2, 1 et 3, 3.

2. *Ibid.*, 19, 1 (Crescens conseille de mépriser la mort, mais lui-même en avait très peur) ; 25, 1 (Pérégrinus Proteus prétend n'avoir aucun besoin et en fait en manifeste un bon nombre dans sa façon de se vêtir et de vivre).

3. *The Acts of the Christian Martyrs*, n° 7, par. 34, p. 98, 25-26 Musurillo.

4. Jean Chrysostome, *Sur la virginité* 7, 1.

5. Lactance, *Institutions divines* V 2, 3.

6. Palladios, *Histoire Lausiaque*, Prologue 11.

7. Nil d'Ancyre, Λόγος ἀσκητικός 2, *PG* 79, 720B-721A. Cf. aussi Théodoret de Cyr, *Thérapeutique* XII 31-32.

8. Théophile d'Antioche, *A Autolycus* III 2 ; Jean Chrysostome, *Homélie* 10 *sur Matthieu*, 4 (*PG* 57, col. 188), *Homélie* 35 sur *I Corinthiens*, 4 (*PG* 61, col. 302) et son *Discours sur le martyr Babylas contre Julien et les païens*, par. 45-49 (*SC* 362, p. 146-155), où, l'opposant à Babylas, il prend Diogène pour cible, l'accusant de rechercher la vaine gloire par son franc-parler, d'être indifférent au cannibalisme, d'être licencieux et irresponsable. Cf. D. KRUEGER, « Diogenes the Cynic among the Fourth Century Fathers », *Vigiliae Christianae*, 47, 1993, p. 29-49, notamment p. 39 ; sur les critiques adressées par les Pères à Diogène, voir H. KUSCH, art. « Diogenes von Sinope », *Reallexikon für Antike und Christentum*, III, col. 1063-1075, notamment 1072-1074.

9. Prudence, *Apotheosis* v. 201.

10. *Id.*, *Hamartigenia* v. 402.

lettre qu'il adresse au Pape Faustus, explique que les cyniques, comme d'ailleurs les stoïciens et les péripatéticiens, vont tomber la tête la première dans leur propres filets et être battus par leurs propres armes, car les syllogismes acérés utilisés aussi par Faustus vont réussir à les terrasser[1]. Il prévoit leur défaite comme imminente, mais en même temps il reconnaît qu'ils résistent[2].

Ces jugements sévères étaient-ils fondés ?

Une présentation aussi caricaturale repose à la fois sur le contresens, la malveillance polémique mais aussi, et peut-être d'abord, sur la conscience d'un danger véritable. Le contresens commis par certains chrétiens était-il ou non volontaire ? Résultait-il d'une ignorance ou d'une volonté délibérée de tromper ? Dans la mesure où l'on sait que des écrivains du second siècle comme Théophile d'Antioche[3] et Clément d'Alexandrie[4] avaient lu Diogène, il est légitime de penser que les chrétiens ont délibérément omis de prendre en compte la perspective philosophique des cyniques, seule capable d'expliquer pourquoi ceux-ci ont pu énoncer des idées à première vue aussi scandaleuses. Diogène a admis dans sa *République*, au moins sur un plan théorique, tous les actes qui pouvaient être posés dans un état de nature supposé antérieur à la civilisation. Dès l'instant en effet où rien de ce qui est naturel ne saurait être honteux, la pudeur est un sentiment que Diogène n'a pas à prendre en compte[5]. Le philosophe, anarchiste libertaire, soucieux de démonter les mécanismes d'une société qui contraint les individus à juger répréhensibles certains comportements au nom de ses propres catégories du bien ou du mal, cherche ses exemples dans les comportements des animaux[6], des peuples barbares[7] et des enfants[8], autrement dit là où la civilisation avec ses traditions et ses conventions n'a pas pu mener à bien son œuvre d'asservissement. Diogène ne demande pas à l'homme de régresser à l'état animal, mais bien de retrouver sa nature spécifique – à la fois proche de celle de l'animal et en même temps très différente en raison de la présence du *logos* –, une nature qu'il a pervertie en inventant la civilisation et son lot de conventions irrationnelles[9]. Intellectuellement parfaitement cohérente, cette attitude diogénienne reste dans une certaine mesure théorique. S'il se refuse à condamner l'inceste ou l'anthropophagie, le philosophe n'a sans doute jamais pratiqué personnellement ces actes et

1. Sidoine Apollinaire, *Lettres* IX 9, 15.
2. *Id.*, *Carmen* XV 124-125.
3. Théophile d'Antioche, *A Autolycus* III 5.
4. Clément d'Alexandrie, *Stromates* II 20, 119, 5-6.
5. Voir *supra*, p. 42.
6. Par exemple D. L. VI 22, Dion Chrysostome, *Discours* VI 13.16.18.
7. Cf. D. L. VI 73.
8. Cf. D. L. VI 37.
9. Cf. D. L. VI 44.

il ne demande pas aux autres de les poser. Tel pourrait bien être le nœud du malentendu. D'un côté Philodème et les chrétiens présentent les opinions de Diogène à propos de ces actes comme relevant de l'ordre, de la défense ou de la nécessité. Rapportant des opinions de la *République* de Diogène, il écrit : « Il *faut* que les hommes tuent leurs pères (*s.e.* pour les manger) »[1] et Théophile prétend que les livres de Zénon, Diogène et Cléanthe *enseignent* l'anthropophagie[2]. Mais d'un autre côté, on lit chez Diogène Laërce et Sextus qu'*il n'est pas déplacé* (οὐκ ἄτοπον) de manger de la chair humaine[3]. Ce n'est pas déplacé parce que c'est « selon la nature » (κατὰ φύσιν) et qu'il ne faut pas appliquer les critères de la morale sociale à la nature. Selon toute probabilité, Philodème et Théophile donnent une interprétation calomnieuse des écrits diogéniens. Ce qui n'était point déplacé d'un point de vue théorique se retrouve doublement faussé chez ces auteurs, à la fois par la perspective du meurtre, totalement incompatible avec le respect des cyniques pour la liberté d'autrui, et par celle de l'obligation. Théophile et certains chrétiens ont donc fait un contresens, sans doute volontaire. Diogène avait réussi à recentrer la morale en la débarrassant de toutes les opinions et de toutes les conventions qui n'ont rien à voir avec la vertu ; pour ce faire, il se devait, sur un plan théorique, comme c'est le cas dans la *République*, d'accepter la nature et toute la nature. En refusant de comprendre cette perspective ou du moins de la prendre en compte, les chrétiens ont fait des cyniques des cannibales, des parricides et des débauchés de la pire espèce.

Ce contresens s'accompagnait d'une malveillance polémique évidente, comparable à celle que pouvaient développer à l'endroit des cyniques des païens comme Lucien dans les *Fugitifs* ou dans son traité *Sur la mort de Pérégrinus*, Porphyre dans son traité *Sur l'abstinence*[4] ou encore Julien[5]. Dire que la philosophie cynique ne sert à rien, que les disciples de Diogène sont des hypocrites, dont les actes contredisent délibérément les doctrines et qui ont pour seul souci la vaine gloire, relève de la polémique la plus traditionnelle – puisque les païens faisaient de même – et la plus injuste. Cette polémique, les chrétiens la développaient aussi contre les épicuriens auxquels ils associaient d'ailleurs volontiers les cyniques[6]. Comme l'a remarqué à juste titre G. Dorival[7], l'originalité des Pères par rapport aux païens dans cette polémique est d'avoir fait des cyniques les représentants par excellence de l'hellénisme, donc le repoussoir idéal.

1. Philodème, *Sur les stoïciens* 7, col. XX 3, p. 103 Dorandi.
2. Théophile d'Antioche, *A Autolycus* III 5.
3. D. L. VI 73 ; Sextus, *Hypotyposes pyrrhoniennes* III 207.
4. Porphyre, *Sur l'abstinence* I 42, 5.
5. Julien, *Discours* IX 16, 198 BC.
6. Cf. Sidoine Apollinaire, *Carmen* II 164-168 : « la foule des cyniques qui imitent tes disciples, Épicure » ; Claudien Mamert, *De statu animae* II 9, p. 113, 15 Engelbrecht.
7. G. DORIVAL, « L'image des Cyniques chez les Pères grecs », p. 432.

Pourquoi les Pères ont-ils ainsi réagi ? Sans doute avaient-ils conscience du danger que représentaient les cyniques en qui ils voyaient des rivaux potentiels et souvent bien réels. De l'extérieur il était facile de confondre les deux groupes : l'ascèse cynique dans ses modalités avait bien des points communs avec l'ascèse chrétienne des premiers siècles, même si la fin n'était pas la même ; cyniques et chrétiens dénonçaient la société et ses fausses valeurs : richesse, gloire etc. ; les deux groupes avaient une même exigence d'authenticité et de radicalisme, et tous deux se sentaient investis d'une mission auprès de leurs contemporains. Même si l'esprit était complètement différent, les païens pouvaient cependant les confondre et de telles confusions apparemment étaient fréquentes surtout quand ils s'agissait de sectes chrétiennes ascétiques, comme nous l'avons vu avec les encratites ou les apotactites. Il importait par conséquent pour les chrétiens de se démarquer nettement de ces encombrants rivaux qui faisaient grand bruit dans les métropoles de l'Empire. Et ceci d'autant plus que le cynisme – c'était peut-être là le plus grand danger – exerçait son attraction sur les chrétiens eux-mêmes, suscitant l'embarras mais aussi l'admiration, au point même que certains purent se dire à la fois cyniques et chrétiens.

3. Des comportements ambivalents

Une certaine admiration

Comme un certain nombre de valeurs cyniques rejoignent, indépendamment de tout *telos*, des valeurs chrétiennes, il n'est pas très étonnant que l'on rencontre des chrétiens qui expriment leur admiration envers les cyniques. Mais on notera que cette admiration porte sur les cyniques d'autrefois, Diogène et Cratès, et en particulier sur leur ascèse physique à finalité morale. Le cas de Clément d'Alexandrie illustre ce rapport positif. Il fait appel par exemple à Diogène pour dénoncer les efféminés, rappelant ce que le philosophe, mis en vente comme esclave, dit à un de ceux qui voulaient l'acheter : « Viens, jeune homme, achète-toi un homme »[1], mais surtout il reconnaît dans le cynisme des valeurs avec lesquelles il se sent lui-même en accord. Dans ses *Stromates*, en effet, il déclare approuver la condamnation qu'Antisthène prononce sur Aphrodite, sur le plaisir et l'amour qualifié par le philosophe de « vice de nature »[2], et il remarque une similitude de pensée entre la parole du prophète Isaïe : « À qui m'avez-vous comparé ? dit le Saint (= Dieu) », et cette opinion d'Antisthène qui affirme que Dieu ne ressemble à rien et qu'on ne saurait le saisir au moyen d'images (Clément précise toutefois qu'ici c'est le disciple de Socrate et non le cynique qui parle)[3].

1. Clément d'Alexandrie, *Pédagogue* III 3, 16, 1.
2. *Id.*, *Stromates* II 20, 107, 2-3 ; voir aussi II 20, 121, 1.
3. *Id.*, *Stromates* V 14, 108, 4. De même *Protreptique* VI 71, 2.

Les qualités manifestées par les cyniques et les plus prisées des chrétiens étaient sans nul doute la pauvreté et la maîtrise de soi. Dans son *Contre Celse* Origène va même jusqu'à faire une allusion très élogieuse à un philosophe cynique: « Autrefois le philosophe grec qui aimait la frugalité et qu'on présentait comme un exemple de vie heureuse, dans l'idée que la parfaite pauvreté n'empêche pas d'être heureux, se proclama lui-même cynique »[1]. S'agit-il de Diogène ou de Cratès ? La mention de l'εὐτέλεια, la « frugalité », fait penser certes à l'hymne que Cratès consacre précisément à la frugalité[2], mais Diogène étant, dans un autre passage de l'ouvrage, associé également à la frugalité[3], l'argument n'est pas déterminant. Dans cet autre passage justement, Origène s'emploie à réfuter un juif lettré auquel fait référence Celse et qui prétend que « Jésus ne s'est pas montré pur de tout mal ». A cet effet il définit ce qu'est le mal et il envisage l'hypothèse qu'il puisse s'agir de la pauvreté, de la croix, de la conspiration d'hommes insensés. Dans ce dernier cas, il remarque que Socrate lui-même n'a pas pu prouver qu'il était pur de tout mal. Quant à la pauvreté, il fait appel au chœur des philosophes qui l'ont choisie volontairement: Socrate, Démocrite mais aussi Cratès qui vendit tout ce qu'il possédait et distribua l'argent aux Thébains, de même que Diogène qui, dans un excès de vie frugale, habitait un tonneau. Il conclut qu'aucun homme d'intelligence même modérée n'a pensé que Diogène vivait dans le mal[4]. Origène n'hésite donc pas à utiliser la référence des philosophes païens, notamment cyniques, pour défendre Jésus contre les attaques du Juif de Celse. C'est bien le signe qu'à son époque on admirait toujours, et même en milieu chrétien, les héros cyniques. Néanmoins, quand il s'agit de comparer la vie ferme (mot à mot « bien tendue »: εὔτονος) des prophètes avec la fermeté d'Antisthène, Diogène et Cratès, c'est bien évidemment aux premiers qu'il donne l'avantage[5]. Autre exemple, tout à fait emblématique, puisqu'il est question de fournir des exemples de philosophes vertueux pouvant aider les jeunes chrétiens du IVe siècle dans leur éducation: Basile de Césarée, dans son discours *Sur la manière de tirer profit des lettres helléniques*, déclare admirer le mépris dans lequel Diogène englobait toutes les choses humaines[6] et renvoie au philosophe cynique lorsqu'il veut stigmatiser l'excès de soin apporté au corps[7]. Sous la plume de Jérôme Diogène apparaît comme « le vainqueur de la nature humaine », celui dont la mort a prouvé le

1. Origène, *Contre Celse* VI 28.
2. Julien, *Discours* IX 16, 198D.
3. Origène, *Contre Celse* II 41.
4. *Ibidem.*
5. *Ibid.*, VII 7.
6. Basile, *Sur la manière de tirer profit des lettres helléniques* IX 112-115.
7. *Ibid.*, IX 15-17. D. KRUEGER, « Diogenes the Cynic among the Fourth century Fathers », p. 35-36, souligne l'influence importante qu'exerça cet écrit, qui connut d'ailleurs plusieurs traductions syriaques, dans l'Antiquité tardive et à l'époque byzantine.

courage et la maîtrise de soi[1], et même Théodoret, dont nous avons vu plus haut qu'il pouvait être très sévère à l'égard de Diogène[2], reconnaît dans Antisthène, Diogène et Cratès des « athlètes de la vertu » – tout en estimant cependant que les athlètes chrétiens leur sont supérieurs, en ce qu'ils agissent pour le bien en tant que tel et non comme les cyniques pour la vaine gloire[3]. Dans son *Discours sur la Providence* écrit peu après 435, il cite Socrate, Diogène et Anaxarque comme des exemples de gens qui ont renoncé à la richesse et mené une vie de pauvreté[4]. Même admiration de la part de Nil d'Ancyre, auteur d'un traité *Sur la pauvreté*, envers ceux des philosophes grecs qui pratiquaient la pauvreté, vivant sans toit à la manière des chiens et se nourrissant de ce qu'ils trouvaient. Pour illustrer son propos, il commente, sans toutefois citer le nom de Diogène, l'anecdote célèbre du philosophe jetant la tasse qu'il utilisait pour manger et pour boire, parce qu'il voyait de jeunes bergers buvant de l'eau dans le creux de leurs paumes[5]. Il n'était pas choquant par conséquent, il était même assez naturel, de proposer comme modèles aux chrétiens les philosophes cyniques que leur envergure morale permettait de considérer comme des « athlètes de la vertu ».

Oinomaos de Gadara chez Eusèbe de Césarée

Sous l'Empire le seul grand ouvrage que produisit le cynisme est dû à Oinomaos de Gadara (IIe s. ou début du IIIe s.). Il s'agit des *Charlatans démasqués* (Γοήτων φώρα), un ouvrage très virulent contre la mantique. Afin de combattre l'hellénisme, Eusèbe de Césarée eut recours à cet ouvrage[6], dont il a cité de longs extraits dans sa *Préparation évangélique* rédigée entre 312 et 322[7]. Eusèbe puise habilement chez le cynique tout un stock d'arguments destinés à alimenter sa propre polémique contre les païens. Oinomaos se livre en effet à une attaque en règle contre les oracles delphiques qui ne visent qu'à tromper la foule[8], contre les gardiens des temples à qui il reproche leurs activités frauduleuses, car ils pratiquent une mantique qui trompe les gens et ils excitent les consultants à se faire mutuellement la guerre au lieu d'être des arbitres de paix[9], contre les dieux qu'il

1. Jérôme, *Adv. Jovinianum* II 14
2. Théodoret, *Thérapeutique* XII 48.
3. *Ibid.*, XII 32.
4. *Id.*, *Discours sur la providence* 6 ; *PG* 83, col. 649, li. 43.
5. Nil d'Ancyre, Περὶ ἀκτημοσύνης 39, *PG* 79, col. 1017 A-B. G. DORIVAL, « L'image des cyniques chez les Pères grecs », p. 436, s'appuie sur la contradiction entre ce passage et celui du Λόγος ἀσκητικός cité plus haut (p. 188) pour formuler l'hypothèse qu'il pourrait s'agir ici d'un traité d'un Ps.-Nil.
6. Les fragments ont été édités et commentés par J. HAMMERSTAEDT, *Die Orakelkritik des Kynikers Œnomaus*, coll. « Beiträge zur klassischen Philologie », 188, Frankfurt am Main, 1988.
7. Eusèbe, *P. É.* V 18, 6 - 36, 5 et VI 7, 1-42.
8. *Ibid.*, V 21, 6.
9. *Ibid.*, V 26, 5.

apostrophe directement[1] (Apollon est traité de « sophiste »[2]) et contre les gens qui croient en la divination[3]. Il s'en prend aussi aux écoles philosophiques, attaquant les déterministes comme Démocrite et les fatalistes comme Chrysippe, bien décidé qu'il est à défendre la liberté humaine contre le Destin. Eusèbe ne manque pas de mettre en lumière les qualités de celui qui, indirectement, à deux siècles de distance, sert sa cause : un raisonnement vigoureux[4], une pensée pleine de fougue[5], beaucoup de franchise et l'âpreté amère des cyniques[6]. L'ouvrage d'Oinomaos était bien connu des chrétiens. Il est possible en effet que Clément d'Alexandrie l'ait lu et lui ait emprunté à différentes époques des motifs que l'on retrouve dans plusieurs de ses ouvrages[7]. Origène, auteur du *Contre Celse,* l'a sans doute lu également et c'est peut-être lui qui, par la suite, a amené l'ouvrage à Césarée où Eusèbe allait le lire plus tard dans la bibliothèque de son maître Pamphile[8]. Théodoret cite des extraits d'Oinomaos qu'il emprunte à la *Préparation évangélique* d'Eusèbe[9]. Cyrille d'Alexandrie dans son ouvrage contre Julien[10] et Jean Chrysostome dans son *Discours sur Babylas* contre Julien[11] montrent qu'ils connaissent l'ouvrage. C'est certainement la production cynique qui sous l'Empire eut le plus d'influence sur le christianisme. A l'inverse, l'empereur Julien dénonce sévèrement ce cynique sans pudeur et sans honte qui méprise à la fois toutes les choses divines et humaines et qu'il estime dangereux pour son projet de restauration de l'héllénisme[12].

L'attitude parfois ambivalente des chrétiens

Curieusement les chrétiens parfois ne réussissent pas à adopter une attitude cohérente et on assiste chez la même personne à des prises de position contradictoires. Cette ambivalence s'explique par la coexistence de deux sentiments impossibles à concilier, d'une part l'attirance que les chrétiens éprouvent pour l'ascèse authentique des cyniques et d'autre part la répulsion que provoquent chez eux leur impudeur, leur impudence et ce qu'ils considèrent comme de la fausse sagesse.

1. *Ibid.*, V 19, 3.
2. *Ibid.*, V 26, 3.
3. *Ibid.*, V 26, 2-3.
4. *Ibid.*, V 18, 6.
5. *Ibid.*, VI 6, 74.
6. *Ibid.*, V 21, 6.
7. Cf. J. HAMMERSTAEDT, *Die Orakelkritik des Kynikers Œnomaus,* p. 22-24.
8. Cf. A. CARRIKER, *The Library of Eusebius of Caesarea*, Leiden, 2003, p. 96.
9. Théodoret, *Thérapeutique* VI 8-11 et X 41-42.
10. Cyrille d'Alexandrie, *Contre l'empereur Julien* VI 204 (*PG* 76, col. 812 D).
11. Jean Chrysostome, *Discours sur Babylas* 2, par. 80 et 88 (*SC* 362, p. 200 et 210).
12. Cf. Julien, *Discours* IX 17, 199A (« Contre les chiens ignorants ») ; *Discours* VII 5, 209B (« Contre Héracleios le cynique ») .

Citons deux cas significatifs. Jean Chrysostome, qui parlait dans son *Homélie* 17 des « ordures cyniques » et critiquait leur inutilité, présente dans un autre de ses écrits Diogène comme un exemple de pauvreté librement assumée, le considère comme plus riche que les rois de la terre et fait de lui un exemple de vie ascétique[1] ! Quant à Origène, il est capable à la fois de comparer la quatrième plaie d'Égypte, c'est-à-dire « la mouche à chien », autrement dit le taon, à « la secte des cyniques qui, outre les autres perversités de leur tromperie, vont jusqu'à prôner comme souverain Bien la volupté et le plaisir »[2], et d'admirer la pauvreté extrême de Diogène tout autant que la liberté manifestée par Cratès quand il distribue tout son argent aux Thébains[3].

Malgré cette ambivalence qui devait être assez répandue, il y eut des gens pour se dire à la fois chrétiens et cyniques sans que cette situation ait pu apparaître à leurs yeux et aux yeux de ceux qui les entouraient comme contradictoire. Le cas ne devait pas être fréquent, mais il suffit qu'il ait existé pour prouver que certains réussissaient à trouver un équilibre au sein de la double appartenance.

C. CYNIQUES ET CHRÉTIENS À LA FOIS

Justin laisse entendre que le cynique Crescens aurait été chrétien et qu'il pourrait, par opportunisme, machiner contre lui et provoquer son martyre afin de faire oublier sa phase chrétienne aux autorités. Que les choses se soient passées effectivement comme le craignait Justin reste une hypothèse. En revanche, dans les deux cas qui vont être examinés, il n'est plus question d'hypothèse ; il est clairement attesté que Pérégrinus et Maxime ont été en même temps cyniques et chrétiens, l'un à un moment de sa vie, l'autre probablement toute sa vie.

1. Le cas troublant de Pérégrinus Proteus

Pérégrinus est certainement une personne d'exception ; sa vie haute en couleurs, remplie de péripéties, qui s'est terminée par une mort volontaire sur un bûcher près d'Olympie, est une vie hors normes[4]. Mais par malchance il eut un

1. Jean Chrysostome, *Contre les détracteurs de la vie monastique* II 4 et 5 (*PG* 47, col. 337 et 339).

2. Origène, *Homélie* IV 6, li. 58-61 *sur l'Exode* (*SC* 321, p. 134 ; trad. Borret).

3. *Id.*, *Contre Celse* II 41.

4. Voir P. PILHOFER, *Lukian, Der Tod des Peregrinos. Ein Scharlatan auf dem Scheiterhaufen,* herausgegeben, übersetzt und mit Beiträgen versehen von P. PILHOFER, M. BAUMBACH, J. GERLACH und D. U. HANSEN, coll. « Sapere » 9, Darmstadt, 2005 ; H.-G. NESSELRATH, art. « Lukian von Samosata », *Reallexikon für Antike und Christentum*, XXIII, Stuttgart, 2009,

biographe qui méprisait le christianisme et qui voulait en plus, par son intermédiaire, ridiculiser le cynisme. Lucien lui était complètement hostile et il a laissé à la postérité, de façon probablement très injuste, un portrait bien peu flatteur de Pérégrinus. Son traité *Sur la mort de Pérégrinus* est en effet un ouvrage dicté par la mauvaise foi, qu'il faut corriger grâce au contre-témoignage d'Aulu-Gelle et qui montre combien Lucien était exaspéré par cet individu multiforme qui prit le surnom de Proteus puis celui de Phénix, et qui, au sortir d'une jeunesse agitée, du moins à en croire Lucien, choisit de devenir chrétien puis apparut comme un chrétien cynique avant de renoncer au christianisme pour ne garder finalement que le cynisme. Cependant, même si Lucien n'avait qu'une connaissance partielle du christianisme et même s'il faut faire abstraction de toutes les insinuations calomnieuses que comporte son texte, celui-ci reste un témoignage du premier intérêt sur le christianisme palestinien du deuxième siècle.

La phase chrétienne et la rupture avec le christianisme

Lucien insiste sur la position de permier plan qu'occupait Pérégrinus dans la communauté chrétienne de Palestine, où non seulement il exerça plusieurs fonctions à la fois, mais où il fit œuvre d'exégète et où il écrivit lui-même maints ouvrages d'inspiration chrétienne (*Pérégrinus* 11). Lorsque son christianisme lui valut d'être emprisonné en Palestine, les chrétiens déployèrent tous les efforts possibles afin de le faire sortir. Quand ils virent que c'était peine perdue, ils lui prodiguèrent toutes sortes d'attentions avec beaucoup de zèle. On pouvait voir dès le matin des veuves âgées et des enfants orphelins qui attendaient près de la prison, tandis que les dignitaires chrétiens, qui avaient réussi à corrompre les gardiens, dormaient avec lui à l'intérieur du bâtiment et lui faisaient apporter des mets de toutes sortes. On lisait à haute voix les livres saints et les chrétiens appelaient Pérégrinus «le nouveau Socrate», probablement à cause du souvenir de Socrate dans sa prison (12). La mobilisation en sa faveur fut impressionnante. Des gens vinrent, sans hésiter, des cités d'Asie, envoyés par les communautés chrétiennes afin de lui apporter du secours, de le défendre et de l'encourager. Pérégrinus reçut de leur part, sous prétexte de son emprisonnement, des richesses considérables dont il tira de solides revenus, précise perfidement Lucien, qui en profite pour se moquer de la candeur des chrétiens : parce qu'ils avaient acquis la conviction qu'ils seraient immortels et qu'ils auraient la vie éternelle, les «pauvres malheureux» (οἱ κακοδαίμονες) qui lui cèdaient leurs biens méprisaient la mort et étaient prêts à se constituer volontairement prisonniers. Lucien n'hésite pas à présenter Pérégrinus comme un charlatan habile, capable de profiter des situations (γόης καὶ τεχνίτης ἄνθρωπος καὶ πράγμασιν χρῆσθαι δυνάμενος), capable aussi d'exploiter la crédulité de ces «pauvres sots» (ἰδιῶται) à

col. 676-702, notamment 692-693 ; M.-O. GOULET-CAZÉ, notice «Pérégrinus Proteus», P 79, *DPhA*, t. V a, 2012, p. 199-229.

qui leur « premier nomothète », – sans doute le Christ, peut-être Paul –, avait dit qu'ils étaient tous frères les uns des autres en sorte qu'ils considéraient, sans avoir la moindre preuve de la validité de cette doctrine, que toutes choses étaient propriété commune (13)[1].

Une fois remis en liberté par le gouverneur de Syrie, qui avait compris selon Lucien que le personnage était prêt à souffrir le martyre pour laisser derrrière lui un souvenir glorieux, Pérégrinus rentra chez lui à Parium, et c'est là, devant l'assemblée des Pariens, qu'il apparut vêtu pour la première fois de l'accoutrement cynique : cheveux longs, *tribôn* crasseux, besace et bâton. Tel Cratès distribuant ses biens, il renonça alors à tout ce que lui avait laissé son père en héritage et en fit cadeau à la cité, ce qui lui valut d'être acclamé par les pauvres comme « le seul philosophe, le seul patriote, le seul disciple de Diogène et de Cratès » (15), autrement dit le cynique par excellence.

Il quitta Parium pour la seconde fois et reprit sa vie errante, mais les chrétiens veillaient à ce qu'il ne manquât de rien. « Il se laissa engraisser ainsi pendant quelque temps (χρόνον μέν τινα) » précise Lucien. La rupture de Pérégrinus avec le milieu chrétien se produisit peu après son second départ de Parium. Lucien propose une explication, mais sans insister sur sa véracité :

> Ensuite, comme il avait transgressé une de leurs règles – on le vit, *à ce que je crois,* mangeant un des aliments qui leur étaient interdits –, ils ne l'acceptèrent plus parmi eux (16).

Avant d'évaluer la valeur du témoignage de Lucien, nous proposons de nous arrêter sur les titres qu'il attribue à Pérégrinus au sein de la communauté chrétienne de Palestine.

Titres et fonctions de Pérégrinus

Le principal problème que posent les pages de Lucien consacrées au christianisme de Pérégrinus tient au vocabulaire qu'il emploie pour désigner à la fois les gens qui assurent des responsabilités dans la communauté de Palestine (prêtres et scribes) et les fonctions occupées par Pérégrinus dans cette même communauté (prophète, chef de thiase, chef d'assemblée, nomothète et prostate). A première vue, les termes sont précis, mais à quelles fonctions correspondent-ils vraiment ?

> C'est à ce moment-là qu'il apprit la remarquable sagesse des chrétiens (τὴν θαυμαστὴν σοφίαν τῶν χριστιανῶν), en s'associant en Palestine avec leurs prêtres et leurs scribes (τοῖς ἱερεῦσιν καὶ γραμματεῦσιν). Et que dire en effet ? En un rien de temps il fit d'eux des enfants, jouant à lui seul tous les rôles : prophète, chef de thiase et chef d'assemblée (προφήτης καὶ θιασάρχης καὶ ξυναγωγεύς) ; il interprétait et expliquait certains de leurs livres, lui-même en écrivit un bon nombre. Ceux-ci le révéraient comme un dieu (θεόν), ils en firent un législateur (νομοθέτῃ) et se réclamèrent de lui comme d'un prostate (προστάτην), après celui qu'ils

1. Cf. *Actes des apôtres* 2, 44-45 : « Tous les croyants ensemble mettaient tout en commun ; ils vendaient leurs propriétés et leurs biens et en partageaient le prix entre tous selon les besoins de chacun » ; 4, 32.

vénèrent encore, l'homme qui avait été crucifié en Palestine parce qu'il introduisait ce nouveau culte dans le monde[1].

Quand il choisit d'adhérer aux doctrines chrétiennes et qu'il entra dans la communauté palestinienne, Pérégrinus se serait associé à des ἱερεῖς et des γραμματεῖς, deux catégories qui devraient correspondre par conséquent à deux fonctions importantes dans la communauté. En réalité, à l'époque de Pérégrinus, il n'y avait plus de prêtres dans le judaïsme – des prêtres avaient officié au Temple de Jérusalem, mais c'était à une époque depuis longtemps révolue, avant sa destruction en 70 – et il n'y en avait pas encore dans le christianisme, l'époque néotestamentaire connaissant non point des ἱερεῖς mais des πρεσβύτεροι[2]. En revanche, il convient d'être plus nuancé concernant la fonction de scribe[3]. Bien attestée dans l'Ancien Testament, elle apparaît dans l'envoi en mission, quand Jésus envisage très positivement le cas du scribe juif qui devient disciple du Royaume (*Matth.* 13, 52 : « tout scribe devenu disciple du Royaume des cieux est semblable à un propriétaire qui tire de son trésor du neuf et du vieux »), et quand il déclare aux scribes et aux pharisiens hypocrites qu'il leur envoie « des prophètes, des sages et des scribes » (*Matth.* 23, 34). Au moment des premières communautés, des scribes juifs ont quitté le judaïsme pour rejoindre le Christ, réussissant ainsi à faire fructifier ensemble sagesse juive et foi chrétienne. Pérégrinus a-t-il pu rencontrer des scribes chrétiens ? Deux inconnues empêchent de répondre. On ignore si ce que dit Matthieu autour des années 70 est encore valable dans les années 120-130 au moment du séjour de Pérégrinus en Palestine. Par ailleurs, à supposer qu'il y eut encore dans les communautés chétiennes des scribes passés dans les décennies suivantes au christianisme, nous ne savons pas s'ils continuèrent à y exercer leur ancienne fonction de scribe.

L'examen de la trilogie προφήτης καὶ θιασάρχης καὶ ξυναγωγεύς suscite davantage d'interrogations que de réponses. On est en droit de se demander si ces titres correspondent à des fonctions précises qu'aurait pu accomplir Pérégrinus dans la communauté chrétienne de Palestine. Nous venons de voir que le terme προφήτης est employé en *Matth.* 23, 34 dans le contexte de l'envoi en mission. Il l'est aussi en 10, 41 dans le même contexte. On le retrouve encore dans la *Didachè*, un écrit émanant d'une communauté de Juifs convertis en Syrie entre 100 et 150, où sont évoqués « les prophètes (qui) vont de communauté en communauté et (qui) ont le droit de célébrer l'eucharistie » [10]. Le prophète était donc une réalité familière dans les premières communautés mais aussi dans celles du début du deuxième siècle.

1. Lucien, *Sur la mort de Pérégrinus* 11.

2. En *Apoc.* 20, 6, ἱερεύς ne désigne pas une fonction. Contrairement à celle de πρεσβύτερος (*Tite* 1, 5 ; *Jacques* 5, 14), la fonction de ἱερεύς n'existe pas dans l'Église primitive.

3. La pemière fonction du scribe dans le judaïsme était d'écrire et de copier des documents ; il jouait donc un rôle important aussi bien dans les villages que dans les villes, aussi bien dans les temples qu'à la cour. Le scribe était aussi un spécialiste des Écritures.

Le mot θιασάρχης est un hapax qui désigne sans aucun doute celui qui dirige un θίασος. Le terme « thiase » est courant dans la littérature païenne où il désigne le cortège constitué des satyres et des ménades qui accompagnaient Dionysos[1], mais aussi n'importe quel groupe cultuel[2], voire n'importe quel groupe sans qu'il y ait de connotation religieuse[3]. Comme les termes « prophète » et « thiase » sont employés dans les *Bacchantes* d'Euripide (vv. 551 et 558), on a pensé que le terme « thiasarque » pouvait renvoyer aux groupes d'acteurs jouant dans les fêtes de Dionysos et suggérer ainsi le côté acteur de Pérégrinus[4]. Le terme de θίασος intervient à maintes reprises chez Philon pour désigner un groupe quel qu'il soit[5], un groupe de philosophes[6] ou encore un groupe de réalités abstraites[7]. Il est donc normal que Philon l'emploie aussi pour désigner des confréries en contexte juif[8]. C'est à ce mot qu'il recourt quand il parle des Esséniens, expliquant qu'ils habitaient ensemble en thiases[9]. Le mot θίασος chez Philon n'est donc pas un terme technique servant à désigner une réalité sociale spécifiquement juive. Philon appliquait un terme bien connu en grec et facilement compréhensible pour ses lecteurs à des réalités qui n'étaient pas nécessairement grecques et qui étaient appelées sans doute différemment. Le mot apparaît aussi en contexte chrétien chez Eusèbe pour désigner l'ensemble des chrétiens (θιασῶται désignant les disciples du Christ), mais comme chez Philon il est emprunté au vocabulaire des associations religieuses grecques et on ne peut en tirer aucune signification particulière[10]. Signalons encore que deux inscriptions d'époque impériale, l'une venant de la rive

1. Cf. Dion Chrysostome, *Discours* IV 84 (« Sur la royauté ») : « le thiase pervers et licencieux (πονηρὸς καὶ ἀσελγὴς θίασος) des fêtards [qui] suit le misérable fou furieux qui les conduit », une expression qui renvoie sans doute au cortège de Dionysos.

2. Cf. Harpocration, *Lexicon in decem oratores Atticos,* p. 156 Dindorf (Θίασος. Δημοσθένης ἐν τῷ κατ' Αἰσχίνου. θίασός ἐστι τὸ ἀθροιζόμενον πλῆθος ἐπὶ τελετῇ καὶ τιμῇ θεῶν).

3. Cf. Julius Pollux, *Onomasticon* IX 143, où le mot « thiase » apparaît comme un synonyme de συναγωγή, συλλογή et χορός et où on le trouve appliqué à ceux qui enseignent (παιδευόντων θίασος).

4. Cf. Th. SCHIRREN, « Lukian über die ΚΑΙΝΗ ΤΕΛΕΤΗ der Christen (De morte Peregrini 11) », *Philologus*, 149, 2005, p. 354-359, notamment p. 355 : « Θιασάρχης verweist auf die Technitenvereine insbesondere der Dionysosfeste, was zur Charakterisierung des Peregrinus als eines Schauspielers in 11 passt. [vgl. POLAND in : *RE* 5 A 2 (1934) 2473-2558, bes. 2514 ff. 2521 ff. *s.v.* Technitai]) ».

5. Cf. Philon, *Sur la migration d'Abraham* 90 ; *Sur les loi spéciales* II 44 ; II 193 ; IV 47.

6. Cf. *Sur la postérité de Caïn* 101 ; *Que tout homme vertueux est libre* 2.

7. Cf. *Sur la vie de Moïse* II 185.

8. Cf. *Sur l'ivresse* 94 et *Sur la fuite et la découverte* 89, à propos de la confrérie des Lévites ; *ibid.*, 10 (« De ce thiase Jacob est le choreute »). En revanche la référence du traité *Sur les songes* II 127 s'applique à l'époque de Philon : « Vous assiérez-vous dans vos synagogues, rassemblant votre thiase habituel et lisant en toute sécurité les livres saints ? ».

9. Cf. *Que tout homme vertueux est libre* 85 ; *Hypothetica* 11, 5 (= Eusèbe, *P. É.* VIII 11, 5).

10. Cf. Eusèbe, *H. É.* X 1, 8. Le mot θιασῶται est employé aussi en I 3, 13 et 19.

nord de la Mer Noire (milieu du IIe siècle-IIIe siècle)[1], et l'autre venant aussi de la région du Pont, plus précisément de Sébastopolis[2], témoignent de l'emploi du verbe θιασαρχεῖν pour désigner, semble-t-il, l'exercice d'une magistrature consistant à diriger en contexte païen une confrérie à caractère religieux. Force est d'admettre que nous ne disposons d'aucun indice suggérant que le mot employé par Lucien désigne une fonction spécifique que Pérégrinus aurait pu accomplir dans la communauté chrétienne[3].

Le dernier mot est ξυναγωγεύς, « chef d'assemblée ». Le terme συναγωγή en grec n'est pas celui qui désigne en général la synagogue, c'est à-dire le lieu où se réunit l'assemblée de prière. Philon emploie le plus souvent προσευχή. Néanmoins il parle de συναγωγαί en *Quod omnis probus* 81 et de συναγώγια en *Legatio ad Gaium* 311. Dans *Jacques* 2, 2 συναγωγή désigne une assemblée, chrétienne ou judéo-chrétienne (ἐὰν γὰρ εἰσέλθῃ εἰς συναγωγὴν ὑμῶν ἀνήρ... « Si entre dans votre assemblée un homme... »). Mais il serait absurde d'en conclure que les συναγωγαί, assemblées de prière chrétiennes dans l'Église primitive, supposaient nécessairement des lieux qui étaient concrètement d'anciennes synagogues juives. Quand Ignace, au premier siècle, dans une lettre adressée à Polycarpe[4], forme le vœu que les συναγωγαί soient davantage fréquentées, ou encore quand la *Didachè* 10 demande de faire l'aveu de ses péchés dans l'assemblée, le terme συναγωγή désigne un rassemblement de fidèles sans qu'il soit besoin d'imaginer à l'arrière-plan l'immeuble d'une synagogue. Mais, contrairement à toute attente, le terme ξυναγωγεύς n'apparaît pas dans le contexte de la synagogue (le président du conseil de synagogue était désigné comme gérousiarque, moins souvent comme prostate[5], et celui qui dirigeait les cérémonies de la synagogue au moment du sabbat était l'Ἀρχισυνάγωγος)[6]. On a suggéré que le titre de ξυναγωγεύς était un terme technique s'appliquant au fondateur d'une

1. *IosPE* I² 425, li. 11.

2. *IGR* III 115, li. 5. Sur cette dernière inscription, voir B. LE GUEN et B. RÉMY, « La cité de Sébastopolis du Pont », *Anatolia antiqua*, 18, 2010, p. 97-107, notamment p. 102.

3. Nous ne prenons pas en compte le fait que les orientalistes se servent de l'expression « chef de thiase » pour traduire le mot sémitique « rbmrzḥ ». Voir par exemple J. TEIXIDOR, « Le thiase de Bêlastor et de Beelshamên d'après une inscription récemment découverte à Palmyre », *Comptes rendus de l'Académie des Inscriptions et Belles Lettres*, 123, 1981, p. 306-314. Le mot « rbmrzḥ » se retrouve aussi sur les tessères des trois premiers siècles retrouvées à Palmyre (voir H. SEYRIG, « Les tessères palmyréniennes et le banquet rituel », dans *Mémorial Lagrange*, Paris, 1940, p. 51-58, notamment p. 54).

4. Ignace, *Lettre à Polycarpe* 4, 2.

5. Plusieurs textes d'inscriptions attestant les fonctions de gérousiarque et de προστάτης sont indiqués dans M. H. WILLIAMS, *The Jews among the Greeks and Romans. A Diasporan Sourcebook*, London, 1998, p. 38.

6. Cf. *Actes* 13, 14-15. Voir M. H. WILLIAMS, *The Jews*, qui regroupe les témoignages sur l'Ἀρχισυνάγωγος sous la rubrique II 56-63.

association[1]. En fait les attestations du mot sont rares. Nous en avons repéré uniquement dans des inscriptions : l'une, d'époque augustéenne, concerne Aithibélios, le président du collège des Sabbatistes d'Elaeusa en Cilicie Tracheia au Ier siècle, une communauté où on rendait un culte au dieu du sabbat Sabbatistès, auquel auraient pu participer des judéo-chrétiens[2] ; on rencontre d'autres attestations dans des inscriptions d'Istros, une cité grecque au sud de l'embouchure du Danube, en Scythie inférieure (dans une de ces inscriptions datée de 138 le nom sert à qualifier plusieurs personnages dans une liste de bienfaiteurs généreux[3] et dans une autre, de la fin du IIe / début du IIIe siècle, à côté de celui de συναγωγεύς est employé, après une lacune, le terme προστάτης[4]). On retrouve encore συναγωγεύς dans une inscription de Délos (après 65 de notre ère)[5]. Ces inscriptions prouvent qu'au Ier et au IIe siècle il y avait un sens grec de ce terme pour désigner des gens qui jouaient un rôle dans une association, mais pas nécessairement religieuse. En tout cas une fois de plus rien n'autorise à penser que dans les communautés chrétiennes le mot désignait une fonction précise.

En dehors de cette trilogie, Lucien dit que les chrétiens firent de Pérégrinus un législateur (νομοθέτης) et qu'ils se réclamèrent de lui comme d'un προστάτης. Il n'est pas surprenant qu'on ne trouve aucune mention de la fonction de νομοθέτης dans les premières communautés. *Matth.* 5, 17-18 présente en effet le Christ comme venu accomplir la Loi. Dans Origène, *Contre Celse* III 8, Celse applique d'ailleurs le terme au Christ[6]. Il est donc normal qu'aucun chrétien ne revendique une telle fonction.

Quant au dernier terme, προστάτης, il peut servir à désigner la fonction de toute personne exerçant un commandement. Par conséquent un officier, un intendant, un préposé à une tâche quelconque, un président peuvent être dits

1. Ainsi par exemple Th. SCHIRREN, « Lukian über die KAINH ΤΕΛΕΤΗ der Christen (*De morte Peregrini* 11) », p. 355 : « ξυναγωγεύς ist ein Vereinstitel, der als *terminus technicus* den Gründer einer Vereinigung bezeichnet, vielleicht unter jüdischem Einfluß [...] ; unter solcher Bezeichnung erscheint Peregrinus auch als ein Religionsstifter des Christentums ».

2. *OGIS* II n° 573, cité par Margaret H. WILLIAMS, p. 176, qui précise, p. 202, n. 62, que le nom est syrien (« Protos proposa que le συναγωγεύς (A)i(th)ibelios soit couronné »). Voir E. SCHÜRER, *The History of the Jewish People in the Age of Jesus Christ (175 B. C. - A. D. 135)*. A new English version revised and edited by G. VERMES, F. MILLAR et M. GOODMAN, t. III 1, Edinburgh, 1986, p. 624-626 ; H. GRESSMANN, art. « Sabbatistai », *RE* I A 2, 1970, col. 1560-1565.

3. *IScM* I 193, li. 8-10 = *SEG* 1.330.

4. *IScM* II 19, li. 4 = *SEG* 24.1055.

5. *ID* 1641 ; de même dans deux inscriptions de Pergé en Pamphylie, du IIIe s. de notre ère (*IK Perge* 294 et 321, li. 3).

6. De même le stoïcien syriaque Mara Bar Serapion fait allusion, dans une lettre écrite à son fils en syriaque et datée par la plupart des savants de la fin du Ier s. ou du début du IIe, au « roi sage des Juifs », donc à Jésus, et aux lois qu'il a promulguées (p. 73-74 Cureton).

prostates. Le terme apparaît à plusieurs reprises dans la *Septante*[1]. Le chef du conseil de synagogue, le plus souvent appelé gérousiarque, pouvait être désigné aussi comme prostate, ainsi qu'en témoignent cinq inscriptions[2]. Du côté chrétien, le terme est attesté par exemple chez Justin pour les chefs du peuple juif comme Enoch et Noé, Abraham ou Moïse[3] et au IVe siècle chez Basile[4].

Différentes opinions ont été formulées sur ces appellations, notament sur la trilogie « prophète, chef de thiase et chef d'assemblée ». Pour H. D. Betz, il s'agirait de titres cultuels caractéristiques du paganisme hellénistique et il en serait de même pour « nomothète » et « prostate », que Betz considère comme des notions hellénistiques usuelles transposées[5]. Pour J. Schwartz, qui s'appuie sur les *Bacchantes* d'Euripide et l'inscription mentionnant le président du collège de Sabbatistes, les trois fonctions ainsi que celle de prostate pourraient s'accorder avec la notion d'un collège religieux, en l'occurrence d'une communauté religieuse d'inspiration bacchique[6]. P. Pilhofer[7] conteste l'idée que ces trois termes employés par Lucien puissent renvoyer à une quelconque hiérarchie, chrétienne, juive ou autre : « *Diese* Hierarchie hat nirgendwo existiert, weder bei Christen, noch bei Juden, noch irgendwo sonst. Sie ist vom Lukian komponiert, um die christliche Laufbahn des Peregrinos lächerlich zu machen »[8].

Alors que nous avions émis, dans un travail antérieur, l'hypothèse que ces termes pourraient renvoyer à des liens de Pérégrinus avec la communauté judéo-chrétienne de Palestine[9], une nouvelle recherche des témoignages nous a convaincue que Lucien emploie des termes désignant des fonctions qui n'ont rien de spécifiquement chrétien ni judéo-chrétien, qu'il emprunte ces termes à la culture grecque et qu'il les applique à Pérégrinus. L'explication de tous ces termes qui ont

1. Dans *I Chron.* 27, 31 il désigne les intendants des biens appartenant au roi David ; en 29, 6, les officiers chargés des travaux royaux ; en *II Chron.* 8, 10, les 250 officiers des préfets du roi Salomon ; en 24, 11, le préposé du premier prêtre des Lévites ; en *I Esdr.* 2, 8, Sheshbaççar, le prostate de Judée ; en *II Macc.* 3, 4, Simon, prostate du temple.

2. Voir M. H. WILLIAMS (I 95, p. 26 ; II 22-24, p. 38, et VII 11, p. 165).

3. Justin, *Dialogue avec Tryphon* 92, 2.

4. Basile, *Lettres* 214, 4 (les prostates des églises) ; 190, 1 (le prostate de la cité) ; 28, 2 (le prostate du peuple).

5. H. D. BETZ, « Lukian von Samosata und das Christentum », *Novum Testamentum* 3, 1959, p. 226-237, notamment p. 230 et n. 1, qui renvoie à W. BAUER, *Wörterbuch zum Neuen Testament,* 5. Auflage, Berlin, 1958, *s.v.*, et à F. POLAND, art. « Συναγωγεύς », *RE* IV A 2, 1932, col. 1316-1322.

6. J. SCHWARTZ (édit.), *Lucien de Samosate, Philopseudès et De morte Peregrini,* coll. « Publications de la Faculté des Lettres de l'Université de Strasbourg. Textes d'étude », 12, Paris 1951 ; réimpr. 1963 (texte grec, introduction et commentaire), p. 93-94.

7. P. PILHOFER, *Lukian, Der Tod des Peregrinos. Ein Scharlatan auf dem Scheiterhaufen,* herausgegeben, übersetzt und mit Beiträgen versehen von P. PILHOFER, M. BAUMBACH, J. GERLACH und D. U. HANSEN, coll. « Sapere », 9, Darmstadt, 2005, p. 58-62 (n. 37.39.40).

8. *Ibid.*, p. 102, n. 16.

9. M.-O. GOULET-CAZÉ, notice « Pérégrinus Proteus », P 79, *DPhA,* t. Va, 2012, p. 224-225.

l'air précis et qui sont en réalité du plus grand flou, se trouve selon nous dans la phrase du chapitre 11 où apparaît la trilogie :

> En un rien de temps il fit d'eux (*i.e.* les chrétiens) des enfants, jouant à lui seul tous les rôles : prophète, chef de thiase et chef d'assemblée. Ils le révéraient comme un dieu (θεόν), ils en firent un législateur (νομοθέτῃ) et se réclamèrent de lui comme d'un prostate (προστάτην).

Lucien veut à la fois mettre en lumière le charlatan qui a su abuser tout le monde en faisant croire qu'il était le personnage le plus important de la communauté chrétienne, « après l'homme qui avait été crucifié en Palestine », et le ridiculiser en accumulant tous les termes grecs que lui-même connaît pour désigner des fonctions d'autorité. Il y ajoute même celui de « dieu », sans tenir compte du fait que ce dieu est celui d'une religion monothéiste. Il est par conséquent inutile de vouloir tirer des conclusions de ces différents termes pour comprendre le fonctionnement des premières communautés chrétiennes. Certes nous ne pouvons pas éliminer l'hypothèse d'une confusion chez Lucien entre les réalités juives et chrétiennes, mais ce ne serait sans doute pas l'essentiel. Ce qui importait pour Lucien, c'était de dénoncer ce qui était à ses yeux une imposture de la part de Pérégrinus et il y est parvenu. Cependant si l'examen de ces termes ne nous apprend pas grand chose sur le rôle précis joué par Pérégrinus dans le milieu chrétien, les détails que donne Lucien sur la vie des communautés sont du premier intérêt.

Valeur du témoignage de Lucien sur la vie des communautés

Plusieurs détails méritent attention, car ils confirment ce que l'on sait par ailleurs[1]. Comme le note Hans-Dieter Betz[2], ce que dit Lucien à propos de l'aide apportée par les chrétiens à leurs frères emprisonnés trouve confirmation dans la *Lettre aux Smyrniotes* 6 d'Ignace, et la remarque de Lucien : θεραπεία πᾶσα οὐ παρέργως ἀλλὰ σὺν σπουδῇ ἐγίγνετο (*Pérégrinus* 12), rencontre un thème de la parénèse chrétienne primitive[3] ; de même la présence des gens devant la prison et de ceux qui couchent à l'intérieur témoigne d'une pratique du christianisme primitif tout comme la présence des veuves[4] ou encore les repas et les services religieux qui avaient lieu en prison[5]. Peregrinus reçoit de l'argent ; des aides lui arrivent des villes d'Asie Mineure[6]. Les membres des communautés étaient unis par la fraternité, mais aussi par la croyance en l'immortalité de l'âme et le mépris de la mort. Il faut donc bien admettre que la vision qui se dégage du texte de

1. Sur l'image que le traité de Lucien donne des communautés chrétiennes, voir P. PILHOFER, « Das Bild der christlichen Gemeinden in Lukians *Peregrinos* », dans *Lukian. Der Tod des Peregrinos*, p. 97-110.
2. Cf. H. D. BETZ, « Lukian von Samosata », p. 230-231.
3. Cf. par exemple *Rom.* 12, 8.11 ; *II Cor.* 7, 11-12 ; *Heb.* 6, 11.
4. Cf. *I Tim.* 5.
5. Cf. *Actes* 16, 25 ; 16, 34.
6. Cf. *Actes* 11, 29 ; 24, 17 ; *Rom.* 15, 25-27 ; *I Cor.* 16, 1-4 ; *II Cor.* 8-9 ; *Gal.* 2, 10.

Lucien est assez juste et qu'elle correspond à la réalité qu'un païen pouvait percevoir de l'extérieur. Lucien n'a certainement pas lu les livres des chrétiens, il ignore manifestement tout de leur théologie, mais il connaît leurs comportements et les lieux communs qu'on colporte sur eux. Ce qui le choque le plus, c'est leur crédulité, leur candeur, leur manque de tout esprit critique et leur naïveté face à Pérégrinus en qui Lucien voit un imposteur hypocrite.

La rupture de Pérégrinus avec les chrétiens pose davantage de problèmes. Lucien avance une explication susceptible de diverses interprétations : Pérégrinus aurait mangé des nourritures interdites.

> Comme il avait transgressé une de leurs règles – on le vit, *à ce que je crois* [ὡς οἶμαι], mangeant un des aliments qui leur étaient interdits –, ils ne l'acceptèrent plus parmi eux [16].

La formulation qu'il utilise indique que lui-même ignore ce qui s'est passé exactement, mais qu'il énonce une hypothèse, fondée sur le fait qu'il sait que les chrétiens observaient des tabous concernant la nourriture. S'agit-il des idolothytes, c'est-à-dire de la viande offerte en sacrifice aux idoles et donc interdite aux chrétiens (cf. *Actes* 15, 29 ; *I Cor.* 8) ? Cette solution est la plus vraisemblable[1]. Cependant G. Bagnani propose une autre interprétation : Pérégrinus serait un essénien ébionite[2] respectant les interdits alimentaires mosaïques :

> If he was, as his career would seem to indicate, an Essene Ebionite, he will have strictly observed the Mosaic Law and its prohibition of pork, and the real reason for his conflict with orthodox Christianity will have been not on his partaking of forbidden food, but on his refusal to partake of lawly food, that is to say he was excommunicated as an Ebionite[3].

En tant qu'ébionite, Pérégrinus aurait observé la loi mosaïque qui interdit de manger du porc. Il serait pour cette raison entré en conflit avec le christianisme orthodoxe qui considère le porc comme une nourriture licite, et ce choix alimentaire qui l'aurait identifié comme ébionite aurait, selon Bagnani, provoqué son excommunication. Cette interprétation pose cependant un problème de taille : le texte de Lucien dit que Pérégrinus mangea une des nourritures interdites aux chrétiens. Or l'interprétation de Bagnani dit tout autre chose : Pérégrinus aurait refusé de manger de la nourriture permise aux chrétiens !

1. Telle est l'intepràtation de H. D. BETZ, « Lukian von Samosata », p. 226-237, notamment p. 232, n. 8, et de M. J. EDWARDS, « Satire and Verisimilitude : Christianity in Lucian's Peregrinus », *Historia*, 38, 1989, p. 89-98. J. SCHWARTZ (édit.), *Lucien de Samosate, Philopseudès et De morte Peregrini*, p. 99, identifie ces nourritures interdites à des viandes de sacrifices exposées et offertes aux carrefours, autrement dit aux viandes des « soupers d'Hécate », interdites aux chrétiens mais appréciées des cyniques (Lucien, *Dial. des Morts* 1, 1 ; 22, 3 ; *Cataplous* 7).

2. Les Ébionites respectent la loi mosaïque et reconnaissent en Jésus le Christ, le Messie qu'attend Israël, mais ils ne l'identifient pas au Fils de Dieu.

3. G. BAGNANI, « Peregrinus Proteus and the Christians », *Historia*, 4, 1955, p. 107-112, notamment p. 111.

Pérégrinus, chrétien et cynique, puis seulement cynique

A partir du moment où intervint cette rupture, il n'est plus question chez Lucien du christianisme du personnage. On peut supposer qu'ensuite Pérégrinus pratiqua le cynisme jusqu'à la fin de sa vie. Après la rupture, il partit en Égypte consulter le grand maître en ascèse cynique qu'était Agathobule et là, à en croire Lucien, il pratiqua « l'acte indifférent », se masturbant en public, frappant d'autres personnes sur les fesses et se faisant frapper. Ensuite il fit voile vers l'Italie, mais il fut banni par l'empereur, sans doute Antonin le Pieux (17-18). Pérégrinus, imitant les brahmanes indiens, notamment Calanos qui s'était immolé près de Suse en 324, décida de préparer sa mort par le feu, un projet qu'il annonça dès les jeux olympiques de 161 (20) et qu'il mit à exécution, entouré par les leaders du mouvement cynique, aux jeux olympiques de 165[1]. Lucien précise qu'il portait l'accoutrement des cyniques : besace, petit manteau et massue héracléenne (36). Il voulait par cette mort spectaculaire sauver les hommes, leur apprendre à mépriser la mort et à endurer ce qui est pénible (23) – exigences conformes à celles de la philosophie cynique –, mais Lucien prétend qu'il était mû, comme dans tous ses autres actes, par l'amour de la gloire. Il pourrait être tentant de voir une influence chrétienne dans l'apparition de Pérégrinus, tout habillé de blanc et couronné d'olivier sauvage, à un vieillard après l'immolation (40). Mais ce n'est pas l'interprétation généralement retenue[2]. Après sa mort, Pérégrinus devint un héros aux côtés d'Héraclès et d'Héphaistos (29) et on lui rendit un culte, ce qu'il avait lui-même largement anticipé avec son disciple Théagène, puisque bien avant sa mort des ambassadeurs avaient été envoyés pour porter des lettres, des testaments, des exhortations et des lois quasiment dans toutes les cités de renom (41). Finalement Pérégrinus représente peut-être une nouvelle forme de cynisme, bien différente du cynisme agnostique des origines, un cynisme mystique et syncrétiste.

Ainsi Pérégrinus semble n'avoir été simultanément chrétien et cynique qu'un laps de temps déterminé, cinq ou six années, entre son retour à Parium lors de sa sortie de prison et son second départ de Parium. Que penser de cette double appartenance ? Afin d'avoir la vision la plus objective possible du personnage, il faut tenir compte du contre-témoignage d'Aulu-Gelle, qui date des années où

1. Sur les questions de dates, voir M.-O. GOULET-CAZÉ, notice « Pérégrinus Proteus », p. 209.

2. On pourrait penser à *Matth.* 17, 2 (l'épisode de la transfiguration de Jésus, dont les vêtements devinrent éblouissants comme la lumière) ; 28, 3 (l'Ange qui roule la pierre à côté du tombeau vide), à *Luc* 24, 4 (les deux hommes en habits éblouissants qui apparaisent aux femmes près du tombeau vide) ou encore aux vingt-quatre Anciens d'*Apocalypse* 4, 4, vêtus de robes blanches avec des couronnes d'or sur leurs têtes. Mais C. P. JONES, « Le cas de Pérégrinus Proteus », dans M.-O. GOULET-CAZÉ et R. GOULET (édit.), *Le cynisme ancien et ses prolongements*, p. 305-317, notamment p. 314-315, considère que ce serait une erreur d'optique d'interpréter cette apparition comme un écho de la transfiguration de Jésus ou des vingt-quatre Anciens de l'*Apocalypse*. Dans cette mort il ne voit pas de syncrétisme cynisme/christianisme, mais une tradition de piété purement grecque.

Pérégrinus était en Grèce, postérieurement à 153. Les hasards de la transmission des textes font que Pérégrinus bénéficie, par chance, de ce témoignage incompatible avec celui de Lucien, qui vient contrebalancer les traits peu crédibles du portrait précédent[1]. Aulu-Gelle eut plusieurs fois l'occasion de rendre visite à Pérégrinus, un homme « gravis atque constans », qui habitait dans une hutte en dehors d'Athènes et dissertait sur des problèmes moraux. Un jour par exemple Pérégrinus expliqua que le sage ne doit pas commettre de péchés, quand bien même les dieux et les hommes ignoreraient qu'il a péché, car ce ne doit pas être la crainte du châtiment ou de l'infâmie qui nous retient de pécher, mais l'amour du juste, de l'honnête, et le sens du devoir. Le contenu de cette réflexion pourrait fort bien s'harmoniser avec des vues chrétiennes. Comme Lucien voulait en découdre à la fois avec le christianisme et avec le cynisme, alors qu'Aulu-Gelle n'avait a priori aucun intérêt dans l'affaire, c'est au jugement de ce dernier qu'on fera le plus confiance.

Le personnage a frappé l'imagination des Modernes. On a voulu l'identifier à Ignace d'Antioche, à Marcion, à un montaniste...[2]. L'exemple de Pérégrinus reste troublant, car cet homme fut un chrétien en vue en Palestine et, après sa phase chrétienne, un leader du mouvement cynique aussi bien à Rome qu'en Grèce. L'oracle de la Sibylle le présente en effet comme « le meilleur de tous les cyniques » (*Pérégrinus* 29), tandis que son disciple Théagène ne juge bon de le comparer ni à Diogène ni à Antisthène ni même à Socrate, estimant que seul Zeus peut supporter la comparaison (5). Peut-être faut-il distinguer les années de la double appartenance, où Pérégrinus vivait son christianisme avec l'accoutrement cynique, illustrant ainsi la classification de Varron, et la phase cynique qui suivit, où il adopta non seulement l'accoutrement et le mode de vie cynique mais aussi sans doute le τέλος et les δόγματα de cette philosophie. C'est ce que nous pouvons déduire de la visite qu'il rendit à Alexandrie au grand maître en ascèse cynique, Agathobule (17) et des motifs qui l'ont poussé à se donner la mort par le feu (23).

Selon cette interprétation, il y eut dans la vie de Pérégrinus quelques années où il vécut son christianisme en cynique et une phase beaucoup plus longue où, après avoir abandonné le christianisme, il devint un des leaders du mouvement cynique. Mais le païen qu'est Lucien est exaspéré aussi bien par le cynisme que par le christianisme du personnage dont il ne retient que l'amour de la gloire.

2. Le chrétien cynique Maxime Héron d'Alexandrie

Notre principale source sur Maxime Héron, ce philosophe cynique d'origine égyptienne qui revendiquait un christianisme militant conforme à l'orthodoxie de

1. Aulu-Gelle, *Nuits attiques* XII 11.
2. Voir M.-O. GOULET-CAZÉ, notice « Pérégrinus Proteus », p. 226-227.

Nicée, est Grégoire de Nazianze[1]. Mais la valeur du témoignage de ce dernier reste douteuse, car, par suite d'une rivalité personnelle avec Maxime pour l'obtention de l'évêché de Constantinople, il passe des éloges les plus débridés aux attaques les plus virulentes si bien qu'il est très difficile de se faire une opinion sur la personne de Maxime[2].

Basile de Césarée, dans une lettre écrite en 361 ou 362 (*Lettre* 9) où il répond à Maxime, fait l'éloge de « son ardeur pour la science du divin » (1) et le présente comme un homme qui s'intéresse de près aux questions théologiques – il l'invite à venir lui rendre visite pour discuter de la consubstantialité (3) – et qui se montre soucieux de lire des ouvrages de théologie. Une lettre d'Athanase écrite en 371 atteste que Maxime avait l'habitude dès cette époque d'écrire contre les païens et les hérétiques[3]. De toute évidence Maxime avait une véritable dimension intellectuelle et ne ressemblait en rien à un cynique ignorant et fruste. Grégoire lui-même avait des sympathies pour le cynisme et il ne répugnait pas à avoir un cynique pour ami. En réalité il était très content de voir un cynique préférer le Christ à Héraclès : « C'était déjà beaucoup pour moi de voir un cynique venir à mon bercail et adorer le Christ au lieu d'Héraclès »[4]. Grégoire le salue comme « porteur de la victoire de la foi »[5], l'invite à sa table et le considère comme son ami, appréciant notamment son soutien en faveur de l'orthodoxie. Il écrit même dans les premiers mois de 379 un éloge en sa faveur, le *Discours* XXV, qu'il prononce en sa présence devant les fidèles et où se mêlent sous sa plume des éloges portant aussi bien sur le christianisme de Maxime que sur son cynisme. Il le présente comme « le plus authentique défenseur de la vérité, champion de la Trinité jusqu'au sang »[6] et en même temps comme un philosophe parfait, dédaignant luxe, fortune et pouvoir[7]. Néanmoins, et même s'il relève le cosmopolitisme du philosophe[8], on remarque, lorsqu'il fait l'éloge du cynique, qu'il prend soin d'opposer les traits qui caractérisent Maxime à ceux que l'on rencontre ordinairement chez les cyniques, comme si Maxime était en fait une exception au sein du mouvement :

> Toi, chien, non par l'impudence, mais par la franchise, ni par la gloutonnerie, mais par l'imprévoyance, ni par l'aboiement, mais par la protection du bien, la vigilance spirituelle, ainsi

1. Grégoire de Nazianze, *Discours* XXV et XXVI ; *De vita sua* [= *Carmina* II 1, 11], vv. 728-1112 ; *Contra Maximum* [= *Carmina* II 1, 41] ; *In invidos* [= *Carmina* II 1, 40]).
2. Se reporter *supra* aux pages 25-26. Sur la vie de Maxime et sur l'« affaire Maxime », voir M.-O. GOULET-CAZÉ, notice « Maxime Héron d'Alexandrie », M 70, dans *DPhA*, t. IV, 2005, p. 348-363.
3. Athanase, *Lettre à Maxime*, *PG* 26, col. 1085-1090.
4. Grégoire de Nazianze, *De vita sua*, v. 974-975.
5. *Ibid.*, v. 978.
6. *Id., Discours* XXV 3, li. 3 (p. 160 Mossay).
7. *Ibid.*, XXV 4, li. 5-6 (p. 164 Mossay).
8. *Ibid.*, XXV 3, li. 19 (p. 162 Mossay).

que par le fait de manifester de l'attachement à tout ce qui est familier de la vertu et d'aboyer contre tout ce qui lui est étranger » (trad. Mossay)[1].

Parce qu'il sait que la réputation d'athéisme des cyniques n'est plus à faire, il veille à ce qu'aucun doute ne subsiste concernant la foi de son ami. Ainsi, la différence majeure entre Maxime et les cyniques, du moins aux yeux de Grégoire, c'est qu'il n'adhère pas à leur athéisme ; autrement dit, le Maxime qu'apprécie Grégoire est avant tout un chrétien, un chrétien doté d'un cynisme sélectif, identifié surtout par le costume :

> De la philosophie cynique il répudie l'athéisme, mais adopte la frugalité : c'est ce qu'on a actuellement sous les yeux ; « chien » hostile aux « chiens » véritables, philosophe hostile à ceux qui ne le sont pas, et chrétien par-dessus tout, il réfute l'arrogance de ceux-là par l'analogie du costume qu'il porte, et la platitude de quelques-uns qui pourraient se trouver parmi nous, par l'orignalité de son vêtement (trad. Mossay)[2].

Cynique, Maxime l'est dans une certaine mesure. Il l'est par le costume, mais pas par l'athéisme. Chrétien, il tranche sur les autres chrétiens précisément par ce même costume. Maxime est donc bien un cynique, mais d'un autre ordre, supérieur non seulement aux cyniques contemporains, mais même aux grands ancêtres. Tout ce que fait Maxime est meilleur que « l'insolence d'Antisthène, l'absorption par Diogène de chair crue, le mariage public de Cratès »[3].

Mais tout à coup, dans la première moitié de l'année 380, eut lieu la tentative d'« usurpation » de Maxime. L'évêque Pierre d'Alexandrie, qui avait pourtant envoyé à Grégoire une lettre où il le reconnaissait comme évêque de Constantinople[4], décida alors, pour des raisons de politique ecclésiastique qui ne sont pas claires, de faire consacrer en secret par des évêques égyptiens Maxime évêque de cette ville. Ce fut le début de l'« affaire Maxime », une affaire difficile à cerner. Dès le *Discours* XXVI le changement de ton est total et les attaques se font véhémentes :

> Je crains aussi des chiens qui se sont fait admettre envers et contre tout comme pasteurs et qui, ce qui est aussi un paradoxe, n'avaient présenté aucun autre titre au pastorat que d'avoir tonsuré leur chevelure à laquelle ils avaient malhonnêtement accordé tous leurs soins. Ces gens-là ne restèrent pas les chiens qu'ils étaient, et ils ne sont pas devenus des pasteurs, sauf pour déchirer, disperser et tourner à rien la peine qu'autrui s'est donnée : il est toujours plus aisé de détruire que d'entretenir (trad. Mossay)[5].

Mais c'est dans le *De vita sua* que les attaques se font les plus vives. Maxime se voit traité d'« efféminé » (v. 750), de « fantôme égyptien », de « fléau enragé »

1. *Ibid.*, XXV 2, li. 14-18 (p. 158 et 160 Mossay).
2. *Ibid.*, XXV 6, li. 5-10 (p. 168 Mossay).
3. *Ibid.*, XXV 7, li. 18-20 (p. 172 Mossay). Nous corrigeons ὀψοφαγία, la gourmandise, qui n'a pas grand sens ici, en ὠμοφαγία, le fait de manger de la chair crue. Quant au terme κοινογαμία, il peut convenir à l'union de Cratès et d'Hipparchia qui eut lieu effectivement en public et qui se voulait une κυνογαμία, « un mariage de chien ».
4. *Id., De vita sua,* vv. 858-863.
5. *Id., Discours* XXVI 3, li. 15-20 (p. 230).

(v. 751), qui a teint ses cheveux comme l'a révélé la tonsure au moment où il fut consacré évêque en secret (v. 754-755 ; 764.915-919) ; il devient alors « le pire des chiens » (v. 1004) et en conséquence Antisthène, Diogène et Cratès se retrouvent soudainement revalorisés face à Maxime et aux cyniques contemporains (v. 1030-1033). Blessé à vif, Grégoire est incapable en la circonstance d'impartialité. Mais si l'on regarde de près, il ne reproche aucun fait précis à Maxime et ses sous-entendus combinés à une totale imprécision donnent l'impression qu'il n'a que des rumeurs pour alimenter ses accusations. :

> Après avoir parcouru, comme nous l'entendons dire, bien des mauvais chemins – quels qu'ils soient, c'est à d'autres de s'en occuper, car je n'ai pas le loisir d'enquêter sur tout, mais tous les registres de police en portent mention –, Maxime finalement s'installe dans cette cité[1].

Grégoire est-il vraiment le naïf, victime d'un intrigant ambitieux qui voulait s'approprier le siège épiscopal de Constantinople ? Il est permis d'en douter. Mais quels mobiles ont pu pousser Maxime à accepter cette ordination secrète ? Force est de constater que de grandes zones d'ombre subsistent.

Nous avons montré dans une étude récente[2] que le philosophe cynique anonyme d'origine égyptienne, que Julien attaque en 362 à Constantinople dans son *Discours* IX, « Contre les chiens ignorants », pourrait bien être Maxime Héron qui, en 380, toujours à Constantinople, s'attire les foudres de Grégoire de Nazianze. Le christianisme du cynique anonyme ne fait guère de doute. Julien en effet, après avoir cité une expression de *Gen.* 9, 3, laisse entendre que son interlocuteur est capable de reconnaître « les paroles des Galiléens », donc qu'il a lu les Écritures, donc qu'il est chrétien. En outre Julien termine son discours en lui reprochant d'« admirer la vie morte de malheureuses femmes qui lui sont chères »[3]. La formule est imprécise, mais elle pourrait désigner un groupe de moniales vivant dans un monastère en Égypte, à Alexandrie ou dans les environs, ou encore des femmes menant dans la solitude une vie ascétique à Alexandrie ou dans le désert d'Égypte[4]. Maxime, chrétien cynique, aurait donc réussi, à dix-huit ans de distance, à susciter l'hostilité d'un empereur païen et d'un évêque chrétien.

Mais, indépendamment de l'« affaire Maxime », que nous apprennent les relations entre Grégoire et Maxime ? Il apparaît que Grégoire considérait Maxime comme une exception dans le paysage du cynisme et que cette philosophie restait à ses yeux foncièrement étrangère à la foi chrétienne. Néanmoins, dans les dernières années de sa vie, il continua à soutenir que les païens vertueux, notamment

1. *Id.*, *De vita sua*, v. 773-777.

2. M.-O. GOULET-CAZÉ, « Qui était le philosophe cynique anonyme attaqué par Julien dans son *Discours* IX ? », *Hermes*, 136, 2008, p. 97-118.

3. Julien, *Discours* IX 20, 203B (« Contre les chiens ignorants »).

4. Dans son *De vita sua* (vv. 933-937), Grégoire, après l'affaire Maxime, traitera de « Corinthiennes », c'est-à-dire de courtisanes, des femmes avec qui Maxime, par le passé, s'était exercé aux choses de Dieu et avec qui il vivait en communauté.

Diogène, peuvent apporter quelque chose aux chrétiens, même s'ils ne sont pas animés par l'amour de dieu[1]. Du côté de Maxime rien n'indique que la double appartenance ait fait difficulté. Maxime nous paraît illustrer la théorie soutenue par Varron, reprise et étendue au christianisme par Augustin, d'un cynisme réduit à une façon de vivre, l'ascèse, et de se vêtir (petit manteau, besace et bâton), et compatible avec des philosophies pourvues de τέλος différents ou encore avec le christianisme. Le cas toutefois ne nous semble pas être identique à celui de Pérégrinus. Ce dernier apparemment n'était pas né dans une famille chrétienne, mais il devint chrétien et il l'était déjà lorsqu'il adopta l'accoutrement cynique, si bien que sa phase chrétienne et cynique pourrait correspondre à ce qu'envisageait Varron. Ensuite il abandonna le christianisme mais devint un vrai cynique, adoptant la philosophie cynique et son τέλος, ne reculant pas devant l'indécence comme il l'aurait fait s'il avait continué à pratiquer le christianisme, et il resta cynique jusqu'à son suicide par le feu. Maxime, lui, est né dans une famille de martyrs chrétiens ; nous ne savons pas à quel moment il adopta l'accoutrement cynique ; même si nous n'en avons pas de preuve, il est probable qu'il conserva durant le reste de sa vie la double appartenance. Son cynisme serait alors identique au cynisme superficiel pratiqué par Pérégrinus durant sa phase de double appartenance. C'est probablement à ce cynisme envisagé uniquement comme mode de vie et compatible avec le christianisme que fait allusion Grégoire de Nazianze quand il parle d'une « voie moyenne », empruntant aux Grecs l'allure et la mise en scène (τὸ σχῆμα καὶ ἡ σκηνή), aux chrétiens la vérité et l'élévation (ἡ ἀλήθεια καὶ τὸ ὕψος)[2]. Selon cette interprétation, qui rend le cynisme compatible avec n'importe quel τέλος, celui qui vit en cynique peut adopter sans difficulté le τέλος du christianisme.

Il est évident que les deux mouvements partageaient un certain nombre de valeurs comme le souci de l'authenticité, le refus de la vaine gloire, et qu'ils avaient en commun un certain nombre de comportements comme l'ascèse, le parler franc et la pratique de la pauvreté. Ainsi que le disait Augustin, des cyniques pouvaient sans problème devenir chrétiens, à condition toutefois de renoncer à leurs fausses doctrines – il songeait sans doute d'abord à l'athéisme – et à l'indécence. En revanche le cynique qui reste fidèle aux préceptes diogéniens, qui a pour τέλος l'ἀτυφία ou l'ἀπάθεια, qui pratique l'ascèse pour parvenir au bonheur, mais qui ne renonce pas à l'« indifférence », peut difficilement se sentir des affinités avec le chrétien qui cherche son salut par l'imitation du Christ et qui respecte la pudeur. Les cas de Pérégrinus et de Maxime Héron nous amènent à conclure que l'appartenance simultanée ne pouvait s'accommoder que d'un cynisme superficiel.

1. *Id.*, *Carmina* I 2, 10, vv. 218-227 (*PG* 37, col. 696).
2. Grégoire, *Discours* XXV 5, li. 18-20 (p. 168 Mossay).

D. CYNISME ET MONACHISME

A l'intérieur du christianisme, le monachisme demande une attention particulière. Les moines n'ont-ils pas souvent porté le vêtement des cyniques, ce *pallium* qui était l'équivalent du τρίβων, et pratiqué une ascèse aussi rigoriste que celle des cyniques, même si la mortification du corps pratiquée par les moines ne se faisait pas dans le même esprit que l'entraînement ascétique des cyniques ? Ne seraient-ils pas en quelque sorte les cyniques du christianisme ? Apparu au IIIe siècle, le monachisme se développa dans les siècles qui suivirent ; moines et anachorètes s'installèrent progressivement dans le désert d'Égypte, notamment en Thébaïde et autour d'Alexandrie, mais aussi en Palestine, en Syrie, en Asie Mineure, en Mésopotamie, à Rome, à Constantinople ou en Gaule. Alors que les cyniques vivaient surtout dans les villes, les moines préféraient souvent la solitude du désert, des montagnes et des campagnes. Nous avons vu, à propos de l'épisode des statues à Antioche en 387, qu'il pouvait y avoir lutte d'influence dans les campagnes entre cyniques et moines, ces derniers parvenant de plus en plus à supplanter les premiers. Objectivement, les points communs entre les deux groupes ne manquaient pas : refus des normes de la civilisation, rejet des dieux du paganisme, pratique d'une vie ascétique.

Le manteau du philosophe était souvent adopté par les moines chrétiens[1]. Sulpice Sévère atteste que Martin de Tours, au IVe siècle, portait le *pallium*[2], tout comme les moines qui vinrent lui rendre les derniers honneurs[3], et Jean Cassien donne une description des moines d'Égypte qui comporte *palliolum*, *melotis* ou *pera*[4], et *baculus*[5]. La mélote était un vêtement en peau de chèvre ou de mouton, comme celui que portait autrefois Jean le Baptiste. Il pouvait cependant y avoir aussi des moines qui n'avaient pas d'accoutrement spécifique. Au Ve s. Sérapion, moine d'Égypte, est présenté par l'évêque Palladius comme n'ayant ni besace ni mélote quand il va à Athènes et qu'il s'adresse aux philosophes, « porteurs de tribôn (τριβωνοφόροι) »[6].

1. En fait, avant l'apparition du monachisme, certains chrétiens avaient déjà adopté le manteau des cyniques. C'est ainsi que Tertullien, qui considère que rien n'est plus maniable que le *pallium* double de Cratès, avait déjà décidé, quand il écrivit son traité *Sur le manteau* en 209, d'échanger la toge du citoyen romain contre le *pallium* du philosophe grec dont il fait un éloge appuyé (*De pallio* 5, 3, 26).

2. Sulpice Sévère, *Dialogues* II 3, 2 (*CSEL* I, p. 183).

3. *Id.*, *Lettre à Bassula* 3, 19 (*SC* 133, p. 142).

4. Selon P. COURCELLE, « La figure du philosophe », p. 101, le mot signifie ici un vêtement en peau de chèvre et non une besace. C'est ce qu'indique en effet l'équivalence posée par Jean Cassien entre *melotis* et *pera*.

5. Jean Cassien, *Institutions* I 6-7.

6. Palladius, *Histoire lausiaque* 37, 5-6.

Mais peut-on pour autant parler d'une influence directe du cynisme sur le monachisme ? Nous manquons de preuves explicites et convaincantes, d'autant plus qu'il y avait aussi une tradition d'ascétisme dans le judaïsme, dont témoignent Jean mais aussi les Esséniens et les Thérapeutes évoqués par Philon. Par conséquent il est de bonne méthode de parler d'analogie dans les comportements plutôt que d'influence. Le mode de vie des anachorètes, par exemple des Pères du désert, offre maintes ressemblances avec l'ascétisme des cyniques. Ils vivaient dans des grottes ou des tombeaux, portaient barbe et cheveux longs, allaient en sandales ou pieds nus, vêtus d'une peau de chèvre, se nourrissant de fruits et de légumes[1], affrontant le froid de l'hiver et la chaleur de l'été. Dans l'*Histoire Philotée,* Théodoret évoque le moine Zénon, qui vécut quarante ans dans l'ascèse, en des termes qui conviendraient parfaitement à un ascète cynique : « Aussi bien, n'eut-il ni lit, ni lumière, ni foyer, ni marmite, ni fiole à huile, ni coffre, ni livre, ni quoi que ce soit ; mais il s'habillait de vieilles hardes et ses chaussures non plus n'en pouvaient mais, puisque les morceaux de cuir s'étaient défaits et qu'il fallait les retenir avec des lanières »[2]. La ressemblance des anachorètes avec les cyniques tantôt est avancée en leur faveur tantôt vise à leur porter préjudice.

Les chrétiens eux-mêmes en effet n'étaient pas unanimes face à ces ascètes chrétiens dont l'apparence rappelait tellement les cyniques. Les uns les défendent. Ainsi Jean Chrysostome, voyant que les élites chrétiennes n'étaient pas très favorables à cet ascétisme monastique qui impliquait pour ses adeptes, en raison du renoncement au monde, une rupture radicale avec la vie des classes supérieures, fait appel à Diogène pour défendre et justifier le monachisme. Il veut faire prendre conscience aux élites que, si elles éprouvent de l'admiration pour l'ascétisme de Diogène, combien davantage l'ascétisme chrétien devrait mériter leur respect[3] ! D'autres accusent ces ascètes chrétiens en mettant en avant leur apparence. Jérôme, par exemple, met en garde la vierge Eustochium contre les hommes aux cheveux longs, au *pallium* noir et à la barbe de bouc[4]. Il s'agit probablement ici des ascètes chrétiens de Rome, des moines dont l'apparence rejoignait celle des cyniques. Mais des païens comme Libanios ou Eunape[5]

1. Les anachorètes ont adopté le plat favori des cyniques : les lentilles (cf. A. J. FESTUGIÈRE, *Antioche païenne et chrétienne,* Paris, 1959, qui cite le moine syriaque Syméon le stylite [p. 325 et p. 496], ainsi que Jean Chrysostome présentant les lentilles comme étant la nourriture des moines [p. 329]).

2. Théodoret, *Histoire Philotée* XII 2, 10-14 (*SC* 234, p. 463, (trad. Canivet et Leroy-Molinghen).

3. Jean Chrysostome, *Contre les détracteurs de la vie monastique* II 4 et 6 (*PG* 47, col. 337 et 339). Voir l'étude de D. KRUEGER, « Diogenes the Cynic among the Fourth century Fathers », p. 37-39.

4. Jérôme, *Lettre* 22 *à Eustochium*, 28 (*CSEL* 54, p. 185, 1-4).

5. Cf. Libanios, *Discours* 30 (*En faveur des temples*), 8 ; Eunape, *Chronique*, fr. 56 Blockley ; *Vies de philosophes et de sophistes* VI 112-115, p. 40, 22 - 41, 16 Goulet. Sur l'attitude des

combattent eux aussi ces ascètes chrétiens habillés de noir en qui ils voient sans doute des cyniques d'une nouvelle espèce[1].

Il paraît légitime d'établir un parallèle entre les philosophes païens et les cyniques d'un côté, les Pères et les moines de l'autre. Les moines en effet sont en quelque sorte les cyniques de l'Église des premiers siècles[2]. Ils sont loin de faire l'unanimité dans l'Église, tout comme les cyniques sont loin de plaire à tout le monde chez les philosophes païens. Les deux groupes ont en commun une ascèse qui a cette spécificité de passer par le corps (c'est d'abord une ascèse physique) mais d'avoir une finalité autre que le soin du corps, finalité morale dans le cas des cyniques, spirituelle dans le cas des ascètes chrétiens. Aucun des deux groupes ne sacrifie à la παιδεία grecque: les moines de Syrie sont souvent de simples paysans sans culture, tout comme les cyniques dont se plaint Lucien dans les *Fugitifs* sont incultes. On constate aussi que les deux communautés ont leurs charlatans. Nous avons rencontré chez les cyniques des gens qui prennent l'accoutrement sans pratiquer l'ascèse et en se comportant comme des parasites. De même un moine comme Nil d'Ancyre reproche à certains moines d'utiliser l'apparence monastique pour obtenir des gains importants[3] et de se comporter comme des parasites à la porte des riches[4].

Il y eut peut-être une influence du cynisme sur le monachisme dans le domaine littéraire, puisque les apophtegmes coptes des Pères d'Égypte présentent une rencontre entre Théodose et un moine, qui pourrait s'inspirer, sans le dire, de la rencontre entre Alexandre le Grand et Diogène, dont le récit circulait encore au moment où furent rassemblés les apophtegmes, c'est-à-dire sans doute peu après 450[5]. Peut-être est-ce aussi sous l'angle d'une influence d'ordre littéraire qu'il faut considérer la vie de Syméon le fou, ce moine syrien du VIe siècle, dont Léontios, l'évêque chypriote de Néapolis, écrivit la vie au VIIe siècle. Ce Syméon, après avoir vécu vingt-neuf ans en ermite, se rendit à Émèse où il adopta une conduite en rupture avec les codes sociaux, qui par maints aspects rappelle celle de Diogène de Sinope: il mange de la viande crue et des lupins, il défèque en public,

païens et des chrétiens vis-à-vis des moines, voir H.-G. NESSELRATH, « Libanios und die Mönche », dans B. R. SUCHLA (édit), *Von Homer bis Landino. Beiträge zur Antike und Spätantike sowie zu deren Rezeptions-und Wirkungsgeschichte. Festgabe für Antonie Wlosok zum 80. Geburtstag,* Berlin, 2011, p. 243.

1. Cf. P. COURCELLE, « La figure du philosophe », p. 95-96.

2. L'esprit cynique resurgira dans l'Église, bien des siècles plus tard, chez les Capucins que Juste Lipse compare aux cyniques (*Manuductio ad Stoicam philosophiam* I 13).

3. Nil d'Ancyre, Λόγος ἀσκητικός, 9, *PG* 79, col. 729 AB.

4. *Ibid.*, 8, col. 728 CD.

5. Cf. S. MORENZ, « Ein koptischer Diogenes. Griechischer Novellenstoff in ägyptischer Mönchserzählung », *Zeitschrift für Ägyptische Sprache und Altertumskunde*, 77, 1941, p. 52-54 ; pour une interprétation différente, voir J. DORESSE, « A propos d'un apophtegme copte. Diogène et les moines égyptiens », *Revue d'Histoire des religions,* 128, 1944, p. 84-93.

s'affiche avec des prostituées ou encore feint la folie. Si l'on adopte l'interprétation de Lennart Rydén[1], qui constatait les parallèles entre les comportements de Syméon et ceux de Diogène, mais qui excluait une influence du cynisme sur le moine puisque la culture syriaque de Syméon pouvait difficilement avoir été ouverte à la figure hellénique du philosophe, le personnage historique de Symeon illustrerait un type d'ascétisme non grec qui n'aurait rien à voir avec les cyniques et représenterait seulement un phénomène parallèle. Mais si l'on suit la démarche très stimulante de Derek Krueger[2], cette *Vie* nous informerait moins sur le personnage historique de Syméon que sur le travail littéraire accompli au siècle suivant par l'évêque Léontios, lequel, grâce à sa culture, aurait utilisé, pour présenter et commenter l'action de Syméon, la figure de Diogène telle que transmise dans les écoles de rhétorique à travers les chries cyniques. Syméon serait ainsi à la fois un *alter Christos* et un *alter Diogenes*. A travers cette *Vie* il faudrait donc discerner non point une influence concrète exercée par le cynisme sur un moine du VIe siècle, mais un usage littéraire au VIIe siècle des chries cyniques et de leur message critique à l'égard des catégories de la morale sociale (poli/impoli, public/privé, approprié/inapproprié, pur/impur), en vue de l'exhortation morale chrétienne. Krueger reconnaît que Syméon n'est pas un cynique et que Léontios ne présente pas une interprétation cynique de Jésus. La *Vie de Syméon le fou* illustrerait une utilisation littéraire implicite - car ni le cynique ni les cyniques ne sont évoqués – mais bien réelle (nous partageons cet avis) des chries et anecdotes cyniques en vue de l'instruction chrétienne. Jusqu'ici il apparaissait que le christianisme admettait le mode de vie cynique, à condition que l'on renonçât à l'impudeur. Si l'on interprétait la vie de Syméon comme celle d'un personnage historique, on aurait donc ici une exception puisque Syméon se laisse aller à toutes les impudeurs. Mais si l'on se situe dans la perspective de Krueger, Syméon est une fiction littéraire qui va bien au-delà du cynisme, puisque là où le cynique essaie de ne répondre qu'aux seuls besoins de son corps, Syméon parvient en fait à transcender ce corps, à vivre comme s'il n'avait pas de corps, dépassant ainsi dans sa perfection spirituelle la vie «selon la nature» des cyniques par une vie «selon la vertu» et «selon Dieu». Ainsi la boucle se referme: les chries cyniques qui pourraient avoir influencé les auteurs de la source Q seraient aussi à l'œuvre derrière ce texte d'un évêque chypriote du VIIe siècle consacré à la vie d'un moine syrien du siècle précédent que rien, historiquement, ne prédisposait à croiser le cynisme diogénien. Ce serait donc de toute façon une erreur de faire de Syméon, personnage historique, un moine cynique.

1. L. RYDÉN, *Das Leben des heiligen Narren Symeon von Leontios von Neapolis*, Stockholm, 1963; *ID., Bemerkungen zum Leben des heiligen Narren Symeon von Leontios von Neapolis*, coll. « Studia Graeca Upsaliensia », 6, Uppsala, 1970, p. 17-18.

2. D. KRUEGER, *Symeon the Holy Fool : Leontius's Life and the Late Antique City*, Berkeley, 1996, notamment dans son chapitre VI : « Symeon and the Cynics », p. 90-107.

Il apparaît finalement que le christianisme en général, et le monachisme en particulier, ont éprouvé de la fascination envers ces « athlètes de la vertu » qu'étaient les cyniques, ces « toniques de l'hellénisme », pour reprendre l'expression du Père Festugière[1], qui avaient su donner toutes ses lettres de noblesse à l'ascèse. Mais ils éprouvaient aussi de la répulsion envers ces cyniques dont ils ne supportaient ni l'impudeur ni l'impudence ni l'agnosticisme, voire l'athéisme. En fait, même sur le plan de l'ascèse, la signification est différente dans les deux cas : d'un côté le cynique entraîne son corps aux πόνοι pour s'affirmer lui-même plus fort que la nature, plus fort que le Destin, en sorte que l'ascèse cynique peut s'analyser comme une manifestation d'*hybris* de la part de l'homme ; de l'autre le chrétien, notamment l'anachorète, pratique l'ascèse pour s'anéantir soi-même à travers la mortification, se tourner vers Dieu et faire la volonté de celui-ci dans la pleine imitation du Christ. Si les chrétiens ont fait des cyniques la quintessence de l'hellénisme, c'est sans doute parce qu'ils percevaient chez eux cet extraordinaire orgueil, lequel faisait dire par exemple à Diogène aux prises avec la Fortune : « Vraiment, tu fais bien, Fortune, de te dresser devant moi virilement ». C'est là qu'il faut chercher la source des accusations de « vaine gloire » que les chrétiens adressaient aux cyniques. Un moine de Syrie, Jacques, évoqué dans l'*Histoire Philotée*, oppose la vaine gloire à la vraie gloire. Quand l'un des serviteurs lui propose de cacher la tasse dans laquelle il boit sa tisane, afin que son ascèse paraisse encore plus parfaite, il dit à son serviteur :

> Allons, mon garçon, ne cache pas aux hommes ce qui est parfaitement connu du Dieu de l'Univers ; car, voulant vivre pour Lui seul, je n'ai plus souci de l'opinon des hommes. A quoi sert, en effet, que ceux-ci se fassent grande idée de mon ascèse, si Dieu en a une moindre ? Car ce ne sont pas eux qui me donneront le salaire de mes peines, mais Dieu qui me le procurera.

Et Théodoret ajoute ce commentaire : « C'est ainsi qu'il repoussa la passion de la vaine gloire (τῆς κενῆς δόξης τὸ πάθος) ainsi que les autres vices de l'âme »[2]. Une ascèse identique aboutit dans le cas du cynique à l'affirmation de soi, dans celui du moine à la soumission à la volonté de Dieu. Plutôt que de parler d'une influence véritable du cynisme sur le monachisme, il vaut sans doute mieux voir dans l'un et l'autre mouvements deux manifestations, parfois rivales, de l'ascétisme antique, possédant certes des points communs, mais aussi des différences finalement plus importantes que ces points communs.

1. A.-J. FESTUGIÈRE, « Antisthenica », *Revue des sciences philosophiques et théologiques* 3, 1932, repris dans *Études de philosophie grecque*, Paris, 1971, p. 283-314, notamment p. 314.

2. Théodoret, *Histoire Philothée* XXI 11, 27-32 et 12, 17-18 ; trad. Canivet et Leroy-Molinghen (*SC* 257).

CONCLUSION

Malgré tous les points d'interrogation qui subsistent, la mise en relation du cynisme et du christianisme s'est révélée riche d'enseignements. On a rencontré d'un côté le mouvement philosophique de l'Antiquité qui a sans doute, grâce à la pratique de l'ascèse et à la remise en cause des valeurs sociales, poussé jusqu'à ses limites les plus extrêmes l'affirmation de l'autonomie de la volonté humaine ; de l'autre une religion qui, dès ses origines, avec l'envoi des disciples en mission, a accordé une place à l'ascèse – laquelle deviendra déterminante dans le monachisme – et a pris ses distances par rapport aux critères habituels de réussite sociale. La mise en relation des deux mouvements se justifiait d'autant plus que des contacts bien attestés eurent lieu sous l'Empire chrétien, allant parfois jusqu'à la double appartenance.

Dans cette démarche, la prudence la plus grande s'est imposée à nous afin d'éviter les schématisations excessives dans l'approche du cynisme. En effet cette philosophie, malgré sa simplicité doctrinale et son exigence constamment revendiquée de la pratique rigoureuse d'une ascèse physique à finalité morale, a connu une grande diversité durant ses quelque dix siècles d'existence. Il nous a paru nécessaire de remettre en cause l'opposition instaurée par la tradition académique entre un cynisme « doux » et un cynisme « austère », liée davantage selon nous à la personnalité des philosophes cyniques qu'à l'existence de deux cynismes. En revanche nous avons tenu le plus grand compte de celle, bien attestée chez Diogène Laërce, entre un cynisme « école de pensée » et un cynisme simple « mode de vie », qui laisse entrevoir deux façons possibles d'être cynique. A cette opposition venait s'en ajouter une autre, cette fois entre un cynisme lettré et un cynisme populaire, présente dans les textes d'époque impériale. Sous l'Empire la situation se compliquait encore du fait de deux déformations du cynisme : le cynisme idéalisé, nostalgique de Diogène et de Cratès, illustré par des philosophes comme Dion Chrysostome, Épictète ou Julien, et le cynisme revu par la plume satirique d'un Lucien ou les affirmations hostiles de certains Pères de l'Église. Enfin nous avons essayé de montrer combien les liens complexes qui unissaient les cyniques aux stoïciens, chez qui l'admiration pouvait côtoyer l'embarras, le rejet ou encore une volonté d'assimilation, interdisaient de faire du cynisme un concept flou, aux contours mal définis et de confondre à l'occasion un cynique et un stoïcien.

Outre cette complexité l'historien de la philosophie doit affronter une autre difficulté propre à une composante du cynisme qui le rapproche d'ailleurs du christianisme des origines. Parce qu'il n'exigeait pas de ses adeptes d'avoir bénéficié de la παιδεία, le cynisme est la seule philosophie de l'Antiquité à répondre positivement à cette question : peut-on être inculte et philosophe ? De fait, sous l'Empire, bon nombre de cyniques, tout en étant incultes, pratiquaient un cynisme authentique, fidèle aux attitudes contestataires de Diogène et conforme à l'idée, peu appréciée des élites, que tout un chacun, même le plus humble, peut avoir accès à la philosophie, car celle-ci n'est pas affaire de connaissances mais d'entraînement moral. Or, comment être sûr que tous ces gens incultes qui se disaient cyniques n'étaient pas des charlatans qui portaient le τρίβων mais ne pratiquaient pas l'ascèse ? La tâche se révèle d'autant plus délicate que les autres intellectuels, Lucien bien sûr, mais également ces philosophes qui, comme Épictète ou Dion Chrysostome, avaient des sympathies pour le cynisme de Diogène et Cratès, voulaient précisément faire croire à leurs lecteurs que les cyniques débraillés et incultes qu'ils croisaient dans les rues étaient tous des charlatans usurpant le manteau du philosophe. Dès lors, comment parvenir à faire entendre ces sans-voix du cynisme impérial que l'on rejoint uniquement à travers leurs détracteurs, puisque, faute d'avoir la culture réservée aux élites, ils n'étaient pas capables d'écrire ? Par-delà les charlatans qui certes ne manquaient pas et par-delà les philosophes contemporains patentés qui faisaient tout pour les dénigrer, il revient à l'historien de la philosophie de réhabiliter ces sans-voix du cynisme que l'on rencontrait dans les rues sous l'Empire et dont nous n'avons pas de raison de penser que la pratique de l'ascèse n'était pas authentique. Les *Lettres* pseudépigraphes de Diogène et de Cratès rappellent que le risque de la contrefaçon était bien présent, puisqu'elles martèlent que ce n'est pas le manteau qui fait le cynique mais le cynique qui fait le manteau. Pour autant les conseils de vie ascétique qui parsèment cette littérature populaire traduisent une aspiration à une ascèse véritable. Une fois admise cette complexité du cynisme qu'il importait de mettre au jour, il était intéressant d'analyser dans quelle mesure et sous quelles formes cynisme et christianisme se sont côtoyés dans l'Antiquité.

Le problème a pris ces dernières années une importance considérable du fait qu'on a voulu tirer de l'étude de la source Q des Évangiles l'image d'un Jésus qui présenterait des traits cyniques. Il importait donc de vérifier la pertinence d'un tel rapprochement. Pour ce faire il était de bonne méthode de se demander d'abord si des contacts entre cynisme et judaïsme étaient attestés dans l'Antiquité. Les indices sont rares, mais de la Septante jusqu'au Talmud ils existent. Des amours du jeune Méléagre de Gadara pour Démo, que lui dispute un rival juif, à l'admiration de Philon d'Alexandrie pour un Diogène découvert dans les livres, du personnage d'Abnimos ha-gardi, ami de Rabbi Meir, que la littérature rabbinique créa sans doute à partir du philosophe cynique Oinomaos de Gadara, à la figure du «kunikos» qui illustrait une certaine folie aux yeux des auteurs du Talmud, le judaïsme assurément connaissait l'existence du cynisme. Le rôle que joua la ville de Gadara, centre intellectuel de renom, où la tradition cynique fut active, dut être important. Mais il a bien fallu se rendre à l'évidence: le cynisme n'est mentionné nulle part dans les écrits où il est question de Jésus et les fouilles archéologiques de Galilée n'apportent pas d'aide décisive pour trancher la question des relations éventuelles entre Jésus et les cyniques. Néanmoins, la «Cynic hypothesis» n'hésite pas à proposer une lecture de la source Q des Évangiles à la lumière de la philosophie cynique.

Il est toujours très stimulant de voir surgir une hypothèse de travail nouvelle à propos de textes anciens déjà maintes et maintes fois scrutés. L'hypothèse interprétative nous a paru séduisante et sans aucun doute féconde par les questions qu'elle soulève, mais en l'absence de preuves d'ordre littéraire ou archéologique évidentes, elle ne peut qu'avancer des parallèles en abondance, malheureusement jamais tout à fait probants. Fondée sur une analyse stratigraphique du texte de la source Q des Évangiles, la «Cynic hypothesis» s'appuie sur des arguments liés à la fois au genre littéraire de Q et à son contenu. Autant l'hypothèse d'une connaissance, par les auteurs de Q, de collections de chries grecques, peut-être cyniques, qui jouèrent un rôle décisif dans la diffusion du cynisme, semble pouvoir être raisonnablement envisagée, autant les parallèles nombreux, censés révéler des similitudes de comportement et d'attitude morale entre la communauté de Q et les philosophes cyniques, ne sont pas convaincants. L'examen de la source Q nous a persuadée que l'usage du parallèle était sans doute abusif de la part des tenants de la «Cynic hypothesis». C'est en effet un instrument méthodologiquement délicat à manier, car les similitudes de surface sont loin de recouvrir une intention analogue ou des réalités identiques. Même si les cyniques et les gens de Q ont en commun le souci de renverser les conventions et les hérarchies, leurs chemins ne vont pas dans le même sens comme l'indiquent les buts respectivement visés: d'un côté, il s'agit de débarrasser l'homme de toutes les contraintes sociales grâce à un entraînement volontaire difficile, de l'autre d'accomplir la volonté d'un Dieu-Père. Parce que l'esprit des dits de Q n'est pas celui du cynisme, il n'est pas légitime de parler d'un Jésus «cynic-like teacher» tout comme de vouloir déceler à tout prix un message de teneur cynique dans le texte de Q. En revanche, si l'on veut émettre l'hypothèse que les gens de Q ont été en relation avec des cyniques, il est intéressant de suggérer que les deux groupes ont pu entretenir des rapports de concurrence, comme ce fut d'ailleurs parfois le cas ensuite, dans le christianisme et le monachisme des premiers siècles, car tous deux voulaient délivrer à leurs contemporains un message radical exigeant une mise en pratique immédiate.

Il est de fait bien attesté qu'au cours des premiers siècles, cynisme et christianisme entretinrent des relations passionnées, souvent conflictuelles, les chrétiens étant partagés entre la fascination, l'admiration, l'embarras, voire la répulsion provoquée notamment par l'impudeur des cyniques. Des deux côtés on préconisait l'affirmation de l'égalité entre les hommes, l'éloge de la pauvreté ou encore la nécessité d'accorder ses actes et ses paroles. Mais quand le cynique pousse à son paroxysme l'affirmation de soi, quand il élimine par l'ascèse tout ce qui peut le rendre dépendant et qu'il défie la Fortune par l'affirmation de son insolente liberté, le chrétien cherche humblement et espère le Royaume de Dieu que le Christ est venu lui annoncer. L'un et l'autre sont prêts à abandonner tout ce à quoi ils tiennent, toutes les sécurités matérielles, mais par-delà les apparences l'esprit cynique reste incompatible avec l'esprit des Béatitudes.

Le monachisme méritait une attention spéciale dans la mise en relation des deux mouvements, puisque le τρίβων, cynique à l'origine, allait devenir, ce qui en soi reste très étonnant, le vêtement caractéristique non seulement du philosophe mais aussi du moine, et que la pratique de l'ascèse allait fournir au mode de vie monastique une de ses principales composantes. Il faut admettre que le mode de vie cynique, avec son austérité et son exigence, devait apparaître aux chrétiens soucieux de radicalité et de renoncement au monde comme le modèle de sagesse et d'héroïsme le plus abouti qu'avait fourni l'hellénisme. Ils adoptèrent ce mode de vie et cet accoutrement, mais en leur donnant une signification nouvelle à travers leur démarche de foi. Comme l'avait supposé Augustin, reprenant d'un point de vue chrétien la division des fins visées par les différentes écoles philosophiques établie par Varron, on pouvait prendre l'habit du cynique sans être cynique, à la seule condition de rejeter le manque de pudeur, considéré comme absolument incompatible avec le christianisme. Le petit manteau avait valeur de symbole, symbole d'un mode de vie radical, capable d'éliminer grâce à l'ascèse tout ce qui n'est pas essentiel, et c'est ce symbole, depuis longtemps en usage chez les cyniques, puis adopté par d'autres philosophes, que les moines décidèrent de revêtir. Mais au-delà du symbole le sens de la démarche est profondément différent : le cynique remet en cause tout ce qui relève de la civilisation et qu'il oppose à la nature, tandis que le moine remet en cause tout ce qui relève du monde et qu'il oppose à la volonté de Dieu ; orgueilleusement le cynique s'en remet à sa seule volonté ; humblement le moine s'en remet à Dieu dans un acte de foi. Au cours des premiers siècles les moines et les cyniques se situèrent sans doute les uns par rapport aux autres dans des rapports de concurrence et de rivalité, les uns et les autres voulant convaincre ceux qu'ils côtoyaient de les rejoindre.

L'examen des relations entre cynisme et christianisme est loin d'être épuisé. Au moins espérons-nous l'avoir fait progresser, ne serait-ce que méthodologiquement, en mettant en garde contre un usage abusif des similitudes de surface et contre tout parti pris idéologique, de quelque nature qu'il soit.

BIBLIOGRAPHIE

AMSLER, F., *L'évangile inconnu. La source des paroles de Jésus*, coll. « Essais bibliques », 30, Genève, 2001.

ARNAL, W. E., *Jesus and the Village Scribes. Galilean Conflicts and the Setting of Q*, Minneapolis, 2001.

ASMUS, R., « Gregorius von Nazianz und sein Verhältnis zum Kynismus », *Theologische Studien und Kritiken*, 67, 1894, p. 314-339, repris dans M. BILLERBECK (édit.), *Die Kyniker in der modernen Forschung*, Amsterdam, 1991, p. 185-205.

ATTRIDGE, H. W., *First-Century Cynicism in the Epistles of Heraclitus*, coll. « Harvard Theological Studies », 29, Missoula (Montana).

AUNE, D. E., « Jesus and Cynics in First Century Palestine. Some critical Considerations », dans J. H. CHARLESWORTH et L. L. JOHNS, *Hillel and Jesus. Comparisons of Two Major Religious Leaders*, Minneapolis, 1997, p. 176-193.

AVI-YONAH, M., *Geschichte der Juden im Zeitalter des Talmud in den Tagen von Rom und Byzanz*, coll. «Studia Judaica, Forschungen zur Wissenschaft des Judentums», 2, Berlin, 1962.

BAGNANI, G., « Peregrinus Proteus and the Christians », *Historia*, 4, 1955, p. 107-112.

BASTOMSKY, S. J., « Abnimos and Oenomaus. A Question of Identity », *Apeiron*, 8, 1974, p. 57-61.

BEES, R., *Zenons Politeia*, coll. « Studies on the Interaction of Art, Thought and Power », 4, Leiden, 2011.

BENKO, S., *Pagan Rome and the Early Christians*, Bloomington, 1986.

BETZ, H. D., « Lukian von Samosata und das Christentum », *Novum Testamentum*, 3, 1959 , p. 226-237.

— « Jesus and the Cynics. Survey and Analysis of a Hypothesis », *The Journal of Religion*, 74, 1994, p. 453-475.

BILLERBECK, M. (édit.), *Der Kyniker Demetrius. Ein Beitrag zur Geschichte der frühkaiserzeitlichen Popularphilosophie*, coll. « Philosophia antiqua », 36, Leiden, 1979.

— *Die Kyniker in der modernen Forschung. Aufsätze mit Einführung und Bibliographie*, coll. « Bochumer Studien zur Philosophie », 15, Amsterdam, 1991.

— « Greek Cynicism in Imperial Rome », *L'Antiquité classique* 51, 1982, p. 151-173, repris dans M. BILLERBECK (édit.), *Die Kyniker in der modernen Forschung*, p. 147-166.

BOUFFARTIGUE, J., « Le cynisme dans le cursus philosophique au IVe siècle », dans M.-O. GOULET-CAZÉ et R. GOULET (édit.), *Le cynisme ancien et ses prolongements*, Paris, 1993, p. 339-358.

BOULANGER, A., *Aelius Aristide et la sophistique dans la province d'Asie au IIe siècle de notre ère*, coll. « Bibliothèque des Écoles françaises d'Athènes et de Rome », 126, Paris, 1923.

BRANCACCI, A., « La théologie d'Antisthène », *Philosophia*, 15-16, 1985-1986, p. 218-230.

— « Libertà e fato in Enomao di Gadara », dans A. BRANCACCI (édit.), *La filosofia in età imperiale. Le scuole e le tradizioni filosofiche*, Napoli, 2000, p. 37-67.

— *Antisthène. Le discours propre*, coll. « Tradition de la pensée classique », Paris, 2005.

BRANHAM, B. et GOULET-CAZÉ, M.-O. (édit.), *The Cynics. The Cynic Movement in Antiquity and its Legacy*, coll. « Hellenistic Culture and Society », 23, Berkeley, 1996.

BULTMANN, R., *Der Stil der paulinischen Predigt und die kynisch-stoische Diatribe*, coll. « Forschungen zur Religion und Literatur des Alten und Neuen Testaments », 13, Göttingen, 1910.

— *Die Geschichte der synoptischen Tradition*, Göttingen 1971[3] ; trad. française par A. MALET : *L'histoire de la tradition synoptique*, Paris, 1973.

CAMERON, R., « "What Have You Come Out to See ?" Characterizations of John and Jesus in the Gospels », *Semeia*, 49, 1990, p. 35-69.

CASEY, P. M., « The Role of Aramaic in Reconstructing the Teaching of Jesus », dans T. HOLMÉN et S. E. PORTER (édit.), *Handbook for the Study of the Historical Jesus*, t. II : *The Study of Jesus*, Leiden-Boston, 2011, p. 1343-1375.

COLLINS, J. J., *Jewish Cult and Hellenistic Culture. Essays on the Jewish Encounter with Hellenism and Roman Rule*, Leiden, 2005.

COLLINS, J. J. et STERLING, G. E. (édit.), *Hellenism in the Land of Israel*, coll. « Christianity and Judaism in Antiquity », 13, Notre Dame (Indiana), 2001.

COURCELLE, P., « La figure du philosophe d'après les écrivains latins de l'antiquité », *Journal des savants*, 1980, p. 85-101.

CROSSAN, J. D., *The Historical Jesus. The Life of a Mediterranean Jewish Peasant*, Edinburgh, 1991.

DELIA, D., « The Population of Roman Alexandria », *Transactions of the American Philological Association*, 118, 1988, p. 275-292.

DESMOND, W. D., *Cynics*, Berkeley (California), 2008.

DIBELIUS, M., *Formgeschichte des Evangeliums*, Tübingen, 1919 ; 4e édition, 1961.

DI SEGNI, L., « The Greek Inscriptions of Hammat-Gader », dans Y. HIRSCHFELD (édit.), *The Roman Baths of Hammat Gader. Final Report,* Israel Exploration Society, Jerusalem, 1997.

DÖRING, K., « „Spielereien mit verdecktem Ernst vermischt“. Unterhaltsame Formen literarischer Wissensvermittlung bei Diogenes von Sinope und den frühen Kynikern », dans W. KULLMANN et J. ALTHOFF (édit.), *Vermittlung und Tradierung von Wissen in der griechischen Kultur*, Tübingen, 1993, p. 337-352.

— *Sokrates, die Sokratiker und die von ihnen begründeten Traditionen*, dans *Grundriss der Geschichte der Philosophie,* begründet von Fr. Überweg, völlig neubearbeitete Ausgabe, *Die Philosophie der Antike* 2, 1 : *Sophistik, Sokrates. Sokratik. Mathematik. Medizin*, herausgegeben von H. Flashar, Basel, 1998.

— *Die Kyniker*, coll. « Faszination Philosophie », Bamberg, 2006.

DORANDI, T., « Filodemo. Gli Stoici (PHerc. 155 e 339) », *Cronache Ercolanesi,* 12, 1982, p. 91-133.

— « La patria di Filodemo », *Philologus,* 131, 1987, p. 254-256.

— « La *Politeia* de Diogène de Sinope et quelques remarques sur sa pensée politique », dans M.-O. GOULET-CAZÉ et R. GOULET, (édit.), *Le cynisme ancien et ses prolongements,* p. 57-68.

— *Diogenes Laertius, Lives of Eminent Philosophers*, edited with Introduction by T. DORANDI, Cambridge, 2013.

DORIVAL, G., « Cyniques et chrétiens au temps des Pères grecs », dans *Valeurs dans le stoïcisme. Du Portique à nos jours, Mélanges en l'honneur de M. Le Doyen Spanneut*, Lille, 1993, p. 57-88.

— « L'image des Cyniques chez les Pères grecs », dans M.-O. GOULET-CAZÉ et R. GOULET (édit), *Le cynisme ancien et ses prolongements*, Paris, 1993, p. 419-443.

DOWNING, F. G., « Contemporary Analogies to the Gospels and Acts. "Genres" or "Motifs" ? », dans C. M. TUCKETT, *Synoptic Studies*, Scheffield, 1984, p. 51-65.

— *Jesus and the Threat of Freedom*, London, 1987.

— « The Social Contexts of Jesus the Teacher. Construction and Reconstruction », *NTStudies,* 33, 1987, p. 439-451.

— « Quite like Q. A Genre for 'Q', the "Lives" of the Cynic Philosophers » *Biblica,* 69, 1988, p. 196-225.

— *Christ and the Cynics. Jesus and Other Radical Preachers in First Century Tradition,* Scheffield, 1988.

— *Cynics and Christian Origins*, Edinburgh, 1992.

— « Cynics and Early Christianity », dans R. GOULET et M.-O. GOULET-CAZÉ (édit.), *Le cynisme ancien et ses prolongements*, Paris, 1993, p. 281-304.

— « A Genre for Q and a Socio-Cultural Context for Q : Comparing Sets of Similarities with Sets of Differences », *Journal for the Study of the New Testament,* 55, 1994, p. 3-26.

— « A Cynic Preparation for Paul's Gospel for Jew and Greek, Slave and Free, Male and Female », *NTStudies,* 42, 1996, p. 454-462.

— *Cynics, Paul and the Pauline Churches*, London, 1988 ; 2e édition, London-New York, 1998.

— « Deeper Reflections on the Jewish Cynic Jesus », *Journal of Biblical Literature*, 117, 1998, p. 97-104.

DUDLEY, D. R., *A History of Cynicism from Diogenes to the 6th Century A. D.*, London, 1937 ; rp. New York, 1974.

EBNER, M., « Kynische Jesusinterpretation – "disciplined exaggeration"? Eine Anfrage », *Biblische Zeitschrift*, 40, 1996, p. 93-100.

— Jesus - Ein Weisheitslehrer? Synoptische Weisheitslogien im Traditionsprozess, coll. « Herders Biblische Studien », 15, Freiburg im Breisgau, 1998.

EDDY, P. R., « Jesus as Diogenes ? Reflections on the Cynic Jesus Thesis », *Journal of Biblical Literature,* 115, 1996, p. 449-469.

EDWARDS, M. J., « Satire and Verisimilitude : Christianity in Lucian's Peregrinus », *Historia,* 38, 1989, p. 89-98.

EPP, E. J., et MACRAE, G. W. (édit.), *The New Testament and its Modern Interpreters*, Atlanta, 1989.

FELDMAN, L. H., « How much Hellenism in the Land of Israel ? » *Journal for the Study of Judaism*, 33, 2002, p. 290-313.

FESTUGIÈRE, A. J., *Antioche païenne et chrétienne,* Paris, 1959.

FISCHEL, H. A., « Studies in Cynicism and the Ancient Near East. The Transformation of a Chreia », dans J. NEUSNER (édit.), *Religions in Antiquity. Essays in Memory of E. R. Goodenough,* Leiden, 1968, p. 372-411.

FOLLET, S., « Les cyniques dans la poésie épigrammatique à l'époque impériale », dans M.-O. GOULET-CAZÉ et R. GOULET (édit.), *Le cynisme ancien et ses prolongements*, Paris, 1993, p. 359-380.

FOUCAULT, M., *Le courage de la vérité. Le gouvernement de soi et des autres*, t. II : *Cours au Collège de France. 1984*, Paris, 2009.

FRENSCHKOWSKI, M., « Welche biographischen Kenntnisse von Jesus setzt die Logienquelle voraus ? Beobachtungen zur Gattung von Q im Kontext antiker Spruchsammlungen », dans J. M. ASGEIRSSON, K. DE TROYER, M. W. MEYER (édit.), *From Quest to Q. Festschrift James M. Robinson,* coll. « Bibliotheca Ephemeridum theologicarum Lovaniensium », 156, Leuven, 2000, p. 3-42.

FREYNE, S., Art. « Galilee », dans M. E. MEYERS, *The Oxford Encyclopedia of Archaeology in the Near East*, t. II., New York-Oxford, 1997, p. 370-376.

FRITZ, K. von., *Quellen-Untersuchungen zu Leben und Philosophie des Diogenes von Sinope*, coll. « Philologus », Suppl. Bd. 18, 2, Leipzig, 1926.

FUENTES GONZÁLEZ, P. P., *Les diatribes de Télès*, coll. « Histoire des doctrines de l'Antiquité classique », 23, Paris, 1998.

—« Néanthe de Cyzique », N 10, *Dictionnaire des philosophes antiques*, t. IV, Paris, 2005, p. 587-594.

— « Le *Démonax* de Lucien entre réalité et fiction », *Prometheus*, 35, 2009, p. 139-158.

— « En defensa del encuentro entre dos *Perros*, Antístenes y Diógenes : historia de una tensa amistad », *Cuadernos de Filología Clásica. Estudios griegos e indoeuropeos*, 23, 2013, p. 225-267.

FUNK, R. B., HOOVER, R., and the Jesus Seminar, *The Five Gospels : What did Jesus really say ? The Search for the Authentic Words of Jesus*, New Translation and Commentary, Sonoma (Ca), 1993.

FUNK, R. B., and the Jesus Seminar, *The Acts of Jesus : What did Jesus really do ? The Search for the Authentic Deeds of Jesus,* Translation and Commentary, San Francisco, 1998 .

FUNK R. B., and the Jesus Seminar, *The Gospel of Jesus : According to the Jesus Seminar*, Santa Rosa (Ca), 1999.

GERHARD, G. A., « Zur Legende vom Kyniker Diogenes », *Archiv für Religionswissenschaft*, 15, 1912, p. 388-408.

GIANNANTONI, G., *Socratis et Socraticorum reliquiae*, coll. « Elenchos » 18, 1-4, Napoli, 1990.

GOULET-CAZÉ, M.-O., « Un syllogisme ancien sur la loi dans la doxographie de Diogène le Cynique. A propos de Diogène Laërce VI 72 », *Rheinisches Museum*, 125, 1982, p. 214-240.

— *L'ascèse cynique*, coll. « Histoire des doctrines de l'antiquité classique » 10, Paris, 1986 ; deuxième édition, 2001.

— « Une liste de disciples de Cratès le Cynique en Diogène Laërce 6, 95 », *Hermes*, 114, 1986, p. 247-252.

— « Le cynisme à l'époque impériale », dans *ANRW* II 36, 4, Berlin-New York, 1990, p. 2720-2833.

— « Le livre VI de Diogène Laërce : analyse de sa structure et réflexions méthodologiques », dans *ANRW* II 36, 6, Berlin-New York, 1992, p. 3881-4048.

— « Les cyniques et la falsification de la monnaie : Avant-propos » à L. Paquet, *Les cyniques grecs,* Paris, 1992, p. 5-29.

— « Le cynisme est-il une philosophie ? » dans M. DIXSAUT (édit.), *Contre Platon*, t. I : *L'antiplatonisme dévoilé*, Paris, 1993, p. 273-313.

— « Les premiers cyniques et la religion », dans M.-O. GOULET-CAZÉ et R. GOULET, *Le cynisme ancien et ses prolongements*, Paris, 1993, p. 117-158 ; version anglaise dans B. BRANHAM et M.-O. GOULET-CAZÉ, *The Cynics. The Cynic Movement in Antiquity and its Legacy,* coll. « Hellenistic Culture and Society », 23, Berkeley, 1996, p. 47-80.

— « Cratès de Thèbes », C 205, *Dictionnaire des philosophes antiques*, t. II, Paris, 1994, p. 496-500.

— « A comprehensive Catalogue of Known Cynic Philosophers », dans B. BRANHAM et M.-O. GOULET-CAZÉ (édit.), *The Cynics*, p. 389-413.

— « Who was the first Dog ? », *Ibid.*, p. 414-415.

— Diogène Laërce, *Vies et doctrines des philosophes illustres,* trad. française sous la direction de M. -O. GOULET-CAZÉ (édit.), Paris, 1999.

— *Les* Kynika *du stoïcisme*, coll. « Hermes Einzelschriften », 89, Stuttgart, 2003.

— « Maxime Héron d'Alexandrie », M 70, *Dictionnaire des philosophes antiques*, t. IV, 2005, p. 348-363.

— « Ménippe de Gadara », M 129, *Dictionnaire des philosophes antiques,* t. IV, 2005, p. 467-475.

— « Oinomaos de Gadara », O 9, *Dictionnaire des philosophes antiques*, t. IV, Paris, 2005, p. 751-761.

— « Kynismus », *Reallexikon für Antike und Christentum,* XXII, Stuttgart, 2008, col. 631-687.

— « La contestation de la loi dans le cynisme ancien », dans M. AOUAD (édit.), Actes du Colloque international « Les doctrines de la loi dans la philosophie de langue arabe et leurs contextes grecs et musulmans », Villejuif, 2007, *Mélanges de l'Université Saint-Joseph*, 61, 2008, p. 405-433.

— « Qui était le philosophe anonyme attaqué par Julien dans son *Discours* IX ? », *Hermes,* 136, 2008, p. 97-118.

— « Pérégrinus surnommé Proteus », P 79, *Dictionnaire des philosophes antiques*, t. Va, Paris, 2012, p. 199-230.

— « Michel Foucault et sa vision du cynisme dans *Le courage de la vérité* », dans D. LORENZINI, A. REVEL et A. SFORZINI (édit.), *Michel Foucault : éthique et vérité, 1980-1984*, coll. « Problèmes et controverses », Paris, 2013, p. 105-124.

GOULET-CAZÉ, M.-O. et GOULET, R. (édit.), *Le cynisme ancien et ses prolongements*, Paris, 1993.

GOULET R. (édit.), *Dictionnaire des philosophes antiques*, vol. 1-5 (de A à R) et *Suppl.*, Paris, 1989-2012.

GRIFFIN, M. T., « Le mouvement cynique et les Romains : attraction et répulsion », dans M.-O. GOULET-CAZÉ et R. GOULET (édit.), *Le cynisme ancien et ses prolongements*, Paris, 1993, p. 241-258.

HADAS, M., « Gadarenes in Pagan Literature », *Classical Weekly,* 25, 1931-1932, p. 25-30.

HADIDI, A., art. « Umm Qeis (ancient Gadara) », dans E. M. MEYERS, *The Oxford Encyclopedia of Archaeology in the Near East,* t. V, Oxford, 1997, p. 280-282.

HAMMERSTAEDT, J., *Die Orakelkritik des Kynikers Œnomaus,* coll. « Beiträge zur klassischen Philologie », 188, Frankfurt am Main, 1988.

— « Der Kyniker Œnomaus von Gadara », dans *ANRW* II 36, 4, Berlin-New York, 1990, p. 2834-2865.

— « Le cynisme littéraire à l'époque impériale », dans M.-O. GOULET-CAZÉ et R. GOULET (édit.), *Le cynisme ancien et ses prolongements*, Paris, 1993, p. 399-418.

HEINEMANN, I., *Philons griechische und jüdische Bildung*, Breslau, 1932.

HENGEL, M., *Judentum und Hellenismus*, coll. « Wissenschaftliche Untersuchungen zum Neuen Testament », 10, Tübingen, 1969 ; trad. angl. par J. BOWDEN (London, 1974) et par J. GREIG (New York, 1981).

— *Juden, Griechen und Barbaren. Aspekte der Hellenisierung des Judentums in vorchristlicher Zeit*, Stuttgart, 1976.

— *Die Zeloten. Untersuchungen zur jüdischen Freiheitsbewegung in der Zeit von Herodes I bis 70 n. Chr.*, Leiden, 1976.

— en collaboration avec Ch. MARKSCHIES, *The "Hellenization" of Judaea in the First Century after Christ*, London, 1989.

HEZSER, C., « Die Verwendung der hellenistischen Gattung Chrie im frühen Christentum und Judentum », *Journal for the Study of Judaism*, 27, 1996, p. 371-439.

HOCK, R. F., « Simon the Shoemaker as an Ideal Cynic », *Greek, Roman and Byzantine Studies*, 17, 1976, p. 41-53, repris dans M. BILLERBECK, *Die Kyniker in der modernen Forschung*, Amsterdam, 1991, p. 259-271.

— *The Social Context of Paul's Ministry. Tentmaking and Apostleship*, Philadelphia, 1980.

HOCK, R. F. et O'NEIL, E. N., *The Chreia in Ancient Rhetoric* I *: The Progymnasmata*, coll. « Texts and Translations », 27, « Graeco-Roman Religion », Series 9, Atlanta, 1986.

HOFFMANN P. et HEIL Ch. (édit.), *Die Spruchquelle Q. Studienausgabe Griechisch und Deutsch*, Darmstadt, 2002 ; quatrième édition, 2013.

HÖISTAD, R., *Cynic Hero and Cynic King. Studies in the Cynic conception of man*, Uppsala, 1948.

HOLMÉN, T. et PORTER, S. E., *Handbook for the Study of the Historical Jesus*, 4 vol., Leiden-Boston, 2011.

HORSLEY, R. A., *Sociology and the Jesus Movement*, New York, 1989.

HUSSON, S., *La* République *de Diogène. Une cité en quête de la nature*, coll. « Histoire des doctrines de l'Antiquité classique » 40, Paris, 2011.

JOHNSON, L. T., *The Real Jesus. The Misguided Quest for the Historical Jesus and the Truth of the Traditional Gospels*, San Francisco, 1996 ; trad. française par F. WITT : *Jésus sans parti pris*, Paris, 2000.

JONES, C. P., « Le cas de Pérégrinus Proteus », dans M.-O. GOULET-CAZÉ et R. GOULET (édit.), *Le cynisme ancien et ses prolongements*, Paris, 1993, p. 305-317.

JOUAN, F., « Le Diogène de Dion Chrysostome », dans M.-O. GOULET-CAZÉ et R. GOULET (édit.), *Le cynisme ancien et ses prolongements*, Paris, 1993, p. 381-397.

KEE, H. C., « Synoptic Studies », dans E. J. EPP et G. W. MACRAE (édit.), *The New Testament and its Modern Interpreters*, Atlanta, 1989, p. 245-269.

KINDSTRAND, J. F., *Bion of Borysthenes. A collection of the Fragments with Introduction and Commentary*, coll. « Studia Graeca Upsaliensia », 11, Uppsala, 1976.

— *Diogenes Laertius and the Chreia tradition*, coll. « Elenchos » 7, 1986.

KLOPPENBORG, J. S., *The Formation of Q. Trajectories in Ancient Wisdom Collections*, Philadelphia, 1987.

— *Excavating Q. The History and Setting of the Sayings Gospel*, Edinburgh, 2000.

KRUEGER, D., « Diogenes the Cynic among the Fourth Century Fathers », *Vigiliae Christianae*, 47, 1993, p. 29-49.

— « The Bawdy and Society. The Shamelessness of Diogenes in Roman Imperial Culture », dans R. B. BRANHAM et M.-O. GOULET-CAZÉ (édit.), *The Cynics*, Berkeley, 1996, p. 222-239.

— *Symeon the Holy Fool: Leontius's Life and the Late Antique City*, Berkeley, 1996.

KUSCH, H., « Diogenes von Sinope », *Reallexikon für Antike und Christentum*, 3, 1957, col. 1063-1075.

LABRIOLLE, P. de, *La réaction païenne. Étude sur la polémique antichrétienne du Ier au VIe siècle*, Paris, 1934.

LANG, B., *Jesus der Hund. Leben und Lehre eines jüdischen Kynikers*, München, 2010.

LIEBERMAN, S., « How much Greek in Jewish Palestine ? » dans A. ALTMANN (édit.), *Biblical and other Studies*, Cambridge (Mass.), 1963, p. 123-141.

— *Greek in Jewish Palestine* (1942) et *Hellenism in Jewish Palestine* (1950), repris dans S. LIEBERMAN, *Greek in Jewish Palestine / Hellenism in Jewish Palestine*, with a new Introduction by D. ZLOTNICK, New York-Jerusalem, 1994.

LIFSHITZ, B., « L'hellénisation des Juifs de Palestine. A propos des inscriptions de Besara (Beth-Shearim) », *Revue biblique*, 72, 1965, p. 520-538.

LIVREA, E., *Studi Cercidei* (*P. Oxy. 1082*), coll. « Papyrologische Texte und Abhandlungen », 37, Bonn, 1986.

LOMIENTO, L., *Cercidas*, coll. « Lyricorum Graecorum quae exstant », 10, Roma, 1993.

LÓPEZ CRUCES, J. L., *Les Méliambes de Cercidas de Mégalopolis. Politique et tradition littéraire*, Amsterdam, 1995.

— « Une tragédie perdue : l'*Héraclès* de Diogène le cynique », *Les études classiques*, 78, 2010, p. 3-24.

LUZ, M., « Abnimos, Nimos and Œnomaus : A Note », *The Jewish Quarterly Review*, 77, 1986-1987, p. 191-195.

— « A Description of the Greek Cynic in the Jerusalem Talmud », *Journal for the Study of Judaism*, 20, 1989, p. 49-60.

— « Oenomaus and Talmudic Anecdote », *Journal for the Study of Judaism*, 23, 1992, p. 42-80.

MACK, B. L., *A Myth of Innocence. Mark and Christian Origins*, Minneapolis, 1984.

— *The Lost Gospel : the Book of Q and Christian Origins*, San Francisco, 1993.

MALHERBE, A. J., *The Cynic Epistles*, coll. « Society of Biblical Literature. Sources for Biblical Study », 12, Missoula (Montana), 1977, p. 1-34.

— *Paul and the Popular Philosophers*, Minneapolis, 1986.

— « Antisthenes and Odysseus and Paul at War » [1983], dans *Paul and the Popular Philosophers*, Minneapolis, 1986, p. 91-119.

— « The Beasts at Ephesus » [1968], dans *Paul and the Popular Philosophers*, p. 79-89.

— « Exhortation in 1 Thessalonians » [1983], dans *Paul and the Popular Philosophers*, p. 49-66.

— « Gentle as a Nurse : The Cynic Background to 1 Thessalonians 2 » [1970], dans *Paul and the Popular Philosophers*, p. 35-48.

— *Paul and the Thessalonians*, Philadelphia, 1987.

— « Hellenistic Moralists and the New Testament », dans *ANRW* II 26, 1, Berlin-New York, 1992, p. 267-333.

MARGUERAT, D., « La "troisième quête" du Jésus de l'histoire », *Recherches de science religieuse*, 87, 1999, p. 397-421.

MEYERS, E. M., *The Oxford Encyclopedia of Archaeology in the Near East*, 5 vol., New York-Oxford, 1997.

MEYERS, E. M. et STRANGE, J. E., *Archaeology, the Rabbis and Early Christianity,* Nashville, 1981 ; trad. française par J. PRIGNAUD : *Les rabbins et les premiers chrétiens. Archéologie et histoire*, Paris, 1984.

MITTMANN, S., *Beiträge zur Siedlungs- und Territorialgeschichte des nördlichen Ostjordanlandes*, Wiesbaden, 1970.

MOLES, J. L., « *Honestius quam ambitiosius* ? An Exploration of the Cynic's Attitude to Moral corruption in his fellow men », *Journal of Hellenic Studies,* 103, 1983, p. 103-123.

— « Le cosmopolitisme cynique », dans M.-O. GOULET-CAZÉ et R. GOULET (édit.), *Le cynisme ancien et ses prolongements*, p. 259-280 (version anglaise dans R. B. BRANHAM et M.-O. GOULET-CAZÉ [édit.], *The Cynics*, Berkeley, 1993, p. 105-120).

— « Cynic Influence upon First-century Judaism and Early Christianity », dans B. MCGING et J. MOSSMAN, *The Limits of Ancient Biography*, Swansea, 2006, p. 89-116.

MORENZ, S., « Ein koptischer Diogenes. Griechischer Novellenstoff in ägyptischer Mönchserzählung », *Zeitschrift für Ägyptische Sprache und Altertumskunde*, 77, 1941, p. 52-54.

MORGAN, T., *Popular Morality in the Early Roman Empire,* Cambridge, 2007, p. 122-129.

MÜSELER, E. (édit.), *Die Kynikerbriefe. Kritische Ausgabe mit deutscher Übersetzung,* coll. « Studien zur Geschichte und Kultur des Altertums, 1. Reihe : Monographien » 7, Paderborn, 1994.

NEUSNER, J., *Judaism in the Beginning of Christianity*, Philadelphia, 1984 ; trad. française par J.-P. BAGOT, *Le judaïsme à l'aube du christianisme,* Paris, 1986.

NESSELRATH, H.-G., « Lucien et le cynisme », *L'Antiquité classique*, 67, 1998, p. 121-135.

— « Lukian von Samosata », *Reallexikon für Antike und Christentum*, XXIII, Stuttgart, 2009, col. 676-702.

— « Libanios und die Mönche », dans B. R. SUCHLA (édit), *Von Homer bis Landino. Beiträge zur Antike und Spätantike sowie zu deren Rezeptions-und Wirkungsgeschichte. Festgabe für Antonie Wlosok zum 80. Geburtstag,* Berlin, 2011.

NIEHUES-PRÖBSTING, H., *Der Kynismus des Diogenes und der Begriff des Zynismus*, München, 1979.

OVERWIEN, O., « Das Gnomologium, das Gnomologium Vaticanum und die Tradition », *Göttinger Forum für Altertumswissenschaft*, 4, 2001, p. 99-131.

— *Die Sprüche des Kynikers Diogenes in der griechischen und arabischen Überlieferung*, coll. « Hermes Einzelschriften », 92, Stuttgart, 2005.

PAQUET, L., *Les cyniques grecs. Fragments et témoignages,* coll. « Philosophica » 35, Ottawa 1988². Version allégée dans Le livre de poche, Paris, 1992.

PATZER, A., *Antisthenes der Sokratiker. Das literarische Werk und die Philosophie, dargestellt am Katalog der Schriften* [Teildruck], Diss. Heidelberg, 1970.

PILHOFER, P., *Lukian, Der Tod des Peregrinos. Ein Scharlatan auf dem Scheiterhaufen,* herausgegeben, übersetzt und mit Beiträgen versehen von P. PILHOFER, M. BAUMBACH, J. GERLACH und D. U. HANSEN, coll. « Sapere » 9, Darmstadt, 2005.

— « Das Bild der christlichen Gemeinden in Lukians *Peregrinos* », dans P. PILHOFER, *Lukian. Der Tod des Peregrinos*, p. 97-110.

PIZZONE, A., « Solone, Diogene e la *paracharaxis*. Contributo alla storia di un'immagine e della sua fortuna », *Acme*, 55, 2002, p. 91-116.

PORTER, S. E., *The Criteria for Authenticity in Historical-Jesus Research. Previous Discussion and New Proposals*, coll. « Journal for the Study of the New Testament Supplement », 191, Scheffield, 2000.

— « The role of Greek Language Criteria in Historical Jesus Research », dans T. HOLMÉN et S. E. PORTER (édit.), *Handbook for the Study of the Historical Jesus*, t. I : *How to Study the Historical Jesus ?*, Leiden-Boston, 2011, p. 361-404.

— « The context of Jesus : Jewish and / or Hellenistic ? », dans T. HOLMÉN et S. E. PORTER (édit.), *Handbook for the Study of the Historical Jesus*, t. II : *The Study of Jesus*, Leiden-Boston, 2011, p. 1441-1463.

— « The Language(s) Jesus Spoke », dans T. HOLMÉN et S. E. PORTER (édit.), *Handbook for the Study of the Historical Jesus*, t. III : *The Historical Jesus,* Leiden-Boston, 2011, p. 2455-2471.

PRAECHTER, K., *Die Philosophie des Altertums,* Berlin, douzième édition, 1926 (= *F. Überwegs Grundriß der Geschichte der Philosophie*, 1. Teil).

ROBINSON, J. M., « Zur Gattung der Spruchquelle Q », dans E. DINKLER (édit.), *Zeit und Geschichte, Dankesgabe an R. Bultmann zum 80. Geburtstag*, Tübingen, 1964, p. 77-96.

— « Logoi Sophon. On the Gattung of Q », dans J. M. ROBINSON et H. KOESTER (édit.), *Trajectories through Early Christianity*, Philadelphia, 1971, p. 71-113.

ROBINSON, J. M., HOFFMANN P. et KLOPPENBORG, J. S., *The Critical Edition of Q*, Minneapolis-Leuven, 2000.

SATO, M., *Q und Prophetie. Studien zur Gattungs- und Traditionsgeschichte der Quelle Q*, coll. « Wissenschaftliche Untersuchungen zum Neuen Testament », II 29, Tübingen, 1988.

SCHIRREN, Th., « Lukian über die KAINH TEΛETH der Christen (De morte Peregrini 11) », *Philologus,* 149, 2005, p. 354-359.

SCHMELLER, Th., *Paulus und die "Diatribe". Eine vergleichende Stilinterpretation*, coll. « Neutestamentliche Abhandlungen », NF 19, Münster in Westfalen, 1987.

SCHÜRER, E., *The History of the Jewish People in the Age of Jesus Christ, (175 B. C. - A. D. 135)*. A new English version revised and edited by G. VERMES, F. MILLAR, M. BLACK ; t. II, Edinburgh, 1979.

SCHWARTZ, J. (édit.), *Lucien de Samosate, Philopseudès et De morte Peregrini,* coll. « Publications de la Faculté des Lettres de l'Université de Strasbourg. Textes d'étude », 12, Paris, 1951 ; réimpr. 1963 (texte grec, introduction et commentaire).

SPEIGL, J., *Der Römische Staat und die Christen. Staat und Kirche von Domitian bis Commodus,* Amsterdam, 1970.

STERN, M., *Greek and Latin Authors on Jews and Judaism* ; t. I : *From Herodotus to Plutarch. Fontes ad res judaicas spectantes*, Jerusalem, 1974 ; t. II : *From Tacitus to Simplicius,* Jerusalem, 1980.

STOWERS, S. K., *The Diatribe and Paul's Letter to the Romans*, coll. « Society of Biblical Literature, Dissertation Series », 57, Chico, California, 1981.

TALBERT, Ch. H., *What is a Gospel ? The Genre of the Canonical Gospels*, Philadelphia, 1977.

TCHERIKOVER, V., *Hellenistic Civilization and the Jews*, Philadelphia, 1959 ; troisième édition, trad. par S. APPLEBAUM, Philadelphia, 1966.

THEISSEN, G., « Wanderradikalismus. Literatursoziologische Aspekte der Überlieferung von Worten Jesu im Urchristentum », *Zeitschrift für Theologie und Kirche,* 70, 1973, p. 245-271.

— *Soziologie der Jesusbewegung, Ein Beitrag zur Entstehunsgeschichte des Urchristentums*, coll. « Theologische Existenz heute », 194, München, 1977; trad. française par B. LAURET : *Le christianisme de Jésus. Ses origines sociales en Palestine*, coll. « Relais Desclée », 6, Paris, 1978.

— *Histoire sociale du christianisme primitif. Jésus, Paul, Jean*, coll. « Le monde de la Bible », 33, Genève, 1996.

THIEDE, C. P., *The Cosmopolitan World of Jesus*, London, 2004.

TROELTSCH, E., *Gesammelte Schriften, 1, Die Soziallehren der christlichen Kirchen und Gruppen,* Tübingen, 1912.

TUCKETT, Ch. M., « A Cynic Q ? », *Biblica*, 70, 1989, p. 349-376.

— « On the stratification of Q. A Response », *Semeia,* 55, 1992, p. 213-222.

VAAGE, L. E., *Q : The Ethos and Ethics of an Itinerant Radicalism,* PhD Diss., Claremont, Graduate School, 1987.

— « Q 1 and the Historical Jesus. Some Peculiar Sayings [7 : 33-34 ; 9 : 57-58 ; 59-60 ; 14 : 26-27] », *Forum,* 5, 1989, p. 159-176.

— *Galilean Upstarts. Jesus' First Followers according to Q*, Valley Forge (Pennsylvania), 1994.

— « Q and Cynicism. On Comparison and Social Identity », dans R. A. PIPER (édit.), *The Gospel Behind the Gospels. Current Studies on Q*, coll. « Novum Testamentum Supplement », 75, Leiden, 1995, p. 199-229.

— « Jewish Scripture, Q and the Historical Jesus. A Cynic Way with the Word ? », dans A. LINDEMANN (édit.), *The Sayings Source Q and the Historical Jesus*, Leuven, 2001, p. 479-495.

VANDERKAM, J. C., « Greek at Qumran », dans J. J. COLLINS et G. E. STERLING (édit), *Hellenism in the Land of Israel,* Notre-Dame (Indiana), 2001, p. 175-181.

WEBER, Th. M., *Gadara - Umm Qēs. Gadara Decapolitana. Untersuchungen zur Topographie, Geschichte, Architektur und der bildenden Kunst einer « Polis Hellenis » im Ostjordanland,* Wiesbaden, 2002.

WEISSE, Ch. H., *Die evangelische Geschichte, kritisch und philosophisch bearbeitet*, 2 vol., Leipzig, 1838.

WILLIAMS, M. H., *The Jews among the Greeks and Romans. A Diasporan Sourcebook,* London, 1998.

INDEX LOCORUM

Vetus Testamentum

Q
(ed. J. M. Robinson, P. Hoffmann et J. S. Kloppenborg, Minneapolis / Leuven, 2000)

Novum Testamentum

Judaïca

Inscriptiones

Ceteri auctores

TABLE DES MATIÈRES

Ce livre a été imprimé
en France par **ICN**

Zone Industrielle des Saligues
98, rue Louis Rabier
64300 Orthez

05 59 69 77 80
icn@imprimerie-icn.fr

Dépôt legal : Janvier 2015